郭孟良 著

书香茶韵

郑州大学出版社

郭孟良，1965年生，河南嵩县人。1988年毕业于郑州大学历史系，获得历史学硕士学位。2006—2010年在职就读华中科技大学新闻与信息传播学院，获得文学博士学位。现任中原大地传媒股份有限公司副总编辑兼重点出版工程办公室主任，编审。中国国际茶文化研究会学术委员会委员。全国文化名家暨"四个一批"人才，全国新闻出版行业领军人才，享受国务院政府特殊津贴专家。

主要著作有《中国茶史》《晚明商业出版》等，译著《南明史》等，整理编校《中国书画史会要》《从商经》等，策划组织《中原文化大典》等重大出版工程，发表有关明清史、茶史、出版传播史、中原历史文化等方面学术论文六十余篇。

在作者与编辑之间

2020年底,从孟良手中接过《书香茶韵》一书的清样,喜悦之情,溢于言表。作为30多年的同道、同事和朋友,孟良的大作即将付梓,这与自己的作品问世一样,欣慰之情感同身受。但当孟良嘱我作一序言时,我却陷入长久的犹豫。在我度过几近半年的漫长的恍如隔世的日日夜夜之后,直到今天,我才开始再次审视和思考孟良交付之事。

作为编辑群体中的一员,自入职出版行业以来,我始终自觉不自觉地对作者群体与编辑群体保持关注和审视。相对于编辑角色而言,作者是服务对象,是衣食父母,是努力方向;相对于作者角色而言,编辑是把关人、推广人、策划人,是内容规范者,是组织协调者。二者的边界,时而清晰,时而模糊。边界的清晰在于,无论是作者还是编辑,二者对书稿的主人属于作者这一事实都十分明确。而边界的模糊之处则在于,从书稿自身层面而言,在书稿的固化和社会化过程中,编辑也参与了作者式的智力劳动;从书稿内容的智力活动层面而言,除原创性的内容之外,相当数量的作品运用了编辑技巧与规范,编辑式的作者及其成果是自古至今不容忽视的一个出版现象;从编辑和作者两个角色的自然人身份而言,尽管是两个角色,但作为一个自然人,他有可能是一个人扮演了两个角色,时而作者时而编辑。事实上,在出版的历史舞台上,作者型编辑和编辑式作者同等重要,他们的同台演出,共同演绎了人类文明时空中文化创造的生动场景。

从自己的职业生涯回忆起来,我们大体经历了三个历史时期:20世纪80年代作者型编辑兴起的时期,90年代编辑式作者风起云涌的时期,21世纪以来编辑作者渐趋分化的时期。20世纪80年代是中国出版业的狂飙突进年代,知识生产和艺术创造的爆发力,激情洋溢而又持久,呼吸着思想解放空气的编辑群体,与作者一道,也充满热情地力图进入知识、艺术和科学的创造和生产之中。80年代的编辑队伍大体上由三部分人员构成,一部分是原有的老编辑,一部分是从外部调入的各行业专业人才,一部分是陆续分配的大学毕业生。就我和孟良所供职的中州古籍出版社,老编辑大多是70年代修订《辞源》的专家,他们是作者同时也是编辑,从外部调入的编辑多是相关领域的已经拥有教学、研究、著述或编辑成果的专业人才,他们有的已经出版、发表过著作、论文或创作作品,而新入职的大学毕业生则被前两类编辑反复教导要在自己的本专业内著书立说,要研究问题,要做学者型编辑。编辑直接参与知识的创造和创作,在20世纪80年代被视为是自然的、不可或缺的、天经地义的。我们正是在这种浓厚的学术氛围中成长起来的。一边从事自己的编辑本职工作,一边进行自己的专业学术研究,是80年代出版社编辑的普遍状态。从孟良的《书香茶韵》中,我们也可以得知,刚入职编辑工作的早期,孟良的学术兴趣和成果集中在茶史和经济史领域,先后发表了《清初茶马制度述论》《略论明代茶马贸易的历史演变》《明代的贡茶制度及其社会影响》《论明代的"以茶治边"政策》《明代茶叶开中制度试探》《明代引茶制度初论》《明代茶课制度述略》《明代茶禁考析》《论明代茶法的特点、功用及影响》《明代的饮茶风尚》等论文,这些功底深厚、史料翔实、观点新颖的论文拓展了茶史研究的深度和广度,也奠定了孟良作为编辑身份的史学学者在经济史研究中的学术地位，实现了编辑与学者的和谐统一。

历经十年的改革开放，历经编辑群体的数量激增，历经编辑群体长久的出版实践和日益深入的学术研究和艺术创作，编辑角色的自我认知在 80 年代开始理性地苏醒。湖北人民出版社的胡光清在《编创之友》1984 年第 2 期发表《试论编辑的专业化与学者化》一文，开风气之先。随后，陕西人民出版社的林理明在 1988 年第 2 期《编辑之友》上呼吁"编辑应当参与学术"。《苏州大学学报》编辑王英志在《河南大学学报》1988 年第 4 期明确提出了"学报编辑学者化"的论题。《编辑学刊》1989 年第 1 期发表两篇论文，分别讨论文科学报、科技期刊"编辑学者化"的问题。《出版发行研究》1989 年第 4 期发表广东人民出版社刘焜炀的论文，提出"学者化是提高编辑素质的必由之路"。由图书和期刊编辑提出的"编辑学者化"的话题拉开了编辑学研究的此一论争的序幕，迄今，这一话题前后发表了 600 多篇论文，近 10 年每年仍有十数篇相关论文发表，据此可知"编辑学者化"和"学者型编辑"达成共识仍在进程中。不过，从论文的主流观点而言，大多数作者认同"编辑学者化"，所讨论的多是为了丰富这一观点。然而，我们也不能否认，长达 30 多年的讨论本身也折射出编辑群体对自身学者化或者作者化尚充满不自信，对自身角色的双重属性不能完全接受和身体力行，这一窘境还映现于先后出版的几十种编辑学教科书中，绝大多数的教科书中几乎缺失关于编辑学者化的内容，这一缺失也造成了 21 世纪以来的编辑更加注重编辑实务，而其作者式的创作能力日渐弱化，编辑与作者的疏离趋势则愈加显著。

在讨论"编辑学者化"的过程中，我也关注到了相对应的"学者编辑化"的观点。吴寿林在《编辑学刊》1999 年第 1 期发表《从"分离"到"合一"》一文，他认为"在知识经济时代，所有的学者都将实现编辑化"，并提出"著编合一迟早要发生"。实际上，学者的编辑行为始终贯穿于整个编辑史，不单是在知识经济时代。汉代刘向、刘歆父子校订宫廷藏书，编辑整理书籍 603 家、13219 卷，同时刘向编纂有《洪范五行传》《列女传》《新序》

《说苑》，刘歆著有《三统历谱》，刘氏父子既是学者又是编辑家。唐代的孔颖达是经学家，他与颜师古等人编纂有《五经正义》，自己撰有《孝经义疏》，其行为也属于编著合一。再如清代学者毕沅，著有《续资治通鉴》等多部著作，同时又主持编辑刊行《经训堂丛书》，其丛书主编的行为也属于编辑的范畴。晚清以来，西学东渐，知识生产越来越趋向于机构化、团体化、职务化、群体化，主编类、汇编类的丛书、套书、工具书越来越多，学者的主编行为说到底其实就是一种编辑行为。"学者编辑化"或者转换为"编辑式作者"，这是事实所然，也是一个值得深入研究的课题。

我之所以重提"作者型编辑"和"编辑式作者"，是因为在孟良的出版和学术生涯中，真正地看到了二者的完美结合。作为作者，孟良在21世纪初，将学术研究从茶史拓到了出版史和文化史，出版了《晚明商业出版》一书，在此之前还先后出版了多部著作和古籍校注，先后发表了《中国版权问题探源》《论宋代出版管理》《书船略说》《明清商书的出版传播考察》等一系列学术论文。作为编者，孟良主持和编纂了《中原文化大典》以及"国学经典""博雅经典""文心经典"等一批优秀出版物，我们还共同组织了"中国边疆通史丛书""华夏文库""中原文库"等，在这些丛书、套书的编纂过程中，孟良实质上起到了主编的作用，是一种创新式的作者行为，在这些丛书、套书的出版过程中孟良又起到了编辑协调作用，可以说，无论是作为"作者型编辑"还是"编辑式作者"，孟良都是当之无愧的。

毫无疑问，孟良的一系列著作和论文以及30多年的出版实践和成果，为我们这个时代树立了标杆和榜样。在作者和编辑之间，我们仍将一如既往，仍将不畏艰难地在学术中跋涉，在编辑出版的道路上前行。

耿相新
2021年6月17日

目　录

在作者和编辑之间　耿相新 ———— 1

上卷　书梦重温

中国版权问题探源 ———— 3
论宋代的出版管理 ———— 14
明代出版生态综论 ———— 28
《大清著作权律》初探 ———— 41

书船略说
——明清江南图书贸易的个案分析 ———— 54
书帕略说
——明代书籍社会史的个案分析 ———— 65
走向公众的文化
——晚明商业出版的内容分析 ———— 73

末世繁华
——出版传播与晚明社会 ——— 82
晚清书市探微
——《金陵卖书记》《汴梁卖书记》并读札记 ——— 96

明清商书的出版传播考察 ——— 105
晚明茶书的出版传播考察 ——— 114
试论明代宗藩的图书事业 ——— 131
明代中原藩府刻书考论 ——— 145
明代中原民间出版简论 ——— 161
中原文化图书出版传播论 ——— 169

中原文化的系统总结和全面展示
——《中原文化大典》编纂出版工作综述 ——— 180
构筑中国边疆研究权威平台
——"中国边疆通史丛书"出竣之际的对话 ——— 196
中国茶文化的基础工程
——《中国茶书全集校证》评介 ——— 199
还巨星以本色
——读《朱载堉——明代的科学和艺术巨星》——— 203
一本书的四百年
——《醉古堂剑扫》新校本序 ——— 206
《中原文献整理史稿》跋 ——— 212

下卷　绿香满路

明代茶人群体的形成及其特点 ——— 217

晚明宁波茶人研究三题 —— 248
明代的饮茶风尚 —— 260
《金瓶梅》与明代的饮茶风尚 —— 307
明代茶叶生产的发展 —— 316
明代的贡茶制度及其社会影响 —— 325
曹琥及其《请革芽茶疏》考辨 —— 337
明代茶课制度述略 —— 345
明代引茶制度初论 —— 355
明代茶叶开中制度试探 —— 366
明代茶禁考析 —— 374
试论明代的"以茶治边"政策 —— 384
论明代茶法的特点、功用及影响 —— 396

宋代茶马贸易述论 —— 413
明代茶马贸易的展开及其管理制度 —— 425
略论明代茶马贸易的历史演变 —— 438
清初茶马制度述论 —— 456
万里茶道河南段线路初探 —— 466

习茶之门
——中国经典茶书概说 —— 485
知行合一，习茶之道
——"行知茶文化丛书"序 —— 501

后　记 —— 505

上卷

书梦重温

著作千秋事,流传四海情。

——[明] 朱睦㮮

中国版权问题探源

版权又称著作权，是指作者对自己创作的文学、艺术及科学作品在一定期限内所享有的特殊权利，包括发表权、署名权、修改权、保护作品完整权等精神权利，以及使用、传播作品从而获取报酬等经济权利。

中国是世界文明古国之一，又是造纸和印刷术的发源地，图书出版业源远流长，素称发达。尽管我国第一部系统的具有近代意义的版权法——《大清著作权律》颁行于1910年，比世界上第一部版权法——英国的《安娜法令》整整晚了200年，但是随着商业性出版业的兴起和发展，我国的版权意识和版权保护的雏形在宋代就已经出现。这里拟就中国版权问题的起源、早期的版权意识和版权保护状况等加以初步探讨，从而勾画出中国版权的前史。

一、版权问题是商业出版发展的产物

版权既包括版权所有者的精神权利，也包括其经济权利；而版权所有者可以是著作者（自然人或由自然人组成的群体）或其继承者，也可以是根据著作者与出版者之间的委托协议，由出版者在一定期限内享有专有出版权或作为其版权代理人。由此观之，版权问题不仅仅局限于某一单项的权利，而且不仅仅局限于单一个人，而是存在于多元的出版关系之中的精神与经济权利的规范问题；尽管我国版权的萌芽可以追溯到遥远的上古时代，但从完整的意义上说，版权问题还是伴随着出版业尤其是商业性出版业的兴起、职业出版者的涌现而逐渐产生的。

春秋战国时期，私学兴起，百家争鸣，诸子著作开创了古代著作署名权的先河。然而，直至秦汉时期，这种卷端署名之例尚未普及开来。晋代以后，著作署名才成为惯例，说明署名权受到了社会各界尤其是知识阶层的普遍关注。至于经济权利，其主要体现形式即所谓润笔，约当今天的稿酬。虽然秦汉时代也曾出现过吕不韦厚遇门客而著《吕览》，汉武帝因贾逵上书而"赐布五百匹、衣一袭"，陈皇后请司马相如作《长门赋》而酬以百金，蔡邕为人多作碑诔、"利其润笔"等事例，但这些并非约定俗成的通例，只能视为润笔的滥觞。直到隋唐以后，"为文必索润笔"，"心织而衣，笔耕而食"才成了社会的风气。但在印刷术发明与应用之前，作为社会产业的出版业尚未形成，书稿文字都是镂刻于竹木简牍或手抄于绢帛、纸张之上，即所谓出版史上的简帛时代和卷轴时代，社会上还没有出现独立的出版传播者；作者唯恐其作品不能流传于世，也十分欢迎抄本流传；况且抄写的工价不菲，投资效益低下，通过出版作品获致经济利益的可能性微乎其微，更不会出现盗版牟利之事，所以也谈不上版权之争。

"有了印刷术，然后图书才可以说得上'出版'，才开始有出版业。"[①] 唐代中期，雕版印刷的发明与应用，促使图书制作方式发生了划时代的变革，生产周期大大缩短，书籍的大量刊行和复制流通成为可能。唐末五代，出版业已初具规模，官刻、家刻、坊刻三大系统鼎足而立的出版结构雏形已现。北宋时期，布衣毕昇发明了活字印刷术，推动了这一行

---

① 刘国钧著、郑如斯订补：《中国书史简编》，第46页，北京：书目文献出版社，1982年。

业的进一步发展。印刷术的广泛应用，使书籍的生产与传播成本大为降低，投资效益遂大幅度增长，从而刺激了以刊印销售书籍为业、以盈利为目的的商业性出版业的发展。至南宋时期，各地书坊林立，形成了杭州、成都、建宁等出版业中心。图书成为一种重要商品，书业竞争日趋激烈，盗版盗印等书业恶风遂不可避免，出版权益之争随之出现。

非法出版现象存在于商业性出版业发展的每一个阶段。两宋时期，这一现象已是花样繁多，相当严重。概括而言，一是盗印。北宋前期著名学者李觏在其《皇祐续稿》序中写道："庆历辛未（三年，1043）秋，录所著文曰《退居类稿》十二卷，后三年复出百余篇，不知阿谁盗去，刻印既甚差谬，且题外集，尤不韪。"[①] 这是历史上较早的关于盗版现象的记载。著名作家苏轼的诗文更为书肆频频盗印，达二十余种。当时坊间有专门以盗刻苏、黄文集而"遂至饱暖"的刻工。南宋婺州书坊私刻洪迈《容斋随笔》，官人购入内廷，蒙孝宗御览，更是大家熟知的例子。著名学者朱熹的著作也是屡遭盗刻，就连他受托为已经去世的张栻编刊的文集，"方将为之定著缮写"，"则或者已用别本摹印，而流传广矣"。[②] 二是翻刻。其中多是当时的畅销书，如苏轼的诗集在南宋颇为风行，今存建安书坊的宋刊本即有多种。傅增湘《元建安熊氏本百家注苏诗跋》曾指出宋时闽中刊本："版式行格皆同，盖人士喜诵苏诗，风行一时，流播四出，闽中坊肆遂争先镌刻，或就原版以摹刊，或改标名以动听，期于广销射利，故同时同地有五六刻之多，而于文字初无所更订也。"[③] 三是改易书名、人名或略加改编增删而作伪盗刻。如庆历二年（1042）正月杭州上言："知仁和县太子中舍翟昭应将《刑统律疏》正本改为《金科正义》，镂板印卖。"[④] 另据司马光曾孙司马伋上言，南宋建州所刊《司马温公纪闻》，

---

① 李觏：《李觏集》卷二五，北京：中华书局，1981年。
② 王明清：《挥麈录》卷三，北京：中华书局，1981年。
③ 傅增湘：《藏园群书题记》卷十三，上海：上海古籍出版社，1989年。
④ 《宋会要辑稿·刑法》二之二六，北京：中华书局，1957年，下同。

"妄借名字，售其私说"。至于"窜易首尾，增损音义"之类的改编增删，就更为普遍。下文将要讨论的《方舆胜览》等就是突出的例子。

各种形式的非法出版，自然使作者的名誉和权益受害，也使出版者的经济利益受损，从而唤起了他们的版权意识，使他们在"心甚恨之"、"欲毁其板"和进行谴责的同时，寻求对策进行防范，进而通过行政和法律的手段的介入，以维护其正当的权益，于是宋人在版权意识和版权保护方面迈出了重要的一步。

二、早期的版权意识

如果说署名权等作者精神权利的体现是我国传统版权意识的萌芽的话，那么随着印刷出版业的兴起，封建官府和民间出版机构对专有出版权的保护及对盗版的防范则标志着我国早期版权意识的形成。

早期的版权意识首先体现在封建官府对其专有出版权的垄断控制和保护上。《旧唐书》卷一七《文宗本纪》："太和九年（835）十二月丁丑，敕诸道府：不得私置历日板。"这则敕令的起因是东川节度使冯宿的上书，其中说剑南、西川及淮南道"皆以板印日历鬻于市，每岁司天台未奏颁下新历，其印历已满天下，有乖敬授之道"。① 另据《唐语林》卷七载，民间私刻的历书"每差丑朔晦"，引起争执，既败坏了官府的声誉，也影响了正版历书的销路，故有此禁约。宋代对时宪历书依然实行官府垄断。熙宁四年（1071）二月，"诏民间毋得私造历日，令司天监选官，官自印卖，其所得之息，均给在监官属"。② 对于儒家经典的印制，宋朝也实行了官方专有出版保护。自五代后梁形成监本《九经》，"宋兴，治平以前犹禁擅镌，必须申请国子监，熙宁后方尽弛此禁"。③ 至于国史、会要、实录等更是

---

① 冯宿：《禁板印时宪书奏》，《全唐文》卷六二四，北京：中华书局，1983年。
② 《宋会要辑稿·职官》一八之八四。
③ 罗璧：《识遗》卷一《成书得书难》，四库全书本。

不得雕印,其他书籍也要申请国子监登记审查。作为最高学府和教育管理部门的国子监,同时也是出版机构。其下专设印书钱物所,后改国子监书库,"掌印经史群书,以备朝廷宣索赐予之用,及出鬻而收其值以上于官"。此外,宋朝限制出版传播的图书还包括刑律、时政、边机、时文以及某些涉及政争的诗文著作,其根本目的在于维护其专制统治,保护官府的特许出版权以及有关的财源,并非基于对著作者、出版者的权益保护,尚不具备近代意义上的版权意识和知识产权保护意识,但在客观上,或在无意识之中,的确起到了保护版权的作用,体现了我国版权意识的最初形态。

随着民间印刷出版业的发达以及非法出版现象的加剧,著作者和民间出版机构尊重和保护其版权和出版权的要求也日益强烈。相对而言,他们的版权意识和版权保护行为更具有进步意义,是版权问题历史发展的主流。

我们首先根据李觏、苏轼、朱熹三位著名学者面对盗版的态度,看一看宋朝著作者版权意识的不断深化。前引李觏的《皇祐续稿》序,谈到盗版"既甚差谬,且题外集,犹不韪",接着说他"心常恶之"。这是对作品发表权、完整权等精神权利的表态。苏轼在致友人信中写道:"某方病市人逐于利,好刊某拙文,欲毁其板,矧欲更令人刊耶!当俟稍暇,尽取旧诗文,存其不甚恶者为一集……今所示者,不惟有脱误,其间亦有他人文也。"① 愤慨之余,发出了"欲毁其板"的呼声,而且要编刊正本,以正视听,应该说其版权意识已有所觉醒和进步。朱熹一生著述等身,又在闽北建阳、武夷这个出版业的中心居处讲学有年,本人及弟子刻书甚多,也屡屡遭受盗版的厄运。早在乾道九年(1173),所编《伊洛渊源录》,"编集未成而为后生传出,致此流布,心甚恨之"。② 几年后,《周易本义》"未能成书而为人窃出,再行模印,有误观览","殊不可读"。根据《朱子年

---

① 苏轼:《答陈传道》,《苏东坡全集》卷六十六,北京:北京燕山出版社,1998年。
② 朱熹:《答吴斗南》,《晦庵集》卷五十九,四库全书本。

谱》，面对盗版，朱熹"亟请于县官，追索其板"，已将苏轼"欲毁其板"的想法付诸行动。其文集中也多有"近虽收毁""方此追毁"之类的说法。这足以表明其版权意识已比北宋学者又有所提升，而趋于成熟了。朱熹的做法虽得不到经济的补偿，但其出发点乃是基于声誉和学术的考虑从而运用行政的手段维护自己的精神和人格权利，应该说也是颇为符合现代版权立法的精神的。

南宋中期的三则刊记，集中反映了出版者（包括著作者及其家人）对版权的重视、保护以及他们对版权问题的认识程度，标志着中国古代版权意识的形成。

一是眉山程氏刻本王偁《东都事略》初刻本卷一百三十目录后的长方形牌记：

> 眉山程舍人宅刊行，已申上司，不许覆板。

这则维护作品发表权和使用权的声明，与现代书刊的"版权所有，不得翻印"有异曲同工之妙。可见，通过申请官府，以公告形式禁止翻刻已初步成为出版界的共识。根据学者考证，该书刊印当在绍熙年间（1190—1194），这则牌记堪称世界上最早的版权声明。

二是嘉熙二年（1238）十二月浙本祝穆《新编四六必用方舆胜览》自序后所录两浙转运司禁止翻刻的录白：

> 据祝太傅宅干人吴吉状："本宅见刊《方舆胜览》及《四六宝苑》《事文类聚》凡数书，并系本宅贡士私自编辑，积岁辛勤。今来雕板，所费浩繁。窃恐书市嗜利之徒，辄将上件书板翻开，或改换名目，或以《节略舆地纪胜》等书为名，翻开搀夺，致本宅徒劳心力，枉费钱本，委实切害。照得雕书，合经使台申明，乞行约束，庶绝翻板之患。乞给榜下衢、婺州雕书籍处张挂晓示，如有此色，容本宅陈告，乞追人毁板，断治施行。奉台判，备榜须至指挥。"右今出榜衢、婺州雕书籍处张挂晓示，各令知悉。如有似此之人，仰经所属陈告追究，毁板施行，故榜。嘉熙贰年拾贰月□日榜。衢、婺州

雕书籍去处张挂。转运副使曾□□□□□台押。福建路转运司状，乞给榜约所属，不得翻刊上件书板，并同并式，更不再录白。

这位祝太傅即祝洙，其父祝穆字伯和，即文中的"本宅贡士"，系朱熹的表侄和门生，也从事编书和刻书活动。虽然在学术上远逊乃师，在版权观念上可谓青出于蓝而胜于蓝。他是《方舆胜览》等书的编著者，也是刻印者。这一文告既强调了祝宅"劳心力""费钱本"的出版权，也强调了祝穆"私自编辑，积岁辛勤"的著作权。至咸淳二年（1266），祝宅所刊的这几部书还刊有福建转运使司的录白，强调"乃是一生灯窗辛勤所就，非其他剽窃编类者可比"，虽累经两浙运司、浙东提举司给榜禁戢翻刻，但嗜利之徒"或改换名目，或节略文字，有误学士大夫披阅，实为利害"，于是申明使台，榜下麻沙书坊、长平、熊屯等处张挂晓示，"庶杜翻刻之患"。

三是淳祐八年（1248）段昌武《丛桂毛诗集解》前所刊的行在国子监禁止翻刻的公据：

> 行在国子监据迪功郎新赣州会昌县丞段维清状：维清先叔朝奉昌武，以《诗经》而两魁秋贡，以累举而擢第春官，学者咸宗师之。邛山罗史君瀛尝遣其子侄来学，先叔以《毛氏诗》口讲指画，笔以成篇。本之东莱《诗纪》，参以晦庵《诗传》，以至近世诸篇，一话一言，苟足发明，率以录焉，名曰《丛桂毛诗集解》。独罗氏得其缮本，校雠最为精密，今其侄漕贡樾锓梓以广其传。维清窃惟先叔刻志穷经，平生精力，毕于此书。倘或其他书肆嗜利翻板，则必窜易首尾，增损音义。非惟有辜罗贡士锓梓之意，亦重为先叔明经之玷。

> 今状据陈，乞备牒两浙、福建路运司备词约束，乞给据付罗贡士为照。未敢自专，伏候台旨。呈奉台判牒，仍给本监。除已备牒两浙、福建路运司备词约束所属书肆，取责知委文状回申外，如有不遵约束违戾之人，仰执此经所属陈乞，追板劈毁，断罪施行。给至给据者。右出给公据付罗贡士樾收执照应。淳祐八年七月□日给。

这则文告是从编著者的角度出发的，主要目的在于维护原作的纯洁和作者的声誉，所强调的精神权利多于经济权利，并非叶德辉所评论的"假官牒文字以遂其罔利之私，此亦自来书坊禁人翻雕己书之故智也"。同时发文机构由转运司等地方官府上升为主管图书的国子监，也说明版权问题愈益受到社会各界的重视。

通过上述著作者和出版者关于版权问题的言行，我们可以对早期版权意识的特征作如下概况：

其一，早期的版权意识首先表现在出版权的专有性和独占性。先是官方的垄断性和特许权，然后是民间的专有性，包括"私自编辑"的书籍、"本宅"刊行的图书，也包括书坊受作者委托的正规出版物，都应属著作者、出版者专有和独占。

其二，宋人已认识到版权、出版权都是人们"积岁辛勤"，甚至"一生灯窗辛勤所就"的精神劳动成果，而"书市嗜利之徒"的盗版，使著作者和出版者的权益受到侵害。

其三，相对于商业性书坊"意图垄断渔利"而言，著作者更注重其精神权利。他们痛恨"脱误百出"的盗版书籍对其学术声誉和人格精神的损害，想方设法加以禁防。

其四，从著作方式来讲，不论是"撰著""编辑""集解"，均被视为著作，具有版权，受到尊重和保护。

其五，版权的自然继承似乎已成为官府和民间的共识。无论是祝氏的父子关系，还是段氏的叔侄关系，皆无须作者生前指定和授权，其继承权均属理所当然，并得到官府和社会的认可，这与现代版权法的精神是相通的。

宋人的版权意识还只是初步的，尚未认识或探讨版权、出版权的有效期限问题、地域性问题等，版权意识也尚未蔚然成为风气，与近代意义上的版权意识还存在一定的差距。尽管如此，作为科学发展和社会文明的标尺之一，其在中国乃至世界图书文化史、知识产权保护史上仍具有重要的意义。

三、版权保护的尝试

版权意识和版权保护是相辅相成的。意识到版权、出版权的重要性，自然要进一步采取措施加以保护，而这些保护行为又是版权意识的最好体现，是我们得以了解古人版权意识萌生和发展状况的主要素材。

两宋王朝曾多次颁布诏令、条例，加强对出版传播的管理与控制。哲宗元祐五年（1090）七月戊子，"礼部言：凡议时政得失、边事军机文字，不得写录传布；本朝会要、实录不得雕印，违者徒二年，告者赏缗钱十万。内国史、实录仍不得传写。即其他书籍欲雕印者，选官详定，有益于学者，方许镂板……违者杖一百，委州县监司、国子监觉察。从之"。[①] 南宋光宗绍熙四年（1193）六月十九日臣僚上言："朝廷大臣之奏议，台谏之章疏，内外之封事，士子之程文，计谋密画，不可泄漏，今乃传播街市，书坊刊行，流布四远，事属未便，乞严加禁止。"诏令四川制司行下所属州军并临安府、婺州、建宁府照条法严行禁止，"其书坊见刊板及已印者，并日下追取，当官焚毁，具已焚毁名件申枢密院。今后雕印文书，须经本州委官看定，然后印行，仍委各州通判专切觉察，如或违戾，取责责罚"。[②] 这些诏令的主旨在于杜绝泄密，维护专制统治，但客观上也起到了保护版权和维护官方的出版垄断权、官方作品使用权的作用。

基于版权意识的初步觉醒，民间著作者和出版者也开始了版权保护的尝试和探索。

首先是自我保护，即通过自身的努力保护版权、出版权免遭或少遭盗版的厄运，保证正本的流传。一种措施是著作者或其后人秘藏稿本，在正式刊刻之前秘不示人，宝若拱璧，以防盗印。另一种措施便是及时

---

① 《宋会要辑稿·刑法》二之三八。
② 《宋会要辑稿·刑法》二之一五一。

编刊家集，防止盗印；或已被盗印，迅速推出"校雠精密"的正版，以正视听，并抵制盗版。

其次是借助官府的力量，运用行政和法律的手段谋求版权保护。这又包括被动的、主动的两种方式，或言两个发展阶段。所谓被动的保护方式，是指盗版现象发生之后，向官府乃至朝廷举报，从而制止和惩治盗版。主动的保护方式则指在图书出版前由著作者、出版者向官府提出申请，有司公告，于有关地区即印刷出版业发达地区"张挂晓示，各令知悉"，并将此内容以不同形式刊载于出版物中，同时有司发给申请者所谓的"公据"（执照），证明其合法性，保护其权益。一旦发现有人翻刻，允许申请者向地方官府"陈告"，运用法律手段进行追惩，"追人毁板"，"断罪施刑"。这是南宋时期版权保护的重大发展。前引《方舆胜览》《丛桂毛诗集解》所载两浙转运使司录白、行在国子监公据以及《东都事略》所载牌记就是典型的例子，兹不赘引。

宋朝尽管没有明定有关版权的专门法令和制度，尽管上述三则版权声明都出于舍人、太傅、贡士等势要之家，而且每例都由官府分别发给文告，可见对出版权益的保护还未制度化、法律化，但是，这些申请能获得国子监和地方官府的接受，而且允许张挂各地、刊刻书中，还允许对违法者凭"据"告发，进行惩治和维权，于中亦可见宋朝已承认版权、出版权受到保护的合理性，从而由此逐渐成为出版界的共识和惯例，为时人所仿效，为后世所沿袭，已具备了行政和法律的约束力。正如叶德辉《书林清话》卷二所言："可见当时一二私家刻书，陈乞地方有司禁约书坊翻板，并非载在令甲，人人之所必遵。特有力之家，声气广通，可以得行其志耳。虽然，此风一开，元以来私塾刻书，遂相沿以为律例。"[①]

总之，两宋时期的版权保护已从维护封建官府的垄断权、特许权和财源，发展到保护著作者、出版者的精神权利和经济权利，打击非法出

---

① 叶德辉：《书林清话》卷二《翻版有例禁始于宋人》，第34页，沈阳：辽宁教育出版社，1998年。

版行为。著作者、编辑者、出版者的权利已经得到了行政乃至法律上的明确承认和保护。这无疑对于促进出版事业的健康发展、推动科学文化的进一步繁荣具有重要的意义，堪称中华民族对人类文明进步的又一贡献。

（本文原载《齐鲁学刊》2000年第6期）

论宋代的出版管理

知识信息的传播活动,是人类社会发展的基本手段之一,从最初的口头信息传播,到文字产生后的书面信息传播,然后发展到印刷信息传播,为后世积累了丰富的文化遗产,推动了人类文明的不断进步。进入阶级社会尤其是以专制主义中央集权为特征的封建时代,统治者为维护其集团利益,运用种种行政与法律手段对信息传播活动加以管理和控制,逐步形成了以思想文化专制为核心的知识信息传播控制系统,而对于出版传播的管理与控制便是其中的一个重要环节。

秦始皇"焚书坑儒"是中国历史上第一次对出版传播的禁令。汉承秦制,称为"挟书律",但不久即废止了。直到唐代,这一领域的管理和控制相对宽松,只有若干次对佛道经书及阴阳术数、天文图谶的禁毁。

唐代雕版印刷术的发明及应用,导致了印刷出版业的划时代变革,经五代时期,至宋代而达到了空前的繁荣。宋代书籍生产数量巨大,质量上乘,官刻、家刻、坊刻三大出版系统的格局初步确立,全国性印刷出版业中心开始形成。与此相应,宋朝在出版传播领域加大了管理力度,通过各种诏令、条例、制度,运用行政管理和法律钳制的方式维护其集权统治和阶级利益,从而为中国古代的出版管理和传播控制奠定了制度基础和实践基础。认真研究宋代的出版传播管理与控制问题，对于探索中国出版业的发展规律，推动当代出版业的发展繁荣有着一定的学术价值和现实意义。

一、出版传播的限禁

宋朝虽然没有完整、独立的出版法和系统的出版管理制度，但是随着印刷出版业的发达，统治者对图书生产及传播有了比较全面的认识和高度的重视，为巩固统治、稳定社会、钳制思想，对关乎"朝廷得失、军国利害"、儒家经义、社会风化等重大问题的图书采取限制和禁毁政策。历朝都根据臣僚上言，或通过"访闻"信息，针对当时图书出版和流通情况，颁布诏令，制定条例，作出意义明确、内容具体的规定，从而使官方或民间出版者、传播者对国家的出版方针有所了解和遵循，对违令者予以惩处。这些诏令、条例具有权威性、强制性亦即准法律性的特点，体现了宋朝封建国家的出版导向和出版政策。

宋哲宗元祐四年（1089）八月，翰林学士苏辙奉命使辽，贺辽主生辰。在辽境每每被问及其父兄文集、事迹，并在燕都见其家谱；至于图籍文书所在多有，"其间臣僚章疏及士子策论，言朝廷得失，军国利害，盖不为少。兼小民愚陋，惟利是视，印行戏亵之语，无所不至"，"上则泄漏机密，下则取笑夷狄，皆极不便。访闻此等文字，贩入虏中，其利十倍，人情嗜利，虽重为赏罚，亦不能禁"。①归朝后，立即奏闻朝廷，请立法防范。于是元祐五年七月二十五日由礼部拟定、御批颁行的出版管理条例出台了：

> 凡议时政得失，边事军机文字，不得写录传布；本朝会要、实录，不得雕印，违者徒二年，告者赏缗钱十万。内国史、实录仍不得传写，即其他书籍欲雕印者，选官详定，有益于学者，方许镂板，候印讫，

---

① 苏辙：《栾城集》卷四二《北使还论北边事札子五道》之一，上海：上海古籍出版社，1987年。

送秘书省，如详定不当，取勘施行。诸戏亵之文，不得雕印，违者杖一百。委州县监司、国子监觉察。①

该条例对出版传播的限制、出版审验制度、管理机构、奖励告发、违禁罚则都作了具体规定，可视为宋代出版管理与控制的纲领性文件。此后历朝只是对此加以重申、补充和延展。

纵观两宋时期对出版传播的限禁，大致包括以下四个方面：

第一，天文图谶、阴阳术数、兵书、邪教异说之禁。

天文图谶、阴阳术数之图籍，关乎社会稳定和王朝更替，代有厉禁。兵书既与此有关，加之宋朝惩前代武人专权废立之弊，重文轻武，故亦在限禁之列。宋初颁行的《宋刑统》，即"禁天文图谶、兵书、七曜历、太一、雷公式"和"妖书"。宋太祖开宝五年（972）又重申此令。太宗继位后，对天文星相、阴阳术数、六壬三命之类的方士、图籍的打击更变本加厉，私自研读者一律斩首。真宗景德元年，诏令"民间应有天象器物，谶候禁书，所在焚毁。匿而不言者论以死，募告者赏钱十万"。仁宗初，进士高肃私藏《六壬玉铃》案发，司天监、学士院受命制定了一卷十四门类的《禁书目录》，除《孙子》及正史中的天文、律历、五行志与《通典》所引诸家兵法外，天文律历、阴阳术数、兵法著作"悉为禁书"，掀起了一场大规模的禁书运动。②此后，历朝不时重申旧例，禁止刊刻、传播和研习，并限期首纳，严惩不贷。

民间宗教、异端邪说往往被利用为反叛朝廷的工具，故宋朝规定"非道释经藏所载"的所谓"妖教文书"皆在禁毁之列。徽宗崇宁三年（1104）四月，中书省、尚书省勘会《佛说末阶经》案，"根究印撰之人"，私藏此类文字者限十日缴纳焚讫。政和四年（1114）八月诏："河北州县传习妖教甚多，虽加之重辟，终不悛革。闻别有经文，互相传习，蛊惑致此。

---

① 《宋会要辑稿·刑法》二之三八，中华书局影印本，1957年，下同。
② 安平秋、章培恒主编：《中国禁书大观》，第34—37页，上海：上海文化出版社，1990年。

虽非天文图谶之书，亦宜立法禁戢。仰所收之家，经州县投纳，守令类聚缴申尚书省。或有印板石刻，并行追取，当官弃毁。应有似此不根经文，非藏经所载，准此。"① 宣和二年（1120）十一月，诏禁明教经典及绘画佛像，并斋堂一并焚毁。六年二月，禁《五符经》。正因为禁例甚严，所以明教、摩尼教等教徒多"贿主者"，将其经文编入佛道藏内，或"妄取道藏中校定官名衔以赘其后"，以便流行。

第二，科场应用时文、儒家经典读本及所谓"伪学"之禁。

科场应用时文、应试捷径之书，是科举时代书坊竞相出版的热门选题。但书坊广多，投机风靡，不免有违背经义、舍本逐末以迎合举子心理者。徽宗大观二年（1108），提举淮南西路学事苏棫奏称："今之学者程文短晷之下，未容无怍。而鬻书之人，急于锥刀之利，高立标目，镂板夸新，传之四方。往往晚进小生，以为时之所尚，争售编诵，以备文场剽窃之用，不复深究义理之归，忘本尚华，去道愈远。欲乞今后一取圣裁，倘有可传为学者式，愿降旨付国子监并诸路学事司镂板颁行，余悉断绝禁弃，不得擅自买卖收藏。从之。"② 政和七年（1117）七月，臣僚言：书肆公然违背"禁绝私购程文，镂板市利"的诏令，"旋立标目，或曰编题，或曰类要，曾不少禁"，引导后生"蹈袭剽窃，不根义理"，诏令有司"常切检举缉捕禁绝"。③ 宣和四年（1122）十二月，禁《神宗皇帝政绩故实》，所谓"辞场新范"是也。高宗绍兴十七年（1147）六月，令各地"不系六经子史"，"是非颇谬于圣人"的曲学邪说不中程式之文"日下除毁"。④ 宁宗庆元年间，令"所有进卷侍遇集，并近时妄传语录之类，并行毁板"，对所谓"太学总新文体""新撰时文"等假名祭酒批注、真伪相杂、欺惑天下的不经之文，未经国子监"看详"者，一律禁毁。⑤

① 《宋会要辑稿·刑法》二之四三。
② 《宋会要辑稿·刑法》二之四八。
③ 《宋会要辑稿·刑法》二之六七。
④ 《宋会要辑稿·刑法》二之一五一。
⑤ 《宋会要辑稿·刑法》二之一二九。

儒家经典读本，乃是官刻的专利。自五代后梁国子监校定《九经》，称为官方确定的读本，"宋兴，治平以前犹禁擅镂，必须申请国子监，熙宁后方尽弛此禁"。时值王安石变法，作诸经新义，作为国子教本及考试准则。此后，元祐更化，反对新法的元祐党人著作被斥为"伪学"，大加禁毁。徽宗崇宁元年（1102）十二月诏令："诸邪说诐行非圣贤之书，及元祐学术政事，不得教授学生，犯者屏出。"①次年，三苏及苏门学士的著作"悉行焚毁"。宣和五年（1123），中书省言福建等路印造苏轼、司马光文集等，诏令："今后举人传习元祐学术以违制论，印造及出卖者同罪，著为令。见印买文集，在京令开封府，四川路、福建路令诸州军毁板。"②高宗绍兴年间，诏禁《论语讲解》。宁宗庆元年间，又发生了"伪道学"之党祸，朱子一派学人之书亦遭到禁毁。这些既说明了宋朝统治者对经义解释权、出版权的垄断，也昭示了学术与政争的联系是何等密切！

第三，刑律、历书、国史、会要、实录等官书之禁止民间私刻与翻印。

刑律典册之禁，旨在严防奸猾者借以玩弄文法，鼓动词讼，攻讦官宪，扰乱社会，从而维护法律的严肃性和官方的出版垄断权。仁宗庆历二年（1042）正月，杭州知府言：知仁和县太子中舍翟昭将刑统律疏正本改为《金科正义》，镂板印卖。"诏转运司鞫罪，毁其板。"③哲宗元祐三年（1088）三月诏：编敕及春秋颁降条具，勿印卖。同年又诏禁民庶传录编敕。南宋高宗绍兴二年（1132），刑部言："诸习学刑法人，合用敕令式等，许召官保纳纸墨工直，赴部陈状印给，诈冒者，论如盗印法。从之。"不仅如此，即州郡乡塾小学教本中涉于"文法""词讼"嫌疑者，亦令检举处置。

时宪历书的出版，向为司天监所垄断。唐代即有禁止民间刊刻流通的诏令。宋代依然禁民间私刻，至神宗熙宁四年（1071）二月，以禁例

---

① 《宋会要辑稿·刑法》二之四三。
② 《宋会要辑稿·刑法》二之八八。
③ 《宋会要辑稿·刑法》二之二六。

稍弛，又"诏民间毋得私印造历日，令司天监选官，官自印卖"。①

至于国史、会要、实录等书，乃是翰林国史院职责所在，非个人所得私修，更不得传写印卖。况这类书事关军政大计、宫廷机密，其出版传播自然要受到严格控制。上引元祐五年刻书条例有明确规定，此不赘。非但如此，连与此有关的臣僚著述也在禁毁之列。据徽宗宣和四年十二月权知密州赵子昼奏：神宗皇帝正史多取王安石日录以为根底，"然则其书固亦应密"，坊间印卖《舒王日录》，请求禁止，"无使国之机事，传播间阎，或流入四夷，于体实大"。诏令开封府及诸路州军毁板禁绝。②

第四，朝政、边机等文字输出辽、金之禁。

宋朝始终与辽、金等北方民族政权处于对峙状态，和与战的矛盾斗争成了朝野政治议题的中心。反映在图书出版传播领域，凡涉及时政朝章、边机军务及相关文字，皆有输出边境之禁。

仁、英之世，辽、夏相继侵扰，边事吃紧，朝野和战之争日益激烈，有关文字也多了起来，于是对这一领域的管制也提上了议事日程。仁宗天圣五年（1027）二月，因"臣僚著撰文集，传布往彼，其中多有论说朝廷防遏边鄙机宜事件，深不稳便"，令以后雕印文集必须奏闻审查，否则严加追惩，"收索毁板"。③康定元年（1040）诏："访闻在京无图之辈及书肆之家，多将诸色人所进边机文字，镂板鬻卖，流布于外，委开封府密切根捉，许人陈告，勘鞫闻奏。"④英宗治平三年（1066），根据监察御史张戬奏，禁治"肆毁朝政，摇动众情"的"雕卖之人"。至哲宗元祐五年，便出台了前引的刻书条例。徽宗大观二年（1108），再颁禁令："访闻房中多收蓄本朝见行印卖文集书册之类，其间不无夹带论议边防兵机夷狄之事，深属未便。其雕印书铺，昨降指挥，令所属看验，无违碍然后印行，

---

① 《宋会要辑稿·职官》一八之八四。
② 《宋会要辑稿·刑法》二之八六。
③ 《宋会要辑稿·刑法》二之十六。
④ 《宋会要辑稿·刑法》二之二四。

可检举行下,仍修立不经看验校定文集擅行印卖告捕条禁颁降,其沿边州军仍严行禁止。凡贩卖、藏匿、出界者,并照铜钱出界法罪赏施行。"①

金人亡辽,谋宋益急。宋室南渡后,对金之书禁亦未少弛。孝宗淳熙二年(1175)诏:"自今举人程文,并江程地理图解,如贩过界外货卖或博易者,依如化外人私相交易条法施行。"②然江南书业发达,图书流入金境颇多。九年三月,又严申禁约,"将见卖举人时务策并印板,日下聚收焚毁"。③但似乎并未奏效,于是光宗绍熙元年又诏建宁府查禁,并立赏格,许人陈告,官吏失察,一例坐罪。四年六月,臣僚言:"朝廷大臣之奏议,台谏之章疏,内外之封事,士子之程文,计谋密画,不可泄漏。今乃传播街市,书房刊行,流布四远,事属未便,乞严切禁止。"于是诏令各地严禁,见刻板及已印者当即焚毁。今后雕印文书,须经本州委官看定,然后印行。④宁宗继位后,北伐声浪高涨,出版控制更为严厉。《庆元条法事类》卷十七规定:"缘边事应密,凡时政边机文书,禁止雕印。"并分别确定了具体的量刑标准。嘉泰二年(1202)七月,以盱眙军获到戴十六等辄将《本朝事实》等文字欲行过界,于是诏令:"应有书坊去处,将事干国体,及边政军机利害文籍,各州委官看详。如委是不许私下雕印,有违见行条法指挥,并仰拘收,缴申国子监。所有板本,日下尽行毁劈,不得稍有隐漏及凭借骚扰。仍仰江边州军常切措置关防,或因事发露,即将兴贩经由地分及印造州军不觉察官吏根究,重作施行。委自帅宪司严立赏榜,许人告捉,月具有无违戾闻奏。"⑤此后开禧北伐失败,宋杀韩侂胄以求和,金人也因蒙古崛起和西夏牵制而无力南下。这时的书禁,不再是禁止时政边机泄密,而是禁止高唱北伐主张的文字印行。嘉定六年(1213)十月,臣僚言:"国朝令甲,雕印言时政边机文字者皆

---

① 《宋会要辑稿·刑法》二之四七。
② 《宋会要辑稿·刑法》二之一一八。
③ 《宋会要辑稿·刑法》二之一二一。
④ 《宋会要辑稿·刑法》二之一二五。
⑤ 《宋会要辑稿·刑法》二之一三二。

有罪。近日书肆有《北征谠议》《治安药石》等书，乃龚日章、华岳投进书札。所言间涉边机，乃笔之书，锓之木，鬻之市，泄于外夷，事若甚微，所关甚大，乞行下禁止。"诏从之，凡二人文字尽行毁板，已印卖者当官焚毁。[①]为免惹祸，连谈论北征和国家安全的文字也要消弭了。

综上所述，宋代出版管理的特点：首先，限与禁并举，限是限私刻而保官刻，即维护某些领域的官方出版垄断权；禁则是一概禁止出版传播。其次，出版管理的核心是维护封建专制统治，凡涉及军国大政、国家安危、社会风教的重大选题，皆予以严密控制。再次，基于宋与辽、金对峙的政治格局，故对辽、金书禁最严，成为图书出版领域引人注目的焦点，体现了时代的特征。

二、行政的管理

以诏敕、条例的形式确定的出版政策和法规，需要通过一定的组织机构，运用各种行政和法律的手段自上而下地贯彻落实，对出版传播领域进行管理和控制。其中，行政的管理着眼于事先的防范与日常的控制，法律的手段则着眼于事后的追惩和违法的处置，以调节出版传播系统内的各种关系，两相结合，达到对图书出版传播活动的有效控制，维护其集权统治。

根据有关史料记载，宋代出版行政管理制度包括预先审阅、事后查验、奖励检举等。

第一，预先审阅。

对出版物进行事先审阅，防患于未然，是宋朝对出版传播活动进行有效控制的重要行政手段之一。早在宋初，统治者已认识到，禁印诏令与事后追惩均非治本之策，只有对刻印图籍进行事先审查，才能对即将出现的问题及时觉察，从而及时采取措施加以防范。真宗咸平二年（999）

---

① 《宋会要辑稿·刑法》二之一三八。

规定:"进奏院所供报状每五日一写,上枢密院定本供报。"① 这一邸报"定本供报"制度虽曾在熙宁四年、绍兴二十六年两度取消,但不久即行恢复,并一直沿用下来。图书出版的事先审阅制度,亦贯彻两宋始终。真宗天圣五年诏令:"今后如合有雕印文集,仰于逐处投纳,附递闻奏,候差官看详,别无妨碍,许令开板,方得雕印。如敢违犯,必行朝典。"② 哲宗元祐五年诏令:"其他书籍于雕印者,选官详定……候印讫,送秘书省。如详定不等,取勘施行。"③ 大观二年诏令:"其雕印书铺,昨降指挥,令所属看验,无违碍,然后印行。"④ 同年七月又规定:"今后一取圣裁,倘有可传为学士式,愿降旨付国子监并诸路学事司镂板颁行。"⑤ 高宗绍兴十五年,从太学正孙仲鳌奏:"自今民间书坊刊行文籍,先经所属看详,又委教官讨论,择其可者许之镂板。"⑥ 光宗绍熙四年规定:"今后雕印文书,须经本州委官看定,然后印行,仍委各州通判专切觉察,如有违戾,取旨责。"⑦ 宁宗庆元四年规定:"不经国子监看详及破碎编类有误传习者,并日下毁板。"⑧ 嘉泰二年重申条例:"今诸路帅宪司行下逐州军,应有书坊去处,将事干国体及边机利害文籍,各州委官看详,如委是不许私下雕印,有违见行条法指挥,并仰拘收,缴申国子监,所有板日下并行毁劈,不得稍有隐漏,及凭借骚扰。"⑨ 可见,对出版物在刊印前进行"看详""详定""看验",已成为贯彻宋朝始终的出版管理制度,这对于维护当时的政治与社会的稳定以及保证图书质量都起到了积极的作用。

从上述记载来看,对图书出版的事先审查的范围很广,即严格规定

---

① 《宋会要辑稿·职官》二之四五。
② 《宋会要辑稿·刑法》二之一六。
③ 《宋会要辑稿·刑法》二之三八。
④ 《宋会要辑稿·刑法》二之四七。
⑤ 《宋会要辑稿·刑法》二之四八。
⑥ 《宋会要辑稿·刑法》二之一五一。
⑦ 《宋会要辑稿·刑法》二之一二五。
⑧ 《宋会要辑稿·刑法》二之一二九。
⑨ 《宋会要辑稿·刑法》二之一三三。

所有出版物都必须事先接受审查，否则不许镂刻并予以严厉处罚。至于图书审查的管理机构，一般是国子监以及各路转运司、提举司、学事司及州、军、县；通常情况下，多行一次审查制，即委官"看详"，认定无违碍后即可出版传播，但有时为强化管理，也采取二次审查制，即出版前"选官详定"，印刷完毕后还须送秘书省再次审阅，无碍后方许进入市场流通。如元祐年间的刻书条例就此作了明确规定，如首次审阅的选官"评定不当"，则"取勘施行"。

第二，事后查验。

通过事先审阅，对图书出版进行预先控制，固然避免了大量有妨统治、有伤教化、质量低劣的图书刻印传播，但因当时尚无完整的出版法规和专职的管理机构，有关官员无暇顾及或失职塞责，加之书坊射利，逃避审查，仍有不少有违碍、不健康的图书流传社会。于是，国子监及各州军还随时对"书坊见刻板及已印者"进行"访闻""缴申""查验""专切觉察"及"常切检举缉捕禁绝"，加强对印刷出版业的跟踪管理，从而把包括官刻、家刻、坊刻在内的整个出版业置于皇帝、国子监、各州军有司的层层控制之下。

除了对已刊图书进行日常的"搜寻""觉察"和"缴申"外，宋朝统治者还不时根据特殊的事件、皇帝的诏令采取集中的行动，对图书进行特别审查，其中有全国范围内的诏察，即根据皇帝诏令由"各路州军""州县监司""各州通判"或"各州委官"对违法刊刻传播事件进行大清查，往往限期首纳，毁板焚讫，然后"取勘具案闻奏"；也有对边境地区、京师开封府及刻书中心等重点地区进行监督检查。北部边境是对辽、金书禁的重点控制区，故"沿边州军常切措置关防""严行禁止"；京师开封府、临安府及福建路、四川路都是出版传播中心，更是宋朝出版检查的重点。此外，宋朝统治者还针对出版传播领域的新动向或某些突发事件，以及与党争、政争相牵连的所谓"讥议时政""伪学""党案"专门立案，严加追查和惩处，从而加强思想舆论的控制。如对雕印文集的审查、对士子"语录"的追查、对《佛说末劫经》的"根究"、对《舒王日录》的查禁、对《太平纯正典丽集》的"禁弃"、对《北征谠议》和《治安药石》等书的追查，又如由图书审查而引发的乌台诗案、江湖诗案，由政治斗争而诱发的图书查禁元祐党禁、庆元党禁等。

第三，奖励检举。

为使整个出版传播活动置于广泛的社会舆论监督控制之下，除了图书审查和强制处罚之外，宋朝还实行了引导、奖励举报的政策，以调动广大民众的积极性和参与意识，加强思想文化领域的专制统治。

前文所引的有关出版传播的诏令、条例中，即包括许多奖励"陈告"的内容。仁宗康定元年诏："许人陈告，勘鞫闻奏。"至和二年欧阳修《论雕印文字札子》："许书铺及诸色人陈告，支与赏钱二百贯文，以犯事人家财充。"① 哲宗元祐五年刻书条例："告者赏缗钱十万。"徽宗政和四年诏禁元祐学术，"立赏钱一百贯告捉，仍拘板毁弃，仰开封府限半月，外州县限一月"。同年禁《太平纯正典丽集》，"赏钱五十贯，许人告"。宣和四年诏："许诸色人告，赏钱一百贯。"光宗绍熙元年诏："并立赏格，许人陈告。"宁宗嘉泰二年，"委自帅宪司严立赏榜，许人告捉，月具有无违戾闻奏"。此外，南宋时期，书坊多申文官府以公告形式禁止翻刻，保护版权。在福建、两浙转运司的榜文或录白中，也出现了"陈告追究，毁板施行"的字样。可见"许人陈告""严立赏榜"已成为宋朝出版行政管理的重要组成部分，与"立法禁戢"、审阅查勘有机结合，相互为用，以期最大限度发挥其信息传播控制之功能。

三、法律的追惩

在古代中国的专制体系下，司法和行政从来都不是独立的，而均隶

---

① 欧阳修：《文忠集》卷一〇八《论雕印文字札子》，四库全书本。

属于皇权,就宋朝的出版传播控制而言,行政管理与法律追惩也是相互作用、互为补充的。任何行政手段只能在法令、诏敕的制约、规定范围内"取旨施行";同样,法律的手段也需要庞大的行政系统的支持和落实。此外,宋朝法律制度的特点也是律、敕、令、格、式兼行的,既有像《宋刑统》这样的基本法典,也有作为补充修正法规的《建隆编敕》《太平兴国编敕》等,而大量未经编辑的历朝诏敕、御定条例,也具有法律效应。有关图书出版传播的法令,基本上就以诏敕为主。统治者就是通过频繁颁布的诏敕、"告捕条禁""立法禁戢",对图书刊刻、传播中的违法行为进行追缉惩处,从而达到在出版传播领域的专制统治。

结合前文所引,兹将宋朝对违法出版传播活动的法律惩处情况考述如次:

第一,毁板焚讫。

对非法出版传播事件,宋朝首先是严行"密切根捉雕卖之人","追取印板缴纳",将印板与图书一并"当官焚毁"。有关诏令无一例外地都有"毁板禁止""当官弃毁""日下毁板""日下并行毁劈""收索毁板""焚毁""缴纳焚讫"等内容。同时,还限期首纳,收藏研习者"匿而不言"亦论罪追惩。这些措施从印板源头着手,对禁绝非法出版物的传播流布,防止死灰复燃,具有重要作用。

第二,印卖撰者同罪。

宋朝法令对非法出版物的编撰者、雕印者、贩卖者同样严行查处和制裁。如熙宁二年,"严行根捉造意雕卖之人行遣"。宣和五年规定:"印造及出卖者同罪。"对于研习者、收藏者的追究,如宋初禁阴阳术数之书,就规定"私自研读者一律斩首","匿而不言者论以死"。大观二年诏令更明确规定:"凡贩卖、藏匿、出界者,并以铜钱法出界罪施行。"

第三,官吏失察,一体坐罪。

对重大违法出版传播案件,还要追究有关官吏的失察之罪。光宗绍熙元年诏建宁府查禁书籍,规定"官吏失察,一例坐罪"。嘉泰二年诏令:

"兴贩经由地分及印造州军不觉察官吏根究。"

第四，科罪施刑。

大体说来，宋朝对非法出版传播者的量刑主要有杖刑、徒刑、流刑等，如"根捉""行遣""拘收""送狱""责罚""杖一百""徒二年""流三千里""论以死"等。但文献记载简略，难知其详，今天可见较为具体的论述除前引元祐五年刻书条例外，还有《庆元条法事类》中的记载："诸雕印御书、本朝会要及言时政边机文书者，杖八十，并许人告，即传写国书、实录者，罪亦如之。""诸私雕文书不纳所属详定辄印卖者，杖一百。""诸举子程文，辄雕印者，杖八十，事及敌情者，流三千里，并许人告。"① 另外，大观二年规定贩卖、藏匿、出界者依铜钱出界法论处，孝宗淳熙二年规定依化外人私相交易条法施行。至于宋初对阴阳方书之类图籍的禁毁，量刑最重，私自研读及匿而不言者皆死罪，"募告者赏钱十万"。

第五，反馈控制。

加强信息沟通与反馈是出版传播管理与控制的有效途径。宋朝统治者对此十分重视，不仅"委州县监司、国子监觉察"，自上而下建立起监督举报制度，以及针对"笔之书、锓之木、鬻之市"的图书传播的控制网络，而且针对违法出版传播案件的法律追惩情况，实行自上而下的逐级申报制度。自县、州（军、府）、路以至中央有关部门，各级司法机关必须将调查处理情况逐级申报，反馈给上级机构。前引诏令、条例均有"勘鞫闻奏""取勘具案闻奏""具已焚毁各件申枢密院""月具有无违戾闻奏""讫具申尚书省""仍具数申尚书省及礼部""缴申国子监"等记载。

宋朝对出版传播活动的法律控制的突出特点，是"取旨施行"，执法量刑的依据主要是历朝的诏敕而不是律令格式，即所谓"取旨责罪""仰依前项朝旨焚毁""因依供申取旨施行"。这样，就可以从当时当地的特定社会状况出发，依据军事政治形势的变化、出版传播领域的发展态势，

---

① 《庆元条法事类》卷十七。

及时颁布诏令，有效地加以处理和控制，此其优长；但也不免带来不稳定性的弊端，各朝禁令轻重不同、松严不等，缺乏一以贯之的精神。表现在执法量刑的标准上，纵观两宋时代，随着印刷出版业尤其是商业出版的发达，"不法之举"日益猖獗，法律控制具有日渐严厉的趋势，又前期的"密切根捉""许人陈告"发展到"徒二年"，从"行遣"发展到"流三千里"，又附加了"杖八十""杖一百"的杖刑；从一般的"限期首纳""缴纳焚讫"发展到"日下当官劈毁"等。但缺乏长期固定的法规和相对统一的量刑标准。而援引诏敕的定罪制裁往往基于特殊的社会政治环境，畸轻畸重，时宽时严。如宋初太祖太宗授受之际，由于斧声烛影及相关事件的影响，太宗、真宗两朝阴阳术数之禁不遗余力，动处极刑，朝野耸动。又如元祐、庆元党禁，涉及至广。再如宋夏、宋辽、宋金长期对峙，时政边机文字之禁成为出版传播控制的焦点，禁令频繁，且依边事急缓而时张时弛。徽宗年间北边吃紧，诏敕最多，制法最严；南宋宁宗时锐意北伐，刻书之禁再度严厉；而议和、偏安岁月，诏敕偏少，且意在防范，处置较缓。这些既反映出当时律敕兼行的封建刑法特征，更是古代出版传播管理处于雏形阶段的体现。

总之，宋朝是我国印刷出版业发展成熟并初步繁荣的时代，加之当时南北对峙，外患不已，宋朝对出版传播领域深切关注，并不断颁行诏敕，制订条例，确立限禁，行政管理与法律追惩并行，预先审查与反馈控制并用，集中查处与层层控制结合，以期统一舆论，制裁违法，形成了初具规模的出版传播管理与控制体系。尽管这一体系还具有非制度化、不稳定性的初期特征，但无疑对维护当时的政治与社会的稳定起到了积极的作用，对规范出版传播活动、提高刊刻质量、保障出版业的健康发展有所促进，从而使宋版书籍成为传统出版史上的典范；同时也为后世积累了出版管理的经验，提供了有益的借鉴。

（本文原载《中州学刊》2000年第6期）

明代出版生态综论

中国传统的出版业发展到明代,出现了盛况空前的局面,被称为中国出版事业史和印刷技术发展史上的"极盛时代"。[①]尤其值得注意的是,随着商品经济的发展和城市经济的繁荣,市民阶层的逐步形成,公共消费空间的拓展,商业性出版空前发达,从而使明代成为近代新型出版业形成之前中国传统出版史上独具个性的时代。

明代处于中国封建社会的后期,走向近代化的前夜,所以明代社会发展呈现出新旧交织的显著特征。一方面封建中央集权政治高度成熟,统治阶级日益腐败,阶级矛盾与民族矛盾依然尖锐,并决定着明朝统治的历史走向;另一方面社会经济得以恢复和发展,科学技术不断进步,思想文化逐渐活跃,尤其是在相对稳定、基础较好的江南地区,商品经济空前发达,城市与市镇趋于繁荣,手工业生产、农业经营与商业贸易领域开始萌发新的生产方式的因素,以手工业者、商人阶层、知识阶层等为主体的市民阶层初步形成,人们的生活方式、思想与价值取向、风

---

① 李致忠:《明代刻书述略》,《文史》第二十三辑,北京:中华书局,1984 年;又《历代刻书考述》,第 217 页,成都:巴蜀书社,1990 年。

俗习惯、消费观念也都"崇新慕异",经历丕变,近代化的意蕴隐然显现。这样的生态环境,为出版传播的发展提供了有利的条件和巨大的空间。

一、宽松环境:重视文治与鼓励出版

有明一代,统治者比较重视文治,尽管不免有文字狱和禁毁书籍等事件发生,但政治气氛还是比较宽松的,历朝各级统治者都比较重视出版,支持教育,从而有力地推动了出版事业的发展。明朝帝王也都善于利用出版来加强教化和统治。太祖朱元璋在建国前,就"命有司访求古今书籍,藏之秘府,以咨览阅",及定元都,命大将军封其图籍宝物,致之南京,复诏求四方遗书,设秘书监丞,寻改翰林典籍掌之。二十三年(1390),"命礼部遣使购天下遗书善本,命书坊刊行",直接推动了出版业的发展。他还下令编撰了很多书籍,如《大诰》《祖训》《集礼》以及《昭鉴录》《纪非录》《永鉴录》等,世称敕撰书,颁行全国,作为教化的手段。建文帝即位后,"购遗书,申旧典,日惟汲汲不遑逸"。成祖朱棣曾说:"士人家稍有余资,皆欲积书,况于朝廷,可阙乎?"多次派人"四出购求遗书";他还指出置书不难,须经常阅读乃有益处,凡人积金玉以遗子孙,他欲积书以遗子孙,金玉之利有限,书籍之利无穷。此外,更组织编辑出版了历史上最大规模的类书《永乐大典》。历朝帝王还亲自颁行书籍给各级官府、宗藩、学校,"洪武初年,亲王之国,必以词曲一千七百本赐之"。[①]他还命礼部颁书籍于北方学校,说:"农夫舍耒耜无以为耕,匠氏舍斤斧无以为业,士人舍经籍无以为学。朕念北方学校缺少书籍,向尝颁与《五经》《四书》,其他子史经书未购,宜购与之。"永乐年间,"颁《五经》《四书》《性理大全》于两京六部、国子监及天下府、州、县学"。[②] 上行下效,

---

[①] 李开先著,路工辑校:《李开先集》上册卷六《张小山小令后序》,第370页,北京:中华书局,1959年。

[②] 龙文彬:《明会要》卷二十六《学校》,北京:中华书局,1956年。

明代中央的国子监、司礼监经厂、六部、都察院、钦天监等，地方省、府、州、县各级官署、儒学、书院等，还有各地的藩府、漕运司、盐运司等，都投入了大量的人力、物力到出版事业之中，形成了官刻兴盛的局面。

洪武元年（1368）八月，"诏除书籍税"。① 很大程度上解放了出版生产力。同时免去的还有笔、墨等文化用品和农具的税收。可见，在明太祖看来，文化生产与农业生产同等重要，都属于鼓励和扶植的范围。这在中国出版史上具有划时代的意义。尹韵公曾给予高度评价："洪武皇帝的这项政策，不啻是一场连续高温天气中的清风和甘露，给予明代出版事业的身心以极大的慰藉和积极的影响；它解除了套在出版事业身上的各种枷锁和各式镣铐，犹如一种强大的催化剂，极大地刺激和解放了出版事业，使之大踏步前进，从而滋育出明代出版事业的煌煌大观。"②

从图书出版管理而言，明朝从中央到地方并没有一套专门而完整的管理机构，而是由相关的职能部门管辖其事。如中央的翰林院、詹事府，地方则由布政司和按察司兼理；重要的出版管理法令，还是以皇帝诏书名义下达的，如颁布"钦定官本"，令各地照样刻印，颁布"修志凡例"，倡导和鼓励编纂地方志书，都发挥了积极的作用；另据文献记载，朝廷还曾委派官员到出版中心的建阳麻沙厘正书版、监督质量，如弘治十二年（1499）令福建巡按御史到麻沙去厘定书版，嘉靖十一年（1532）派翰林侍读汪佃监校图书，这在出版史是不多见的。有明一代，尽管也不时有禁毁书籍的事件发生，如靖难之变后对方孝儒等人文集的禁止，正统七年（1442）对《剪灯新话》等小说的禁止，天启五年（1625）对李贽《藏书》《焚书》等所谓异端邪说的禁毁等，但与其前的宋代和其后的清代相比，还是很少的，整个出版传播的环境比较宽松。尤其是宋元时代的预先审查制度已经废除，没有官私刻书事前申请或呈送原稿审核，批准后方可印行的记录，更没有禁止书籍在国内或国外传播流通的法令，

---

① 龙文彬：《明会要》卷二十六《书籍》，北京：中华书局，1956年。
② 尹韵公：《中国明代新闻传播史》1990年版，第253—254页，重庆：重庆出版社。

这对于促进出版业发展繁荣的作用是不可低估的。

清人蔡澄《鸡窗丛话》比较元、明出版管理与出版成本对出版业发展的影响："先辈云：元时人刻书极难。如某地某人有著作，则其地之绅士呈词于学使，学使以为不可刻，则已。如可，学使备文咨部，部议以为可，则刊板行世，不可则止。故元人之著作之存于今者，皆可传也。前明书皆可私刻，刻工极廉。闻前辈何东海云，刻一部《古注十三经》，费仅百余金。故刻稿者纷纷矣。尝闻王遵岩、唐荆川两先生相谓曰：'数十年读书人，能中一榜，必有一部刻稿。屠沽小儿，身衣饱暖，殁时必有一篇墓志。此等板籍，幸不久即灭。假使尽存，则虽以大地为架子，亦贮不下矣。'又闻遵岩谓荆川曰：'近时之稿板，以祖龙手段施之，则南山柴炭必贱。'"①

总之，明朝统治者一方面采取重视和鼓励出版的政策，懂得发挥出版传播的社会功能，利用出版工具为巩固皇权、实施教化服务；另一方面又免除税收，放宽限禁，出版管理更趋开放，通俗小说戏曲层见迭出，私撰国史、宫史公然流通，从而促使官私刻书尤其商业性的坊刻空前活跃，成为前近代中国出版最具活力的一个时代。

二、源头活水：文化繁荣与著述丰赡

明代是中华文化史上继东周、秦汉、唐宋之后又一个思想开放、文化发达、学术昌明的时代，同时又表现出它所独具的时代特征，既是传统文化发展的高峰期，也是传统文化注入了新的内容的转变期。明初立国，在建立中央集权政治的同时，也建立起以程朱理学为核心的思想文化一统局面，从而使封建文化呈现出繁荣的景象，学者称之为"宫廷的风致，皇家的气魄"，我国历史上最大的一部类书——《永乐大典》的编纂就是

---

① 叶德辉：《书林清话》卷七《明时刻书工价之廉》，沈阳：辽宁教育出版社，1998年。

一个显著的标志,而复古与拟古思潮的兴起也体现出封建文化的迟暮品格。中叶以后,随着社会经济格局的变动,思想文化领域别开生面,"天下之士,厌常喜新""慕奇好异",社会风尚逾越礼制,思想观念悖离礼教,文学艺术"异调新声",人文主义思潮流行,主体意识觉醒,人格精神张扬,市民阶层活跃,文化消费高涨,传统文化开始了朝近代化方向发展的转型,表现出前所未有的生机和活力。与此同时,耶稣会士的东来和西学的流播,使中国文化体系之中导入了一种异质文化,从而揭开了中西文化交融和冲突的序幕;中国传统的科学技术也汲取外来科技文化和实证方法,冲破经学的藩篱,进入了总结、集成和创新的新阶段,涌现出一大批像徐光启、李时珍、宋应星、徐霞客、李之藻、朱载堉、王徵等大家巨匠,被称为群星灿烂、人才辈出的时代。

明朝历代统治者,都十分重视学校教育和科举取士。洪武二年,明太祖朱元璋初建国子学,诏谕中书省臣曰:"朕惟治国以教化为先,教化以学校为本。京师虽有太学,而天下学校未兴。宜令郡县皆立学校,延师儒,授生徒,讲论圣道,使人日渐月化,以复先王之旧。"① 中央设国子学,即南北二京的国子监,国子监诸生统称监生,有官生、民生之别,"品官子弟为官生,民间俊秀为民生",洪武二十六年(1393)监生即达8124名;地方则分别设立府学、州学和县学,还有民间的社学、义学、私塾、书院等,"明代学校之盛,唐宋以来所不及也"。学校教育的发展,逐步形成了读书仕进的文化氛围,出现了"家有弦诵之声,人有青云之志"的现象。明代科举始于洪武三年,洪武十七年始定科举之式,命礼部颁行各省,遂为定制。规定以"四书""五经"命题,称书义、经义,"其文略仿宋经义,然代古人语气为之,体用排偶,谓之八股,通谓之制义"。明朝虽有荐举、学校、科举三个途径选拔官员,但以科举为正途,从生员、举人、进士而入仕愈来愈成为人们基本的人生选择和理想道路。

---

① 《明史》卷六十九《选举一》,北京:中华书局,1974年。

明朝是一个典型的科名社会。从生员、举人到进士，进而成为官员，形成了所谓的士绅阶层或缙绅阶层。有明一代共举行了85次科举考试，录取进士24594名。① 举人的数量虽没有统计，但根据学者的研究，明代会试的录取比例约为8%~10%，那么明代举人的数量约在24.6万至30万之间。② 取得举人、进士功名出仕的官僚以及致仕的乡绅，是士绅的上层；而广大的生员秀才，或称青衿，是其中的下层。按顾炎武的估计，每县生员300名，全国生员总数达50万之多；据陈宝良的研究，明末地方儒学生员人数约在60万之上，占当时总人数的0.46%。③ 而据明人朱国祯估计，大县生员一二千人，小县七八百人，下县二三百人。宋应星也认为"大者已溢二千人矣"。侯方域更认为"今者大县之弟子，殆不下二千人，中小县亦各千余人"。可见生员已经成为一个庞大而独立的社会阶层，顾炎武《生员论》将其与乡宦、胥吏并列为病民的三种社会力量，费密《荒书》更称为明季"五蠹"之一。若以儒童（童子、童生）岁试、科试进学为生员的比例为5%计算，那么全国童生的数量当为1200万人。学校教育和科举制度的发展，大大提高了仕宦阶层和知识阶层的比例，这与明代图书出版事业的发展有着很深的正比例关系。

全社会文化素质和精神需求的提高，使规模庞大的知识阶层构成了一个实力雄厚的图书著作和消费群体。有学者提出明代三大著作群，即藩王著作群、山人墨客著作群、书坊著作群。④ 其实还有一个重要的著作

---

① 何炳棣著，徐泓译注：《明清社会史论》，台北：联经出版事业股份有限公司，2013年，第236页，表22《明代进士名额》。而据龚延明、邱进春《明代登科进士总数考》的研究，明代共取进士89科，24595人，《浙江大学学报》2006年第3期；郭培贵《明代殿试榜数与进士数考辨》则为89榜，24599人，《明清论丛》第七辑，北京：紫禁城出版社，2006年。
② 钱茂伟：《国家、科举与社会——以明代为中心考察》认为明代会试的录取率在10%左右，乡试的录取率在4%左右，北京：国家图书馆出版社，2004年；郭培贵《明代科举各级考试的规模及其录取率》认为洪武至万历会试平均录取率为8.6%，《史学月刊》2006年第12期。
③ 陈宝良：《明代地方儒学生员数蠡测》，《顾诚先生纪念暨明清史研究文集》，郑州：中州古籍出版社，2005年，第109—138页。
④ 曹之：《中国古籍编撰史》，第296—305页，武汉：武汉大学出版社，1999年。

群体，即官僚著作群。明代官员大多出自科举正途，有较高的文化修养，是图书编纂出版的重要推动力量。一则中央和各地官府有专门的或临时性的文化教育和修书机构，专职编纂官书，如《永乐大典》以及实录、国史、会典、会要、方志、律历、儒学经典等；二则很多官员本身就是学者，著述等身；三则明代官场风气盛行所谓的"书帕本"，即使不学无术的官员，为官一任，也要编纂数卷新书，作为馈赠礼品，还要捐俸刻书，表彰当地贤良文士。于是乎，明人著书，蔚然成风，《明史·艺文志序》曰："第有明一代以来，君臣崇尚文雅，列圣之著述，内府咸有开板。而一时作者，亦自彬彬。崇正学者，多以濂、洛为宗；尚词藻者，亦以班、扬为志。追夫博雅淹通之士，著述尤夥。故其篇帙繁富，远过前人。"黄虞稷《千顷堂书目》著录明代著作12000余种，大体反映了明代的图书编撰情况，《四库全书总目》即认为"考明一代著作者，终以是书为可据"。而据统计，现存明人文集多达3000余种。这样，丰富多彩的明人著作，再加上历代传承不衰的四部文献，就为明代出版提供了源源不断的书稿来源，从而推动了明代出版尤其是商业性出版即坊刻的空前繁荣和兴盛。

三、市场空间：商品经济发展与文化消费提高

经过百余年社会安定和经济复苏，到明代中叶以后，社会生产力不断提高，商品经济得到了高度发展，城市和市镇经济日益兴盛，在江南等地区的若干行业出现了资本主义因素的萌芽，中国社会经济开启了走向近代化的历程。首先是农业专业化和商品化程度空前提高，不仅推动农业经营方式的变革，而且促进了各地区之间的经济联系和贩运性商业领先兴旺。其次是手工业生产内部分工和地域分工日益精细，雇佣劳动大量出现，劳动生产率大大提高，商品生产和商业流通的需要，刺激了商业市场的扩大和贸易的繁荣。再次是与商业流通的扩大相适应，货币流通量也急剧增大，白银逐步成为法定的普遍的流通货币，货币经济得到了空前发展。

复次是经济生产商品化程度的增高与市场流通的频繁,刺激了城市和市镇工商业的蓬勃发展,出现了两京、苏杭等全国性的商业物流中心和市镇、集墟等组成的市场网络;而地域性商帮的形成、富商大贾的崛起以及工商业人口的急剧增加,更是晚明商品经济繁荣发达的集中体现。在晚明商品经济大潮背景下的出版印刷业,本身就是民间工商业的一个重要领域,商业性出版业——书坊成为出版业最为活跃的组成部分;更值得关注的是商品经济的繁荣为出版传播的发展拓展了无限广阔的空间。

商品经济的发展,水陆交通运输的发达,为图书贸易提供了便捷的交易手段和相对集中稳定的集散中心,图书流通更为活跃和繁盛。当时全国有四大图书贸易中心——北京、南京、苏州、杭州。其中北京版刻虽然不多,"然海内舟车辐辏,筐篚走趋,巨贾所携,故家之畜,错出其间,故特盛于它处";书肆多在大明门之右、礼部门之外、拱宸门之西,同时还定期举办图书交易活动,"每会试举子,则书肆列于场前,每花朝后三日,则移于灯市,每朔望并下浣五日,则徙于城隍庙中,灯市极东,城隍庙极西,皆日中贸易所也。灯市岁三日,城隍庙月三日,至期百货萃焉,书其一也"。杭州地适东南之会,三吴、七闽的版刻典籍荟萃于此,书肆多在镇海楼之外及涌金门之内,及弼教坊、清河坊,"省试则间徙于贡院前,花朝后数日则徙于天竺,大士诞辰也。上巳后月余,则徙于岳坟,游人渐众也。梵书多鬻于昭庆寺,书贾皆僧也"。①南京书肆多在三山街及太学前,大凡"十三经、廿一史,九流三教,诸子百家,腐烂诗文,新奇小说,上下充箱盈架,高低列肆连楼,不但兴南贩北,积古堆今,而且严批妙选,精刻善印","既射了贸易诗书之利,又收了流传文字之功"。②苏州书肆多在阊门外及吴县前,这里和南京一样都是全国版刻中心,"书多精整,然率其地梓也","海内商贾所资,二方十七",成为图书贸易的主要输出区。

---

① 以上见明胡应麟:《经籍会通》,第48—49页,北京:北京燕山出版社,1999年。
② 孔尚任:《桃花扇》第二十九出《逮社》,第189页,北京:人民文学出版社,1959年。

另外，福建建阳也是重要的图书生产和贸易中心，嘉靖《建阳县志》记载："书坊街在崇化里，比屋皆鬻书籍，天下客商贩者如织，每月以一、六日集。"建阳的麻沙书坊，元朝遭到破坏，晚明得以复兴，"天下书商皆集"，"与崇化并传于世，均足以嘉惠四方"。①

商品经济和城市经济的发达，不仅直接促进了图书贸易的繁荣，更为重要的是促进了市民阶层的形成与不断扩大，图书消费群体更为广泛，社会文化消费水平空前提高。新兴的市民阶层，包括商人和手工业者，也包括市井百姓、民间艺人、下层文士等，相对而言，这部分人在政治上较为自由，经济上较为宽裕，生活上较有余闲，文化上素养较高，具有购买和阅读书籍的充足条件。叶盛《水东日记》卷二十一："今书坊相传射利之徒，伪为小说杂著。南人喜谈如汉小王光武、蔡伯喈邕、杨六使文广；北人喜谈如继母大贤等事甚多。农工商贩，抄写绘画，家蓄而人有之，痴呆女妇，尤所酷好。好事者因目为《女通鉴》，有以也。甚则晋王休征、宋吕文穆、王龟龄诸名贤，至百态诬饰，作为戏剧，以为佐酒乐客之具。有官者不以禁杜，士大夫不以为非，或者以警世之为而忍为推波助澜者，亦有之矣。意者其亦出于轻薄子一时好恶之为，如《西厢记》《碧云骎》之类，流传之久，遂以为滥而莫之救欤？"②这是晚明以戏曲、小说为代表的大众出版应时而生、因需而起的真实写照。

市民阶层的扩大，公共场域的形成，为市民文化的勃兴和出版传播的发展提供了广阔的空间和巨大的潜力。综观明代刻书情况，明朝前期，政治性和教化性的出版物在整个出版业产品中占有很大比重，而到了中期以后，出版传播空前发展，"所在书板日增月益"，小说、戏曲等通俗文学，也可以说是市民文学的锓梓激增，成为书业最主要的品种之一；通俗实用读物、童蒙课本、时文选本、名家诗文、年画日历以及宗教俗信等类书籍，也大行其道，这些都是以市井细民的需要为基础的大众出版物，出版商

---

① 嘉靖《建阳县志》卷四《乡市》，卷五《物产》。
② 叶盛：《水东日记》卷二十一，北京：中华书局，1980年。

业化程度大大提高，以坊刻为代表的民间出版业完全成了一种以盈利为目的、面向广大民众的产业，这是明代出版传播业发展最为突出的现象。

四、物质基础和技术支撑：科技进步与出版生产力

纸、墨、笔、砚等相关材料制造业的长足发展，无论数量之大、制作之精、品种之丰富皆可谓盛况空前，为图书出版业的兴盛提供了基本的生产资料和良好的物质基础。当然，二者之间乃是相辅相成的辩证关系，材料制造业发展满足了出版业的需要，出版业的繁荣反过来又会刺激材料制造业的增长。

纸张为图书生产的主要载体，没有造纸业的大发展，那么明代出版业的繁荣是根本无法想象的。明代造纸业发达，江西、福建、浙江、安徽以及南直隶、四川、湖广、云南、河南等都是重要产地，上饶石塘镇，"纸厂槽户不下三十余槽，各槽帮工不下一二千人"，可以想见其生产规模。"衢之常山、开化等县，人以造纸为业"。造纸生产工艺得到很大提高，生产方式也发生了新的变革，出现了商人投资纸业生产和流通的现象。另外，宫廷内府也造纸，根据万历《明会典》记载，司礼监有制纸匠62人，所制纸品名色有宣德纸、大玉版纸、大白版纸、大开化纸、毛边纸等。明人印书用纸颇为讲究，胡应麟《经籍会通》："凡印书，永丰绵纸为上，常山柬纸次之，顺昌书纸又次之，福建竹纸为下。"纸的名色很多，约逾百种，除明初有过少量的黄白麻纸外，主要分以桑皮为主料的绵纸和以竹子纤维为主料的竹纸。明代刻书，早期常用白、黄绵纸，嘉隆间多用白绵纸，也有少量竹纸印本，晚明则多用竹纸，质次而价亦廉，所以谢肇淛说："国初用薄绵纸，若楚、滇所造者，其气色超元匹宋，成、弘以来渐就苟简，至今日而丑恶极矣！"[①] 这正是出版商业化的必然结果。

---

① 谢肇淛：《五杂俎》卷十二《物部四》，北京：中华书局，1959年。

制笔工艺适应书法风格和印刷字体时尚的变革，一改元代及明初与赵体相应的笔毫软散的习尚而盛行与仿宋字体相应的硬毫，注重"锐、齐、圆、健"四德，劲健有力，富有弹性。不仅制作精致、规模扩大、地域广泛，而且新品名笔不断涌现，"南有湖笔，北有京笔"，从而为刻书字体的变化提供了更大的空间，晚明不少精美的写刻本传世，即与此息息相关。明代制墨业也一扫元代颓势，名家辈出，流派纷呈，质地精良，墨式新奇，我们今天看到的晚明印本墨色依然莹润光泽，宛然如新，便为明证，而《墨苑》《墨谱》《墨志》等专门性著作的出版，也是明代墨业和墨学发达的标志之一。至于制砚业的发展，一方面传统的端砚、澄泥砚等再度复兴，另一方面不少新的砚材开发亦名品纷呈，如北京的潭柘紫石砚、长白山的松花石砚、四川的嘉陵峡砚等，皆享誉一时。

印刷复制技术与工艺的创新是出版业发展的重要支撑力量，其中最引人注目的是活字印刷的推广与彩色印刷技术的出现和快速发展。

活字印刷肇始于北宋庆历年间的布衣毕昇，元大德年间王桢制成木活字及转轮排字架，南宋和元代也陆续用泥、木活字出版过一些书，并未推而广之。活字印本高潮的出现，还是在明代中期之后。现存最早的是弘治年间的碧云馆活字版《鹖冠子》。其后使用渐广，遍及南直隶、浙江、福建、江西、四川、云南等地，蜀藩和益藩也以木活字刻印《栾城集》《辨惑编》等书，尤其值得注意的是，原来一直靠抄写或部分雕版印刷的朝廷邸报，在崇祯十一年（1638）也开始使用活字刻印，[①] 正是取其方便、快捷的优点。相对于木活字而言，金属活字的运用更为普遍，较早出现的锡活字、铅活字，而使用最广泛的则是铜活字。据不完全统计，明代铜活字印本110多种，2700多卷，分布于南直隶、浙江、福建、广东等地区。其中最为有名的是无锡华燧的会通馆、华珵的尚古斋、华坚的兰雪堂以及安国的桂坡馆，最称精善，藏书家比之宋刊名抄，争相宝尚，

---

① 顾炎武《顾亭林诗文集》卷三，第54页，北京：中华书局，1983年。

堪称中国古代活字印本的优秀代表。

彩色套印技术的广泛应用和发展是晚明印刷业所取得的辉煌成就之一。所谓套印，即根据同一版面不同的内容需要，分别镌刻制版，以不同的颜色轮番施印。从最初的朱、墨两色，发展到后来的三色、四色、五色，清代道光年间还出现了朱、墨、紫、蓝、绿、黄六色套印的《杜工部集》。明代较早的朱墨印本是万历年间的《闺范》。其后，湖州闵氏（闵齐伋、闵昭明）、凌氏（凌汝亨、凌濛初、凌瀛初）大量以套印工艺出版传统经典、戏曲、小说等书，流传甚广。如闵氏所刻四色套印本《世说新语》，分别以黄、蓝、朱标识刘应登、刘辰翁、王世懋三家评语；凌氏所刻五色套印本《文心雕龙》等，赏心悦目，允为善本。安徽歙县程氏滋兰堂所刻《墨苑》，附彩色插图50幅，多为四色、五色，但其工艺已不是套印，而在一块印版上刷涂深浅不同的颜色，一次印出彩色品来，技术上有了进步。这不仅对涂彩要求很高，而且不同颜色的交界处往往会混淆不清，影响印刷效果。为了克服这一难题，又诞生了新的饾版、拱花工艺。饾版就是分色刻版、逐色套印，一幅图画甚至要刻三四十块版，分先后轻重印刷六七十次，最终达到与原稿同样的艺术神韵；拱花则是把雕版压印于纸上，使纸呈现出凸凹的花纹，用来拱托画面上的白云、流水以及花叶的脉络。对于饾版、拱花技术的试验和推广，安徽休宁人胡正言的《十竹斋书画谱》和《十竹斋笺谱》以及漳州人颜继祖请南京人吴发祥以木版水印的《萝轩变古笺谱》，在艺术史和出版史上都具有非常重要的意义。这些技术的进步，使晚明成为中国版画史上的黄金时代。

此外，随着土地兼并和商品经济的发展，人口向城镇流动的加剧，给手工业提供了大量的廉价劳动力。明嘉靖《豫章罗先生文集》目录后有"刻板捌拾叁片，上下两帙，壹佰陆拾壹叶，绣梓工赀贰拾肆两"木记。以一版两叶均计，每叶合工价一钱五分有奇。另据徐康《前尘梦影录》记载，毛氏汲古阁广招刻工，以"十三经""十七史"为主，"其时银串每两不及七百文，三分银刻一百字，则每百字仅二十文矣"。低廉的刻书工价,大大提高了出版业内部的生产力和市场的竞争力,这也是商业性出版业高度发达的动因之一。

(本文原载《中原文化大典·中原出版卷》)

《大清著作权律》初探

清宣统二年（1910）11月17日，"军机大臣钦奉谕旨：资政院议决著作权法，会同民政部具奏，缮单呈览，请旨裁夺一折，著依议。钦此"。这部《大清著作权律》于是成为中国第一部著作权法。其中第五十一条规定："本律自颁布文到日起算，满三个月施行。"中国版权问题经过千年探索，终于完成了立法实践，已经比西方最早的版权立法——英国的《安娜法令》迟了整整200年。在这部迟来的法典实施100周年之际，回顾其立法背景，分析其内涵，梳理其源流，对于认识中国的版权历史以及今日的版权实践都是不无意义的。

一、渊源与背景

《大清著作权律》的产生，既是中国古代图书出版事业发展、版权观念和版权保护演进的历史延续，也是近代西学东渐、新闻出版和文化艺术空前发展的现实要求，更是在西方资产阶级法权观念的影响下，伴随着中国社会近代化的进程，最终在清末新政期间的法制改革运动中实现的。

　　我国版权的萌芽可以追溯到遥远的古代,春秋战国时期,诸子著作已开创了署名权的先河。魏晋以降,著作卷端署名之例已蔚成风气。同时,著作者的经济权利也受到重视,出现了所谓的润笔,可视为稿酬的滥觞。然而,从严格意义上讲,版权问题是伴随着出版业尤其是商业出版的兴起而出现的。

　　隋唐以后,雕版印刷术的发明和应用,图书生产与传播成本大为降低,投资效益则大为增长,从而刺激了以刊刻销售图书为业、以盈利为目的的商业性出版业的发展。出版业的兴起,书业竞争的加剧,也导致了盗印、翻刻、作伪等非法出版现象的形成,自然使得作者的声誉及权益受损,也使出版者的经济利益遭到侵犯,从而唤起了他们的版权意识,使其在"心甚恨之""欲毁其板"的同时,寻求对策进行防范,进而通过行政和法律的手段维护其正当权益。首先,是封建官府颁布诏令,维护其官方出版垄断权。唐文宗时,即有私刻日历的禁令,五代时又有私刻"九经"的禁令,宋代更是屡颁诏敕、条例,禁止民间私刻和翻刻刑律、历书、国史、会要、实录以及时政、边机文字,客观上也起到了保护版权的作用。其次,是民间著作者、出版者向官府提出申请、"陈告",以牌记、录白、公据等形式刊于书中,张挂各地,以保护版权、追惩盗版。如南宋光宗绍熙年间(1190—1194),四川眉山程氏刻本《东都事略》目录后刻有长方形牌记:"眉山程舍人宅刊行,已申上司,不许覆板。"这是目前世界上发现的最早的版权声明和版权记录。嘉熙二年(1238),祝穆《新编四六必用方舆胜览》自序后刊有两浙转运司禁止翻刻的录白。淳祐八年(1248)段昌武《丛桂毛诗集解》前刊有行在国子监禁止翻版的公据。这些都表明,著作权、出版权已得到了宋朝官府行政乃至法律上的承认和保护。"此风一开,元以来私塾刻书,遂相沿以为律例。"明清以降,这类事例、版权声明已成为出版行业的通行惯例,"陈衙藏板,翻刻必究""如有翻刻,千里究治""倘有好徒,假冒煽惑,重究不贷"之类的例证举不胜举,初步形成了我国古代著作权保护的历史传统。①当然，由于传统中华法系的特殊性和封建文化专制的随意性，我国著作权法制建设始终没有取得实质性的突破。

鸦片战争后，中国国门洞开，西方资本主义近代科学文化也随着坚船利炮、西洋奇器一同涌入；一大批先进的中国知识分子也开始放眼看世界、学习西方，传播近代文化；加之出版印刷新技术、新材料的广泛应用，于是中国新闻传播事业获得了长足的发展，图书生产方式、图书内容和形式也都发生了划时代的变革，从而呼唤近代著作权法制观念的引进和结合中国实践的尝试；而中外经济文化交流的频繁，也必然要求依照法律手段解决知识产权及相关问题，于是随着晚清社会变革进程的加快，经历了千年渊源演变的版权保护问题，终于提上了立法的日程。

首先，近代以来，随着机械印刷技术的广泛应用，新闻出版业的空前发展和产业转型，著作者和出版者为维护其正当权益、促进学术文化的发展，积极呼吁版权立法，打击侵权盗版，并致力于版权保护的实践探索。著名维新思想家、翻译家严复和商务印书馆创始人张元济就是其中杰出的代表。1903年，严复就上书当时的学部大臣张百熙，要求版权立法，保护"敝精劳神""著述译纂"者的权利："今夫学界之有版权，而东西各国，莫不重其法者。……版权者，所以复著书者之所前耗也。……是故国无版权之法者，其出书必希，往往而绝。希且绝之害于教育，不待智者而可知矣。""总之，使中国今日官长郑重版权，责以实力，则风潮方兴，人争自厉……乃若版权尽毁，或虽未毁，而官为行法，若存若亡，将从此输入无由，民智之开，希望都绝……今夫国之强弱贫富，纯视其民之文野愚智为转移，则甚矣版权废兴，非细故也。"②同年，严译《社会通诠》在商务印书馆出版，张元济作为"在见"与之签订了中国第

---

① 周林、李明山主编：《中国版权史研究文献》，第3—14页，北京：中国方正出版社，1999年。
② 《严复集》第三册，《书信·与张百熙书》，北京：中华书局，1986年。

一份版权合同。也是在这一年,商务出版了周仪君翻译的《版权考》,介绍欧美版权立法情况。商务印书馆主人作序说:"所谓 Trade Mark 商标、Patent 专利、Copy Right 版权之律以成,而关系于文明之进步者,独以版权为最。驳其说者,谓风气初开,著作未盛,若成一书,必禁人翻印,则行之不远,受其泽者少,不如无版权之为愈也。不知著述之士,大抵穷愁发愤者多。积年累月,耗竭心力,得稿盈寸,持以问世,而射利之辈,乃遽袭为己有,以分其锱铢之微,徒任其劳,不食其报,盖未有不废然而返者矣。然则前者之说,盖犹仅为目前计,而未尝为后来计也。况今者,美日两国,皆要以版权列入商约,使不及早订专律,吾恐怀铅握椠之士,皆将踵商人挂洋旗持三联单之为,以托庇于他人之宇下,我国家宁必驱鱼雀而如渊丛乎?"[1] 反映了出版者的焦虑心情和卓识远见。

其次,外国版权法的传入及西方传教士对版权立法的推动。近代以来,中国进入了一个移植外国法的历史时期,尤其是清末10年间,清朝在移植西方法律方面有了实质性进展,翻译西方法典和法学著作数量为前此历史之最,从而使得西方的法治传统和法律观念得到广泛的传播。就版权法而言,前已提及的译自大英百科全书的《版权考》1903年出版,为近代第一部版权法译著;《伯尔尼公约》译文也在同期发表;日本著作权法译本出版于1907年,加上大量的法学辞书、著作的翻译出版,成为近代中国版权法移植外国法的理论来源,为《大清著作权律》的出台铺垫了学术基础。

与此同时,外国传教士利用报纸、图书等媒介也为推动版权立法作出了贡献。其中尤以美国传教士林乐知最为突出。林乐知1859年来华,先后编译出版《中东战事本末》《列国纪政要》等四五十种书籍,为西学东渐发挥了积极作用。同时他针对当时侵权事件泛滥的现象,以《万国公报》为阵地,在1904年撰写发表《版权通例》《版权之关系》等文

---

[1] 斯克罗敦、罗白孙著,周仪君译:《版权考》,上海:商务印书馆,光绪二十九年(1903)九月。

章，从版权的性质、功能、基础乃至具体制度方面比较系统地阐发了版权观念和版权主张，同时也指出"中华书籍亦有翻刻必究成案"，在中国立法保护版权不仅有传统，更有现实意义。他还通过广学会出版实践，一方面刊登告白，进行宣示；另一方面通过美国领事馆致函地方官员，发布翻刻新书保护版权的告示，从理论和实践上推动着版权立法工作的进步。

再次，中外经济文化交流中的商约谈判与版权论争，成为清朝版权立法的外部压力。19世纪中叶，西方国家的版权保护开始随着其海外殖民与国际扩张走向国际化。先是有些国家通过订立双边协定，在互惠的基础上对外国公民的作品提供保护；后来，又于1886年由比利时、英国、德国、法国等10个国家共同签署了《伯尔尼保护文学艺术作品公约的国际协议》。这样，西方国家的版权保护从主要局限于本国发展到国际化保护。同时，19世纪中后期我国近代化过程中的新式学堂所用教科书大多译自外国，擅自翻译、翻印东西洋书籍在东南沿海地区普遍存在。19世纪末年，就经常有外国作者、出版公司通过本国的驻华领事向中国当局施加压力，要求保护版权。因此，西方列强就利用与中国进行商约谈判之机，强硬要求中国对外国作品施行全面的版权保护制度，从而展开了首轮中外知识产权交涉。

1902—1903年，根据《辛丑条约》的规定，清廷派代表在上海与美、英、日等国代表分别谈判修订商约事宜，先后与之签订了《续议通商行船条约》。此次商约谈判争执的焦点是加关税免厘金问题，但美、英、日三国又提出中国应从速立法保护其有关知识产品在华产权（商标权、著作权、专利权）的要求。在商约谈判中，美方提出的草案第11条要求中国按照保护商标的办法保护美国人特为中国人编写或翻译成中文的书籍、地图、海图等出版物，翻印必究，并以美国依法保护中国著作权为交换条件。日本也提出相同要求。迫于国内反对意见，中方代表拒绝此款。稍后，督办谈判事宜的张之洞提出折中方案。但美方态度强硬，迫使中方让步。

于是在《中美通商行船条约》第 11 款中承诺将来作为此次交涉的结果，制定章程、设立注册局所，依法保护注册的专为中国人准备或译成华文的美国人著作、拥有的书籍、地图、海图等出版物的著作权禁止中国照样翻印，保护期为 10 年，美国则同意依法保护中国的出版物。几乎同时，中日之间的《通商行船续约》第 5 款，也规定"中国国家允定一章程"，保护版权。这两个条约不仅引起了双方的激烈争议，而且在朝野引起了层层波澜，引发了关于中国加入国际版权同盟问题的论争。[①] 在这场争论中，无论是符合潮流力主实施保护者，还是保护民族利益反对加入者，以及有条件保留与有限支持的观点，都有其现实的合理性，而使民众对版权问题的认识更加清晰了，本身对于版权立法就是一个有力的推动。

最后，近代以来维新变法过程中的新闻出版立法实践，则是中国法律近代化的逻辑结果。清末版权立法进程是内生性因素与外部力量共同作用的结果，也是中国法律近代化的逻辑发展。早在维新变法运动中，制定颁布报纸、印刷、出版法律已经提上议事日程。到了 20 世纪最初 10 年，伴随着清末新政和预备立宪的改良运动，版权保护制度建设的进程明显加快了。1903 年，清朝派当时驻德国柏林的代办和商务参赞以观察员身份列席了《伯尔尼公约》成员国修订公约的大会。同时，清朝官府也不断发布文告，进行保护版权的尝试。如 1902 年，敕令保护文澜书局印行《九通分类总纂》的专有权。1903 年，发布保护南洋公学译书院编译刊行的 54 种书籍的布告："凡译书院译印官书，均不许多人翻刻，以符奏案，以保版权。"1904 年，发布文告，"毋许将千顷堂印售中西讲通医术五种，翻印渔利"。而根据有关文献记载，1904 年 4 月 6 日，清廷商部曾表态，同意"由本部酌定版权律"。1905 年初，商部所拟定的"版权律草案"，送交学务处审核，张元济曾就此提出五条意见。1905 年 4 月 24 日，由沈家本、伍廷芳主持的修订法律馆开办，立法工作的节奏进一步加快。

---

① 李明山：《20 世纪初中国版权问题论争》，《近代史研究》1999 年第 1 期。

1906、1907、1908年，清廷连续颁布了《大清报律》《大清印刷律专条》等。而自1907年起，学务处又将著作权律修改稿移交民政部。1910年4月，商务印书馆《教育杂志》主编陶保霖发表《论著作权法出版法急宜编订颁行》。当此之时，《大清著作权律》的出台已经进入了既定的程序，呼之欲出了。

二、制定及内容

按照清末仿行宪政的官制改革，著作权事宜属于民政部管辖，所谓"民政部职司警政，首在保卫治安，而高等治安警察之中，尤以集会、结社、新闻、著作数端为最重"。因此，著作权律的制定程序就分为三个阶段：首先是属部，民政部拟定草案；再交编纂法律的专门机构复核；之后交立法机关资政院三读通过，会同军机大臣请旨裁夺。①

民政部拟定草案：在著名法学家、修律大臣沈家本的授意下，民政部聘请了几名日本的法学专家，参照日本1899年《著作权法》和西方主要国家尤其是德国的著作权法，形成了草案。这项工作于1910年9月完成，10月2日（八月二十九日）在《民政部为拟定著作权律草案理由事致资政院稿》中，开宗明义："窃惟著作一端，东西各国均设专律，确立范围，保障权利，故学问、艺术日新月异。现在预备立宪，国民程度正期继长增高，欲谋思想之交通，必得推行之无弊。"并就14个条款的立法理由进行了说明。

宪政编查馆复核：宪政编查馆是清末立宪运动中出现的立法草案复核机关，成立于光绪三十三年（1907），由内阁总理大臣、协理大臣兼充宪政编查馆大臣。同时还成立有修订法律馆，负责起草新式法典，职能略有交叉。就著作权法而言，民政部拟定草案后，即交由宪政编查馆复

---

① 丁进军：《清末修订著作权律史料选载》，《历史档案》1989年第4期。下不另注。

核，之后再由民政部请旨交资政院议决。正如《民政部为拟定著作权律清单请旨交议事奏折》称："臣等督饬司员，悉心参酌，谨拟成著作权律五十五条，作疏通证明，加具按语，咨送宪政编查馆复核。兹据宪政馆核讫咨复到部，敬谨缮具清单恭呈御览，并请饬交资政院议决，照章办理。"

资政院三读："原拟《著作权律》凡五章五十五条，经修正议决其各条中意义、字句互有增损，仍定为五章五十五条。""资政院议决《著作权律》时，《著作权律》议案三读秘书官朗读全文，中间陈树楷、汪荣宝等略有文字之修正。付之表决，众赞成通过。"然后依据资政院章程，由总裁、副总裁分别会同军机大臣或各部行政大臣请旨裁夺。宣统二年十一月十七日，"军机大臣奉谕旨：资政院议决《著作权律》，会同民政部具奏，缮单呈览，请旨裁夺一折，著依议。钦此。"至此，我国历史上第一部著作权法正式出台。按照其第五十一条之规定，"本律自颁布文到日起算，满三个月施行"。次年正月，民政部将印刷文本一百五十份出示晓谕京内各衙门、各省督抚，转饬各府厅州县，在全国推行，以"昌明学术，交通知识"。

《大清著作权律》共分通则、权利期间、呈报义务、权利限制、附则五章五十五条，以日本著作权法为蓝本，参酌欧美诸国的版权立法，旨在保护作者的精神权利和财产权利，协调作者与出版者以及出版者之间的关系，对立法的宗旨、保护对象及范围、保护期与继承、转让、抵押、版权限制、侵权与制裁以及版权管理等均作了详细规定。

1. 对象及范围：规定"凡成著作物而专有重制之利益者曰著作权"，凡文艺、图画、帖本、照片、雕刻、模型等著作物经过民政部著作权注册局注册给照者均受保护。

2. 权利期限：著作权归作者终身享有，作者亡故，继承人可续至30年。作者身故后发表的作品、以法人团体名义发表的作品以及不著姓名的作品保护期均为30年。照片保护期为10年。而以上保护期限，均从民政部注册发照之日或继承人呈请立案之日起算。

3. 呈报义务：著作权并不是作品完成后自行产生，作者必须用本人真实姓名（或法人团体名称并附有代表人姓名）向民政部呈报拟出版发行的作品样本两份，注册费五块银元，经批准发照后，方受保护。继承、转售抵押者亦应履行上述手续。同时，作品发行时必须将呈报、注册日期在书后注明。

4. 权利限制及违法惩处：对合作作品、委托作品、改编作品、口头作品、翻译作品的著作权归属及继承作了特殊规定；对不能给予著作权保护的"法令约章文书案牍"等作品以及可视为公共财产任意自由使用的作品作了具体界定；列举诸如翻印复制、剽窃、割裂、窜改、更改作品及作者名称、假托别人姓名发行作品等侵权行为，并规定了某些不视为侵权行为的"合理使用"界限；对于侵权行为，著作权所有者可以向审判衙门呈诉立案，凡假冒别人作品罚款四十至四百元，责令赔偿损失，没收印本刻版及其他器具；割裂、窜改作品及变匿作品姓名等罚款二十至二百元；未经注册而假填呈报日期者罚款三十至三百元；呈报不实者撤销著作权。

5. 附则：规定了施行日期、施行前作品的著作权、呈报手续、注册费用等。

另外与法律正文同时颁行的，还有附件三种，即有关著作权登记注册的呈式——呈请注册呈式、呈请继续著作权呈式、呈请接受著作权呈式。

作为近代中国的一部专门法，《大清著作权律》逐渐摆脱了封建专制制度下的特许专权，向功利主义过渡，赋予了作者完整的著作权形态，不仅包括其重制获利之权，还包括其死后著作不得予以篡改的人身权利。规定了著作权的主体，既包括作者（无形人格的法人），也包括承继人。划定了受著作权律保护的作品范围，以及哪些作品不授予著作权、哪些作品属于公共领域的，对常见的著作形态规定了取得的方式、注册的程序、呈报的义务和权利的期限。该法明确规定中国著作权保护实行注册保护制度。为有效保护著作权，立法者大多使用了禁止性规范，规定了著作权侵损的情形、处罚的方式和裁量的幅度，赋予著作权人充分的诉讼权。对于举证之责以及诉讼时效均亦明确。为了妥善做好新旧法律制度的衔接，立法者还考虑到了该法的溯及效力问题。鉴此，该法确立了中国近代著作权法的整体框架、体例，奠定了近代著作权法得以发展的基础，成为中国近代民商事法律体系得以完备的不可缺少的组成部分。

《大清著作权律》不仅确立了注册登记方取得著作权的核心制度，而且其法律条款用语准确、简洁明了，表现了中国语言在表达本民族话语时不可替代的精湛；规范明确，毫无模棱两可的弹性用语，使之法律的操作性强；其附则与附件均具体周详，体现了立法的透明性和成熟性。

三、影响与评价

《大清著作权律》尽管只是关于出版权和复制权及相关问题的立法，对于作者权利界定得并不够全面，但正如前述，作为法律制度本身已经相当完备，对于促进当时方兴未艾的我国近代科学文化和新闻传播事业无疑起到了积极的作用，在当时国内国际乃至后世都产生了一定的影响。

说到影响，首先需要解决的问题是其是否有效实施的问题。不少论著都是笼统地认为："由于清王朝的迅速灭亡，这部法律没有来得及实施。"① 当然，也有学者指出："这部法律，并非一纸空文，明清档案馆保存的清末民政部注册登记的商务印书馆等大量出版物目录的历史资料说明，该法曾被认真有效地实施过。"② 那么实际情况是否如此呢？实有进行一番考察的必要。《大清著作权律》颁布后，资政院、民政部就着手法律施行的筹备工作，发布咨文，出示晓谕；现国家图书馆还藏有潘元敩所上的关于设立登记讲习所的奏折；民政部警政司关于著作权登记注册局的文告、清单以及该各省督抚的咨文等；学部则出台了国家颁布的版权印花制度；这些都说明清朝灭亡前，著作权法的推行正在按部就班地实

---

① 李明德、许超：《著作权法》，第18页，北京：法律出版社，2003年。
② 刘春田：《知识产权法》，第32页，北京：中国人民大学出版社，2000年。

施。至于相关的司法审判案件，现在尚无找到恰当的案例，但此前关于著作权的翻版地图案以及涉及日本、美国的两起翻印英语读本、《欧洲通史》案的判决，则均是按照中外商约和著作权法原则进行，可以视为著作权法的案例。可以肯定，该法的实施是没有疑义的。

民国初年，著作权律继续适用。"民国元年（1912）3月10日，临时大总统令，以民国法律尚未颁布，所以从前施行之法律及新刑律，除与民国抵触各条，应失效力外，余均暂行援用。"[1] 半年之后，内务部就著作权法律适用问题发布《关于著作物暂照前清著作权律核办的通告》（1912年9月21日政府公报149号）："为通告事：查著作物注册给照，关系人民私权。本部查，前清著作权律尚无与民国国体抵触之条，自应暂行援照办理，为此刊登公报。凡有著作者，拟呈请注册即曾经呈报未据缴费领照者，应即遵照著作权律，分别呈候核办可也。"[2] 可见，作者权律不仅在清亡前的大半年时间里有过实施，而且在民国建立后依然是正式的、有效的、可适用的著作权律，直到1915年民国《著作权法》的颁布施行。

其次是对于后来中国的版权立法保护的影响。民国四年（1915）11月7日，北洋政府颁布《著作权法》，共五章四十五条及附属文件；民国十七年（1928）5月14日，国民政府颁布《著作权法》，共五章四十条，相比而言，除了一些章节合并，一些条文有变化之外，著作权的基本制度被历届政府作为法律文化继承了下来。新中国成立后，1949—1977年，中国没有专门的著作权法，通过几部行政法规和规章的调整，维护出版秩序；之后，颁布了关于稿酬的几项规定，保障著作者的权利；1990年9月7日，全国人大常委会第十五次会议通过了《中华人民共和国著作权法》，1991年6月1日施行；2001年10月27日，九届人大常委会第二十四次会议通过了修正案，使之更加完善，1992年加入伯尔尼公约及

---

[1] 钱端升等：《民国政制史》，第54页，上海：上海书店1989年影印版。
[2] 中国第二历史档案馆：《中华民国史档案资料汇编》第三集《文化》，第443页，南京：江苏古籍出版社，1991年。

其他国际条约，纳入了国际互保条约体系之中。与《大清著作权律》相比，可以说两次移植外国法，第一次主要移植日本法，第二次则吸收、杂糅了大陆法系和英美法系的有关成果。《中华人民共和国著作权法》六章六十条，除了第三、四章二十二个条文外，其余三十八个条文大都可以从《大清著作权律》中找到相应内容，基本概念、术语、总则、附则、体例设计，都没有大的变化；不同之处，一是须不须要登记的问题，二是涉外著作权适用问题，三是表演权等邻接权的内容。总的来说，不同之处在于适应国际国内形势的变化，而其基本的制度结构则沿用了《大清著作权律》的底版。而登记制度，体现了近代著作权法由早期的特许主义向权力主义过渡的特征，而权利主义则体现了现代世界权利时期的特征。因此，可以说《大清著作权律》奠定了中国版权立法的基础。

再次是其在国际上亦产生了一定的影响。宣统三年（1911）四月初三，《学部为著作权律已引起外国出版界重视致民政部呈文》称："敬启者：昨准驻奥沈大臣函称：瑞士万国文艺美术公会办事处总理函称：近读德报，知由德国内部得来消息，中国已于1910年12月18号采用第一条著作权法律。按1908年，贵公使曾在柏林公会代表贵国政府，热心此项问题之关系，用特函请贵公使，将此项法律译成德文或英、法文见示，并署贵公使衔名，或翻译人姓名，以便及早刊入本公会著作权报，请速示复等因。"呈文所说的是伯尔尼公约办事机构向中国索要著作权律外文译本的情况，表明其在国际上引起关注，也可以说古老文明的中国这一立法合乎世界保护人类文化、促进文明进步的潮流，堪称世界版权保护史上的一件大事。

总之，《大清著作权律》的制定和颁行，标志着中国著作权制度的正式建立和实施，其开辟之功，不可磨灭。虽是移植了日本明治三十二年《著作权法》，但并非全盘照搬，而是依据国情有所扬弃、有所损益，如翻译权、兴行权、推定、涉外著作权等问题，因而其意义自不待言：奠定了我国著作权立法的基础，成为后来相关立法的"蓝本"；作为一种制度文化，对于近百年中国版权观念的传播和普及起到了不可抹杀的作用；对于我国知识产权法律体系的建立健全以及融入近代以来的国际法律体制产生了深远的影响。

（初稿《中国第一部著作权法》，摘要刊于《历史大观园》1991 年第 5 期；全文刊《河南教育学院学报》2011 年第 5 期）

书船略说
——明清江南图书贸易的个案分析

"阿侬家近状元台，小阁疏窗面面开。昨夜河头新水长，书船多是雪溪来。"这是清代浙江海宁著名藏书家陈鳣（字仲鱼，号简庄）《新坂土风》中的诗句，作者自注："邑中无书肆，惟有茗贾书籍。"悠然而至的书船，不仅是图书传播的重要渠道，也为江南水乡增添了一道亮丽的风景。在另一首《赠茗上书估》中，作者表达了通过书船聚书鉴藏的志趣："万卷图书一叶舟，相逢小市且邀留。几回展读空搔首，废我行囊典敝裘。人生不用觅封侯，但问奇书且校雠。却羡溪南吴季子，百城高拥拜经楼。"而据管庭芬《经籍跋文书后》，陈鳣多从茗贾购得的向山阁藏书，在他嘉庆二十二年（1817）下世后，"手校手著，尽为茗贾所得"，其一生行藏又恰切地反证了书船贸易的实况。

所谓书船，又称湖州书船、织里书船等，是指明清时期盛行于江南水乡的一种特有的图书贸易形式，其中心在湖州织里一带，"书客"（又称书贾、书估、茗贾、茗估、书船友）以书船装载书籍，利用便利的水网交通，往来各地，进行交易，堪称流动的图书市场。这种贸易形式源于南宋，兴于元代，盛于晚明和盛清，一直持续到民国时期，交易活跃，波及面广,以致形成江南乃至全国的图书贸易中心之一。本文拟就书船出现的背景、书船贸易的实态及其在明清江南出版产业和文化传播中的功用和影响略陈管见,以就教于学界和业界同仁。

一、书船贸易的背景

明清时期的江南,包括苏州、松江(今上海)、常州、镇江、应天(清改江宁,今南京)、杭州、嘉兴、湖州八府及由苏州府划出的太仓州,大体同于作为自然区域的太湖流域或作为现代经济协作区域的长江三角洲,具有地理的完整性和经济的一体性。这一地区,经过六朝的开发,唐宋时代的快速崛起,到南宋已经出现了"上有天堂,下有苏杭""苏湖熟,天下足"的谚语,标志着全国经济重心南移的完成。明清时期,江南地区经济繁荣、文教昌盛、风俗奢华、风景优美,成为全国最为发达以及官绅乐聚、文士悠游、商贾走趋、流风是瞻的地区,从而为包括书船贸易在内的图书出版和传播事业提供了广阔的发展空间。

首先,江南经济文化发达,社会文化消费水平空前提高,是书船贸易繁荣的历史前提。明代中叶以降,随着"苏湖熟,天下足"向"湖广熟,天下足"的转移,江南地区农业、手工业专业化、商品化程度大幅度提高,商品经济和城市经济获得了前所未有的发展,进而推动了市民阶层的形成和不断扩大,为市民文化的勃兴提供了广阔的空间和巨大的潜力。"江南财赋地",不仅"衣食被天下",而且文风炽盛,教育先进,读书仕进氛围浓厚,"家有弦诵之声,人有青云之志",知识阶层的队伍日益庞大。知识阶层是图书流通和文化传播的基本消费群体,不断增长的市民阶层更是一个潜在的巨大市场,而经济的持续繁荣则成为满足他们的图书消费需求的坚实保障。

其次,江南出版印刷和藏书事业的发达,为书船贸易提供了坚强的供需后盾。江南出版印刷业自南宋以来就颇称发达,至晚明更超越建阳而独步天下。明谢肇淛《五杂俎》谓天下刻书最精者三：南京、湖州和徽州。明胡应麟《经籍会通》谓"凡刻书之地有三：吴也，越也，闽也……其精，吴为最。""今海内书凡聚之地有四：燕市也，金陵也，阊阖也，临安也。"其中苏州、南京"擅名文献，刻本至多"，"商贾所资，二方十七"；①而湖州彩色套印和无锡活字刻本更是代表了技术的创新。清代江南出版印刷一直保持着绝对的领先地位，尤其是商业化程度大为提高，"书坊一业，贸易四方"，成为书籍传播的主要输出地。与此相应，"大抵收藏书籍之家，惟吴中苏郡、虞山、昆山，浙中嘉、湖、杭、宁、绍最多"。王河主编《中国历代藏书家辞典》统计明代知名藏书家358人，江浙两省就占275家。②江南汇集了全国最主要的藏书家和藏书楼，不仅可以接纳大量图书，而且为出版印刷提供丰富的版本资源。

再次，便利的水运交通，使书船贸易成为江南图书传播的主要渠道。江南地区在地理上同属一个太湖水系，太湖上纳二溪（荆溪、苕溪），下通三江（扬子江、吴淞江、钱塘江），另有江南运河纵贯南北，联结成水乡泽国的交通网络，湖荡星罗棋布，河汊纵横交错，水道四通八达，根据当时商书的记载，重要的水运线路多达50余条。因此，船只不仅是城乡经济活动的重要生产资料，也是人们社会文化生活须臾不可或离的工具；而且随着水运的繁盛，其形式也日趋多样化，出现了跳船、夜航船等。这里的造船技术也颇称发达，所制船只形制不一、门类齐全，崇祯《乌程县志》记载有"座船、仙船、兵船、航船、拨船、农船、渔船、艑江船、估船、阿娘船、风水船、浪船"等，清代又有沙飞船、圈棚船、桨船、满江飞、摆渡船、笋船、鱼秧船等新品种，还有花船、酒船、柴船、米船、冰船等。而当专门的图书贸易兴起之后，"书船"便应运而生了。

最后，湖州特殊的自然和人文环境，使之成为书船贸易的中心。书船之所以又称为湖州书船、织里书船，或者说湖州织里镇之所以成为书

---

① 胡应麟：《经籍会通》，第48页，北京：北京燕山出版社，1999年。
② 王河主编：《中国历代藏书家辞典》，上海：同济大学出版社，1991年。

船贸易的集中地,乃是基于当地的自然和社会环境。湖州地处江南的中心地带,北临太湖,连通运河,造船之业,舟楫之利,素来发达,"湖州至各处俱是夜航船",有"三日两苏州,日日在湖州"之谚;兼之鱼米之丰、桑蚕之盛,经济富庶,"商贾辐辏",明王士性称"浙十一郡惟湖最富","故势家大者产百万,次者半之";湖人"性敏柔而慧,厚于滋味,急于进取,善于图利",富有经营素质和商业精神;晟舍、织里一带,"向以读书为恒产",即使是贫寒之士"每以馆谷终其身,故夜半书声不绝";尤其湖州及其周边地区富有藏书和刻书传统,晚明晟舍凌氏、闵氏两大刻书家族后来居上,以彩色套印闻名天下,其他如茅一相文霞阁、沈节甫玩易楼、姚翼玩画楼、刘桐眠琴山房、陆心源皕宋楼直到近代的刘承干嘉业堂,或刻或藏,并世相兼。如此,便利的水运网络,雄厚的经济基础,丰富的出版资源,广阔的消费市场,于是家家户户皆以"佣书为业"的织里书船贸易专业市镇的形成就具备了充足的条件,也成就了湖州晚明出版产业中心的地位。

二、书船贸易的实态

清同治《湖州府志》卷三十三《舆地略·物产》引康熙年间郑元庆《湖录》记载:"书船出乌程织里及郑港、谈港诸村落。吾湖藏书之富,起于宋南渡后,直斋陈氏著《书录解题》,所蓄书至五万二千余卷,弁阳周氏书种、志雅二堂藏书,亦称极富。明中叶如花林茅氏,晟舍凌氏、闵氏,汇沮潘氏,雉城臧氏,皆广储签帙。旧家子弟好事者,往往以秘册镂刻流传。于是织里诸村民以此网利,购书于船,南至钱塘,东抵松江,北达京口,走士大夫之门,出书目袖中,低昂其价。所至每以礼接之,客之末座,号为书客。二十年来,间有奇僻之书,收藏家往往资其搜访,今则旧本日希,书目所列,但有传奇演义、制举时文而已。"① 这是有关湖州书船贸易的一条较为完整的文献。以下就根据这一记载,结合其他文献对湖州书船贸易的实际形态作一简略考述和分析。

首先,关于书船贸易的时间概念。一般说来,始于元代或元明之交,盛于晚明和盛清,延续至民国。其实,书船之名在唐代已经出现,如中唐孟郊《喜卢仝书船归洛》:"书船平安归,喜报乡里间。"晚唐徐寅(一作夤)《经故广平员外旧宅》:"结社僧因秋朔吊,买书船近葬时归。"其含义是否相同,尚须斟酌。而书船活动追溯至南宋,似可推断。著名的"临安府棚北睦亲坊陈宅书籍铺"就位于南宋都城临安的棚桥之北,所居小河,与中河、清河湖均为运河城内支流,也是书肆集中之地,利用运河之便沟通苕溪与太湖,销售新书,收购旧椠,当属自然。此后坊刻渐兴,普及民间,书船活动当持续活跃,故下文引张鉴所言"盖自元时至今,几四百载"。晚明商业出版大盛,书船贸易繁荣,延及清代前中期,影响更巨;晚清以降社会动荡,时局日新,书船贸易虽维持至抗日战争时期,已非复昔日之盛况。

其次,关于书船贸易的空间范围。可以概括为:走出苕溪,遍历江南,汇入长江,通向运河,上至都门,下逮海舶。苕溪,有东西之分,西苕溪出天目山,经长兴、乌程由长洲入太湖,东苕溪中途分为南中北三支,横穿余杭,最后也由长洲入太湖。苕溪水系基本在湖州、杭州二府,是书船的中心区域,故书贾世称苕贾、苕估、苕客、苕郎。前引《湖录》所谓"南至钱塘(今杭州),东抵松江(今上海),北达京口(今镇江)",也就是我们所说的遍历江南。然正如书船并不仅仅限于湖州织里一样,随着书船贸易的发展,其活动范围也超越了江南,至迟在盛清时代,书船已通过大运河,抵达京师,与琉璃厂书肆建立了业务联络。《淮安关志》卷七《则例》中就有"南来书船,不纳分单"的专门规定。而从浙

---

① 同治《湖州府志》卷三十三,《中国地方志集成·浙江府县志辑》,第628页,上海:上海书店出版社,1993年。

江宁波、乍浦港等地开往日本的海舶装载的书籍,也包含着书船的功劳。如乾隆五十六、五十七年北京萃文书屋出版《红楼梦》的程甲本、程乙本,五十八年秋冬之际乍浦开往日本的海舶上就有了九部十八套,当为书船从京师转运南来的。清张鉴《眠琴山馆藏书目序》中写道:"吾湖固多商贾,织里一乡,居者皆以佣书为业。出则扁舟孤棹,举凡平江远近数百里之间,简籍不胫而走。盖自元时至今,几四百载,上至都门,下逮海舶,苟得一善本蛛丝马迹,缘沿而购取之。"[①]其对书船贸易的时空概念的表述是可信的。

再次,关于书船贸易的方式。书船的形制,史无明载,今人考证其内外部形制,并复原陈列于湖州博物馆。船上设置船棚,棚下两侧置书架,陈设书籍,中设书桌和木椅,供读者登船选书之用。书船贸易的基本方式,就是往来于刻书家与藏书家、读书人之间,将书坊出版的图书行销到各地,并沿途收购或交换新刻旧藏,甚至"每向荒村僻巷收买新旧书集贩卖",沟通信息,辗转贸易,从而发挥图书传播的中介和桥梁作用。书船的主要交易对象是藏书家,他们往往结交士人,殷勤服务,编好书目,送货上门,并受托搜访所需书籍,提供聚散信息,成为江南藏家藏品的主要渠道。叶德辉《书林清话》卷七引荥阳悔道人《汲古阁主人小传》说:毛晋"性嗜卷轴。榜于门曰:'有以宋椠本至者,门内主人计叶酬钱,每页出二佰;有以旧钞本至者,每叶出四十;有以时下善本至者,别家出一千,主人出一千二百。'于是湖州书舶云集于七星桥毛氏之门矣。邑中为之谚曰:'三百六十行生意,不如鬻书于毛氏。'前后积至八万四千册,构汲古阁、目耕楼以庋之"[②]。眠琴山馆主人刘桐性好藏书,以湖州书估为座上宾,积之有年,"固已不啻数万卷矣"。而杭州藏书楼吴焯瓶花斋、卢文弨抱经堂、汪启淑开万楼的雠校精本就是通过运河流入山馆的。丽

[①] 叶昌炽:《藏书纪事诗》卷六,第 486—487 页,北京:北京燕山出版社,1999 年。
[②] 叶德辉:《书林清话》卷七《明毛晋汲古阁刻书之二》,第 159 页,沈阳:辽宁教育出版社,1988 年。

宋楼主人陆心源也说："湖有书船，夙善聚书，兵后吾得于书船者，尚不下数万卷。"清代著名藏书家与刻书家鲍廷博与书贾过从甚密，朱文藻《知不足斋丛书序》说："三十年来，近自嘉禾、吴兴，远而大江南北，客有旧藏钞刻异本来售武林者，必先过君之门。或远不可致，则邮书求之。" 书船的周到服务，也赢得了藏家的尊重和礼遇，被亲切地称为"书船友"。清代著名版本学家黄丕烈《士礼居藏书题跋记》中提到的书船友就有曹锦荣、吴步云、郑辅义、邵宝镛等，都是清代中叶活跃于苏州的书船贸易商，也都与他们所经手的善本一道被载入了史册。

复次，关于乾隆皇帝诏谕"书船坊贾"购访遗书的问题。晚清著名学者俞樾在《武林藏书录题辞》中写道："山塘书贾推金氏，古籍源流能偻指。吾湖书客各乘舟，一棹烟波贩图史。不知何路达宸聪，都在朝廷清问中。星火文书下疆吏，江湖物色到书佣。"[①]说的是乾隆三十八年（1773）四库全书处初设之时乾隆皇帝诏谕两江总督高晋、江苏巡抚萨载、浙江巡抚三宝通过"书船坊贾"购访遗书之事。三月二十八日，《谕内阁传令各督抚予限半年迅速购访遗书》："且江浙诸大省，著名藏书之家指不胜屈，即或其家散佚，仍不过转落人手。闻之苏湖间书贾书船，皆能知其底里，更无难物色。"次日，《寄谕两江总督高晋等于江浙迅速购访遗书》："又闻苏州有一种贾客，惟事收卖旧书，如山塘开铺之金姓者，乃专门世业，于古书存佚原委，颇能谙悉。又湖州向多贾客书船，平时在各处州县兑卖书籍，与藏书家往来最熟，其于某氏旧有某书，曾购某本，问之无不深知。如能向此等人善为咨询，详加物色，因而四处借钞，仍将原书迅速发还，谅无不踊跃从事。"[②]高晋、三宝等多次上疏禀报，已派人往苏州山塘书店及湖州书船细心探访、委托湖州知府办理以及续得各家书

---

① 丁申：《武林藏书录》，《经籍会通》（外四种），第142页，北京：北京燕山出版社，1999年。
② 中国第一历史档案馆：《纂修四库全书档案》上册，上海：上海古籍出版社，1997年。

籍并进呈书目等事。由此可见苏州坊贾与湖州书船知名度之高、能量之大，连皇家修书、官府访书也不得不借重其力。

最后，关于书船苕贾的作伪问题。书船既以贩书网利，书客群体又参差不齐，自然不免会有假冒伪劣的问题出现。清蒋光煦《拜经楼藏书题跋记跋》谓："顾自幼即好购藏，三吴间贩书者皆苕人，来则持书，入白太安人请市焉，辄叹曰：'昔人有言，积金未必能守，积书未必能读。若能读，即为若市。'以故架上书日益积。稍长，欲得旧刻旧钞本，而苕贾射利之术，往往索时下诸刻与易，而益之金，则转辗贸易，所获倍蓰。未几，凡余家旧藏，世所恒有之书，易且尽矣。今计先后裒集者，盖得四五万卷，露钞雪购，其值已不赀。而旧刻旧钞本之中，苕贾弊更百出。割首尾，易序目；剔画以就讳，刓字以易名，染色以伪旧；卷有缺，划他板以杂之；本既亡，录别种以代之。反复变幻，殆不可以枚举。故必假旧家藏本，悉心雠勘，然后可安。"① 清代学者宋荦曾自述其康熙丙子六月从姑苏书船上购买赝本《续通鉴长编》，非宋李焘本，乃是元胡宏所撰，卷首割去著者姓氏，卷末割去"大元"字，虽为赝品，尚可"识而藏之"。实即《宋史全文》，见《四库全书总目提要》。

三、书船贸易的功用及影响

晚明以降，以江南地区为代表的图书出版业获得了空前的发展，突出表现在商业化的程度和外向化的趋势。而图书的流通和传播有两种基本渠道：一是传统的书肆，包括书坊兼营销售的书店、书市，图书聚散地的书肆、书铺、书店街等；二是流动的行商，包括水路、陆路的书客，"载书出游，足迹几遍天下"，在图书的聚散之间发挥着支撑江南图书出版业的繁荣、促进海内外经济文化交流的独特作用，而书船贸易就是行商中

---

① 吴寿旸：《拜经楼藏书题跋记》，上海：上海古籍出版社，2007年，卷首。

独树一帜的主流形式之一。

书船活动前后持续七八百年，兴盛近四百年，"扁舟孤棹"活跃于大江南北，"不胫而走""无足而前"，从流通上支撑了出版印刷的发展，完善了书籍生产传播的链条，堪称中国传统出版业大众化、世俗化的重要标志，也是商业出版成熟的标志之一。同时，书船书客还为书坊提供底本，沟通信息，甚至直接参与出版过程。如凌濛初的《初刻拍案惊奇》和《二刻拍案惊奇》，就是"为书贾所侦，因以梓传请"和"贾人一试而效，谋再试之"的结果，从而成就了古代通俗文学的经典。又如"有浙江湖州书客吴姓自备纸张，将《闲闲录》刷印一百二十部"的记载，就是书客与文人合作出版，直接从发行向上游延伸的例子，也起到了活跃出版、传播文化的作用。

书船贸易的活跃，也大大促进了江南藏书事业的繁荣。书客作为刻家与藏家的中介，推广新书，访购旧藏，调剂余缺，在当时信息传播很不发达的时代，"书贾麇集，有力之家可以不烦走访而书自聚"，确为各地藏书家藏品的主要来源。海宁藏书家吴骞《拜经楼诗集续编》有咏道："平生抱书淫，结习在文字。如饥待朝哺，甚渴慕汤饵。典质偿无盈，摒挡及娇嬖。罔顾柳津嗤，遑恤秦吏议。惟恐银鱼湾，舟早苕郎系。"表达的就是藏家对书船的渴望。而叶德辉《书林清话》谓太平天国起义后，"吴门玄妙观前无一旧书摊，无一书船友，俯仰古今，不胜沧桑之叹矣"，反映的则是对书船贸易衰落的感叹。如前所述，明清以来江南藏书高度发达，端赖图书流通的媒介，书船贸易的功劳不容小觑。

书船贸易活动也发挥着保存文献、传承文化的重要作用。有个生动的事例，《牧斋遗事》记载："初，牧斋得此书，仅出价三百金，以《后汉书》缺二本，售之者因减价也。牧斋宝之如拱璧，遍属书贾，欲补其缺。一书贾停舟于乌镇，买面为晚食，见铺主人于败簏中取书二本作包裹，谛视则宋板《后汉书》也。贾心动窃喜，因出数枚钱买之，而首叶已缺。贾向主人求之，主人曰：顷为对邻裹面去，索之可也。乃并其首叶获全。

星夜来常，钱喜欲狂，款以盛筵，予之廿金，是书遂成完璧，其纸质墨色迥然夺目，真藏书家不世宝也。"①尤其是在动乱的年代，图籍散佚，书船贸易使得大量珍籍善本聚于藏家，而且使很多行将湮没的民间文献得以幸存，免于浩劫，厥功甚伟。

尤其值得指出的是，书船贸易不仅是国内书籍流通的重要渠道，而且将这种传播延伸到了海外，推进了国际特别是中国与朝鲜、日本等亚洲各国的文化交流。清代前期，"江浙书贾奔辏辇下，书坊以五柳居、文粹堂为最"。五柳居书商陶庭学，原籍乌程，占籍苏州，开五柳书居，乾隆三十八年开四库馆，朱筠推荐为四库馆签别并搜访异本，其子蕴辉随之进京，在琉璃厂开设五柳居书肆。据《入燕记》记载，陶氏自称有书船从江南来，泊于通州张家湾，过两天运抵北京，书籍多达四千余卷。朝鲜燕行使者李德懋曾提到过"陶氏书船之目亦有江浙书目所未有者"，所以他多次与五柳居打交道，搜集购买"南船奇书"。②至于对日本的书籍贸易，规模更为可观。德川时代，就在江户建枫山文库，输入汉籍。据日本学者大庭脩《江户时代唐船舶载书籍之研究》的统计，1714—1855 年，经长崎输往日本的汉籍达到 6118 种、57240 册，其中多是南京和宁波的商船。③"上至都门，下逮海舶"的书船，在拓展着一条"书籍之路"，为汉籍在亚洲各地的传播、中外文化的交流作出了贡献。

通过对书船贸易的解读，不由得使我们联想到当今世界上最大的海上书城或"海上国际书展"——即将退役的忠仆（doulos）号书船。它建于 1914 年，是全球役龄最老的远洋客轮兼福音船，1978 年转手给德国非盈利慈善机构好书共享协会，从全世界招募志愿者，运载各种文字优秀图书，环球巡展，已经拜访过 100 多个国家的港口城市，传递着知

---

① 佚名：《牧斋遗事》，《古学会刊》第三册，扬州：广陵书社，2006 年。
② 王振忠：《朝鲜燕行使者所见十八世纪之盛清社会》，载尹忠男编《哈佛燕京图书馆朝鲜资料研究》，韩国首尔：景仁文化社，2004 年。
③ 冯佐哲：《乍浦港与清代中日贸易和文化交流》，《明清论丛》第二辑，第 254 页，北京：紫禁城出版社，2001 年。

识、爱心与和平。这与中国古老的书船是否有着某种渊源呢？在倡导全民阅读、建设书香社会的当今，我们又能给传统的书船赋予什么时代的新意呢？

（本文原载《中国出版》2009年9月下、10月下合刊）

书帕略说
——明代书籍社会史的个案分析

兰陵笑笑生的《金瓶梅词话》，被称为"中国十六世纪的风俗志"，其中关于当时的官场的一种礼仪风俗——"书帕"多所记载，值得关注：

第三十四回写应伯爵走到西门庆书房内，见"两边彩漆描金书橱，盛的都是送礼的书帕、尺头，几席文具书籍堆满"。

第三十六回开头写西门庆与夏提刑接了新巡按，至晚来家，有平安进门就禀："今日有东昌府下文书快手，往京里顺便稍了一封书帕来，说是太师爷府里翟大爹寄来的书与爹。"又，"蔡状元那日封了一端绢帕、一部书、一双云履；安进士亦是书帕二事、四袋芽茶、四柄杭扇。各具官袍乌纱，先投拜帖进去。西门庆冠冕迎接至厅上，叙礼交拜。家僮献毕赞仪，然后分宾主而坐"。

第四十九回写宋巡按和蔡御史往西门庆家，"蔡御史令家人具赟见之礼：两端湖绸、一部文集、四袋芽茶、一面端溪砚"。

第五十五回写苗员外派人去西门庆家，"又写个礼单儿，把些尺头书帕，做个通问的礼儿"。

第五十八回写西门庆生日，倪鹏和温必古亦来祝贺，"每人递书帕二事，与西门庆祝寿"。

第七十四回，"却说西门庆迎接宋御史、安郎中，到厅上叙礼。每人一匹缎子、一部书奉贺西门庆"。

这里的"书帕"就兼具多重含义：一是指书信；二是指巾帕；三是指书籍和巾帕的结合体，即线装书加上包书之绢帛。

明代中期以降，凡官司到任、任满入觐、奉使回朝的官员，例以一书一帕或一书二帕馈赠亲故津要，成为一种官场礼仪风俗；其书即所谓的"书帕本"，多以官银刊刻，"其仓卒不暇自刊者，则因旧官司所刊稍改面目而用之"，对内在质量了不经意，而受者更不关心，故"其不工反在坊本下"，为后人所诟病；随着商品经济的繁荣以及政风腐败、世风日下，万历之后，书帕更易为金银珠宝，而成贿赂之雅称、金银之别名。至此，"书帕"完成了从书信、书籍、礼品到金玉的角色转变，堪称是中国书籍社会史的独特个案。

一、书博风雅，帕示礼仪
——书帕之缘起

书帕，本指书与帕两物，古人书信，通常函一封，帕三幅；又指书籍与巾帕，正如《西京杂记》所谓："秘阁图书，表以牙签，覆以锦帕。"至此，书与帕已经联系在一起了。

"帕"之所以能与"书"连为一体，乃是因为其本身有着礼仪的内涵。帕即巾帕，汉代刘熙《释名》："巾，谨也。二十成人，士冠庶人巾，当自谨修四教也。"同时，作为一种成人服饰，本身也是高雅的象征，所以汉末"以幅巾为雅"，袁绍之徒"虽为将帅，皆著缣巾"。魏晋南北朝时期，巾帕也被当作重要的礼品。东晋大将军王敦欲伐梁州刺史甘卓，"遣使送大巾"。梁武帝礼聘陶弘景，"手敕招之，锡以鹿皮巾"。直到明代，巾帕仍然作为一种常见的礼品。卒于弘治十二年（1499）的王锜在其《寓圃杂记》

卷四中记载玄妙观道士张宗茂尸解之前,"凡亲故同袍之家,皆往奉手帕一方为别"。另《明史》卷一六三《鲁铎传》记载正德初年,"大学士李东阳生日,铎为司业,与祭酒赵永皆其门生也,相约以二帕为寿。比检笥,亡有……"耿定向《先进遗风》卷上:"有兴化守亦公(李东阳)门下士,以覩事至京,缄两帕四扇令从吏馈公。公曰:'扇以染翰固可,但多帕奈何?'吏顿首于庭,乃启缄取扇而归其帕。"可见当时以帕为礼颇为盛行。

明朝中期以后,以书为礼之风大行于官场,所谓"今宦途率以书为贽,惟上之人好焉"。成书于弘治初年的陆容《菽园杂记》卷十在谈论出版业复兴时也涉及刻书送礼的风气:"宣德、正统间,书籍印版尚未广。今所在书版,日增月益,天下右文之象,愈隆于前已。但今士习浮靡,能刻正大古书以惠后学者少,所刻皆无益,令人可厌。上官多以馈送往来,动辄印至百部,有司所费亦繁。"其实这种风气的流行还要早得多。成化七年(1471)湖广按察司佥事尚褫上奏:"《大统历》,我国家正朔所系,近在外两司官视为家藏之书,滥作私门之馈,纸费动以万计,航运巨如山积,无非借以结权贵,求名誉,而图升荐也。"(《明宪宗实录》卷九三)正德年间的陆深《金台纪闻》则写道:"胜国时郡县俱有学田,其所入谓之学粮,以供师生廪饩,余则刻书以足一方之用,工大者则纠数处为之,以互易成帙,故雠校刻画颇有精者,初非图鬻也。国初下江南郡县,悉收上国学,今南监"十七史"诸书,地里岁月勘校工役并存,可识也。今学既无田,不复刻书,而有司间或刻之,然以充馈贶之用,其不工反出坊本下,工者不数见也。"前引《先进遗风》卷下记载:梁材在正德年间为杭州守,"会入觐,止具一书二帕以赘京贵,橐中无一长物,知者诧之"。李乐《见闻杂记》卷二:"吾乡孙屏石公,前嘉靖戊戌进士。余询前时大座师受礼不,公曰:'时二主考为费公某、公某,出帘即分付曰:诸生休听人言,买坏了段币,每生各具清帕四方、书一册送我两。'一时诸进士皆如其言。"嘉靖年间这种情况已经非常严重,清官海瑞"访得各抚院按院临将复命,往往牌行府县印刷书籍,为入京封帕,用费以数十两,计工百余两亦有之,合各府县算,不啻数百两矣",于是行文禁约,以整饬政风。

当然,也有单独以书为礼的,《先进遗风》卷下:"方司徒公钝,当分宜柄国时,宠赂滋章,天下仕宦靡然顾化,即下之簿倅丞尉,无不贿其里之尊贵以邀庇植,而里之尊贵人亦多以是为饵若辈计者。公见里中此辈以竿牍通者辄峻却之。其人或因以请曰:'此具薄俸,非取诸民也。'……或复曲为词曰:'此书一帙耳。'公则又曰:'余一自入仕,所习惟一《大明律》耳,何暇读他书?书积不读,而徒以累他日归途夫役,大非阴德事也。'竟片札不受。"也有单独以帕为礼的,焦竑《玉堂丛语》引《国琛录》:"石公瑶,澹约性成,躬躬自戢,位跻台鼎,供具如寒素士。正德末造,佞局肇开,公不逐世好,亦不迴立异帜。嘉靖初入阁,严戒阍从,不滥交与,谒者以帕为仪见,则还赘。"而从《金瓶梅》的书帕例证中还可看出,送礼与受礼者并不局限于官员,书帕本也不是自家随时刊刻的,赠遗书帕已经成了当时社会各阶层交往的一种普遍的礼节和时尚。

书帕之风的兴起,首先是基于明代印刷复制业的空前发展,刊刻图书的成本大为降低,周期大为缩减,使得刻书为礼,既可行,又风雅;同时也源于官场恶风的浸染,明代官俸最薄,加之实行俸钞折色,自洪武晚年已"渐启贪赂之习",以至"官以赂升,罪以赂免,辇毂之下,贿赂公行,郡县之间,诛求无忌",而书帕不过其一个名目而已;此外,其中也有明人"立名不朽"的因素在。于是乎,官刻纷纷,书帕大行,"今宦途率以书为贽,惟上之人好焉,则诸经史类书卷帙丛重者,不逾时而集矣。朝贵达官多有数万以上者,往往猥复相揉,芟之不能万余。精绫锦标,连窗委栋,朝夕以享群鼠,而异书秘本百无二三。盖残编短帙,筐筐所遗,羔雁弗列,位高责冗者又无暇掇拾之。名常有余,而实远不副也"。①

---

① 胡应麟:《经籍会通》,第48页,北京:北京燕山出版社,1999年。

二、贿赂雅称，金银别名
——书帕之异化

官场应酬、礼尚往来的书帕之风，可谓附庸风雅之举。而当这种雅贿之风弥漫于官场士林的同时，就不免甚而过之，走向极端。正如顾炎武《日知录》卷十八《监本二十一史》所说："至于历官任满，必刻一书，以充馈遗，此亦甚雅，而卤莽就工，殊不堪读。"又注谓："昔时入觐之官，其馈遗一书一帕而已，谓之书帕。自万历以后，改用白金。"书帕也因之异化为贿赂的代名词，即所谓的"书帕仪""书帕金"。

其实自嘉靖末年开始，书帕已经不再纯粹，而要夹带黄白了，官场候问之礼逐步演变为一种公贿行为。前引《先进遗风》卷下载耿定向督学南畿，"得士甚盛，士入长安，多持贽来见公。公他物无所受，独受书，即书中有缄金，亦令去金而受之，邸中书积与廪齐"。隆庆以后，"书帕仪"就更为通行。前引李乐《见闻杂记》载平湖令谢良弼隆庆五年(1571)应朝，"在官无所取，空囊北上，于京官书帕仪概不相通，毁誉得失之际，漠然不介其怀也"。而"自谓俭约过人"的李乐，也不能免俗，"自揣不及谢君"，感叹"贤矣哉"！同时再三感慨书帕之仪"迄今难言哉！难言哉"！

此风一开，其长何有底止！艾纳居士《豆棚闲话》第四则《藩伯子破产兴家》说阎光斗万历初年进士，初为昆山知县，行取吏科给事，自到了吏科，连上了两三个厉害本章，"那在外官儿人人惧怕，不论在朝在家，天下的贪酷官员送他书帕，一日不知多少"。所谓"上台礼仪不缺，京中书帕不少"成了为官必备的常识；而"仕途包封书帕"也贻累不浅，被称为"屈辱十八事"之一。明徐树丕《识小录》卷四《禁书帕》言："往时，书帕惟重两衙门，然至三四十金至矣。外舅宫詹姚公为翰林时，外官书帕，少者仅三四金，余所亲见。此不过往来交际之常，亦何足禁？自今上严旨屡申，而白者易以黄矣。犹嫌其重，更易以圆白而光明者。近年来每于相见揖时，口叙寒暄，两手授受。世风日偷，如江河之下，不可止矣。"

徐树丕外舅（岳父）姚希孟万历四十七年（1619）进士，改庶吉士，授翰林检讨，其叙述当可代表万历末年的状况。而成书于万历癸丑（1613）的顾起元《说略》记载："晋抚缺，晋人尹同皋、潘云翼欲推其座师郭尚友。时魏廊园掌吏科，以此公惯送书帕，为言余曰：'书帕未足定人优劣，且今世界，馈遗公行，有以违俗为高，有以随俗为贤，有自己洁而遗人不敢不厚，有自己浊而遗人亦不肯过丰，其才品正邪，当另于书帕外论之。'"清姚之骃《元明事类钞》卷七《书帕长安》引赵南星疏："司选者每遇退朝，群遮留讲升讲调；至署则公书私书，阗户盈几，所谓面皮世界、书帕长安也。"

巧合的是，姚希孟的进士同年钱一良成了崇祯整顿书帕的焦点人物。《明史》卷二五八《毛羽健传附韩一良传》："澄城人韩一良者，元年授户科给事中，言：'陛下平台召对，有"文官不爱钱"语，而今何处非用钱之地？何官非爱钱之人？向以钱进，安得不以钱偿。以官言之，则县官为行贿之首，给事为纳贿之尤。今言者俱咎守令不廉，然守令亦安得廉？俸薪几何，上司督取，过客有书仪，考满、朝觐之费，无虑数千金。此金非从天降，非从地出，而欲守令之廉，得乎？臣两月来，辞却书帕五百金，臣寡交犹然，馀可推矣。伏乞陛下大为惩创，逮治其尤者。'"刚刚登基、励精图治的崇祯皇帝览奏甚喜，欲借此整顿吏治，端正官风，召见廷臣，令一良宣读，并嘉勉"一良忠鲠，可佥都御史"。然而在吏部尚书王永光的咄咄逼问下，韩一良唯唯不敢言。令其密奏，亦不应。一再召问，"卒以风闻谢"，而不指实。结果韩一良被罢官，而崇祯整顿书帕的行动也随之以失败告终，腐败不堪、政争不断的明朝国家机器也在内忧外患中日薄西山，气息奄奄了。

官场风气如此，民间也受其影响，"书帕"几乎成了金银的代名词。张岱《柳敬亭说书》："南京柳麻子……善说书，一日说书一回，定价一两。十日前先送书帕下定，常不得空。南京一时有两行情人，王月生、柳麻子是也。"《王月生》："南京勋戚大老力致之，亦不能竟一席。富商权胥得其主席半晌，先一日送书帕，非十金则五金，不敢亵订。"这里书帕的意义实际上已经等同于银两了。

三、"体例参差，刊刻拙陋"
——书帕本之谬

关于书帕本，袁栋《书隐丛话》谓："官刻之风，至明极盛，内而南北两京，外而道学两署，无不盛行雕造。官司至任，数卷新书与土仪，并充馈品，称为书帕本。"而叶德辉《书林清话》卷七《明时书帕本之谬》专论其事："明时官吏奉使出差，回京必刻一书，以一书一帕相馈赠，世即谓之书帕本。语详顾炎武《日知录》。王士禛《居易录》云：'明时翰林官初上或奉使回，例以书籍送署中书库，后无复此制矣。又如御史巡盐茶、学政部郎権关等差，率出俸钱刊书，今亦罕见。宋王琪守苏州，假库钱数千缗大修设厅。既成，漕司不肯破除。琪家有杜集善本，即俾公使库镂板印万本，每部值千钱，士人争买之。既偿省库，羡余以给公厨。此又大裨帑费，不但文雅也。'按明时官出俸钱刻书，本缘宋漕司郡斋好事之习。然校勘不精，讹谬滋多。至今藏书家均视当时书帕本比之经厂坊肆，名低价贱，殆有过之。然则昔人所谓刻一书而书亡者，明人固不得辞其咎矣。"

书帕本既专为馈赆之用，借以博风雅之名，所以"潦草刊版，苟应故事"，"异书秘本，百无二三"。揆诸名实，其谬甚多，我们可以借助《四库全书总目提要》的评价略窥一斑。《四库总目》共著录书帕本二十三种，提要中对其问题多有批评，颇能切中肯綮。《素王记事》条下："体例丛脞，殊不可晓。"《治河总考》条下："体例参差，刊刻拙陋。"《石鼓书院志》条下："潦草漏略，殊无义例。"《群公小简》条下："其标题颠舛，固不足深诘也。"《三事忠告》条下："盖明人书帕之本，好立新名，而不计其合于古义否也。"《历代小史》条下："中间时代颠倒，漫无端绪。"《医垒元戎》

条下:"体例颇为参差,盖书帕之本,往往移易其旧式。"《记纂渊海》条下:"盖复经合并,益失其真……盖明人书帕之本,经校称补,率随意填刻姓名,不足为凭,亦不足为异。"《丹铅总录》条下:"校雠草率,讹字如林。"《书学会编》条下:"无一字之考证,而讹脱至不可读。"《牧鉴》条下:"所征引甚略,大抵随意撦拾,无关体要。"《中都四子集》条下:"其书刊版颇拙,校雠亦略,又于古注之后时时妄有附益,殆类续貂,遂全失古本之面目,书帕本之最下者也。"《唐文鉴》条下:"是编杂采唐文,所见殊为隘陋。"《蜀藻幽胜集》条下:"去取颇无条理,盖当时书帕之本,不足以言别裁也。"曹之《中国古籍版本学》根据四库馆臣所举例证归纳总结为六个特点:一乱题书名,二著者不明,三体例参差,四东拼西凑,五校勘不精,六刊刻拙劣,比较系统地概括了书帕本编辑出版所存在的问题。

书帕本作为明代出版世俗化的典型体现,扮演了并不光彩的社会角色。从编辑出版的角度而言,上文所列举的谬误,例证详确,自然难辞其咎。然审视四库馆臣之论,亦不免基于政治立场,失之偏颇。受其影响,叶德辉《书林清话》以下,几乎异口同声地将书帕本作为"明人刻书而书亡"的注脚,贬得一无是处,一无足取。平心而论,书帕本尽管质量不高,但毕竟使不少典籍化身百千,具有保存文献之功;尤其是其中不少是关于地方史志、胜迹、人物之类的作品,也有多重的参考价值。例如黄裳《插图的故事》所举的翼城王泰《文潞公轩诗》三卷。从文化传播的角度而言,书帕之风行乃是出版昌盛的一个体现,正是出版文化的发达,方使书籍发挥了多重的社会功能,也正是包括书帕本在内的明代出版物的不胫而走,流通天下,才营造出晚明文化的繁华景象。这也是我们在指出书帕本之谬的同时所应辩证地看待的。

(本文原载《寻根》2010年第2期)

走向公众的文化
——晚明商业出版的内容分析

随着晚明商品经济的日益繁荣，信息传播空间的进一步拓展，官府出版与民间出版正经历着此消彼长的量能转化，以书坊为主体的商业出版进入了一个空前发展的高潮，中国传统的出版业正经历着一场商业性的革命。正如日本学者的研究成果所显示的，"除了'革命'，没有其他的词能够形容嘉靖时期（1522—1566）中国出版业出现的转折。它不是一种技术革命——所有的雕版技术在 9 世纪已经成型——而是一种出版经济和学习文化的革命"。①"出版经济"的革命无疑是就出版的商业化、产业化而言的，而"学习文化"的革命则是针对内容的大众化、受众的广泛性立论的。

"学习文化的革命"的概念，似乎更多是受众立场的被动言说，并不十分确切。若从传者的角度立言，称作"传播文化的革命"当更为妥帖。也就是说，这是一种传统的文化资源经由大众化的内容形式创新、商业化的流通渠道传播、走向天下四民的革命性变化。

晚明出版传播所呈现出的划时代特征，就书业生产而言，可以说是

---

① 高彦颐：《闺塾师：明末清初的江南才女文化》，李志生译，第 36 页，南京：江苏人民出版社，2005 年。

从宋元以来的质量时代走向数量扩张时代；从传播指向来说，则是从精英阅读时代走向大众传播时代；从出版物内容来考量，则可以说是从教化启蒙时代走向娱乐功利时代；而从发展走向来看，则又呈现出从文化消费走向经典再造的趋势。

一、晚明商业出版物的结构调整与规模扩张

晚明商业出版物的内容，包罗甚广，有小说、戏曲、民歌时调、说唱词话、笑话、谣谚等通俗文学，有蒙书、制艺、策论、馆课等启蒙教育、科举应试之书，也有医书、历书、类书等民间日用类书，同时也有传统的文化经典，如儒家经典、史学名著、诸子百家、名家诗词曲文选集等，这也是传统出版经久不衰的基本领域。在传统的四部结构中，经史的权威已经大为弱化，子部、集部的份额则大为加强；更为重要的是，无论经史子集各部之中，阳春白雪、曲高和寡的原典、巨著比重已经很少，通俗、普及读物则如雨后春笋，层出不穷；尤其是市民文学的崛起，生机勃勃，蔚为大观，极大地冲击和改变着传统的知识体系和图书结构。

要对晚明商业出版物进行定量的分析，无疑是一件困难的事，然而说晚明是出版物数量扩张的时代却是没有疑义的。前人所著录的明代书籍，互有出入。黄虞稷《千顷堂书目》专收明人著作，共一万五千六百六十种，《明史·艺文志》收书五千零三十三种，十万八千九百七十四卷，《中国古籍善本书目》收录明代善本二万三千零四十二种，除去复本和稿本，还有一万八千六百二十一种，杜信孚《明代版刻综录》收书七千八百七十六种。如果考虑到重复的部分，按缪咏禾《明代出版史稿》的估计，以《千顷堂书目》减去百分之二十五的重复，再加上《中国古籍善本书目》的著录，得三万零三百六十六种，作为明代出版物的基本数。以此为基础，再考虑到我国台湾地区以及美国、日本等地所藏，方志、小说、戏曲、医书、民间实用类书等方面的遗漏，估计明代出版物的总数应在

三万五千种左右。关于我国古籍的总数，一般认为在十万种以上，也有可能达到十五万种，那么明代出版物在其中所占的比重可以想见，这也从一个侧面反映出明代出版繁荣的盛况及其在中国出版史上所占的重要地位。① 所以有学者认为明代出版"不仅保存了明代众多的史料，而且数量之大，品种之多，仅万历一朝就超过了宋元刻书的总和，实为我国出版史上重要的一页"。②

二、晚明出版物的大众指向

传播学将人类传播的历史分为口语传播、文字传播、印刷传播和电子传播四个时代，每个时代又与社会、文化的发展阶段大体对应。"一般认为，印刷术与印刷品两者开始完全契合是在西方文艺复兴时期之后，所以作为开启印刷传播时代的印刷媒介，只是到了近代才真正登上人类传播活动的历史舞台。"③ 中国是印刷术的发源地，活字印刷术也比谷腾堡早了四百年，但印刷品却没有得到充分的发育。晚明以江南为中心的剧烈变动，具备了前近代的历史特征。城市经济的繁荣，市民阶层的壮大，生活方式、社会风俗发生着空前的变化，成为推动文化世俗化、商业化的现实动力；心学炽盛，王纲解纽，为之提供了相对宽松的文化空间；商业出版的活跃，印刷品的规模扩张和结构调整，则使得书籍从统治阶级思想教化的工具、精英阶层的案头清供下放为普通民众的日常消费，从而具有了大众文化的商品性、通俗性、娱乐性、功利性特征。

晚明商业出版物的大众指向非常明确。通俗小说的读者定位就是"谐于里耳"。崇祯五年遗香堂本《三国志演义序》就指出其"正欲愚夫愚妇，

---

① 李国章：《古籍整理出版工作概述》，《古籍整理出版十讲》，第34—37页，长沙：岳麓书社，2002年。
② 戴南海：《版本学概论》，第460页，成都：巴蜀书社，1989年。
③ 李彬：《传播学引论》（增补版），第9页，北京：新华出版社，2003年。

共晓共畅人与是非之公";万历四十七年龚绍山刊本《隋唐志传叙》也说其编撰宗旨就是"使愚夫愚妇一览可概见耳";崇祯乐舜日《皇明中兴圣烈传小言》则称"使庸夫凡民亦能披阅而识其事"。戏曲出版本就是"案头之书",是供非专业读者欣赏和习唱的,所谓"闾阎小巷,家传人诵","使寓于客邸,行于舟中,闲游坐客,得此一览,始终歌唱,了然爽人心意"。至于日用类书,更是立意于"天下四民便览",不仅为粗识文墨的读者提供现实生活常识,也为其建构理想生活指南,故其定价也极为低廉。即便是传统的经、史、子、集四部经典著作,书坊也都根据大众的阅读需求加以改造,如《庄子》《史记》《资治通鉴》就改造成各式各样的"狐白""一勺史意""节要""捷旨""品粹"等普及版本。这些大众读物或市民文学以其情节动人、内容浅易、叙事细致的特点,获得了广泛的阅读效应和市场追捧。天都外臣《水浒传叙》云:"其书无虑数百十家,而《水浒》称为行中第一。……载观此书,其地则秦、晋、燕、赵、齐、楚、吴、越,名都荒落,绝塞遐方,无所不通;其人则王侯将相、官师士农、工贾方技、吏胥厮养、驵侩舆台、粉黛缁黄、赭衣左衽,无所不有;其事则天地时令、山川草木、鸟兽虫鱼、刑名法律、韬略甲兵、支干风角、图书珍玩、市语方言,无所不解;其情则上下同异、欣戚合离、捭阖纵横、揣摩挥霍、寒暄謦笑、谑浪排调、行役献酬、歌舞谲怪,以至大乘之偈、真诰之文、少年之场、宵人之态,无所不该。……"[①]

作为当时大众文化流行的主要渠道,晚明商业出版迎合多阶层读者的多样化口味,发挥着大众传播的功能。上至皇帝,神宗就常令购买坊间新书进览,佛道、医卜、小说、曲本"靡不购及",尤其"好览《水浒传》";官员士人则以商业出版物作为快意阅读"以消暇日";至于下层民众,"市井轻浮之徒,争相诵习","贩夫皂隶都看","农工商贩,钞写绘画,家畜而人有之"。"为了竞相引起读者的注意,各种书籍不得不通过

---

① 丁锡根:《中国历代小说序跋集》,第1462—1463页,北京:人民文学出版社,1996年。

着眼于其需求、开启其心灵、满足其感官、予其以实用指导，来直接与读者对话。当商人谈着以无情的差价来加速其营业额和获得更多的利润，书籍的世俗化便得以完成。书籍与金钱的这一结合，是读者大众化的一个最生动的特征。"①

三、晚明商业出版物的消闲娱乐性特征

消闲娱乐是大众文化的中心议题。晚明时期，日益壮大的市民阶层，不仅在社会生活领域鼓荡着追求奢靡、游乐的风气和艳丽、新奇的时尚，而且在精神文化领域追求着世俗的情趣、民间的格调、生命的狂欢和情感的宣泄。而沐浴在红尘俗雾、流连于都市繁华的文人雅士也为俗所化，"大隐在朝市，何劳避世喧"，其处世哲学、生活情趣、审美态度乃至人格追求都发生了异乎往昔的变化，表现出强烈的恋世、适世、娱世的情怀。如袁宏道所谓的五大快活："目极世间之色，耳极世间之声，身极世间之鲜，口极世间之谭"；"堂前列鼎，堂后度曲，宾客满席，男女交舄"；藏书万卷，同心十人，分曹部署，编撰成书；千金买舟，浮家泛宅，不知老之将至；即使家产荡尽，朝不谋夕，"往来乡亲，恬不知耻"。② 民众世俗的集体心态与文人雅士的推波助澜，凸显了晚明文化的享乐主题和娱乐诉求。

与这种社会风尚和阅读心态相适应，晚明商业出版物也充分体现了消遣性和娱乐性的基本特征。体现在内容方面，戏曲小说、民歌时调、说唱词话、笑话谣谚、志怪传奇、清言小品、茶话酒令，文词宜人，情节感人，皆立足于情、趣二字，着意于娱乐、休闲目的。情为娱乐之基，亦为作品之本，"大抵情辞易工。盖人生于情，所谓愚夫愚妇可以与知者。观十五国风，大半皆发乎情，可以知矣。是以作者既易工，闻者亦易动听，

---

① 高彦颐：《闺塾师：明末清初江南的才女文化》，李志生译，第39页，南京：江苏人民出版社，2005年。
② 钱伯城：《袁宏道集笺校》卷五《龚惟长先生》，上海：上海古籍出版社，1981年。

即《西厢记》与今所唱时曲,大率皆情词也"。①趣亦为审美所关,生活所尚,其间既有世俗的情调,也有文人的雅趣,而张岱《自为墓志铭》所说的"极好繁华,好精舍,好美婢,好娈童,好鲜衣,好美食,好骏马,好华灯,好烟火,好梨园,好鼓吹,好古董,好花鸟,兼以茶淫橘虐,书蠹诗魔",则可谓雅俗同调。晚明商业出版物既有形而下的俗趣读物,亦不乏形而上的雅趣读物,发挥着雅俗兼赏、层间互动的功能。体现在形式方面,设计制作的精巧与插图的精美、评点的张扬,都大大强化了内容的娱乐化,"乃是锦上添花之举,乃是相得益彰之作"。

如果从出版物的对象和功能分析,其消闲娱乐性特征既体现在士大夫阶层的"暇日消闲"和快意阅读,也体现在广大民众的附庸风雅,更体现在各阶层读者所共通的情感宣泄。尤其是以戏曲小说为代表的市民文学具有强烈的大众狂欢性,这种功能更为突出。据记载,太仓州俞二娘读《牡丹亭》大受感动,为之批注,竟"惋愤而终",汤显祖深自感叹:"情之于人,甚矣!"赋诗道:"何自为情死,悲伤必有神。一时文字业,天下有心人。"

难能可贵的是,晚明出版传播者不仅以其卓越的出版实践发挥其娱乐性功用,而且上升到理论层面,提出了所谓的情教理论。冯梦龙《情史叙》提出:"天地若无情,不生一切物,一切物无情,不能环相生……我欲立情教,教诲诸众生。"情教的中心内容是唤醒人们心中的"情种子","使人知情之可久,于是乎无情化有,私情化公,庶乡国天下蔼然以情相与",以情之一字所蕴含的无穷生命力和凝聚力来维持世界,建立起和谐文明的理想社会。

四、晚明商业出版物的实用功利性特征

图书是人类文化的载体和维系社会的工具,更是一种高级的消费品,

---

① 何良俊:《四友斋丛说》卷三七《词曲》,第338页,北京:中华书局,1959年。

具有实用性功能。随着社会经济的发展和出版商业化程度的提高,这种实用性和功利性取向越来越突出。就晚明商业出版而言,实用功利性乃其一重要特征。个中缘由,首先是商业性所使然。商业出版的基本特点是实现销售,获取利润,那么没有实用功能就不会产生市场效果。即如时人所谓"刻即行,行即广","远可行,久可传"。其次是晚明的"百姓日用之学"潮流的深入人心。处于晚明社会变迁当中,阳明后学倡"百姓日用之学",认为"四民异业而同道","百姓日用处,即圣贤地位处,圣贤地位处,即学者下手处"。在实学、致用思潮影响下,出现了徐光启、宋应星等大家及其巨著《农政全书》《天工开物》等,也为文学艺术创作带来了描摹世情、关注大众的新气象,同时也诞生了大量的以士农工商为直接读者的实用性图书的出版热潮。

晚明商业出版物的实用功利性特征,主要体现在科举考试类图书、民间日用类书、医药养生类图书等方面,发挥着启蒙教育、生活日用、职业培训、健身养生等作用。一是助考,晚明时文坊刻,风靡天下,成了广大士子科举考试的敲门砖,虽不免流弊学林,其助考作用却是不可低估的。二是日用,晚明民间日用类书是民间生活知识的"万宝全书",其内容包括文化基础的传承——天文历法、史地常识、官秩律令,实用智能的学习——耕作、畜牧、算法、交易、命相、风水、择日、杂占、养生、保健,礼仪活动的历练——童蒙、教养、礼仪、交往、应世、讼诉,休闲生活的培养——书画、音乐、诗文、戏令、棋牌游艺、技法、风月等。涵盖了民间生活环境、物质生活、社会生活、精神生活的方方面面。[①] 三是修业,也就是针对特定行业的职业教育读物,如下文所分析的商书个案,就非常具有典型性。四是养生,晚明商业出版,从建本开始,医药养生就是其中的一个重要门类,而且有不少医书都是将读者定位于民众而不是专业的医生,因而晚明也可视为中国传统医药养生知识普及的一种重

---

① 吴蕙芳:《万宝全书:明清时期的民间生活实录》,台北:政治大学历史学系,2001年。

要时期。即便是李时珍《本草纲目》这样的皇皇巨制，万历二十一年（1593）初版后，此后几十年中竟得以八次再版，并很快在万历三十五年（1607）由欧洲贸易商传入日本，产生了国际影响。

严格说来，图书的教化功能、娱乐功能、实用功能往往是相互交织而起作用的。只是某一类或一种书甚至同一书的不同版本，在某个历史阶段所起的作用不同罢了。刘天振曾经对晚明通俗类书《燕居笔记》的万历二十年金陵本、万历后期建本、明末清初建本三种版本的演变进行分析，结果发现，前期版本的消闲娱乐与进学修身功能兼备，中期版本娱乐功能增强，修身劝诫功能减弱，而后期版本则由消遣娱乐向日常实用转变，与晚明商业出版的嬗变轨迹正相符合，值得进一步探究。①

五、从文化消费向文化经典的回归

商品经济的发展和都市化程度的提高，市民阶层的成长与大众传播的繁荣，必然推动精英文化走向大众化、通俗化、商品化，营造出特殊的历史文化环境，创造出通俗文化的品类与样式；进而通过士人的参与，为其"命名"与"赋意"，通过传播媒介的推动，使之流传而风行，打造出文化消费的品牌，促进大众文化的艺术提升、价值认同和经典化回归，这是文学研究乃至文化研究所关注的重要课题，也是文化发展的一条基本规律。②

晚明商业出版的发展实践，历史地证明了这一点。首先，商业出版通过大规模的复制生产，普及流通，把图书打造成为超越地域和阶层的

---

① 刘天振：《论明代后期通俗类书性质的嬗变》，《中国古代小说研究》第三辑，第254—261页，北京：人民文学出版社，2008年。
② 吴子林对明清之际通俗小说的经典化问题进行了有益的探索，见《文化的参与：经典再生产——以明清之际小说的经典化进程为个案》，《文学评论》2003年第2期；《明清之际小说经典化的文化空间》，《文艺理论研究》2006年第3期；又见氏著《经典再生产——金圣叹小说评点的文化透视》，北京：北京大学出版社，2009年。

大众文化消费品，家弦户诵，洛阳纸贵。当时江南地区"仅识字之人，有不读经，未有不读小说者"，"几于家置一编，人怀一箧"。《水浒传》"其书上自士大夫，下至厮养隶卒，通都大邑，穷乡小邑，罔不目览耳听，口诵舌翻，与纸牌同行"。其次，书坊与文人结合，着力推广其经典化的新理念，发挥了重要的示范和引导作用。如关于《水浒传》，早在嘉靖年间，李开先就把《水浒》与《史记》并列，称"《史记》之下，便是此书"。胡应麟记载"一巨公案无他书，仅左置《南华经》，右置《水浒传》"。李卓吾称之为"天下之至文"，袁宏道更认为连《六经》《史记》也相形见绌，金圣叹甚至声称"天下之文章，无有出《水浒》右者"。尤其是李卓吾和金圣叹以其广泛的影响力，极力标举"宇宙间五大部文章"——《史记》《水浒》《杜诗》《苏集》《李集》（李梦阳《空同集》）、"六大才子书"——《庄子》《离骚》《史记》《杜诗》《水浒传》《西厢记》，并赋予立言、载道的经典意义，"开后人无限眼界，无限文心"，极大地推动了这些文化商品到文化经典的回归进程。

经过晚明商业出版大潮的风云激荡，以《三国演义》《水浒传》《西游记》"三言""二拍"为代表的通俗小说，以"临川四梦"《西厢记》《琵琶记》等为代表的戏曲，甚而至于以《菜根谭》《醉古堂剑扫》等为代表的清言小品，以《智囊》为代表的智书，以《忍经》《了凡四训》为代表的善书，以"三百千千"为代表的蒙书之类，也都在特定的文化空间之下开始了从文化商品到文化经典的历史进程。这些名字甚至其内容，我们今天仍然耳熟能详，而从今天遍布城乡的大小书店中琳琅满目的国学经典、经典藏书中，我们依然能够看到它们的身影，感受其历经数百年长盛不衰的经典魅力，只有科举时文早已随着时代的变迁而风流云散，踪迹难觅了。

（本文原载《出版发行研究》2015年第5期）

末世繁华
——出版传播与晚明社会

晚明时期，中国传统社会发生了异乎往昔的变化，社会生产力空前增长，商品经济高度发展，白银成为货币本位，城市生活色彩斑斓，社会流动相对自由，思想文化多元发展，党社运动影响朝野，社会变革"天崩地解"，东西交流初现端倪，形成了一个极其特殊的历史现象。早在20世纪40年代，著名历史学家嵇文甫就满怀激情地描述晚明时代："是一个动荡时代，是一个斑驳陆离的过渡时代。照耀着这时代的，不是一轮赫然当空的太阳，而是许多道光彩纷披的明霞。你尽可以说它'杂'，却决不能说它'庸'；尽可以说它'嚣张'，却决不能说它'死板'；尽可以说它是'乱世之音'，却决不能说它是'衰世之音'。它把一个旧时代送终，却又是一个新时代开始。它在超现实主义的云雾中，透露出现实主义的曙光。"[①] 那么，作为当时主要传播媒介的书籍，其商业化的生产和消费对于形塑这个特殊的时代发挥了什么效能，产生了什么效力，又为后代留下了什么令人追想的文化遗产或传播效果呢？

---

① 嵇文甫：《晚明思想史论》，第1页，北京：东方出版社，1996年。

晚明现象引发了中外学人从经济、社会、文化、近代化、全球化等多视角的探索，提出了资本主义萌芽、多元结构、文化启蒙、社会转型、世界体系等富有价值的论点。商业出版或出版传播的商业化既是一个文化命题，也是一个经济问题、社会问题，是关联精英与大众、文化与市场乃至民生与国运、江湖与庙堂、中土与海外的一条纽带，因而也可以作为解读晚明社会的一个独特视角。

商业出版传播的效应，从社会层面而言，导致了文化权力的下移和意识形态的多元化，引起了国家对思想文化控制的松动和近代化的转型；从文化层面而言，商业出版造成了阅读大众的兴起和文化消费的活跃，营造出大众传播和公众社会的氛围；从出版层面而言，文化的商业化既有超越雅俗之辨、促进层间互动的积极意义，也有过度商业化带来的出版失范和非理性问题，从而引起对于出版理性的探寻；从纵向的历史嬗变而言，晚明堪称商业出版发展的极盛时代、历史绝唱，由其参与制造的文化风景和末世繁华，成为后世津津乐道的历史记忆和话语盛宴。

一、文权下移与思想多元

法国社会学家皮埃尔·布尔迪厄（Pierre Bourdieu）认为：文化是一种权力，一种能够把现实社会安排合法化的符号权力，所有的文化符号与实践都体现了社会区分和隔离不同阶层的功能。于是文化资源、传播媒介的控制权和使用权成为统治合法化的工具。在传统中国封建帝制时代，统治者普遍施行文化专制，垄断文化资源，并采用行政和法律的手段，厉行言禁、书禁、报禁，维护官方的出版传播权威地位，防范和限禁民间出版传播活动，打击和镇压威胁封建统治的出版传播行为，以巩固其绝对的文化权力。

明朝建立之初，在加强中央集权统治的同时，也迭兴文字之狱，推行文化专制主义，"令学者非五经孔孟之书不读，非濂洛关闽之学不讲"；

兴学校，行科举，颁布钦定《四书大全》《五经大全》《性理大全》等作为士子学习考试的经典。与此相应，建立起以司礼监、南北国子监为主体，兼及各府部院和地方官府的官方出版系统，编修、刊刻、颁赐图书，以"明礼""定律""教化"，在统御式的价值体系下推行政治导向的文化政策。

明代中叶以降，随着经济的发展，社会风尚的变迁，以承续道统、鉴戒臣民、钳制思想为主导的官方出版日益走向僵化、消沉，而适应市场需求和大众口味为旨趣的民间商业出版则获得了广阔的发展空间，出版格局发生着重心的转移。嘉靖以后，通俗文学大兴，商业出版繁荣，文化的商业化、娱乐化和功利化对官方文化资源垄断权、思想文化控制权、传播媒介的专有权形成了强烈的冲击，其直接后果便是国家文化专制的松解和文化权力的下移。

文权下移首先是从文学创作领域开始的。从明代中期到晚期，经历了从台阁到郎署、从郎署到山林的演变轨迹。前后七子的文学复古运动，旨在复兴诗文创作的汉唐气象，无疑是对浮靡迟暮的台阁体和正统僵化的程朱理学的反动；而晚明小说戏曲、性灵小品的兴起，则又是来自基层的对士大夫文风、学风的反动。崇祯年间，夏允彝《岳起堂稿序》云："唐宋之时，文章之贵贱操之在上，其权在贤公卿，其起也多以延奖，其合也或赞文以献，挟笔舌权而随其后，殆有如战国纵横士之为也。至国朝而操之在下，其权在能自立，其起也以同声相引重，其成也以其书示人而人莫之能非。故前之贵于时也以骤，而今之贵于时也必久而后行。"[①]屠隆《涉江诗选序》亦有"诗在布衣"之说，吴从先《布衣权》也说"角巾尊于冠冕"。至于小说、戏曲等通俗文学的创作，更是山人墨客为主流群体。

文权下移集中体现在时文坊刻对官方科举制艺风格主导权的挑战。时文坊刻虽起于成化、弘治年间，但在嘉靖以前，"主司之所录者，皆舆

---

① 陈子龙：《陈忠裕公全集》嘉庆八年刻本附王昶辑《陈子龙年谱》，引自张德建《小品盛行与晚明文学权力的下移》，《中国文化研究》2006年春之卷。

论之所推，舆论之所推者，必为主司之所录"，朝野上下对制艺的评价标准尚属一致，士子所崇奉的还是考官代拟之程文和考中士子的墨卷，合称程墨。隆、万以后，制艺风格日变，"纷纷聚讼"，"主者之尺度不足以厌服天下之心，于是文章之权始在下，而矜尚标榜之事乃出"，[①]科举程文作为官方范定的标准，其影响力已大为下降。到万历初，三科中仅选一篇作为程文；十六年礼部题准："程式文字，就将士子中式试卷纯正典实者，依制刊刻，不许主司代作。"[②]造成公信力的丧失，"昔之程墨掩时义，今之时义敢于侮程墨"，"墨卷""房稿""窗稿""社稿"等不同名目的"坊选"大行其道，官方科举制艺的文风和品评主导权渐渐为商业机制下的出版传播者所取代。在坊贾的主导或协作甚至假托下，出身科甲的官员、文学名士通过选编和评点时文而取得了经典的诠释权；天启以后，创作、研读、编选、品评诗文的群体组织——"文社"风行，参与时文坊刻成了士子获取功名的重要踏脚石，天启间的复社领袖张溥、陈子龙、周钟以及他们的竞争对手豫章大社的艾南英都是先在商业出版界确立其"名公"地位，取得权衡高下的"文权"，同时依赖组织文社所制造的舆论压力，在科场上取得成功的。不仅如此，他们还利用这一新的文化权威，奖进弟子，荐引同道，"声气遍天下"，甚至左右和影响阁臣的会推、官员的进退，发挥着政治性的影响。因此，周启荣的前揭著作甚至认为晚明商业出版在政治领域中扮演了一个更为有力的角色。

出版传播重心从官方到民间的转移，商业出版不仅成为传播媒介的主流形式，而且以其生产规模的日益扩张和产品内涵的极大丰富使这一形式得以充分运用，"多元化了16世纪以后中国人的情感世界与观念心态"，对晚明社会思潮的嬗变和思想文化的多元发展起到了推波助澜的作用。晚明思潮起于王阳明的心学。阳明心学以"六经皆注我心"和"人

---

① 徐世溥：《同人合编序》，黄宗羲《明文海》卷三一三，第3230页，北京：中华书局，1987年。
② 万历《明会典》卷七十七《科举·科举通例》，《万有文库》本。

皆可以为尧舜"的气概、知行合一的传习、书院讲会的方式打破了理学一统和学在官府的束缚，高扬人的主体性地位，"门徒遍天下，流传逾百年"；其弟子王艮的泰州学派更提倡百姓日用之学，"以化俗为业，随机指点农工商贾"；后学何心隐、李贽等在异端之路上走得更远，倡导童心说，提出"穿衣吃饭即是人伦物理"，肯定"人欲"，高扬"至情"，追求个性自由，形成代表市民阶层和下层知识分子精神需求的新思潮，具有明显的启蒙思想和近代化的色彩。值得注意的是，正是这位被称为"异端之尤"的李卓吾，乃晚明商业出版领域的标志性人物，其著作等身，风行海内，而且他所评点或假托其名的小说、戏曲、经史读本甚至笑话之类不胜枚举，俨然成了商业出版物的代言人。

异端流行，思想多元，必然伴随着个性解放、"王纲解纽"。而这一时期，"近代性的因素在经济、社会、政治、思想、文化、科技等各个方面已全面、普遍的出现，社会转型已经启动"。[①] 在近代早期的欧洲，新的印刷技术在文艺复兴和宗教改革的划时代变局中扮演着"推手"的角色；[②] 在晚明的中国，商业出版也通过削弱官方权威推进着社会的变革，"雕版印刷术正如谷腾堡的机器一样，具有革命性的影响"。

二、知识生产与文化传播

商业出版，就是将知识信息、文化资源进行整合加工，以商品生产的形式大量复制于一定的物质载体之上，进而通过市场化方式面向大众广泛传播。简而言之，便是知识的生产和再生产，文化的传播和消费。

晚明出版的蓬勃发展，制造了规模巨大的文化产品。日本学者大木

---

① 张显清：《明代后期社会转型研究》，第27页，北京：中国社会科学出版社，2008年。
② 费夫贺、马尔坦箸，李鸿志译：《印刷书的诞生》，第238页，桂林：广西师范大学出版社，2006年。

康根据《中国版刻综录》采自全国重要藏书单位和相关文献著录的资料，统计出嘉靖中期后的晚明百年间，出版品数量约为其前六百年（宋至明嘉靖以前）的两倍。[①]胜山稔则根据杜信孚《明代版刻综录》所罗列的五千二百种刊刻时间明确的印本资料，统计出早、中、晚三个时期出版数量的扩张轨迹：第一个世纪，每十年生产不到十部；第二个世纪，平均翻了三番，增长主要发生在1508年之后；最后不足一个世纪，书籍数量又实现翻番，飙升至每十年五十三种。[②]当然，大量的商业出版物尚未统计在内。而根据缪咏禾前揭书的推算，明代出版书籍总量约三万五千种，其中晚明则占其中的百分之九十。如此规模的书籍生产，通过日益完善的流通网络，"不胫而走天下""行海内""满人间"，发挥着极大的文化传播功能。

  首先，晚明商业出版推动了文化的区域性流动和阶层间流动（特别是走向民间），促进了社会文化的再普及和再深入，形成了民间文化或大众文化的空前繁荣。文化的区域性流动主要是指书籍媒介从经济文化中心的江南沿运河向北方、沿长江向西部以及水陆兼行向华南地区的传播，这里不拟多说。而阶层间流动则是基于一定的经济发展和教育普及之上的文化消费和知识传播，这种流动表现为文化的商业化和民俗化，表现为与官方教化推动绝然不同的自然流动和双向互动，而以书坊和作者组成的商业出版传播群体则以中间人的角色沟通上下，连接古今，为其构建起一个广阔而充满活力的文化与市场的舞台。一方面，传统的知识信息通过商业出版的整合，转化成针对不同阶层阅读需求的差异化结构的书籍形式，走向公众；另一方面，更重要的是原本属于民间的文化形式在获得文人阶层的接受和改造后，成为更加普及、雅俗兼赏的文化娱乐形式。当时，文人墨客积极参与到原属民间的话本、小说、传奇的改编与创作之中。时人沈宠绥《度曲须知》所云"名人才子，踵《琵琶》《拜月》

---

① 大木康：《明末江南の出版文化》，东京：研文出版，2004.15—16。
② 胜山稔："明代における坊刻本の出版状況について"，矶部彰编：《東ろざろ出版文化研究．にぉたずみ》，二玄社，2004.83—101。

之武，竟以传奇鸣，曲海词山，于今为烈"。而原本属于士大夫雅文化的小令，经过李梦阳、何景明等名士的参与改进，成为"不问南北，不问男女，不问老幼良贱，人人习之，亦人人喜听之，以至刊布成帙，举世传诵，沁人心脾"的俗曲。透过商业出版物这种人们喜闻乐见的形式，发挥着前所未有的娱乐性、实用性、教化性功能，取得了官方出版传播不可企及的社会效果。

其次，晚明商业出版与文化传播，为明末清初的经世实学和启蒙思潮提供了基础和渊源。上文说到思想多元，心学异端是一条主线，还有以东林、复社为代表的社会革新和经世思潮，也包括新的重商观念、义利观念以及科学思想等。这些新的思潮的广泛传播，加上明亡清兴、沧桑巨变的反思，与以顾、黄、王三大家为代表的清初回归原典的学术关怀、经世致用的救世精神，工商皆本思想以及平等观、理欲观等一脉相承，从而对近三百年的学术文化产生了巨大的影响。

再次，晚明商业出版与文化传播，开创或完善了一系列新兴的文学艺术范式，为后世所继承和接受，在中国文学艺术史上占有重要地位。例如传奇体制，适合舞台表演的形式，"缩长为短"的结构安排，被后世奉为戏曲创作必须遵循的文学规范和表演规范。又如世情小说范式，《金瓶梅》的"家庭—社会"创作模式，为《醒世姻缘传》《红楼梦》《歧路灯》等世情小说的创作高峰奠定了基础。再如晚明小品体制，小品虽为文人阶层的幽雅生活的点缀，但其形式轻灵，智慧闪光，被称为"文学发达的极致"，清代、民国以至今日依然受到读者的青睐。另如绘画范式，以吴门画派及其后学华亭派为代表的文人画兴盛，江南艺术市场的成熟与艺术的世俗化，版画的流行与画谱的刊刻，都体现了商业出版与艺术的互动发展。至于商业出版物中发展充分的历史小说、神魔小说、短篇白话小说等则成为后世无法超越的范例。传统文学艺术之所以营造出如此五彩斑斓的图景，晚明商业出版可以说居功至伟。

最后，晚明商业出版与文化传播，加速了信息的流通与传播网络的建构，为具有近代意义的公众社会场域的形成创造了有利的条件。如前所述，晚明时期沟通全国的交通网络和统一市场开始形成，人们的社会流动日益频繁，经济文化发达的江南地区成为人流、物流、信息流的中心。唐寅《阊门即事》："世间乐土是吴中，中有阊门更擅雄。翠袖三千楼上下，黄金百万水西东。五更市买何曾绝，四远方言总不同。若使画师描作画，画师应道画难工。"①形形色色的人物无不同时游走在各个经纬之中，借着名利的纠葛、世俗的交往、趣味的认同或地缘的、血缘的、业缘的关系，编织着社会信息的网络；官方的邸报、民间的抄报和揭帖、出版的刊本以及说书的书场、演剧的剧场，各种传播媒介汇集为江湖与庙堂、个人与社会之间链接的信源；正统的、异端的，通俗的、雅致的，复古的、开新的，不同的社会风尚、思想意识、审美情趣交织成新的信息空间，商业出版借助社会资源的整合拓展着文化信息传播的广度和深度。更有甚者，制造出社会舆论，引发为公众事件。如《初刻拍案惊奇》所载的江南的选秀女恐慌，《王氏复仇记》所记丹阳赵士锦事件，《民抄董宦事实》所记董其昌事件，以及《东林点将录》所体现的党争，都有谣言、揭帖、词曲、小说等信息媒介传播的参与和影响。"信息的流通，已经交织出一张相当繁复、密实的传播网，这个传播网已成为一个重要的社会活动场域，它深入一般民众的现实生活中，将被现实生活分割的民众重新整合为'公众'。"②大众信息传播与公众社会的雏形，在晚明时期已见端倪。

三、雅俗辩证与理性探寻

图书作为一种特殊商品，兼有精神产品和文化商品的双重品格。因此，

---

① 周道振、张月尊辑校：《唐伯虎全集》卷二，第51页，杭州：中国美术学院出版社，2002年。
② 王鸿泰：《社会的想象与想象的社会》，《晚明与晚清——历史传承与文化创新》，第145页，武汉：湖北教育出版社，2004年。

出版的商业化发展便成为一柄双刃剑,一方面,只有面向市场、走进大众,才能沟通各个阶层,超越雅俗之辨,获致产业的提升,实现最大限度的传播;另一方面,过度的商业化则必然导致出版的非理性,秩序失范,质量滑坡,败坏风气,亵渎文化。晚明商业出版的发展实践,既给我们贡献了宝贵的财富,也不免留下历史的镜鉴。

"雅俗之辨,是中国文化史最常见的课题之一。""一旦将雅俗之辨转换成'精英文化—大众文化'的思考架构,这两个阶层之间的关系便不只局限在这两者间之区分,而且包括了更复杂的互动。"[1]石守谦通过文征明与仇英合作《寒林钟馗》的个案,分析了文人与大众在文化行为上的焦虑和互动现象。面对不易撼动的大众文化传统,迎拒之间,不无被动地取用大众文化的内涵以为创作之资,而通过创作形塑文人的独特生活风格因子。相对而言,以山人墨客作为创作主体、以书坊主作为传播主体的晚明出版传播队伍,处于精英阶层和大众之间,这种雅俗焦虑似乎并不强烈,因应市场、沟通各界的指向就比较主动,前文所举的余象斗、冯梦龙、陈眉公就是显证。他们也都保持甚至刻意追求着文人阶层的幽雅生活风格,同时能够投入文化世俗化、商业化的市场,以其文化产品和社会身份"适俗""导愚",制造着文化消费的时尚。以"四大奇书""三言""二拍"为代表的通俗小说,以"临川四梦"《西厢记》《琵琶记》为代表的戏曲作品,乃至晚明小品、晚明版画之类的商业出版物,的确经由文人的创作与加工,超越了雅俗之辨,实现了各个阶层之间的良性互动,获得了良好的市场效应和传播效果,甚至开始了从文化商品到文化经典的回归进程。其间,自然首先是创作者乃至前代的创作者的功劳,然亦不乏"因贾人之请"的产物,更有书坊精心打造、"名公"评点导引的辛勤,任何一个堪称出版繁荣的时代,如果没有若干品牌图书产品的支撑,都是不可想象的。

---

[1] 石守谦:《雅俗的焦虑:文征明、钟馗与大众文化》,《美术与考古》上册第104页,北京:中国大百科全书出版社,2005年。

然而，当出版传播者的商品意识超越了文化意识，出版活动过度商业化和非理性，突破了精神的底线和雅俗的边界，就会导致出版秩序的失范和出版质量的下降。这也成为明代出版屡遭诟病的症结。概括说来，最为突出的是伪盗之风的盛行。袁逸归纳为伪托名人、窃易书名、改窜删并、挖板伪冒、翻版盗刻五类。① 早在商业出版启动之初，郎瑛《七修类稿》卷四十五就指出："我朝太平日久，旧书多出，此大幸也。惜为福建书坊所坏。盖闽估专以货利为计，但遇各省所刻好书，闻开价高，即便翻刻。卷数目录相同，而于篇中多所减去，使人不知。故一部之货半部之价，人争购之。"有意思的是，著名书坊主余象斗一面作为受害者，在《八仙出处东游记》识语中斥责"逐利之无耻与异方之浪棍、迁徙之逃奴，专欲翻人已成之刻者，袭人唾余，得无垂首而汗颜，无耻之甚乎"，另一面也作为侵权者，万历二十八年至三十八年三次翻刻《古本历史大方鉴补》，三次更换作者，分别托名李廷机、吉澄、袁黄。其次是低俗之风。低指的是质量低劣，包括刊刻之粗、编校之差；俗则指内容格调低俗甚至恶俗。晚明思想家吕坤指出："古今载籍，莫滥于今日。"他将书籍分为九类，其中就"有无用之书，有病道之书，有杂道之书，有败俗之书"，"其为世教人心之害也不小"。② 至于色情小说的泛滥、春宫画册的流行，尤为极端。再次是作为官场风气的书帕本，因不属商业出版的范畴，此不多赘。对于晚明商业出版的积弊，时人已多所批评，顾炎武《日知录》甚至认为"人心之邪，风气之变，自此而始"。叶德辉《书林清话》更提出"明人好刻书而最不知刻书"，"昔人所谓刻一书而一书亡者，明人固不得辞其咎也"。

非理性的出版失范和低俗泛滥，必然唤起人们的版权意识和文化使

---

① 袁逸:《明末私人出版业的伪盗之风》，《出版史研究》第一辑，第151—158页，北京：中国书籍出版社，1993年。
② 吕坤:《呻吟语》卷六《外篇·物理》，第338—339页，上海：上海古籍出版社，2000年。

命,呼唤理性的回归,探寻理性出版传播之路。政府的干预,如嘉靖年间派官员监校麻沙书板,并颁发样本,令书坊具结保证;万历二十九年颁旨:书坊刊刻书籍送提学官查阅,如有不遵,"径自刊刻者,抚按、提学官及有司将卖书刊书人等,严行究治,追板烧毁";万历三十九年礼部颁布《钦定教条》三十五款,以崇尚经学、查禁私刻,但都未得到有效落实。更多的则是业界保护版权的努力。一是推出定本,以正视听。彭大翼《山堂肆考》万历二十三年金陵书林周显刻本遭遇盗版,删改严重,四十七年其孙婿张幼学"兹后与书林严惩此弊,重加增定,一篇一遗,一篇不混,识者鉴之"。二是以商标、牌记、告白等形式申明版权。商标如北京叶氏书坊以麒麟为记,金陵环翠堂以葫芦为记,建阳种德堂以八卦为记;牌记如万历刻本《月露音》"如有翻刻,千里究治",万历三十七年《新镌海内奇观》"武林杨衙夷白堂精刻,各坊不许翻刻";告白如崇祯刻本《道气一元》"倘有无知利徒,映射翻刻,誓必闻之当道,借彼公案,了我因缘"。三是保护版权。冯梦龙《智囊》卷二十八:"吴中镂书多利,而甚苦翻刻。俞羡章刻《唐类函》将成,先出讼牒,谬言新印书若干,载往某处,被盗劫去,乞官为捕之。因出赏格,募盗书贼。于是《类函》盛行,无敢翻者。"不失为一种妙法。尤其值得注意的是具有职业精神的出版家的理论探索,如冯梦龙立足教化的出版宗旨和传之久远的文化理想,即属难能可贵。

出版的理性,既需要政府的有效管理,法律的约束,行业的自律,更需要创作者与出版者的职业道德和文化自觉,对于传统商业出版而言,尚任重而道远。

四、历史绝唱与后世追想

关于明代出版的评价,历来存在不同的观点,如以前述叶德辉为代表的、影响甚广的"明人刻书而书亡"说,其实这只是针对明刻质量问题所作的评论，所以郑振铎在以此观点批评明刻积弊的同时，也对晚明俗文学和版画的繁荣情有独钟，从不吝溢美之词；另如以当代版本学家李致忠为代表的"极盛时代"说，但只是说"明代刻书机构之多，刻书的地区之广，刻书的数量之大，以及刻书家之普遍，都是它以前的任何时代不能比拟的"，并未进行深入的分析论证。至于明代出版的历史地位，海内外学界亦有歧见。国内学者多从印刷史角度立论，认为宋代是"雕版印刷的黄金时代"，而明代只是继之而起的又一次大盛；而近年来海外学者的研究，无论是实证的计量的分析，还是视角的转换与方法的突破，都颇值得借鉴。

井上进根据北京和台北的国家图书馆所藏印本作为第一组数据，以大陆各地图书馆馆藏善本书目为第二组数据，绘制出1131—1521年现存印本书的出版时间表，按不同时期显示经、史、子、集四部印本的生产水平。与惯常的学术思维相反，他认为只是到了16世纪中期，而不是11世纪晚期或12世纪，印本书才在江南地区永久地取代写本，成为传播书写文化的主要方式。此时距离雕版印刷术的发明已经有八个世纪。其结论是尽管南宋出现了某种程度上的出版繁荣，但有明一代代表了中国出版文化的顶峰。大木康、周启荣、周绍明的研究也表明，"晚明出版物无论在数量和范围、潜在市场的规模、藏书的规模等方面超越宋朝，而且还有出版物中所展现的那种空前的（且是无与伦比的）对通俗、异类和充满情欲的题材的热衷"，16世纪中期以后中国出版业得到了空前的爆炸性的发展。① 这一论断也引起贾晋珠等学者的回应，贾的研究则表明南宋至元代、明代后期可以作为两个出版繁荣的独立时段，而明代前期则是处于两个相对商业化发展时期中间的低潮，以宋明两个朝代为时段来讨论哪一个是中国出版史的黄金时代是不妥当的。

上文从出版传播的视角对晚明商业出版的考察，使我们看到，作为

---

① 梅尔清箸，刘宗灵、鞠北平译：《印刷的世界：书籍、出版文化和中华帝国晚期的社会》，《史林》2008年第4期。

出版产业主流形态和发展方向的商业出版自16世纪再度崛起之后，获得了持续的繁荣，晚明时期作为中国出版业发展高峰的结论也更进一步深入和清晰起来。在时间概念上，晚明百余年，商业出版持续高涨，形成巅峰；在地区概念上，以经济文化发达的江南为中心，向帝国外围扩张；在出版规模上，数量之大，品种之多，仅万历一朝就超过了宋元刻书的总和；在技术层面上，无论是造纸、制墨技术，还是雕印工艺、活字印刷、彩版套印技术、装帧设计等，全面创新；从传播主体看，职业出版传播队伍成长壮大起来，出版传播组织——书坊的结构和经营方式日渐成熟；从出版内容看，丰富多彩，佳作层出，尽管不免低劣之讥，然开创了通俗文化的新天地，保存了明代文化的基本成就，并且翻刻前代文献，"不啻为宋元椠作千万化身"，"明刻可以证宋刻，刊本可以校写本"，有功于民族文化的传承；从书籍形态看，图文并茂，版式创新，宋体定型，线装普及，评点成学，彩印发明，具有划时代的传播意蕴；从流通看，形成了连通全国的贸易网络和较为完善的贸易方式，并拓展着沟通中外的书籍之路；从受众看，则由精英阶层向天下四民扩散，建构起新的阅读群体；从效果或影响看，对文化的消费、教育的普及、思想的解放乃至信息传播和近代化转型都有其积极的推动和形塑作用。姑且不论整个明代或整个明代出版，单就晚明商业出版而论，作为中国商业出版史上的黄金时代或极盛时代，似不为过。

遗憾的是，正当晚明商业出版趋于鼎盛之时，明王朝在内忧外患的夹击下遭遇了历史的顿挫。王朝鼎革，天崩地解，海内陆沉，荆棘铜驼，秦淮风月、姑苏繁华犹如过眼云烟，朝气蓬勃、活色生香的晚明商业出版也成了历史的绝唱。我们注意到，井上进的《中国出版文化史》从书籍诞生的战国时代写起，却以晚明作为下限；周启荣的《近代中国早期的出版、文化与权力》就商业出版的经济分析、身份解读及其对政治权威的挑战、"文学公共领域"的研究，也于明清易代之际戛然中止。的确，清代进入了一个文化禁锢的时代，即使到了康乾盛世，官方出版得到进一步发展，民间商业出版除了政治中心的北京书坊集中涌现（毂辇之下，其旨趣已不可同日而语）外，建阳、徽州已经退出了出版舞台，南京、苏州、杭州作为中心城市，在凋零殆尽之后有所恢复，苏州略有起色，南京、杭州已非复昔日之盛况。商业出版的又一个高潮，要待二百多年以后技术、内容、形态巨变的晚清民国时代了。

　　明朝的天下已经终结，历史却在曲折中延续。晚明充满朝气和活力、洋溢着商业和人文气息的文化新潮，也随之渐渐退落，然余波宛在荡漾，潜流仍旧延淌，繁华依稀梦中，使一代又一代的后人不时感受到这一鲜活的历史气息，从而怦然心动，契然神往，形成从清初以来不绝如缕、清末民初盛行一时的历史记忆、话语盛宴——晚明想象。[①] 以顾炎武、黄宗羲、王夫之、方以智、傅山等为代表的明遗民继往开来的学风，张岱、冒襄、余怀等对晚明繁华生活的追寻，小说、戏曲作家对晚明文学的发扬光大，近代启蒙思想家与五四新文学的源流追溯，我们无不感到历史、精神、情感的脉动。特别是清末民初正当反满革命之际，这一历史记忆与社会现实得以高度契合，追寻晚明的潮流，因应革命激情、日常生活、现实功利、文化启蒙和娱乐消费的需求，波及整个社会，以至于"无报不谈晚明事"，士林咸读晚明书，甚至在一定程度上影响着民国时代的学术风气。

（本文原为拙著《晚明商业出版》的结论部分，略加改定）

---

① 秦燕春：《清末民初的晚明想象》，北京：北京大学出版社，2008年；谭佳：《叙事的神话——晚明叙事的现代性话语建构》，北京：中国社会科学出版社，2009年。

晚清书市探微
——《金陵卖书记》《汴梁卖书记》并读札记

"书市"一词，原指图书市场或者书店，略同于"书肆"。明王鏊《震泽长语》云："一日至书市，得《家语》王肃注。"《四库全书总目》卷十五宋辅广《诗童子问》提要云："有胡一中序，言阅建阳书市，购得而锓诸梓。"早在公元之初的西汉末期，太学附近曾出现"槐市"，可以说是古代书市的雏形。东汉哲学家王充早年受业太学，《后汉书》本传载其"家贫无书，常游洛阳书肆，阅所卖书，一见辄能诵忆，遂博通众流百家之言"，这是中原最早的书市记载。北宋时期，京师开封形成了相国寺书肆，明代开封钟楼东往南有书铺、小书摊，清代更出现了以经营书籍及碑帖为主的南北书店街。

及至现代，书市则专指图书会展活动，犹言书展。《中国大百科全书》："在一定时间内，集中丰富的图书，以销售为主而举办的集市。……具体做法是：举办单位（书店、出版社等）准备充足的图书，选择大型的公

晚清书市探微——《金陵卖书记》《汴梁卖书记》并读札记

共场所,确定举办日期,事前进行宣传,吸引广大读者去书市选购。"① 如从上世纪 80 年代开始的全国书市,至 2007 年第 17 届时改为全国图书贸易博览会,至今已举办 25 届,成为出版行业标志性的展会。

公奴《金陵卖书记》②和王维泰《汴梁卖书记》③,乃是 1902 年、1903 年上海开明书店两次图书展销活动的珍贵记录,也是我国历史上最早的关于图书发行的专门著作,使我们得以窥探晚清"书市"之鲜活历史场景,并借以透视晚清书业与社会之一斑,对于出版史、文化史、商业史乃至社会史研究都有重要的文献价值。

一、从金陵到汴梁

科举时代,每逢乡试、会试的所谓大比之年,四面八方的秀才、举人汇拢而来,闻风而动的书商纷纷赶"考市",于考场之外举办书市活动。如明代北京书肆多在大明门之右及礼部门之外、拱辰门之西,"每会试举子,则书肆列于场前";杭州书肆也在省试间徙于贡院前。清光绪十一年(1885)九月二日上海《申报》刊登扫叶山房的广告:"今当大比之年,除江浙两省往设(临时书店)外,湖北武昌亦往设分店。"而晚清上海开明书店的两次书展,恰逢晚清西学东渐、科举改章以至停废之际,从而具有了特殊的意义。

这里所说的开明书店,与 1928 年章锡琛创办、叶圣陶等人主持编政的著名的开明书店似乎没有什么渊源关系,可以称为老开明。一般认为成立于 1902 年,然从其书目看,涉猎之广、品种之全,考虑到当时的编辑加工和印刷技术,没有一定时期的积累是无法企及的,所以我们认为

---

① 《中国大百科全书·新闻出版卷》,第 298 页,北京:中国大百科全书出版社,1990 年。
② 张静庐:《中国现代出版史料·甲编》,第 384—400 页,北京:中华书局,1954 年。
③ 张仲民:《出版与文化政治:晚清的"卫生"书籍研究》,第 325—359 页,上海:上海书店出版社,2009 年。

其成立要更早些。在1906年《上海书业商会会员名录》中，该店排在第四位，次年又与图书集成局、申昌书局、点石斋书局合并组成集成图书公司，其主人夏清贻被聘为编辑长，可见其实力与影响。夏清贻（1876—1940）字颂莱，号公奴，嘉定人。早年留学日本，回国后创办开明书店于上海福州路老巡捕房东首，编写《普通地理读本》《中学本国史教科书》《西洋史讲义》等，还参与教育、音乐、翻译等工作，填词谱曲的爱国歌曲《何日醒》受到广泛传诵。辛亥革命后涉足政界，书店事务也就无法兼顾了。

光绪二十八年（1902）七月的南京壬寅乡试，因为是补行庚子、辛丑因变乱而中断的乡试，应试者不下二万人。恰好这一年，清廷改革科举旧章，废除八股，改试策论，首场考中国政治史论，二场考各国政治艺学策，三场考四书五经义。夏清贻得风气之先，带了一批新书，一面赁屋行销，一面"以长者命赴考"，可以说是以考生兼书店老板的身份主持了一场科举考场外的新式图书展销活动。事后以公奴之名出版《金陵卖书记》一书，上卷为新书发卖统计，以便"输入文明者校准其方针"；下卷记卖书和应考花絮，以"示社会之现状"。这次考场书市历时月余，售书三千余册，以维新变法的图书最为畅销，反映了读书界的动向。

金陵卖书的初战告捷，开明书店同人便将下一次展销活动的地点确定在次年（光绪二十九年，1903）四月癸卯科会试的举办地开封，"相约作汴梁之游，藉开风气"。这一年，为庆祝慈禧太后七十寿辰，清廷决定举行恩科乡试，次年举行恩科会试。同时，由于庚子事变、顺天贡院焚毁而耽误的辛丑、壬寅的恩科、正科会试也合并于本年四月在河南开封举行，加上顺天、河南两省的乡试，从光绪二十八年八月到三十年三月，位于开封的河南贡院（今河南大学校内）接连承办了癸卯、甲辰两科会试，甲寅、癸卯两科河南乡试和顺天乡试，平均三个多月就有上万名秀才、举人会师汴梁。一时间，全国尤其是作为出版业中心的上海书商齐集汴梁书店街，商务印书馆还派员来设分馆，形成了一个图书展销会，堪称河南新式书市的滥觞。开明书店的销售活动是在癸卯四月会试期间,以股东王维泰为首,二月初一载书 28 箱、200 余种,乘江孚船沿江西上,初四到汉口,初六日乘火车到信阳,十一日继续乘车北上,十八日抵达开封,租赁考棚临街房屋开设书店,大书"开明书店,专售新书"布牌,并写"广开风气,输布文明"的招贴,进行宣传,销售活动持续一月有余,四月初三启程回沪,先乘马车,继改汽车,初十抵信阳,次日乘火车到汉口,改乘宝华轮船,于十四日回到上海。合计来往旅途一月,在开封一个半月。王维泰为此专门写下《汴梁卖书记》,当年由开明书店出版。书分三卷,上卷记卖书,中卷记游历,下卷记交际,并附录《开明书店新书目录》《开明书店前后五月出版新书广告》,不仅是晚清图书发行的一份珍贵记录,而且从一个独特的视角观察中州社会,为我们再现了当时的社会场景。

无独有偶,来自江苏吴县的举子澹庵(孔昭晋),同行六人先到上海新中国书社选定各书,"载书十箧",到开封赶考兼售书,不仅"利息颇厚",而且他还金榜题名,可谓名利双收。其《癸卯汴试日记》刊行于 1926 年,为当年的汴梁"考市"留下又一份实录[①]。

二、"开明之店,胜于衡鉴之堂"

作为上述两次"书市"活动的记录,《金陵卖书记》《汴梁卖书记》两书为我们复原了晚清考场书市的真实图景,举凡货源的组织、行程的安排、布展与宣传、销售方针与销售场景、销售统计与分析等,面面俱到,为近代图书发行研究提供了生动的案例。

一是事先的筹画。包括图书的准备,《金陵卖书记》最后部分是开明书店发售书刊目录,多达 300 多种;《汴梁卖书记》所附《开明书店新书

---

① 贾琳:《清末民初士人的一种生存模式——以〈癸卯汴试日记〉作者为个案的考察》,《北京师范大学学报》,2015 年第 3 期。

目录》，包括教科 65 种、教育 46 种、历史 84 种、地理 17 种、政治 51 种、法律 24 种、国际 4 种、经济 15 种、算学 8 种、文编 36 种、哲理 21 种、传记 18 种、小说 13 种、方言（即语言类，以中英、中日文工具书为主）19 种、生理 13 种、格致（即技术类）3 种、图画 6 种、杂著 43 种、社会 5 种，合计 19 类，491 种，定价从 0.05 元到 7.5 元，包罗广泛，规模可观，且以新学为主。至于事先的行程安排，金陵书市活动"凡月余而卒事"，汴梁书市因为路途遥远，往返两个半月，举凡车船、接送、尖宿、挑夫一应事务，皆安排得井井有条，其间还有拜访政商学界名流、考察政经风俗、调研拓展业务等。至于布展宣传，包括租赁考棚街屋设肆，大书"开明书店，专售新书"布牌，并写"广开风气，输布文明"招贴，遍张通衢，以招同志。还有预备宣传资料，确定销售方针。金陵书市前，仿日本书店例，制作特别减价券交通各学堂。汴梁书市，事先特意对豫省图书市场做了调查研究，将各书分门别类，写一总目，贴之壁间，旁书"定价从廉，划一不二，送货记账，概不应酬"十六字，以免讨价还价及送货讨账之遗累。另外还准备有书目一册，分教科、历史、地理、杂著四部，将上海通行的洋码改为银码，来购书者辄与书目一本，令其自择，三五日散去数百本；将《金陵卖书记》作为宣传资料，免费赠送。从《汴梁卖书记》所附《开明书店前后五月出版新书广告》看，对即将出版的 17 种新书，分列内容介绍、作者、定价等项，语言平实中亦见广告效用。

二是场景的描摹。两书关于销售现场的描写十分生动，为我们再现了 100 多年前的书市场景，分析了读者的购买心理，提供了丰富的市场信息。如场前买书，都为临文急需，类皆地理、历史两部，《周礼政要》三十部数日售罄，问者络绎不绝，某书店续到六十部，顷刻而尽。而读过书目提要，选择审慎而精当者亦不乏其人，以直隶、两湖士子为最，山东、陕西、四川次之，江西、贵州又次之，甘肃、广西、安徽、云南、河南则寥寥无几，总之，"能购书者"当数江浙闽粤四省得风气之先的地方。

而内地人购书,第一先择版式,洋装大字,朗若列星,而书之善否不暇问也;其次问价值,价在一元以内,而衷然三四册;然后是视译笔,明白了解,不计其说之当否;最后是以科场为衡,若非考试所需,虽佳亦从缓。《汴梁卖书记》概括各省公车五六千人,从购书顾客而言,期间差距颇大,正如七级浮屠——最下乘是未脱八股词章窠臼者,次下乘是旧学中已得门径者,中下乘是渐有新旧过渡思想者,中乘是虽不外得第起见,然已预备得第后之进步者,上乘是胸有成竹,特假文场为发挥地者,更上乘是方针已有定向,行所欲行,止所欲止者,上上乘是能造世界之英雄。两书都描写了考生对于生理卫生类书籍的心态和行径。《金陵卖书记》将购此等书者归纳为三等:"最下者视之若淫书,一见其图,喜跃不能已,然惟恐人之见之也,故来购必以暮夜,避师友,屏群从,伺人少时以只身来。其择取之也,指以手,而口不敢道也。稍高明者,则目之为闲书,意若谓可有可无,取以销永日耳。其上也者,则视为医书,意若为医者所当知也;然即非医者亦不可不知,固彼所未敢信也;即非医者亦无容讳言,又彼所未肯许也。"至于现场的讨价还价,斤斤计较,更是生动有趣:"有一客,计少一文,坚不发货。客甚窘,乃大声曰:'岂不知一钱没杀英雄汉乎?'众以不能因一文失信于人对。客无奈,乃向邻家乞得补足。后有一客亦少一文,挟书欲遁,急持其手中短烟杆为质,客乃探囊出一文曰:'竟不能破例乎?汴梁只此一家耳!'"更有无券购书却请援例减价者,遭拒后愤而争执,继以怒骂。当然,久而久之,读者接受明码标价、分文不让的规则,文明交易者也渐渐多了起来。

三是销售分析与总结。《金陵卖书记》列表统计销售 3000 多种,包括历史类 38 种图书,销售 893 部;地理类 19 种图书,销售 337 部;政法类 27 种图书,销售 533 部;经济类 6 种图书,销售 168 部;教育类 7 种图书,销售 94 部;科学类 28 种图书,销售 427 部;报章类 5 种,销售 189 部;文编类 9 种图书,销售 282 部;科场类 5 种图书,销售 46 部等。接着详细分析了各类图书销售情况,最好的是历史书,一则因为史书皆为事实，译笔畅达，二则科场改考中外政事，其中又以传记图书"销数特高"。地理类图书市场需求高，尤其是物美价廉的地图，惜"佳本盖鲜"。法理兼哲学书，以谭嗣同的《仁学》，严复的《天演论》，加藤弘之的《物竞论》等以及《明治政党小史》等最受欢迎，宪法诸书"撰胜于译"。教育类图书，以新式教育风气未开，"比较最绌"。小说书须词章典雅，足以动人，以《黑奴吁天录》《十五小豪杰》等为最好。生理类书以婚姻卫生学为最畅销。文编类以《饮冰室自由书》《中国魂》堪称杰作，而《策论新选》因适应考场之需，销量可观。所销三千余部，匀之二万人中，能购新书者不过二十分之一；以种数计，不过一百三十三分之一；以地区计，扬州为上，镇江亚之，安徽则以徽州、庐州较多，其余地方则风气锢蔽；以年岁计，四五十岁以上者仅有二位扬州人，余皆青年，"可知文明之运命，端在青年，而文化之将开，确可预卜也"。通过晚清书市活动的第一手资料，当时新旧书籍的市场反应、读者心理乃至细分市场零售排行榜得到真实再现，堪称一份图书市场的调研报告。正如一位客人所感叹的："甚矣哉！开明之店，胜于衡鉴之堂。"

作为一次"播文明之种子"的活动，可以"为输入文明者校准其方针"，也就是通过市场的检验，凝练出出版经验和参考建议。公奴通过金陵书市活动，以史学图书为例，提出三点建议：一是人地名勿歧出，最好以《万国史记》《瀛寰志略》为蓝本，即便音译不准，不得不改，亦须附以旧译名，自定新译名，断不容前后歧出；二是"和文名词勿多用译"，所以为不知外国文字者计也；三是附图必不可无，尤不可不精善。时隔百年，对于今天的出版人依然不失其参考价值。

三、"以示社会之现状焉"

20世纪之初，中国社会正处于传统与现代、旧学与新学、救亡与图存的大变局之中。《金陵卖书记》和《汴梁卖书记》两书以出版人的眼光和视野,通过书市活动、旅途见闻、士林交游,为我们摄取一个个鲜活的历史场景,记录下社会变局下的新旧矛盾和地域差异,勾画出世态人情的变化,也表现出来自沿海都市、经过西风洗礼的新一代知识人的责任和担当,其历史意义和文献价值弥足珍贵。百年后的今天,捧读这样的文字,仍让我们充满新奇、温暖和敬意。

首先,透过书展活动观察世纪之交、新旧转型之际知识界的情况,进而"愤时疾俗",抨击士林积弊、科举制度,同时感慨导夫先路、广开风气、输布文明的艰辛与急迫。金陵、汴梁,一处江南,一处内陆,然江南才子集南都,八方风雨汇中州,考场内外,书市之中,考生(金陵土著谥曰考呆子)群像,暴露无遗。鬈发斑白、鸦片瘾发者有之,麻木不仁、只知四书五经、连"宁波""香港"都不明白者有之,抵掌狂谈睥睨一世者有之,卑词丐怜丑态百出者有之,公奴归结考生容态凡五变、精神凡六变,形容科举桎梏下考生被扭曲的心理和被摧残的状况,以及考生对于废除科举舆论的讨论,可谓入木三分,以至作者感叹:金陵乡试绝不是发掘人才的抡才大典,而是"江南奴隶之制造厂"。仅仅两年以后,中国历史上存在了千余年的科举制度便寿终正寝了。

其次,《汴梁卖书记》中卷《记游历》,详尽描写旅途见闻,颇具有人类学家所作的民族志的色彩,从一个侧面反映当时中州社会乃至清末中国民间社会的基本状况。如关于交通,自上海乘船至汉口,换乘火车至信阳,改乘马车,经阜阳店、明港、确山、遂平、郾城、许州、歇马营,共计六百七十里至开封,其间通关、食宿、车马、雇夫诸节,琐屑备载。关于物价,诸如车船票价、雇佣夫役价格、客栈收费、饮食费用、银洋兑换等,无不详录在案。关于民情风俗,如谓中州风俗近古,聚族而居,隐有春秋小国景象;奉法惟谨,畏官如虎,奴性较南人为甚;人情好名,胜于好利,虽处南北通衢,市集百货骈臻,肩摩毂击,然洋货新品流通不广,茶寮酒肆不经见人,饮食服饰俭约,力田服贾勤劳,颇有古风,依然是以自然经济为主的社会状态。

再次，《汴梁卖书记》下卷《记交游》，作者探访中州"官幕两途"人物三十有余，有官员、幕宾、教师、学生，既有长者，也有少年，既有本地籍贯的，也有游宦游学而来的外籍人，记叙的笔调也一改前两卷讥讽谴责为主的风格，大多"丽落无尘俗气"，"深明新旧学界进化腐败之故"，或"一见如旧相识"，"望而知为奇杰士"；当然也不乏"深得洛学宗传"的山长，新旧之学无可调和的矛盾。他们所谈话题，举凡时局利弊与民俗风气、教育改革与人才培育、设厂兴利与实业经营、出版合作与新学传播之类，涉猎颇广。从中不难看出，尽管河南地处内陆腹地，受传统影响独深，但也发生了许多新的变化，借着一个得风气之先的上海出版人的笔触，我们看到处在大变动时代的中州士人的风貌与追求，充满着希望与生机。

（本文系由小女郭韵洁在笔者指导下执笔完成，发表于《出版发行研究》2016年第4期，人大复印资料《出版业》全文转载）

明清商书的出版传播考察

所谓明清商书，是指明代后期以至清代商人或书坊编撰出版的，以商业经营、商业道德、商品知识和行旅指南为主要内容的，以商人阶层为主要读者对象的日用类图书，亦称作商业书、商人书、路程书等。这类图书在当时行销颇广，传抄甚多，且独具特色，是明清出版传播领域的一个值得关注的现象；但是，囿于传统轻商观念，加之商书内容浅易、刊刻粗疏，历来不为论者和藏家所重，著录既罕，流布更稀。近年来，商书资料逐渐引起中外学界较多的注意和运用，也陆续有商书研究成果问世。然而，限于资料的分散和视角的不同，尚未有从出版传播的角度进行探讨者。基此，本文拟从出版传播的视角对明清商书的编撰出版和传播情况进行初步探讨，以就教于方家。

一、商书出版概说

明代中叶以降，随着商品经济的发展，交通运输的活跃，市场网络的形成，商人资本的扩大，区域性商帮的出现，商人已经成为一个不可忽视的群体力量，并呈现出"士商相混"、亦商亦儒的趋向，也相应地产生了"工商皆本业""农商交相利"的思想。出于商业知识积累与传播、职业技能的传授以及商人自我意识与经营理念的表达的需要，作为一个专业图书门类的商书的编纂出版便有了现实的基础。与此相应，晚明时期的出版业也得到了空前的发展，凸显出走向公众、贴近世俗的近代化取向，商业繁荣的南京、苏州、杭州、湖州、徽州、建阳等地形成了全国性的出版传播中心，从而使得商业的需求与出版的需求两相结合，于是商书的编纂、刊印、传播成为晚明以降商业出版发展格局中一个引人注目的领域。

纵观明清商书的编辑出版，大体可分为三个阶段：第一阶段即晚明，是商书出版的繁荣期，各类代表性的商书均已成型，如黄汴《一统路程图记》八卷，隆庆四年刊；余象斗《新刻天下四民便览三台万用正宗》，万历二十七年刊；商濬《水陆路程》八卷，万历四十五年刊；周文焕、周文炜《新刻天下四民便览万宝全书》三十五卷，陶承庆《新刻京本华夷风物商程一览》二卷，均万历年间刊；程春宇《新安原版士商类要》四卷，天启六年刊；李晋德《新刻客商一览醒迷天下水陆路程》，崇祯八年刊；憺漪子《新刻士商要览》三卷，崇祯年间刊。第二阶段为清代前期，是商书出版的持续发展期，代表性商书有：赖盛远《示我周行》三卷附续集，吴中孚《重订商贾便览》八卷，王秉元《生意世事初阶》（抄本）等，均于乾隆年间行世。第三阶段为清代后期，除了翻刻和改编前代的商书，出现了更为实用和专业化的商书读本，如《贸易须知》《商贾格言》《商贾启蒙》《杂货便览》《典业须知》等。

从内容上看，明清商书大体可以分为三大类：第一类是综合商业知识类，既包括水陆路程，也包括从商经验，同时还有相关的常识，如《士商类要》《士商要览》《商贾便览》。第二类是为商之道类，是比较专业的商书，以商业知识、经营规范、道德修养为主，如《客商一览醒迷》，也包括针对坐贾的《生意世事初阶》、针对典当的《典业须知》等，当然，后者专业性强，往往涉及行业或技术秘密，不便公开示人，故以抄本为多。第三类是路程指南类，以水陆交通路程为主，兼及沿途风俗物产等，也是行商的必备读物。

明清商书的数量，目前所见有二三十种，实际当远不止此，然尚无法作出准确的统计，一则是商书的界定实际上还缺乏公认的、可行的标准；二则是商书普遍存在同书异名、相互传抄借鉴等问题；三则是商书还处在不断的发现当中。据王振忠所言："在新发现的徽州民间文献中，有多达数十种的商业书和商人书，有的为以往所未见，有的则提供了一个不同的本子。"① 即便如此，明清时期商书的编辑出版与传播也具有重要的价值和意义，既是商品经济发达、商人群体意识觉醒的集中反映，也是研究封建晚期社会文化转型和民间知识建构的重要参考。总之，明清时期的商书是一份值得系统搜集、整理和深入研究开发的中国传统文化遗产。

二、商书的传播与接受

出版传播者处于出版传播过程的起点，是最终以出版物形式发送信息的个人和机构，包括编纂者和出版者，他们是出版传播活动得以形成的前提。商书的编纂者以商人为主，如《一统路程图记》作者黄汴，徽州休宁约山（今黄山市屯溪区新潭镇下约山）人，弱冠随父兄经商，"足迹半天下，见前途问津者，漫皆迷茫，险夷利害，每犯所讳"，于是积二十七年而成帙。②《士商类要》的辑者程春宇，徽州商人，方一桂序称"甫成童而服贾，车尘马迹几遍中原"。③《客商一览醒迷》的作者李晋德，福建商人，孤本现存日本山口大学图书馆，与《天下水陆路程》分上下栏

---

① 王振忠：《民间文献与历史地理学研究》，《江汉论坛》2005 年第 1 期。
② 杨正泰：《明代驿站考》，第 199 页，上海：上海古籍出版社，2006 年。
③ 杨正泰：《明代驿站考》，第 299 页，上海：上海古籍出版社，2006 年。

合刻。《商贾便览》的辑者吴中孚，乃江西抚州崇仁粮商，曾"商贩信郡"，"后走江浙"。《示我周行》的编者赖盛远，福建汀州连城人，自序称"足迹几遍天下"，"举所经历之处，询之故老野夫，加以博采详核，汇成一帙"，乃"余驴背风霜已有十数万里之劳也"。① 商书编纂者中的另一重要群体是书坊主或刻书家，如《三台万用正宗》的编者余象斗，建阳著名刻书家；《士商要览》的辑者憺漪子，即汪淇，字竹里，一字象旭、右之，号憺漪子、残梦道人，祖籍休宁，寓居杭州，著名的医家和刻书家；《万宝全书》的编辑出版者周文焕、周文炜，金陵著名刻书家。质而言之，书坊主也好刻书家也罢，实乃从事书业经营的商人。相对而言，《商程一览》的编者陶承庆是个例外，他是江西新喻县丞，该书当为应建阳书坊所请"增辑"而成；陶氏又有校正《大明一统文武诸司衙门官制》五卷，万历十四年宝善堂刻本，《四库提要》谓"乃江西书贾刊行之本也"。

  商书的刊刻者自然是书坊，也就是出版商。书坊编纂的商书自不待言，他如《一统路程图记》的初刻者为"金陵少泉李潮"，即南京书坊聚奎楼，亦称秣陵聚奎楼，又有胡文焕校刻本等；《士商要览》的刊刻者是金陵著名的文林阁唐锦池，以刊刻戏曲读物而闻名；《商程一览》首题"书林龙田刘大易绣梓"，末刻"闽建书林乔木精舍刘氏龙田考正刊行"，据报道，《明覃恩公封太翁龙田先生志铭》2008年在建阳书坊乡被发现，他一生刻书包括《三国演义》《西厢记》《本草集要》等数十种，死后追赠户部广东清吏司主事，祀乡贤祠；② 《商贾便览》乾隆五十七年（1792）初刻本乃是扬州徽商所经营的书坊务本堂所刊，道光二年（1822）又由三益堂、同文堂重订再版。可见商书出版基本上是书坊经营，而且常常是多次翻刻，其目的当然是追求商业利润，这也从反面证明了商书的社会需求以及其传播的广泛性。

---

① 陈学文：《明清时期商业书及商人书之研究》，第250—251页，台北：洪叶文化事业有限公司，1997年。
② 《建阳发现明代书坊刻书家墓碑铭》，《福建之窗》2008年12月15日。

商书传播的渠道，应当包括大众渠道和专业渠道。所谓大众渠道，当然是指书坊的传播渠道，即通过刻书地、聚书地的书坊和书肆，也包括行商的网络，使书籍"不胫而走""无足而前""遍行天下"，可以说是主流渠道的批发和零售。所谓专业的渠道，也就是商人群体内部的传播、传抄与传授。一方面，那些经典商书读本成了商人行旅的必备之物，正如王振忠所形容的"大批的徽州人怀揣几两碎银，挟着《士商要览》《天下路程图引》，呼朋引类地外出经商"；① 另一方面，商书成了商人师徒、父子相授的职业训练读本，正如汪淇在《生意世事初阶序》中所说："特以江湖远隔，不克面诲儿曹，因阅王子《世事》一册，重加删润，邮寄子侄，聊节手示之劳。"② 这种传播模式流行三四百年之后，才随着近代市场结构、贸易方式、交通和通讯方式的重大变革，而为新式地图、交通指南和商业手册所取代。

出版传播的接收者即读者、听众和观众，是出版传播的终点，是决定传播进程和传播效果的重要因素。商书的受众自然首先是商人，即所谓"公诸商贾"；其次为旅人，所谓"余以斯集行而旅客携之以游都邑"；再次是大众，所谓"天下四民利用便观，百家众技得正印己"。这是一个不断扩大的同心圆，商人是目标读者，是核心；而与商人有着相同需求的旅行者包括官员、士子、游客、工匠、术士等，"宦轺之所巡，商泊之所趋，访屐之所涉，庶此编之为旌导也"；而广大的民众则是其外围，综合性的商书如《万宝全书》《三台万用正宗》《士商类要》等则可作为日常生活知识的手册，内容丰富而切用，"皇皇典籍所不及者甚多"，发挥着日用类书的功能，"若群玉满案，尽手可取者矣"，士农工贾"一卷阅而了然心目，则其大用之不穷"。

---

① 王振忠：《斜阳残照徽州梦》，《读书》1994 年第 9 期。
② 郭孟良：《从商经》，第 174 页，武汉：湖北人民出版社，1996 年。

三、商书与商业知识的建构

作为日用类书的一个门类,商书的内容可以说是商业知识与社会知识的综合体,诸如商业理念、职业道德、经营方法、交易技巧、商品货币知识及辨伪鉴别、市场行情、商税关税、船户脚夫、防盗杜骗、商业算术、天文地理、禁忌风俗、医药养生、书信活套、文化娱乐、待人接物、历史典故等,不一而足。透过商书内容的分合、增损与变迁,商书编撰体制、序列的嬗变,我们得以了解和探索明清时代商业知识的建构与商人的群体自觉和意识形态。

追寻商书出版的轨迹,我们看到第一批是路程书,根据日本学者山根幸夫考证,最早的是嘉靖十四年(1535)亲贤书堂刊行的《图相南北两京路程》,然后是《一统路程图记》等。接下来就是日用类书《三台万用正宗》与《万宝全书》中的《商旅门》,显示出商书从日用类书中独立出来的发展趋势。以前者为例,该门有二十七个小节,首为《客商规鉴论》,相当于总论,以下则分为船户、脚夫、银色、煎销、称锤、天平、斛斗、谷米、大小麦、黄黑豆、杂粮食、芝麻菜子、田本、棉花、棉夏布、纱罗段匹、竹木板枋、鞋履、酒曲、茶盐果品、商税、客途、占候、论世情、保摄、论抢客奸弊。其中商品十三类,约占一半,银色与度量衡五题,然后是关于行商经营的知识五题,最后是社会与养生知识三题。而行文方式则是先原则性综论,继之以事例性的举证,再总结归纳,好像一位久经商场考验的长者的口耳传授与谆谆叮咛,具有从直接经验式商业知识向文字建构式商业知识过渡的特征。

商书体系建立与商业知识建构的第二个阶段,是以启祯时期的三部商书为标志的。即天启四年(1624)的《士商类要》,崇祯八年(1635)的《客商一览醒迷》,崇祯年间的《士商要览》。尽管其中都有与《客商规鉴论》等大同小异之处,显示前后传承的关系,其间也有《买卖机关》内容的重复交叉,但总体而言,商书体制已有了重大创新。首先是蕴涵更宏阔,将路程纳入其中(《客商一览醒迷》虽无此类,却是与《天下水陆路程》分上下栏合刻的),增加了历史地理知识,强化了伦理道德教育等。其次是行文方式的转变,其核心内容采取格言式的对偶句,然后另行低一格进行注释,如:"人生在世,非财无以资身;产治有恒,不商何以弘利?"以下解释道:"财为养命之源,人岂可无有?而不会营运,则蚕食易尽,必须生放经商,庶可获利,为资身策也。"这种行文方式更便于传播和接受。再次,商业文化知识的概括更加完备,《客商一览醒迷》的主体部分《商贾醒迷》包括二百六十则,日本学者斯波义信将其分为才能与竞争、人格主义、经营与管理、旅行心得、批发销售机构、官府折冲六类,可以说对行商经验的总结无出其右者。[①]

到了清代前期,除了商书的专业化发展以外,出现了明清商书的代表作——吴中孚《商贾便览》。全书八卷,冠以五种便览:《商贾便览》包括卷一、二、三,江湖必读原书、工商切要、经营粮食、出行吉凶、船名样式、风俗土产、关税茶引等;《算法便览》,即卷四算法摘要;《银谱便览》,即卷五平秤市谱、辨银要谱等;《尺牍便览》,即卷六、七,包括应酬书信、时令佳句、月令别名、族亲称呼、字义四则;《路程便览》,即卷八天下路程。道光壬午重订新刊本书名页则明确标示六集分类:一集江湖必读,二集各省土产,三集银谱算法,四集应酬全书,五集时令佳句,六集天下路程。继承晚明商书的传统,高度综合,而有所创新,"不仅以内容丰富著称,而且可以认为它达到了明代以来商业书发展的顶点地位"。吴中孚《自序》称:"因见坊间《江湖必读》一书,确当行商要说,但既有行商之论,岂遂无坐贾之论!爰增数条,兼及土产、书算、字义、辨银、路程等类,辑成数卷,名为《商贾便览》。"同时希望"俊杰君子及时增减,以匡不逮""以便江湖查览",[②] 有意打造一部体系完备的传世

[①] 斯波义信:《新刻客商一览醒迷天下水陆路程略论》,《李埏教授九十华诞纪念文集》,第342—348页,昆明:云南大学出版社,2003年。
[②] 吴中孚:《商贾便览序》,道光壬午重订本。

商书。的确，该书总结前贤商书编纂和本人商业经营实践，初步建构了民间商业知识的体系，为商业知识的积累和传播作出了重要贡献。

四、商书出版传播的特点与功能

综上所述，商书出版传播的特点：一是承继性，也就是累积完善的模式。核心内容的辗转传抄、增删损益非常普遍，如《三台万用正宗·商旅门》中的《客商规鉴论》，又如《江湖必读》《买卖机关》(或《买卖机关事宜》)，都是其中的精华；路程指南类商书除了中心的不同（如两京、徽州），也只是内容的繁简而已，前后传承和累积完善的痕迹十分明显；抄本《生意世事初阶》与《贸易须知》《贸易须知辑要》实为同书异名，只是传抄者根据需要略加增删而已。二是实用性。就内容而言，正如《士商类要·买卖机关》所说的"斯言浅易，无非开启迷蒙。意义少文，惟在近情通俗"。将内容复杂的商业知识编纂成格言式的口诀，再加以解释，简明扼要而便于记诵；就形式而言，更是基于实用，不断改进书名、版式、开本等，甚至将两种商书合刻，如《客商一览醒迷天下水陆路程》就是两书分上下两栏合刻在一起；又如黄汴《一统路程图记》，别刻本又称《天下水陆路程》《图注水陆路程》《新刻水陆路程便览》《士商必要》等，而商濬校订的《水陆路程》则是一种袖珍本，内容并无根本不同，只是在前书基础上编纂的一种便于携带使用的简本而已。至于晚清商书的专业化发展，更是其实用性的体现。

正是商书的这些特点，强化了商书传播的效果，推动了其功能的发挥。首先是专业功能，也就是商业训练和职业教育，主要是各类用于商业经营相关知识的累积、传播与推广。商书既是商人直接经验的总结，更是其训蒙子侄、教授生徒的文本，举凡商业伦理、职业道德、经营之道、管理制度、交易技能、风险防范等，皆细致入微，简明切用。其次是大众功能或社会功能，也就是面向下层民众普及商业、地理、文化知识，"撷万氏之英,萃为一书",堪称"生人之要览",其功效"不在六经四子书下"。即使路程之书,吴岫《一统路程图记》后序也认为"士大夫得之,可为四牲览劳之资;商贾得之,可知风俗利害。入境知禁,涉方审直,万里在一目中,大为天下利益,实世有用之书"。① 再次为文化功能或文献价值。作为明清时期民间社会生活的宝贵记录,商书保存了丰富的经济史、社会史、文化史以及历史地理资料,具有很高的文献价值;同时,作为商人之书,集中反映了商人的群体意识,对于深入研究中国传统的商业文化有着极其重要的意义,是一个亟待整理和开掘的文化宝库。

(本文原载《编辑之友》2009 年第 10 期)

---

① 杨正泰:《明代驿站考》,第 292 页,上海:上海古籍出版社,2006 年。

晚明茶书的出版传播考察

关于晚明，学界有不同的分期方法，有以万历开端的，有以嘉靖开端的，下限至明朝灭亡，也有指明末清初的，本文采用第二种观点，即嘉靖至明末（1522—1644）。这一时期是经济发展、文化繁荣的时期，也是出版传播的极盛时代。而巧合的是，明代茶书的创作与出版也集中在这一时期。晚明茶书占明代茶书的九成以上、接近历代茶书总量的半数。基此，对晚明茶书的编撰出版和传播情况进行综合考察，对于我们研究中国古代茶学文献的源流、体式和传承，进而探讨中国茶文化的发展走向以及晚明文人的生活文化都具有重要的学术价值。

近70年来，特别是20世纪80年代以来，围绕明代茶书及其相关问题，中外学人进行了卓有成效的整理和研究。首先是茶书文献的调查、著录、整理。早在1941年，世界书局出版胡山源《古今茶事》，分专著、艺文、故事三辑选编茶事文献，第一辑专著部分收茶书22种，其中明代12种，可谓现代整理茶书之始。1958年万国鼎《茶书总目提要》发表，著录茶书98种，其中明代55种，约占历代茶书的56%，为茶书整理研究奠定了学术基础。1981年陈祖槼、朱自振《中国茶叶历史资料选辑》出版，收明代茶书32种;1987年日本汲古书院出版布目潮渢编《中国茶书全集》,上卷收录明代喻政《茶书》,并收录《茶书》未收的5种茶书,共计唐宋明清茶书34种。阮浩耕等《中国古代茶叶全书》收录明代茶书33种;郑培凯、朱自振《中国历代茶书汇编》收录明代茶书54种。这些整理成果为我们从事茶书研究提供了文本基础。另外,章传政《明代茶叶科技、贸易、文化研究》统计明代茶书79种,王华夫则对国内外茶书馆藏情况进行了统计,表明茶书的调查研究的深入。① 其次是对明代茶书的研究与考辨。如布目潮渢对明代杭州茶书的研究,又如近年来国内学者对明代茶书成书年代的考证,茶书文献的新发现等,也都为明代茶书研究的进一步深入提供了有益的借鉴。② 再次是对明代茶书的总体研究与评价,上述几部大型的茶书整理本的前言中,都对历代茶书包括明代茶书在内进行了综合评价,朱自振、王河还专文述评明代茶书,余悦《研书》还以专章对明代茶书与明代茶文化思潮作了探索。③ 另外,还有不少运用明代

---

① 胡山源:《古今茶事》,上海:上海书店1985年影印本;万国鼎:《茶书总目提要》,《农业遗产研究集刊》第二辑,第205—239页;陈祖槼、朱自振《中国茶叶历史资料选辑》,北京:农业出版社,1981年;布目潮渢:《中国茶书全集》,东京:汲古书院,1987年;阮浩耕等:《中国古代茶叶全书》,杭州:浙江摄影出版社,1999年;陈彬藩:《中国茶文化经典》,北京:光明日报出版社,1999年;郑培凯、朱自振:《中国历代茶书汇编》,香港:商务印书馆,2007年。章传政:《明代茶叶科技、贸易与文化研究》,南京农业大学博士论文,2007年;王华夫:《国内外各大图书馆收藏中国古茶书概况》,《农业考古》1998年第2期。
② 布目潮渢:《许次纾的〈茶疏〉——明代杭州的茶书》,《茶的历史与文化》,杭州:浙江摄影出版社1991年;丁以寿:《周庆叔〈岕茶别论〉成书年代考》,《农业考古》2008年第2期;王河、朱黎明:《陈讲与〈茶马志〉》,《农业考古》2005年第2期;王河、朱黎明:《关于徐彦登与廖攀龙〈历代茶马奏议〉——兼答陶德臣先生》,《农业考古》2006年第4期;邓爱红:《试论明代熊明遇的〈罗岕茶疏〉》,《农业考古》2009年第2期;王河等:《明代卢之颐与他的〈茗谱〉》,《农业考古》2009年第2期;韩金科、朱自振:《明清茶书补遗》,《茶业通报》2000年第2期;王河、王晓丹:《明代部分散佚茶书辑考与题录》,《农业考古》2008年第2期。另丁以寿、章传政等论文多篇,此不枚举。
③ 朱自振《明清茶书综述》,《法门寺文化研究通讯》2004年第24期;朱自振:《切忌重现万历风》,《茶业通报》2002年第3期;王河:《明代茶学著作述评》,《农业考古》2002年第4期;章传政等:《明清的茶书及其历史价值》,《古今农业》2006年第2期;余悦:《研书》,杭州:浙江摄影出版社,1996年。

茶书对明代茶叶经济、科技和文化进行研究，取得了可喜的成果。

明代茶书整理与研究取得了空前的进展，既表明茶书的调查、发现还在继续之中，也显示研究的空间还相当广阔，为我们多学科交叉、多视角考察进行综合研究提供了可能。笔者自20世纪80年代涉足茶史以来，从各位专家的成果中多受教益，近年致力于晚明商业出版的探索，借此机会，就晚明茶书的出版传播略作考察，以就教于方家。

一、晚明茶书的编撰出版

所谓茶书，就是专门研究茶叶及其相关问题的图书，既包括综合性茶书，也包括专题性的茶具、品水、茶法、艺文等的专书，地域性的如北苑、岕茶的专书。另外一些属于某书的一部分，并非论茶专书，然被当作茶书辑入丛书，如高濂《茶笺》出于《遵生八笺》，屠隆《茶笺》《茶说》出于《考槃馀事》，曹学佺《茶谱》出于《蜀中广记》和《蜀中方物记》，即使如李日华《运泉约》一篇短文，亦入《民俗丛书·茶书篇》，均依传统习惯视为茶书；以此类推，如李时珍《本草纲目·茶》入《古今茶事》第一辑"专著"，另如学者所论王象晋《群芳谱》中的《茶谱》，文震亨《长物志》中的《香茗志》，卢之颐《本草乘雅半偈》中的《茗谱》，作为茶书，亦无不可。另外，《茶书十三种》虽无新意，然从出版角度，也应当作为一种茶书看待。

以此为标准，综合中外学者对明代茶书的调查、整理和研究，成书于明代前期的朱权《茶谱》、谭宣《茶马志》、沈周《会茶篇》、过龙《茶经》，成书于明末清初时间不易确定的鲍承荫《茶马政要》、吕仲吉《茶记》、陈孔顼《广茶经》等不计在内。现将晚明时期编撰出版的茶书列表如下：

书名	作者	籍贯	创作、刊刻年代	刊地 刊人	版本及存佚
马政志	陈讲	遂宁	嘉靖三年（1524）		十一年、二十九年重修 存
茶谱	钱椿年	常熟	嘉靖九年（1530）		《制茶新谱》 佚
茶谱续编	赵之履		嘉靖十四年（1535）		佚
茶谱	顾元庆	长洲	嘉靖二十年（1541）	大石山房 自刊	钱谱删订 存
茶谱	益王朱祐槟		嘉靖十八年（1539）		现存崇祯《清媚合谱》 存
水辨	僧真清	歙县	嘉靖二十一年（1542）	竟陵 柯双华	汪可立校雠 存
茶经外集	同上		同上	同上	同上 存
泉评茶辨	佚名		嘉靖二十四年前后		佚
茶马类考	胡彦	沔阳	嘉靖二十九年前后		佚
茶事汇辑	朱曰藩 盛时泰		同上		又名《茶薮》 佚
金陵泉品	盛时泰				佚
煮泉小品	田艺蘅	钱塘	嘉靖三十三年（1554）	杭州 自刊	宝颜堂续秘笈、喻政茶书、锦囊小史、闲情小品、说郛续 存
水品	徐献忠	华亭	嘉靖三十三年（1554）	杭州 田艺蘅刊	夷门广牍、喻政茶书、说郛续 存
茶话	顾元庆		嘉靖四十四年（1565）		佚
茶寮记	陆树声	华亭	隆庆四年（1570）	周履靖 荆山书林	夷门广牍、宝颜堂秘笈、亦政堂陈眉公普秘、程氏丛刻、枕中秘 存
茶经外集	孙大绶	新都	万历十六年（1588）	秋水斋 自刊	茶经后附 存
茶经水辨	同上		同上	同上	同上 存
茶谱外集	同上		万历十六年	同上	山居杂志、文房奇书、秋水斋本茶经 存
茶经	徐渭	山阴	万历三年（1575）		佚

续表

书名	作者	籍贯	创作、刊刻年代	刊地 刊人	版本及存佚
煎茶七类	同上		万历二十、二十五年	周履靖 荆山书林	夷门广牍、锦囊小史、八公游献丛谈、枕中秘、闲情小品、说郛续 存
茶谱	程荣	歙县	万历二十年（1592）	自刊	山居清赏 存
茶笺	屠隆	鄞县	万历十八年	喻政茶书	宝颜堂秘笈、尚白斋陈眉公订正秘笈、广百川学海、锦囊小史 存
茶笺	高濂	钱塘	万历十九年	尚雅斋	遵生八笺 存
茶考	陈师	钱塘	万历二十一年	喻政茶书	存
茶集	胡文焕	钱塘	万历二十一年	文会堂 自刊	百家名书 存
茶录	张源	吴县	万历二十三年	喻政茶书	存
茶经	张谦德	嘉定	万历三十四年	张丑 自刊	张氏藏书 存
茶疏	许次纾	钱塘	万历二十五年（1597）	许世奇	亦政堂普秘笈、喻政茶书、欣赏编、山林经济籍、雪堂韵史竹屿本、广百川学海、锦囊小史、说郛续 存
茶话	陈眉公	华亭	万历二十三年（1595）	喻政茶书	存
茶录	程用宾	新都	万历三十二年（1604）	明刻本	
茶录	冯时可	华亭	万历三十七年（1609）		说郛续 存
罗岕茶记	熊明遇	进贤	万历三十五~三十八年		说郛续 存
茶解	罗廪	慈溪	万历三十五~四十年	初刻 重刻本	喻政茶书、说郛续 存
蔡端明别记·茶癖	徐𤊹	闽县	万历四十一年（1613）	自刻	喻政茶书 存
茗笈	屠本畯	鄞县	万历三十六年（1608）	山林经济籍卷十七	喻政茶书、山居小玩、群芳清玩 存

续表

书名	作者	籍贯	创作、刊刻年代	刊地 刊人	版本及存佚
茶董	夏树芳	江阴	万历三十八年前后	清远楼 自刊	陈继儒酒颠茶董补本 存
茶董补	陈继儒	华亭	万历四十年		存
蒙史	龙膺	武陵	万历四十年		喻政茶书 存
茗谭	徐𤊹	闽县	万历四十一年		喻政茶书 存
茶集	喻政	南昌	万历四十一年	自刊	初编本、增补本 存
茶书	同上		万历四十、四十一年	徐𤊹同编	茶书全集 存
茶事咏	蔡复一	同安	万历四十一年		喻政茶书 存
茶笺	闻龙	四明	万历三十八年前		说郛续 存
茶品集录	佚名		万历三十八年前		佚
茶品要论	佚名		万历三十八年前后		佚
茶略	顾起元	江宁	万历历三十一年	新安 吴德聚	存
历朝茶马奏议	徐彦登	仁和	万历二十一年		存
茶说	黄龙德		万历四十三年	新安 程百二	程氏丛刻 存
品茶要录补	程百二	新安	万历四十三年	自刊	同上 存
茶约	何彬然	蕲水	万历四十七年（1619）		佚
茗史	万邦宁	鄞县	天启元年（1621）		清抄本 存
竹懒茶衡	李日华	檇李	泰昌元年（1620）		紫桃轩杂缀、说郛续 存
运泉约	同上		同上		李竹懒先生说部、说郛续 存
茶谱	曹学佺	侯官	同上		蜀中广记·方物记 存
岕茶笺	冯可宾	益都	天启三年 崇祯十五年	广百川学海 自刊	锦囊小史、水边林下、说郛续 存
茶史	赵长白		泰昌元年（1620）		佚
新刻茶谱五种	胡文焕		万历		佚
茗说	吴从先		万历		茶说 佚
群芳谱·茶谱	王象晋	新城	天启元年（1621）	二如亭	存
茶乘	高元濬	龙溪	天启三年（1623）		存

续表

书名	作者	籍贯	创作、刊刻年代	刊地 刊人	版本及存佚
品茶八要	华淑撰 张玮订		天启	自刊	闲情小品 存
阳羡茗壶系	周高起	江阴	崇祯十三年		檀几丛书 存
洞山岕茶系	同上		同上		同上 存
茶酒争奇	邓志谟	饶安	崇祯十六年	建阳 萃庆堂	存
明抄茶水诗文	醉茶消客				存
岕茶别论	周庆叔				佚
岕茶疏	佚名				佚
茶说	邢士襄				佚
茶考	徐𤊹	闽县	1611 前		武夷茶考 存
六茶纪事	王毗				佚
茗林	陈可勤		1630 前		佚
茶荚	郭三辰		1630 前		佚
茶经	黄钦	江西新城	1635		佚
茶铛三昧	王启茂	石首	1640 前后		佚
茶书十三种			1643 前	刻本	存
茶谱	郑元标		1643 前		佚
茶史	佚名				佚
茶谱总叙	佚名		1643 前		佚
茗谱	卢之颐	钱塘	1643 年		茶谱 存
武夷茶说	衷仲孺	崇安	崇祯		佚
茶谱通考	佚名				佚
茶经	黄钦	新城			佚
别本茶经	汤显祖	临川			存
香茗志	文震亨	长洲			长物志 存

以上统计 85 种，佚 28 种，存 57 种。即使从目前对历代茶书统计最多的 168 种来看，晚明茶书已超过半数。从发展阶段而言，嘉靖、隆庆时期可以作为发展阶段，共有 15 种；万历以后直至明末，则趋于鼎盛，高达 70 种。另外，晚明时期还出版了包括《茶经》在内的大量前代茶书，

沈冬梅《茶经校注》所列 24 种明代《茶经》刻本中，除弘治十四年无锡华珵覆宋《百川学海》本外，其余皆在晚明时期。晚明时期可以说是中国传统茶书出版传播的繁荣时期，尤其是万历以后，更是出现了茶书集中编撰出版的高峰。正如朱自振先生所说："非常清楚，明万历和其后的天启、崇祯年间，是我国古代茶书或茶学撰刊、发展的一个惟一盛世。"①

二、晚明茶书的编撰体式与茶文化知识的建构

就中国古代图书编撰体式而言，一为编，即编辑整理前人文献，又有编辑、校释、目录、类书之别；二为述，孔子说"述而不作"，自谦传述成说而不加创制，其实其删诗书、编春秋，完全可等同于后世之著作；三为作，即孔子"述而不作"之"作"，后专指文艺创作。关于明代茶书的编撰体式，有学者分为著述类、辑集类、半著半述类、半抄半著类和汇抄汇刊类等，似不够确切。依据上述编、述、作的体式，其中缺乏"作"一类，而多出一杂抄或汇抄类，因此，本文拟分为撰述类、编辑类、汇抄类三种，从内容上看，也可分综合类茶书、专业类茶书和合辑类茶书。

所谓撰述类茶书，是指立足当代茶事实践和个人体验，长期钻研，自成一家的著作。以许次纾《茶疏》、张源《茶录》、田艺蘅《煮泉小品》、陆树声《茶寮记》、罗廪《茶解》、周高起《洞山岕茶系》和《阳羡茗壶系》等为代表。顾大典《茶录引》称："其隐于山谷间，无所事事，日习诵诸子百家言。每博览之暇，汲泉煮茗，以自愉快，无间寒暑，历三十年，疲精殚思，不究茶之指归不已。故所著《茶录》，得茶中三昧。"其所列二十三题，皆简明而精到，如关于"茶道"："造时精，藏时燥，泡时洁，精、燥、洁，茶道尽矣。"许次纾《茶疏》更被评价为："深得茗柯至理，与陆羽《茶经》相表里。"另如邓志谟《茶酒争奇》借"茶酒论"的故事铺衍开来，虽为

---

① 朱自振：《切忌重现万历风》，《茶业通报》2002 年第 3 期。

游戏文字，却富含茶文化意蕴，而且开争奇小说一体，近乎孔子所说的"作"。

所谓编辑类，是对茶事文献分类整理的茶书，包括集编体、丛书体、类书体等，这类茶书占明代茶书的绝大部分。如张谦德《茶经》自序所称"折衷诸书，附以新意"。《茶乘》所称"复合诸家，删纂而作"，"虽述倍于创，要于疏原引类，各极其致"。《茗笈》所称："本陆羽之文为经，采诸家之说为传，又自为评赞以美之。"《茶书序》所谓："袁鸿渐以下茶经、水品诸编，合而订之。"此类茶书虽新意无多，然搜集、保存历史资料，传播、弘扬茶的文化，亦有功焉。

所谓汇抄类茶书，是指杂抄茶事资料、不分朝代、不注出处、了无新意之书。这类茶书为数不少，亦最为后人诟病。一则与当时书坊伪盗之风盛行有关，二则与当时官场书帕之风有关。因而使得茶书出版繁荣的同时，也带来鱼龙混杂、良莠不齐的问题，被称为"中国古代茶书中重复最多和最为混乱的一个时期"。

陆羽《茶经》开创了茶书编撰的先河，也构建了中国茶文化知识的基本体系。到了明代，茶叶的制造和品饮方式发生了划时代的变化，借助晚明茶书，我们可以看出当时茶文化知识的重构。吴智和将明代茶书中茶事记载总括为茶、水、器、火、人、事六项。[①] 茶包括出产、采摘、炒焙、收藏，较之唐宋大为简化；水则更为讲究，所谓"茶性必发于水，八分之茶，遇十分之水，茶亦十分矣；八分之水，试十分之茶，茶只八分耳"。器亦简化为壶、盏，以白瓷和青花为尚，尤其是紫砂的崛起，尤为风靡。火则指煎水的火候和冲瀹的要领。人指注重茶人修养，所谓"茶之为饮，最宜精行修德之人，兼以白石清泉，烹煮如法，不时废而或兴，能熟习而深味，神融心醉，觉与醍醐甘露抗衡，斯善鉴赏者也"。事则强调饮茶自然环境、生活环境与茶人心态融通一体的优雅境界。与晚明士

---

① 吴智和：《明代僧家、文人对茶推广的贡献》，《明清时代的饮茶生活》，第69-74页，台北：博远出版有限公司，1990年。

林风气和审美情趣相适应，茶文化知识逐步摆脱了繁琐的、浓重的、豪华的传统，而更加崇尚自然、追求性灵的"天趣"。

三、晚明茶书的传者分析：江南·文人·书坊

出版传播者处于出版传播过程的起点，是最终以出版物形式发送信息的个人和机构，包括编撰者和出版者，他们是出版传播活动得以实现的前提。

明代茶书编撰者的地域分布，从现在所知籍贯的茶书作者来看，以南直隶、浙江占绝大多数，福建略少。其他如江西人中，熊明遇进贤人，其《罗岕茶疏》作于长兴知县任上，喻政南昌人，《茶集》等书乃其官福建时与徐𤊹同编，邓志谟饶安人，受雇于福建建阳余氏书坊，《茶酒争奇》为其所创"七种争奇"之一，亦作于福建。另，《茶笺》的作者冯可宾，山东益都人，因官职湖州司理，接触茶事而著书；王象晋，山东新城人，其《群芳谱》作于浙江右布政使任上；《蒙史》的作者龙膺，湖广武陵人，著作于南京太常寺卿任上；陈讲，四川遂宁人，《马政志》作于陕西巡茶御史任上。

浙江：以杭州府为最，有田艺蘅、许次纾、高濂、陈师、胡文焕、徐彦登、卢之颐等。其次为宁波府，有屠隆（鄞县）、万邦宁（鄞县）、屠本畯（鄞县）、罗廪（慈溪）、闻龙（四明）。另有山阴徐渭、嘉兴李日华等。

南直隶：包括今江苏、安徽、上海以及江西的婺源在内的广大地区。苏州府有顾元庆（长洲）、张源（吴县）、文震亨（长洲）、钱椿年（常熟）、张谦德（嘉定，昆山）；松江府有徐献忠（松江）、陆树声（华亭）、冯时可（松江）、陈继儒（华亭）；应天府有顾起元（江宁）、黄龙德（隐居南京大城山）、盛时泰（上元）；徽州府有真清（歙县）、孙大绶（新都，古新安郡）、程用宾（新都）、吴从先（新都）、程荣、程百二（休宁）；常

州府华淑（无锡）、夏树芳（江阴）、周高起（江阴）；以及扬州府朱曰藩（宝应）。

福建：高元濬（龙溪即漳州）、徐㶿（闽县）、曹学佺（侯官）、蔡复一（同安）、衷仲孺（崇安）等。闽县郑熜嘉靖间刻《茶经》，喻政在徐㶿帮助下刻《茶书》，高元濬刻《茶乘》，是福建的三次重要茶书刊刻活动。

明代茶书编撰者的身份构成，山人墨客为主体，以官绅阶层为辅助，兼及宗室藩王、僧人。吴智和将以山人墨客为主的茶人集团称为隐逸茶人，将身在名利场中而又无法忘怀茶饮闲适的官绅名士称为寄怀茶人，亦颇有见地。山人亦作处士、布衣、隐士、清客、高士等，也有文人、文士、才子、名士、士子、衿士等泛称，其内涵一般认为乃"无位者之通称"。"有明中叶以后，山人墨客，标榜成风。稍能书画诗文者，下则厕食客之班，上则饰隐君之号。借士大夫以为利，士大夫亦借以为名。"① 其实，明代山人群体的外延要广泛得多，与士人阶层多所重复，其中具有诸生、贡生身份功名者自不在少，而经过漫长的科考道路进入仕途的文士，也有不少经历了山人的生涯，至于具有举人、进士功名入仕，一旦罢职，或不出仕，也往往游走四方，成为山人。他们是介于庶民与缙绅之间的一个文人阶层，为数众多，作品丰富，具有广泛的社会基础和巨大影响力，是文人阶层的代表，是文化产品、文化消费的主力军，文化时尚的引领者。晚明茶书编撰者主要出于山人墨客阶层，如钱椿年、顾元庆、田艺蘅、孙大绶、徐渭、高濂、张源、张谦德、许次纾、陈继儒、高元濬、程用宾、罗廪、徐㶿、闻龙、黄龙德、周高起、邓志谟、盛时泰等。其中也有的本身就是书坊主，如程荣、程百二、胡文焕、华淑、吴从先等。

明代官员多出于科举，整体文化修养高，退职后称为缙绅，仍然享受优免赋役等特权，官绅阶层是正统文化生产与消费的主要力量。明代茶书编撰者中进士及第者有陆树声、屠隆、冯时可、熊明遇、顾起元、

---

① 《四库全书总目提要》卷一百八十，第4875页，石家庄：河北人民出版社，2000年。

万邦宁、李日华、曹学佺、冯可宾、朱曰藩、龙膺、喻政、蔡复一等，其中陆树声、熊明遇等官至尚书、侍郎；举人出身的有徐献忠、陈师、夏树芳等，屠本畯则以父荫授官，至知府。其中有的也可以归入山人墨客阶层；有的则是嗜茶有感而作；有的是为官茶区，接触茶事而著书；有的则为书坊所伪托；有的则不免为书帕本，即任满入觐、奉使回朝，命人编刻以馈赠津要，乃官场风气使然。

此外，明代宗藩地位优渥，又不事四民之业，亦为一重要文化生产和消费群体。宁王朱权、益王朱祐槟编刻茶书，即其一例。祐槟为宪宗第六子，就藩建昌，其《茶谱》十二卷，为《清媚合谱》之一，别本作《续编古今茶谱》，乃汇辑前代、当代茶书。僧人历来为茶事活动的推动者。真清，新安之歙人，性嗜茶，卓锡竟陵龙盖寺，在知府柯双华支持下编刻《茶经》，并附编《水辨》《外集》，堪称明代茶僧之代表。

晚明茶书的出版者，当以商业性的书坊为主，私家刻书为辅，兼有藩刻，当无官刻。其中尤以坊刻丛书为多。如周履靖荆山书林的《夷门广牍》刊有《水品》《茶寮记》以及《茶品要录》《汤品》；陈继儒辑、沈氏尚白斋刊《宝颜堂秘笈》及续秘笈、亦政堂普秘笈刊有《茶笺》《煮泉小品》《茶寮记》《茶疏》；胡文焕文会堂《格致丛书》刊有《茶经》《茶录》《茶谱》《东溪试茶录》《茶具图赞》,《百名家书》刊有《茶集》；程百二《程氏丛刻》刊有《品茶要录》《品茶要录补》《茶寮记》《茶说》；华淑《闲情小品》刊有《品茶八要》；新安汪士贤《山居杂志》刊有《茶经》(附《茶具图赞》《水辨》)、《茶经外集》《茶谱》《茶谱外集》；沈津、茅一相《欣赏编》刊有《茶具图赞》《茶经》《茶疏》《煮泉小品》《岕茶笺》《煎茶七类》；毛氏汲古阁《山居小玩》《群芳清玩》均刊有《茗笈》；顾元庆夷白堂《顾氏明朝四十家小说》刊有《茶谱》；冯可宾《广百川学海》刊有《茶笺》《茶疏》《岕茶笺》；陶珽《说郛续》刊有《运泉约》《水品》《煮泉小品》《茶谱》《茶录》《茶疏》《茶笺》《茶解》《罗岕茶记》《岕茶笺》《茶寮记》《煎茶七类》；《居家必备》刊有《茶笺》《煎茶七类》；《锦囊小史》《枕中秘》《雪堂韵史》也都刊有茶书。

　　从以上分析可见，晚明茶书的出版传播以江南地区为中心，以山人墨客为主体，以商业性的书坊为主要的推动力量。究其原因，一是经济发达，人文兴盛，人口密集，市场广阔。明代进士分布，南直隶、浙江、江西、福建四地分列前四名；而限于科举名额和录取率，这一地区也是晚明布衣文士、山人墨客最为集中的地区；《明史·文苑传》所立传的223位文学家中，南直隶、浙江、福建、江西四地也位居前四名。这一地区相应地也是江南茶书编撰和传播的重镇。二是"天下名山，必产灵草，江南地暖，故独宜茶"。福建在宋代为北苑贡茶之地，明代则"武夷之名甲于海内矣"；而"茶自浙以北皆较胜"，苏州之虎丘、天池茶，杭州之龙井、天目茶，长兴之罗岕茶，绍兴之日铸茶，新安之松萝茶，江北之六安茶，皆名重一时，"饮遍天下"。正如宋代北苑独盛，茶书以福建为主，明代江浙茶叶发展，茶书亦以江南为重点。三是晚明出版繁荣，亦以江南、福建为中心。胡应麟《经籍会通》云："凡刻之地有三：吴也，越也，闽也。蜀本宋最称善，近世甚希。燕、粤、秦、楚，今皆有刻，类自可观，而不若三方之盛。其精，吴为最；其多，闽为最，越皆次之。其直重，吴为最；其直轻，闽为最，越皆次之。"① 三地集中了大约500家商业书坊，成为当时最为重要的传播媒介——书籍的生产中心和消费中心，仅万历一朝所刻书籍即相当于此前600间的总和，成为传统中国商业出版的黄金时代，而茶书的出版传播只是其中一个颇具特色的支脉而已。

四、晚明茶书的读者分析：茶人生活品格的形塑

　　出版传播的接收者即读者、听众和观众，是出版传播的终点，是决定传播进程和传播效果的重要因素。晚明茶书的读者自然是以文人雅士

---

① 胡应麟：《经籍会通》，第50页，北京：北京燕山出版社，1999年。

为主组成的茶人集团，同时他们又以其文化消费的弄潮儿和文化时尚的制造者的身份，影响着广大的市民阶层和阅读公众，并在这种文化的层间互动之中形塑着茶人的优雅生活品格。

按照法国社会学家皮埃尔·布尔迪厄（Pierre Bourdieu）的文化权力和文化区隔理论，文化是一种能够把现实社会安排合法化的符号权力，所有的文化符号与实践都体现了社会区分和隔离不同阶层的功能。"雅俗之辨，是中国文化史最常见的课题之一。""一旦将雅俗之辨转换成'精英文化—大众文化'的思考架构，这两个阶层之间的关系便不只局限在这两者间之区分，而且包括了更复杂的互动。"① 石守谦通过文徵明与仇英合作《寒林钟馗》的个案，分析了文人与大众在文化行为上的焦虑和互动现象。面对不易撼动的大众文化传统，迎拒之间，不无被动地取用大众文化的内涵以为创作之资，而通过创作形塑文人的独特生活风格因子。作为文人生活品格的一个面相，品茶活动最能体现这一雅俗之辨、文野之分。

从 16 世纪前期始，饮茶中文人雅趣味的追求和呈现，形成了一种茶文化的新景观。如对茶品、茶具、水品、环境的自然空灵之美的追求，以及品饮细节的近乎仪式化的讲究和宜忌②，园亭、山寺、玩赏、文艺等社集、雅集的茶会活动，都使得品茶成为文人高雅形象和品位生活的符码。正如胡文焕《茶集序》云："茶，至清至美物也，世不皆味之，而食烟火者，又不足以语此。……固将表茶之清美，而酬其功效于万一，亦将裨清高之士，置一册于案头，聊足为解渴祛尘之一助云耳。倘必欲以是书化之食烟火者，是盖鼓瑟于齐王之门，奚取哉？付之覆瓿障牖可也。"这也就是文人雅士与烟火众生的身份区隔所在。一个典型的例子是，冯梦龙《警世通言》卷二十六《唐解元一笑因缘》中的唐伯虎，初遇秋香，

---

① 石守谦：《雅俗的焦虑：文徵明、钟馗与大众文化》，《美术与考古》上册，第 104 页，北京：中国大百科全书出版社，2005 年。
② 郭孟良：《明代的饮茶风尚》，《农业考古》1993 年第 2 期。

来不及收拾行李、也不与朋友作别，急忙乘船追赶，直追到无锡，眼见秋香所乘画舫进城，反而不急，却说："到了这里，若不取惠山泉也就俗了。"遂移舟惠山取水烹茶，次日方才进城追寻。这一急一缓之间，充分显示了作为文人雅士身份象征的饮茶雅兴的力量是何等的强大！

"烹茶之法，唯苏吴得之。""焚香啜茗，自是吴中习气。"品茶不仅作为文人雅士的生活品格，而且成了以苏州为代表的风雅的文化和消费时尚。"上说天堂，下说苏杭"，江南地区是天下观瞻，时尚渊薮。江南文人艺术与生活情调，称为"吴趣"；苏州人生活中累积的文化样本，称为"苏作""苏样"；"苏样"所体现出的生活态度、审美情趣，即为"苏意"，就是"做人透骨时样"，也即引领风气之先，时尚的弄潮儿。明人吴从先《小窗自纪》解释说："焚香煮茗，从来清课，至于今讹曰'苏意'。天下无不焚之煮之，独以意归苏，以苏非着意于此，则以此写意耳。"正如江南文人日益走向市场，"士商相混"一样，作为他们生活品格标志的品茶活动也必然作为一种时尚为其他阶层清晰地辨识，进而模仿，从而走向大众，所谓苏州人"善操海内上下进退之权，苏人以为雅者，则四方随而雅之；俗者，则随而俗之"。我们且看看山人巨擘、也是"醉茶居士"的陈继儒的民众影响力便可想而知："仲醇以处士虚声，倾动朝野。守令之臧否，由夫片言；诗文之佳恶，冀其一顾。市骨董者，如赴毕良史权场；品书画者，必求张怀瓘估价。肘有兔园之册，门阗鹭羽之车，时无英雄，互相矜饰。甚至吴绫越布，皆被其名；灶妾饼师，争呼其字。"[①] 如此，晚明茶人在通过饮茶方式的追求形塑自己阶层生活品格的同时，也在进行着这种模式化的普及或大众化的传播。《喻世明言》卷十二《众名姬春风吊柳七》中描述名妓谢玉英的书房陈设："明窗净几，竹榻茶炉。床间挂一张名琴，壁上悬一幅古画。香风不散，宝炉中常爇沉檀；清风逼人，花瓶内频添新水。万卷图书供玩览，一坪棋局佐欢娱。"对照陈继儒、张大复、沈弘

---

① 朱彝尊：《静志居诗话》卷二十《陈继儒》。

宇等所描摹的山人清课、"苏样",何其相似乃尔!

　　以苏州为代表的江南茶人集团以身为范,发挥着标杆式的影响的同时,他们所倡导的品茶生活方式,也与日常的饮食风尚、节令的大众狂欢、季节性的旅游等民俗的、大众的文化活动结合起来,特别是通过茶馆这一媒介的普及,而与大众饮茶文化形成互动和融合,从而大大推动了茶人生活文化的传播和影响,江南茶人生活品格日益走向商业化、大众化。

　　晚明茶馆有一个从"失传"到"重现"的历史现象。如在南京,周晖《二续金陵琐事》记载:"万历癸丑(四十一年),新都人开一茶坊于钞库街,此从未有之事,今开者数处。"吴应箕《留都见闻录》也说:"金陵栅口有五柳居,柳在水中,置笼轩槛,垂条可爱。万历戊午(四十六年),一僧赁开茶舍,惠泉,松茗,宜壶,锡铛,时以极汤社之盛,然饮此者日不能数,客要皆胜士也。南中茶舍始此。"其实南京茶馆之设,正如顾起元《客座赘语》所言,"人第知金陵近日始有茶坊,不知宋时已有之矣"。又如在杭州,南宋时茶馆已相当繁盛,然明代前期似乎也近于绝迹。田汝成《西湖游览志馀》记载:"杭州先年有酒馆而无茶坊,然富家燕会,犹有专供茶事之人,谓之茶博士……嘉靖二十六年三月,有李氏者忽开茶坊,饮客云集,获利甚厚,远近仿之,旬日之间,开茶坊者五十余所,然特以茶为名耳,沉湎酣歌,无殊酒馆也。"从晚明延续至清代前期,江南茶馆呈快速增长的趋势。仍以南京为例,凌濛初《二刻拍案惊奇》卷十五记载,金陵酒馆十三四处,茶坊六七八家;而到了吴敬梓《儒林外史》二十四回,就有大小酒馆六七百座,茶社一千余处。一方面是增长很快,另一方面则是从晚明时代的酒馆多于茶坊,甚至倍于茶坊(如开封酒店十余,茶馆四家;南京酒馆十三四处,茶坊六七八家),到清代前期则"茶肆倍之"。这些"遍满街巷"的茶馆,既有文人雅士寻盟结社的活动场所,如前举之五柳居茶舍,还有张岱所记载的露兄茶馆,"泉实玉带,茶实兰雪",可以称为高级的茶艺馆;同时大量的当为普通的茶艺馆,他们在附庸和仿效文人雅士的品饮风尚的同时,更将茶馆作为大众日常生活和交流娱乐的公共场所，这样，从林泉之间的茶寮、茶舍，进入城市的茶坊、茶馆，再到中小城镇乃至乡村的茶摊、茶铺、茶庵，成为大众的日常交往的空间、信息传播的空间、文化消费的空间，成为中国特色的大众社交、资讯、娱乐的中心。于是，随着茶馆的普及，江南茶人生活品格也就超越了雅俗之辨、文野之分，逐渐将其文化影响覆盖于广大民众之间了。

（本文原载《浙江树人大学学报》2011年第1期）

试论明代宗藩的图书事业

明朝建立之初，太祖朱元璋总结历史教训，加强集权，分封皇子二十四人为亲王，从孙守谦为靖江王，分控要害，节制公侯，"慎固边防，翼卫王室"，宗室分封遂为一代之制。这些藩王名义上"分封而不赐土，列爵而不临民，食禄而不治事"，但禄赐丰厚，位高权重，官属及护卫甲士甚多，以致酿成"靖难之变""高煦之叛"等宗藩与皇权的矛盾。于是宣德之后，明朝开始调整政策，收回兵权、事权，建立了一系列所谓的"藩禁"，"钳而制之者无不至"，使宗藩逐步蜕变为社会寄生阶层。他们宗支繁衍，坐食岁禄，广占庄田，搜括物利，甚至暴横奸究，种种不法，造成了极大的财政负担和社会经济危机，使宗藩问题成为明代中后期关乎王朝盛衰的社会痼疾。顾炎武曾一针见血地指出："名为天枝，实为弃物。"

新中国成立以来，学术界对于明代宗藩问题研究，颇为关注。诸如宗室分封制度、宗藩人口与宗禄问题、王府庄田、宗藩的商业活动等方面的研究都取得了可喜成果，唯其科学文化方面则颇觉阙如。其实，明代宗藩并非全是"弃物"，其中涌现出了著名的音乐家和科学家朱载堉、博物学家朱橚与朱权、戏剧家朱有燉、学者和藏书家朱睦㮮、书画家八大山人朱耷等一批杰才俊士，在文化艺术史上占有重要地位。至于明代的藩府刻书，更是数量大，质量高，在当时乃至后世影响至深。这里试就明代宗藩在藏书、著书、刻书等方面的活动略加梳理，以说明其在图书文化史上的贡献，并简略分析其成因、特点与影响。

一、富藏图籍

中国古代没有公共图书馆可资利用，藏书是明道问学、从事著述的必要条件，更为从事校勘和刊刻图书提供了版本基础。因此，在讨论明代宗藩在图书事业上的贡献时，我们首先要了解宗藩的藏书情况。

明代是中国传统藏书事业全面发展的时期，尤其是私家藏书数量之大、分布地域之广、藏家之众远迈前代。其中明朝宗藩藏书堪称重镇。有明一代，皇子受封亲王者共六十二人，其中五十人就藩之国，建立王府，各府都有规模不等的藏书，以藏书丰富著称的有周府、宁府、晋府、辽府、郑府、秦府、蜀府、衡府、徽府等。

周定王朱橚，太祖第五子，初封吴王，后改周，国开封。通经好学，兼能诗赋，有《元宫词》百章，又撰《救荒本草》《普济方》等，并有《周府书目》四册。《明史》称"周邸图书文物之盛甲他藩"。其六世孙镇国中尉睦㮮，字灌甫，覃精经学，曾任周藩宗正，学者称为西亭先生。他不仅著述等身，且终生喜收书，自中州以至吴中、两浙、东郡、耀州、澶渊、应山诸处，或购求，或写录，或补缀，积书甚富。"海内藏书之富，近代推江都葛氏、章丘李氏，灌甫倾赀购之。"[1] 就宅内建万卷堂以贮之，与子勤美编《万卷堂书目》十六卷，又称《聚乐堂艺文目》，一作四卷。依经史子集四部分类，总计收书四千三百一十部，四万两千七百五十卷，在藏书史及目录学史上有着较大的影响。

---

[1] 钱谦益：《列朝诗集小传·闰集》，上海古籍出版社，1983年。

宁王朱权，太祖十七子，就藩大宁，成祖初移国南昌。博学好古，于书无所不读，著辑之书百余种。家藏丰富，"凡群书有秘本，莫不刊布"。有《宁藩书目》一卷。其六世多熺性喜藏书，曾购异书数万卷，手自校勘；多燿工书善画，广搜法书名画，筑清晖楼藏之。七世孙谋㙔字郁仪，著书一百十二种，皆手自缮写，未尝假手小胥，他雅好典藏，专辟枳园藏书楼，其藏书与朱睦㮮齐名。《征刻唐宋秘本书例》称："中州之西亭、豫章之郁仪两王孙，家藏与天府埒。西亭所藏，尽付黄流；郁仪之书，亦遭劫火。"

　　晋府藏书亦堪与周府媲美。清阮葵生《茶馀客话》卷六称为藏书史上的"周晋二府"。叶昌炽《藏书纪事诗》更称其"窃比河间无愧色"。其藏书多有"敬德堂图书印""晋国奎章""道济书府""晋府书画之印""清和珍玩""乾坤清气"等印。此外，衡府、徽府各有书目一卷，颇多佳椠秘本。辽府光泽王宪㶏积书万卷，明世宗钦赐堂名曰"博文"；另建有藏书楼梅南书屋，有"光泽王印""止庵""梅南深处"等藏书印。郑府庐江王朱见㵾藏书甚富，其书多善本，装潢甚精，有"宗藩清暇""庐江王文房记"等印。蜀府成王朱让栩"尤贤明，喜儒雅"，"不著长物，惟富图籍"。他如秦简王朱诚泳、湘献王朱柏、端王朱知烊、镇平王府奉国将军朱安㳺等都在明代藏书史上占有一席之地。

　　宗藩藏书的来源，主要有御赐、自抄、自购三途。明代皇帝很重视宗室教育，太祖"建大本堂，取古今图籍充其中，征四方名儒教太子诸王，分番夜直，选才俊之士充伴读"。[①] 藩王之国，封地厚赠而外，还要赐给很多书籍，除了鉴戒类的图书如《昭鉴录》《纪非录》《永鉴录》等，律令礼仪制度类的图书如《大诰》《祖训》《集礼》等，还有儒家经典，甚至还要赐给一些文学作品。"洪武初年，亲王之国必以词曲一千七百本赐之。"[②] 因赐书甚多，且"多有宋元善本"，周王朱橚甚至建了一个特藏书

[①] 郑晓：《今言》卷四，北京：中华书局，1984年。
[②] 李开先著，路工辑校：《李开先集》上册卷六《张小山小令后序》，第370页，北京：中华书局，1959年。

库，名御书楼。宗室就藩之后，朝廷还常有赐书之事。如嘉靖十年（1531），沈宪王朱胤栘"上疏乞内府诸书，诏以五经四书赐之"。万历十一年（1583），"赐安乐王多㷆四书五经纂注各一部"。万历二十三年（1595），"赐晋王敏淳四书五经各一部，赐书院额名宝善"。①

藩府自抄之书，亦颇不少。以前述宗室两大藏书家朱睦㮮、朱谋㙔为例。《国朝诗集小传·闰集》记载：朱睦㮮鉴于古人经解失传，"访求诸海内通儒，缮写藏弆，若李鼎祚《易解》，张洽《春秋传》，皆叙而传之"。《明史》卷一百十七《诸王二》记载：镇国中尉朱谋㙔端谨自好，尤贯串群籍，"著《易象通》《诗故》《春秋戴记鲁论笺》及他书，凡百十有二种，皆手自缮写"，自周藩中尉朱睦㮮而外，无人能及。

自购图书亦是宗藩藏书的重要来源。宗藩岁禄丰赡，又经营庄田、店业，财力雄厚，其中修学好古者，完全有能力"多购异书，校雠以为乐"。前引朱睦㮮倾赀购得江都葛氏、章丘李氏藏书便是一个突出的例子。

二、著作如林

叶德辉在论及明时藩府刻书之盛时，曾总结道："大抵诸藩优游文史，黼黻太平。修学好古，则河间比肩；巾箱写经，则衡阳接席。又不独郑藩世子载堉之通音律、西亭王孙睦㮮之富藏书，为足增光于玉牒而已。"②

的确，明朝皇帝十分重视宗室教育，征天下名儒教授，选才俊之士伴读。各藩府也延聘名师，教导子弟；加之藩禁甚严，宗室又不得从事四民之业，所以宗室完全有条件读书问学，从事著述。故明代各藩人才辈出，著作如林，形成了一个独特的文化群体。曹之将藩王著者、书坊

---

① 《明神宗实录》卷一四四、卷二八六。
② 叶德辉：《书林清话》卷五《明时诸藩府刻书之盛》，第101页，沈阳：辽宁教育出版社，1998年。

著者、山人墨客著者合称为明代三大著作群。① 兹以藩府为系，依《千顷堂书目》等著录，略举其要：

周府：周定王朱橚著有《元宫词》《救荒本草》《普济方》等。周宪王朱有燉有《诚斋集》《诚斋乐府》等，尤其在戏剧史上影响甚广。明代著名文学家李梦阳《汴中元宵绝句》咏道："中山孺子倚新妆，郑女燕姬总擅场。齐唱宪王新乐府，金梁桥外月如霜。"② 前述的藏书家朱睦㮮更是著作等身，有《五经稽疑》六卷、《授经图》二十卷、《韵谱》二卷、《圣典》三十四卷、《校定谥法》一卷、《大明帝系世表》一卷、《周国世系表》一卷、《开封府志》八卷、《中州文献志》四十卷、《中州人物志》十六卷、《陂上集》二十卷等。镇平恭靖王有爌有《德善斋诗集》一卷、《梅花百咏》一卷。博平王安钺有《养正馀力录》一卷。另据朱彝尊《明诗综》引施愚山云："周藩睦横有《三叶诗稿》，又勤炋（南渚）、朝壇（崇冈）、朝堈（近冈）皆有集。"

宁府：献王朱权博通经史，"兼具九流、星历、医卜、黄冶诸术"，有《通鉴博论》二卷、《汉唐秘史》二卷、《史断》一卷、《文谱》八卷、《诗谱》一卷、《词品》一卷、《北曲谱》十二卷、《宫词》一卷、《采芝吟》四卷、《太和遗音》二卷、《神奇秘谱》三卷、《臞仙神隐书》四卷等数十种。其六世孙多㷎、多炡、多㷕、多煃皆有诗名，尤其是多煃诗名最盛，有诗集《石兰馆稿》，王世贞题为"国秀"，又改题"国香"，评价其诗："气清调爽，神完体舒，用事切而雅，入字峻而稳，运思深而不刻，结法乃有余味。"③ 镇国中尉朱谋㙔著作等身，有《周易象通》八卷、《骈雅》七卷、《藩献记》四卷、《水经注笺》四十卷、《玄览》八卷、《异林》十六卷等百余种。弋阳端惠王朱拱樻有《东乐轩诗集》六卷。奉国将军朱拱桐有《瑞鹤堂近稿》一卷、《爽台稿》二卷等。

---

① 曹之：《中国古籍编撰史》，296页，武汉：武汉大学出版社，1999年。
② 李梦阳：《空同集》卷三十五。
③ 陈田：《明诗纪事》卷二，第67页，上海：上海古籍出版社，1993年。

秦府：简王朱诚泳诗名颇盛，“日赋一诗，积三十年”，有《宾竹小鸣稿》十卷等。康王朱志㙉有《默庵集》。永寿王有《东轩诗集》一卷。奉国中尉朱敬镃有《梅雪轩诗稿》四卷。

蜀府：献王朱椿有《献园集》十七卷。定王友垓有文集十卷。成王朱让栩有《长春竞辰稿》十六卷。惠王申凿有《惠园集》。端王宣圻有《端园集》。献王八世孙朱宣墡有《诗心珠会》八卷等。

沈府：沈宪王朱胤栘有《保和斋稿》五卷。宣王朱恬烄有《绿筠轩稿》四卷。定王朱珵尧有《沈国勉学书院集》十二卷及《修业堂稿》《崇玉山房稿》。安王朱诠鉌有《凝斋稿》。德平荣顺王朱胤梃有《集书楼稿》。沁水昭定王恬烆有《逊学书院集》。其子康僖王珵瑎有《衡漳稿》《沧海披沙集》。安庆镇康王朱怡焯有《西岩漫稿》。安庆王朱恬爔有《嘉庆集》。保定王朱珵坦有《清苑山房集》。

楚府：庄王朱孟烷有《勤有堂文集》《勤有堂诗集》。宪王季埱有《毓秀轩集》《维藩清暇录》。端王荣㳦有《正心诗集》。武冈保康王显槐有《少鹤山人文集》八卷及续集八卷，其孙华圉有《梅湖集》《桃溪集》。

郑府：恭王厚烷有《退思录》四册。端清世子朱载堉是一位音乐家和科学家，其《乐律全书》包括十五种著作，另有《律吕正论》《瑟谱》《律吕质疑辨惑》《嘉量算经》《醒世词》《韵学新说》等十余种。

此外，见于著录的宗藩文献还有数十人上百种之多。如兴献王朱祐杬有《含春堂集》；汉王朱高煦有《拟古感兴诗》一卷，赵康王朱厚煜有《居敬堂集》十二卷；益庄王朱厚烨有《勿斋文集》五卷；荆府樊山王朱载玠有《大隐山人集》十七卷，朱翊钺有《广宴堂集》；唐成王朱弥鍗有《甕天小稿》十二卷，恭王弥钳有《谦光堂诗集》四卷；辽简王朱植有《辽简王遗集》五卷、《莲词》二卷；韩昭王朱旭櫷有《冰壶遗稿》五卷；潞王朱常涝有《述古书法纂》《古音正宗》；肃府安和世子真淤有《星海诗集》；徽王有《迩卑吟集》一卷、《双泉诗集》三卷；代府灵丘荣顺王朱逊烇有《云溪稿》，其五世孙俊格有《天津集》；庆府康王朱秩煃有《慎德轩集》，安塞宣靖王秩炅有《沧州渔隐录》六卷、《樗斋随笔》二卷，丰林端康王台瀚有《平斋集》；鲁靖王肇煇有《凭虚稿》，惠王泰堪有《悔斋稿》，庄王阳铸有《尊德堂稿》；襄府枣阳荣肃王祐楒有《朱仲子集》三卷、《方城集》一卷；衡府新乐王载玺有《楼居稿》《山居稿》各一卷，商河王载塎有《松庵集》等。

如此浩繁的各体著作，反映了明代宗藩在诸多领域的文化成就：

在文学方面，诗词文赋的创作，皆有可称。陈田《明诗纪事》选载宗室传世诗文集达86人、102种。其中秦简王朱诚泳诗名最盛，"浅而质朴，近体谐婉可诵，七绝尤为擅场"，"尔时馆阁之中转无此清音矣"。宁府镇国中尉朱多煃亦名重一时，王世贞赞叹："每得中尉一番诗，辄复一番奇进，才情融美，格意朗畅，朱邸中那复有斯人！"① 此外，如宁王朱权的《诗谱》《词品》，宁藩中尉朱谋㙔《诗故》《骈雅》在文学研究和评论方面也"征引详博，颇见条理"，允为"上乘之作"。

艺术方面，涉猎门类广泛，成就巨大。仅书画方面列名《历代画史汇传》的宗室画家就有46人。靖江王后裔朱约佶的《屈原图》至今传为国宝，称"为很少见之作"。宁藩后裔更是书画家辈出，朱多炡"山水得二米家法，写生更妙"；朱容重"图章得秦汉笔法，其诗掩映三唐，值行草之妙，比之率更，仿佛索靖鸾惊，右军卧虎，是子庄之直驾前人，岂一而足乎"。② 多炡孙朱耷，号八大山人，擅画山水花鸟竹木，书法大楷得米家真髓，行书得华亭笔意，又自成狂草，堪称书画史上里程碑式的大师。朱谋㙔补撰《书史会要》，自撰《画史会要》，于书画理论多所贡献。潞王朱常淓"习文翰""工书画"，著有《述古书法纂》，书作真草隶篆皆有，刻石达数百方。绘画则"尤工画兰""善竹石"。另篆刻作品甚多，不下千方。③

---

① 王世贞：《弇州山人续稿》卷二《国香集序》，四库全书本。
② 刘九庵：《记八大山人澹雪朱容重等书画合册》，《文物》1995年第1期。
③ 苏德荣：《潞王资料汇编》，新乡文博增刊，1984年。

戏剧方面，以宁献王朱权与周宪王朱有燉最为知名。宁献王有戏曲著作《太和正音谱》《多头韵》《琼林》《雅韵》，又有杂剧十余种，今存有《冲漠子独步大罗夫》《文君私奔相如》等。周宪王更是著作等身，今存杂剧三十一种，当时流传甚广，盛况空前。牛恒《周藩王宫词》称："夜来行乐雁池头，侍女分行秉烛游。唱彻宪王新乐府，不知明月上樊楼。"

音乐方面，以朱载堉成就最大。他解决了音乐上的旋宫理论和统一音高标准，创立了十二平均律理论。同时又付诸实践，制作乐器，著有《瑟谱》等书，还绘制了大量舞谱，被誉为"近代艺术的第一人"。此外，宁献王朱权通晓音律，还有琴谱《神奇秘谱》；潞王朱常淓也"善音律"，著有《古音正宗》，并制琴数百张，人称"潞琴"。

经史方面，宗室深受儒家尤其是程朱理学的熏陶，又受藩禁所限，因而不过问政治，在思想上也较为保守，故在人文领域建树不多，惟通经修史而已。然其中亦不乏佼佼者，像朱睦㮮以及朱谋㙔、朱俊格、朱健根等都以"博通经术，素精名理"著称。史学方面，宁献王朱权有《汉唐秘史》《通鉴博论》，晋王朱棡编纂有《宁夏志》，是该地区最早的一部系统的地方志。朱睦㮮更有《谥苑》《圣典》以及《河南通志》《开封府志》等。朱勤美有《王国典礼》八卷。潞王朱常淓有《古今宗藩懿行考》。鲁府朱常泗有《宫省览声录》专考历代年号，并有《明朝典故辑遗》传世。

自然科学方面，朱载堉涉猎广泛，在历学方面，"辑名历五十家，倾心考证"，结合百余年的天象实践，编定《黄钟历》和《圣寿万年历》《万年历备考》；还重新推算了回归年长度，以日影测极，测得北京的纬度和地磁偏角。在数学方面，他首创珠算开方，成功地解决了九进、十进位等不同进位制的小数换算问题；首次确立等比数列的计算方法，并运用于十二平均律的求解运算；较精确地计算圆周率；对历代度量衡制进行精密考证。在物理学方面，精确地测定水银密度，透彻地研究和实验了完全八度和纯五度的和声问题。周定王朱橚在医学、植物学上的成就也备受后人称颂。《救荒本草》记录四百一十四种野生植物，其中两百七十六种为此前本草所未载,文图并茂,考订翔实。《普济方》分两千一百七十五类,收七百七十八法、六万一千七百三十九方,附图两百三十九张,是我国古代规模最大的方剂学著作之一。桂府灵丘王朱逊烃医术高明,"尝施药治瘟疫,全活无算"。

三、雕椠之盛

明代宗藩优越的经济地位和丰富的藏书,为其从事校订、刊刻古籍提供了经济条件和版本基础;著作如林则直接为刻书提供了大量的书稿;人才辈出则是刻书的人力资源基础,也为宗藩出版业提供了质量保证。加之明代出版政策宽松,印刷出版业空前繁荣,以及藩禁严密,"防闲过峻,法制日增",庸碌的宗室坐享岁禄,贤明者则借读书、刻书作为韬晦避祸之计。这样既可避免嫌忌,又可嘉惠学林,垂名后世,于是明代藩府雕椠之业遂极一代之盛。

著名版本学家潘承弼、顾廷龙对明代藩刻进行过精辟的论述,现转录于此:

> 明时藩邸子孙袭祖宗余荫,优游文史,雕椠之业,迈轶前朝。今可溯者,殆十数家。蜀府最先,自洪武至万历,传本不绝。宁藩自号臞仙,所刊多道家养性保命诸籍。他如唐藩之《文选》,吉府之《贾子》,于今传诵。余则代、崇、肃三府,多有垂典,并为世睹。此成化以前藩邸之概略也。嘉靖以下,晋藩最著淹雅,奕世载美,光启前业,其所署有宝贤堂、志道堂、虚益堂、养德书院诸称,循名可觇其实,其所刊有《文选注》《唐文粹》《宋文鉴》《初学记》诸书,浩瀚卷帙,为诸藩之冠;次则秦藩之《史记》,德藩之《汉书》,赵府之《诗辑》,益府之《玉篇》,并得擅美济武。而郑藩之通音律,所刊《乐律全书》,尤为审音家所推重,不独以雕板著艺苑也。其他诸藩,曰周曰徽曰沈曰伊曰鲁曰楚曰辽曰潞,一二精椠,更仆难数,河间、衡阳,无

与为盛。①

根据有关书目著录、文献记载以及当今典藏，明代宗藩刻书较多且以"佳刻"名世的很多，现依府系列举如下：

蜀府：《说苑》《新序》《史通》《通鉴纲目全书》《重修政和经史证类备用本草》《洪武正韵》《静修先生文集》《栾城集》《逊志斋集》等。

秦府：以嘉靖十三年（1534）鉴抑轩刻《史记集解索隐正义》一百三十卷著名，另有《天原发微辨正》《千金宝要》《淳化阁帖》等。

晋府：所刻偏重文学作品尤其是文学总集，如《文选李善注》《汉文选》《唐文粹》《宋文鉴》《元文类》《明文衡》，以及《春秋左传类解》《初学记》《宝贤堂集古法帖》等。

周府：《新刻袖珍方大全》《金丹正理大全》《周易集解》《空同先生集》《中川先生集》《翁东涯集》《西湖百咏》《王国典礼》等。

楚府：《大明仁孝皇后内训》《兴献皇后内训》《说苑》《胡子知言》《宫省贤声录》《鹤啸集》等。

鲁府：《诚斋易传》《抱朴子内外篇》《画法大成》等。

代府：《谭子化书》《蒙养大训》《大方广圆觉修多罗了义经略疏注》《大佛顶首楞严经正脉疏》《经元斋小稿》等。

宁府："凡群书有秘本，莫不刊布国中。"除本藩著述外，还有《楚辞章句》《文心雕龙》《蔡忠惠先生集》《斗南先生集》《重编白玉蟾文集》《病机气理保命集》等。

辽府：《元诗体要》《东垣十书》《后山诗注》《昭明太子文集》《三谢诗集》等。

沈府：《雅音会编》《医说》《甬东山人稿》《沈国勉学书院集》等。

赵府：《资治通鉴纲目》《薛文清公读书录》《四溟山人全集》《王氏脉经》《黄帝内经》《洹词》等。

---

① 潘承弼、顾廷龙：《明代版本图录初编》卷四，第173—174页，台北：文海出版社，1971年。

吉府：《楚辞集注》《四书集注》《贾谊新书》《二十二家子书》等。

唐府：《文选李善注》《东莱吕氏两汉精华》《直说通略》《迩言》等。

益府：《洪武正韵》《圣学心法》《理学类编》《重编广韵》《大广益会玉篇》《续集古今茶谱》《盛明十二家诗选》等。

崇府：《春秋左传集解》《贞观政要》《中和集》《孝肃包公奏议集》等。

徽府：《抱朴子外篇》《锦绣万花谷》《素书》《公孙龙子》《元真子》《天隐子》《无能子》等。

此外，还有庆府、德府、衡府、伊府、潞府、襄府，以及淮府、郑府、韩府、靖府、肃府、荆府、汝府、岷府、荣府等均有刻本传世。另外，根据周弘祖《古今书刻》，山西山阴王刻书六种，江西弋阳王刻书更多达五十七种。

诸藩还设有专门的刻书机构，如晋府之宝贤堂、志道堂、虚益堂、养德书院，赵府之居敬堂、味经堂，徽府之崇德书院，鲁府之敏学书院、承训书院，辽府之宝训堂，德府之最乐轩等。

藩刻品种繁多，涵盖颇广，诸凡经、史、子、集、丛，门类齐全。至于传世的翻刻善本，尤不可枚举。嘉靖年间晋府所刻诸文学总集，万历年间吉府所刻《二十二家子书》，崇祯年间益府所刻《茶谱》二十一种，明末即被誉为藩刻中的三大杰作。

至于藩刻的数量，周弘祖《古今书刻》统计十五府，凡一百四十二种；黄虞稷《千顷堂书目》统计三十一府，凡二百四十四种；今人杜信孚《明代版刻综录》统计四十二府，凡一百三十种；李致忠《明代刻书述略》根据各家著录和国家图书馆所藏，计得二百五十余种；张秀民综合各方面资料得四十三府，九十三人，三百五十九种。陈清惠《明代藩府刻书研究》综合前人研究，结合典藏情况，考证明代藩府刻本总数达五百八十三种，基本可以反映藩刻本的整体状况[①]。当然，这些仅是我们

---

① 陈清惠：《明代藩府刻书研究》第 71—99 页《明代藩府刻书总目》，北京：国家图书馆出版社，2013 年。

今天可以披阅和考知的,实际刻书数量远不止此。

明代藩府刻书不仅数量可观,质量也堪称上乘。藩府富可敌国,广积宋元旧本及其他善本,翻刻有据,校勘有凭,且木材、纸张、油墨等用料讲究,刻工精良,书品上好,被誉为明代官刻中的珍品;宗室倾心向学,兼擅艺术,很多是自编自刻,如周宪王的《诚斋乐府》,宁献王的《太和遗音》《神奇秘谱》,郑世子的《乐律全书》等,都校勘精审,历来为版本家、藏书家称善。藩刻本中还有一些活字印本,如蜀府的《栾城集》,益府的《辨惑篇》等。藩刻在传统印刷出版方面作出了有益的贡献,堪称出版事业史上特有的文化现象,对于善本古籍的保护传承、传统文化的发展传播起到了积极的作用。

四、历史观照

在叙述了明代宗藩图书事业的成就之后,我们结合明代的社会文化环境,对宗藩图书事业的背景、特点及影响作一简略的历史分析。

明朝的宗藩政策是造成宗藩图书事业发达的基本原因。除明初的情况特殊而外,明代的宗藩政策可以概括为政治上控制森严,经济上优渥备至,文化上教育良好。明代藩禁严密,早在明初,太祖就颁布《永鉴录》《祖训录》《纪非录》加以约束,成祖以"靖难"登位,对诸王防范更甚,此后历朝更是"法制日增",规定宗藩不许从事四民之业,二王不得相见,出城省墓请而后许,即把成年后的宗藩子弟都禁锢于封地之中,因而时人称"虽生于皇家,适以囚禁之"。有明一代,宗藩因图谋不轨、违法乱纪而受到制裁的达五六十例,涉及二十八藩,或被赐死、斩首、除封,或被削为庶人,守坟园,锢高墙,从而使宗藩人人自危,"贤才不克自见,知勇无所设施",不得不寻求保全之法、韬晦之计,于是闭门读书著书、藏书刻书、绘画吟诗、从医从艺等便成了许多宗室的主要生活内容。如宁王朱权初封大宁,与燕王朱棣相约起兵。永乐初被削去护卫,迁到南昌,

"自是日韬晦，构精庐一区，鼓琴读书其间"，名曰神隐，退讲黄老之学，著《神隐志》以明志，可谓如履薄冰，而藏书、著述、刻书也从此成为宁府的优良传统。

经济上，宗藩的实力颇称殷实丰厚。明初定诸王公主岁禄，亲王岁支米五万石，钞两万五千贯，锦四十匹，纻丝三百匹，纱罗各一百匹，绢五百匹，冬夏布各一千匹，绵两千两，盐两千引，茶一千斤，马匹草料月支五十匹。此外，还有所谓的即位之赏、之国之赏、朝觐之赏、有功之赏等，为数相当可观。明中叶以降，宗藩又通过钦赐、奏讨、夺买、侵占等方式广置庄田，嘉靖中的景王、万历中的福王庄田多达四万顷。再加上垄断性的盐业经营等，宗藩积聚了大量的社会财富。嘉靖四十年（1561），御史林润奏称："天下财赋，岁贡京师米四百万石，而各藩禄米岁至八百五十三万石。山西、河南存留米二百三十六万三千石，而宗室禄米五百四万石。"① 嘉靖二十六年（1547）修建太庙，蜀府一次就"献黄金六十斤，白金六百斤"。② 优渥的经济条件既能使不肖者穷奢极欲、玩乐终生，也可使附庸风雅者广交海内名流、盛集门下宾客，"摛辞走天马，吐论集人龙"，博得"异时风流，不减邺下"的美誉。也使一部分沉湎书香、修学好古者有充裕的条件去聚书、读书、著书、编书、校书、刻书，成为中国图书事业史上一个特殊的群体。

前已述及，明代宗室教育制度完备，效果良好，为图书事业之发达打下了良好的基础。宫廷设书堂，定读书仪，藩府设宗学，并置讲官、教授、长史、纪善等官，选天下名儒充任，从而为宗室造就了大批的人才，为宗藩图书事业的发展提供了保证。

明代宗藩图书事业的特点，首先是府系性。各藩宗室形成相对独立的群体，世代相传，具有各自的文化传统。其中尤其以周、宁、蜀、沈诸府为最，成就甚巨。这既与其创始人的文化素养、文化成就有关，又

---

① 《明史》卷一百十六《诸王一》。
② 《明史》卷一百十七《诸王二》。

与其所处的文化地理环境相适应。其次是宗藩藏书、著述、刻书亦有自身的特点。其藏书，颇多善本佳椠，价值甚高。御赐之书，自多宋元旧刻；自购之书，更不吝巨资，广求异本；自抄之书，不唯遍访书林，且经精心校雠，足以传世。其著述，虽涉猎广泛，具有广域性，但为藩禁所限，宗室不得过问时政，即有少量经史之作，也恪守程朱，不敢逾矩，宗室著述集中在诗词风月、书法绘画、戏曲音乐、医药养生等文化艺术领域，兼及自然科学。其刻书，则主要包括传世古籍和各藩自著之书，其共同特点是校勘精审，雕印考究，佳刻精椠，擅美艺林。如秦府之《史记》、德府之《汉书》、唐府之《文选》、郑府之《乐律全书》等，不胜枚举，至今为书林所珍。

明代宗藩的图书事业，在明代文化乃至整个中国文化发展史上占有一定的地位，产生了较大的社会影响，成为中国图书文化史上引人注目的现象。首先，宗藩藏书、校书、刻书对传统文化的积聚和传承起到了重要的作用。其次，宗藩的文化成就在某些领域代表着当时的发展高峰，如朱橚之于植物本草学、方剂学，朱权、朱有燉之于戏剧，朱载堉之于音乐，八大山人之于书画等，都具有总结和创新意义。再次，宗藩分据天下名都巨区，创学校，修书院，筑台苑，结文社，招致宾客，诗酒风流，"台省之官，缙绅之夫，湖海之客，鲜有不造其门者"[①]。加之其崇高的社会地位和世人的崇尚心理，宗藩的文化品位、价值取向、审美情趣对明代世俗文化具有很大的影响和示范意义，各地的藩府都成了当地的文化中心，从而对明代城市文化的形成和发展发挥着积极的推动作用。

（本文原载《郑州大学学报》2002年第4期，略有修订）

[①] 李梦阳：《空同集》卷四十四《博平恭裕王墓志铭》。

明代中原藩府刻书考论

藩府刻书，又称明藩刻书、藩王刻书、明宗室刻书，包括明代皇子封王及就藩后所刊刻的图书，也包括其同藩郡王、将军等宗室所刊刻的图书。有明一代，藩府刻书数量大、质量高，是出版传播史上引人注目的现象，在当时乃至后世影响颇大。对于在明代出版史上并不占重要地位的河南而言，尤其如此。明代藩府刻书可考者43府，河南最多，占10府；藩府刻本可考者500余种，以江西、河南最多，各百余种。由此可见，藩府刻书在明代中原出版格局中占据着举足轻重的地位。

一、藩府刻书的背景与条件

中国传统的出版业发展到明代，出现了盛况空前的局面。尤其值得注意的是，随着商品经济的发展和城市经济的繁荣，市民阶层的逐步形成和扩大，公共消费空间的出现，大众出版或称商业性出版空前发达，从而使明代成为近代新型出版业形成之前中国传统出版史上独具个性的时代。明朝统治者重视文治，鼓励出版，为出版业的发展提供了宽松的环境；明代文化繁荣，教育发达，学术昌明，著述丰赡，为出版业的发展提供了源头活水；明代商品经济高度发展，社会文化消费水平的空前提高，为出版业的发展提供了广阔的市场空间；明代印刷物资生产与印刷技术的进步，为出版业的发展提供了物质基础和技术支撑。这是明代藩府刻书的行业背景和客观社会基础，而明代宗藩的政治环境、经济基础以及宗藩的文化事业则成为藩府刻书的直接前提。

（一）明代的宗室政策为藩府刻书营造了适宜的社会政治环境

明太祖朱元璋总结历代统治制度得失，在"收天下之权归于一人"的同时，又决定"众建藩辅，所以广磐石之安；大封土疆，所以眷亲支之厚"，建立了诸王分封制度，企图达到"上卫国家，下安民生"的目的。

"豫居天下之中"，自古为"声灵赫濯之区，文物衣冠之薮"，不仅地理位置重要，而且三代以降一直是全国的政治和文化中心。朱元璋对河南地区非常重视，曾一度建北京于开封，同时把诸皇子分封于河南名都要害，加强控制。明代在河南分封的亲王11位，占全国62个亲王的六分之一强，以明末计，河南尚存潞、福、周、唐、赵、崇、郑等7个王府，正好占全国28府的四分之一，而且潞王和福王都被朝廷视为"诸藩之首"而特加优渥者，足见河南藩府在整个明代宗藩中所占的重要地位。

起初，诸王均授以兵权，广设护卫，像周王就拥有"护卫精卒万六千余人"，位高权重，结果导致靖难之变、高煦之叛等一系列宗藩与皇权的矛盾。永乐、宣德之后，朝廷着手削夺宗藩的政治军事特权，调整其宗室政策。在政治上，控制和防范森严，"钳而制之者无不至"，"既绝其仕宦，并不习四民业，锢之一城"，①"徒拥虚名，坐縻厚禄，贤才不克自见，知勇无所设施。防闲过峻，法制日增，出城省墓，请而后许，二王不得相见。藩禁严密，一至于此"。② 有明一代，宗藩因图谋不轨、

---

① 明·沈德符《万历野获编》卷四《宗藩·宗室通四民业》，第134页，北京：文化艺术出版社，1998年。
② 《明史》卷一百二十《诸王传赞》，第3659页，北京：中华书局，1974年。

违法乱纪而受到制裁的达五六十例，涉及二十八藩，或被赐死、斩首、除封，或削爵为庶人，守坟园，锢高墙，从而使得宗藩人人自危，对社会政治和民生造成了很大的影响，无形中也成为一种政策的导向。

在这种严密的"藩禁"之下，庞大的宗藩阶层"虽生于皇家，适以囚禁之"，违法乱政、作恶多端、穷奢极欲者固然大有人在，但更多的恐怕还是游手好闲、百事不为、蹉跎岁月的寄生虫，也不可否认其中的确有一批贤明之王、饱学之士、"天潢异人"，他们不甘沉沦，奋发有为，利用优越的社会政治地位、不事四民之业的优游岁月、良好的经济和教育条件，在文化艺术、科学技术领域作出了各自不凡的成就。藏书、著书和刻书便是一个明智的选择，既是其科学研究、文艺创作得以行世传承的一种途径，也是他们在当时的可能条件下对社会历史的一种贡献。

（二）优越的经济地位是藩府刻书的物质基础

明代宗藩在经济上禄赐丰厚，优渥备至，又广占庄田，经营商业，造成了明代中后期的重大财政经济危机，被称为"极弊而大可虑"的社会问题。自然，优越的经济地位也为其从事出版事业奠定了坚实的物质财富基础。

首先是宗禄。洪武九年，定诸王公主岁禄，"亲王岁支米五万石，钞二万五千贯，锦四十匹，丝三百匹，纱罗各一百匹，绢五百匹，冬夏布各一千匹，计两千两，盐二百引，茶一千斤，马匹草料各月支五十匹。"① 另外，还有所谓的即位之赏、之国之赏、朝觐之赏、有功之赏等，为数相当可观。随着时间的推移，宗藩人口激增，岁禄无限增大，造成了国家财政的巨大压力。嘉靖四十一年，御史林润言："天下财赋，岁供京师米四百万石，而各藩禄岁至八百五十三万石。山西、河南存留米二百三十六万三千石，而宗室禄米五百四万石。即无灾伤蠲免，岁输亦

---

① 王世贞：《弇山堂别集》卷六《皇朝异典述一》，第103—104页，北京：中华书局，1985年。

不足供禄米之半。年复一年，愈加繁衍，势穷极弊，将何以支？"①

其次是庄田。明代的王庄有两种：一是受封之后就藩之前的养赡田和香火地。如万历十一年赐潞王翊镠庄地2000顷。二十三年赐福王赡养庄田2801顷91亩，征银6584两。二是亲王年长之国后的藩府庄田，数量很大，王府自行管业，而且藩府还通过奏讨、夺买、侵占等方式不断扩置。成化十年，崇王见泽就藩河南汝宁府，钦赐庄田几达万顷。宪宗朝又两次蒙赐土地2500余顷，弘治十三年又奏讨河南归德州等处黄河退滩地20余里。正德元年户部尚书韩文奏折中说崇府所受赐田几万顷，滥于常例。②万历十七年，潞王就藩河南卫辉府，神宗将景王遗下的庄田4万顷全部赐给了他，分布于湖广、河南两布政司25州县、卫所，还有大量的房租、坑矿和盐税。万历四十二年，其爱子福王常洵就藩河南府，奏请庄田4万顷，如潞王例。群臣力争，最后减至2万。河南土地不足，坐派山东、湖广协济，"尺寸皆夺之民间，海内骚然"。清初汪价《中州杂俎》卷一说："莫中江先生常云'中州地半入藩府'，惟李于麟《送客河南》诗云：'惟余芳草王孙路，不入朱门帝子家。'可谓诗史，而语含蓄有味，乃知此风已久，不待启、祯之世也。"前人考证，此当为何景明诗③，那么早在正德前后，就已经"半入藩府"，不待嘉、万之世，遑论启、祯！

再次是商业。明代宗藩除了坐享俸禄、广占庄田外，还大肆进行商业经营，攫取财利。潞王就藩之前，神宗就命原来景王府征收的芜湖清布、太仓夏布、京店纸货、江西油纸扇、徽州茶叶等8项仍归德福等3店，属潞府管业；又将原属于成国公朱鼎臣、锦衣卫指挥钱世龙的两所盐店归其经营。就藩之后，更成立义和盐店，控制了卫辉府和开封府的全部食盐专卖，北盐店在卫河北济渎庙西，每年贮盐15000引，分发6县，

---

① 《明经世文编》卷二百十二。
② 《明武宗实录》卷十五，正德元年七月庚辰。
③ 见王士禛《香祖笔记》，孔宪易校注《如梦录》，第3页，郑州：中州古籍出版社，1984年。

南盐店在卫河南，贮盐10万余引，行销开封府23处。另外，还取得了房课、茶税、坑矿税、水租等的征收和经营权。福王之国前，在北京崇文门外有200多间官店，强行"兜揽客货，且停且发"，"各项客商杂货，俱入官店出卖，不许附近私店擅行停宿"。就藩之后，"又奏乞故大学士张居正所没产，及江都至太平沿江荻洲杂税，并四川盐井、榷茶银以自益……又请淮盐千三百引，设店洛阳与民市……中州旧食河东盐，以改食淮盐，故禁非王肆所出不得鬻，河东引遏不行，边饷由此绌"。[①] 宗藩凭借特权，广置店铺，经营商业，霸占关津，征收盐、茶等税，攫取了丰厚的利润，积聚了巨额的财富。

（三）宗藩的文化事业是藩府刻书的良好条件和历史前提

如上所述，明代宗藩在政治经济上享有特权，又不从事四民之业，所以"为宗藩者大抵皆溺于富贵，妄自骄矜，不知礼义，至其贫者则游手逐食，靡事不为，名曰天枝，实为弃物"。[②] 政治上藩禁森严，使得人人自危，尽管其中"乐善好书者百不及一"，但也涌现出一批杰士俊才，他们贤明上进、修学好古，借读书鼓琴、藏书著述、诗书丹青、医药科技等作为保全之法、韬晦之计；经济上实力丰厚，也使得他们有充裕的条件去聚书、读书、著书、刻书，从而形成文化艺术领域的一个独特的群体；教育上制度完备，效果良好，宫廷专设书堂[③]，定读书仪，藩府设宗学，并广选天下名儒担任讲官、教授、长史、纪善，以才俊之士作为伴读，从而为宗藩造就了不少人才。这些都为宗藩文化艺术事业的发达打下了很好的基础。

河南宗藩藏书以周藩为最。史载"周邸图书文物之盛甲他藩"，朱橚时就编有《周府书目》四册。其六世孙镇国中尉睦㮮，字灌甫，曾任周

---

① 《明史》卷一百二十《诸王五》，北京：中华书局，1974年。
② 顾炎武：《日知录》卷九《宗室》。
③ 《明太祖实录》卷三十六："建大本堂，取古今图籍充其中，征四方名儒教太子诸王，分番夜值，选才俊之士充伴读。"

藩宗正，覃精经学，著述等身，学者称西亭先生。终生喜收书，自中州以至吴中、两浙、东郡、耀州、澶渊、应山诸处，或购求，或写录，或补缀，积书甚富。"海内藏书之富，近代推江都葛氏、章丘李氏，灌甫倾赀购之。"就宅西建万卷堂以储之，与子勤羹编《万卷堂书目》十六卷，又称《聚乐堂艺文目》，一作四卷，依经、史、子、集四部分类，总计收书4310部、42750卷，在藏书及目录学史上有着较大的影响。《征刻唐宋秘本书例》："中州之西亭，豫章之郁仪两王孙，家藏与天府埒。西亭所藏，尽付黄流，郁仪之书，亦遭劫火。"

宗藩富藏图籍，又不事四民之业，完全有条件读书向学，从事著述，从而形成一个独特的文化群体。叶德辉《书林清话》："大抵诸藩优游文史，黼黻太平。修学好古，在河间比肩；巾箱写经，则衡阳接席。又不独郑藩世子载堉之通音律、西亭王孙睦楧之富藏书，为足增光于玉牒而已。"朱载堉、朱睦楧之外，如周定王朱橚、宪王有燉等都是著作等身，至于有一专之长、有著作行世者更是不可胜数。这些著述，反映了中原宗藩在文化艺术诸方面的广泛成就：文学方面，诗词文赋的创作，皆有可称；艺术方面，戏剧、音乐、绘画、书法，涉猎门类广泛，成就巨大；科学方面，天文、历法、数学、计量、物理、医药、植物，造诣颇高，深入前沿；经史方面，"博通经术，素精名理"。明代宗藩"著述如林"，为其从事图书出版事业奠定了基础，对于传统文化的积累和传承也起到了重要作用，至于其文化艺术成就在某些领域更代表着当时的发展高峰，如朱橚之于植物本草学和方剂学，朱有燉之于戏剧文学，朱载堉之于音乐学等，都具有总结和创新意义；同时，宗藩分据中原各名都巨区，形成了若干区域性的文化中心，对于明代中原文化艺术的发展也发挥着不可忽视的作用。

二、藩府刻书的初步考录

自明代以降，前人对中原藩府刻书多有著录。周弘祖《古今书刻》叶德辉观古堂刻本上编著录河南刻书 58 种，其中藩刻仅 4 种，即汝藩的《秦汉文》和赵藩的《杜诗选注》《左传》《六子》；其另一版本即黄嘉善校刻本则著录河南刻书 106 种，其中藩刻则包括周、崇、赵等 3 藩府刻书 12 种。叶德辉《书林清话》卷五《明时诸藩府刻书之盛》著录蜀、宁等 20 藩府刻书 56 种，其中崇府 2 种、唐府 1 种、周藩 2 种、徽藩崇德书院 2 种、伊府 1 种、赵府 8 种、潞藩 1 种，合计河南藩府刻书 17 种。1955 年，昌彼得发表《明藩刻书考》①，统计约 233 种，其中河南藩府 36 种，包括经部 7 种、史部 6 种、子部 10 种、集部 13 种；涵盖 9 个藩府，其中周藩 5 种、唐藩 5 种、伊藩 1 种、赵藩 14 种、郑藩 2 种、崇藩 2 种、徽藩 3 种、潞藩 3 种、汝藩 1 种。1983 年，杜信孚出版《明代版刻综录》②，统计 42 藩府，130 种。其中，周藩 19 种、唐藩 8 种、伊藩 3 种、赵藩 15 种、郑藩 2 种、徽藩 3 种、崇藩 3 种、潞藩 3 种，总计河南宗藩 8 府，共 55 种。1989 年，张秀民出版《中国印刷史》③，综合各方面资料，计得 43 藩府，430 种，若将若干丛书子目计之，当有五百数十种，其中各藩自著约近 300 种，其他明人著述约 150 种。以地域分，江西最多，百余种，河南次之，约 90 种。2001 年，杜信孚、杜同书出版《全明分省分县刻书考》④，收录明代 4670 人所刻 8260 种图书。其《藩府卷》统计河南宗藩刻书周藩 10 种、郑藩 1 种、徽藩 4 种、伊藩 3 种、唐藩 7 种、赵藩 15 种、崇藩 3 种、潞藩 4 种，共 47 种；另《宗室卷》统计河南宗室刻书 17 种。两项合计共

---

① 昌彼得：《明藩刻书考》，《学术季刊》三卷三、四期。又见其《版本目录学论丛》第一辑，39—103 页，台北：学海出版社，1977 年。
② 杜信孚：《明代版刻综录》，扬州：广陵古籍刻印社，1983 年。
③ 张秀民：《中国印刷史》，上海：上海人民出版社，1989 年；杭州：浙江古籍出版社，2006 年增订本。
④ 杜信孚、杜同书：《全明分省分县刻书考》，北京：线装书局，2001 年。

64种。

笔者综合各家著录，明代中原藩府刻书约145种，分10藩府，分列如下：

（一）周藩　56种

《淳化阁帖》，明初摹拓本。《新刻袖珍方大全》四卷，周藩名医李恒奉命纂集，洪武二十三年（1390）刻本，又永乐十三年刻本。《千金方》，唐孙思邈撰，洪武刻本。《救荒本草》二卷，周定王朱橚撰，永乐四年（1406）刻本。《袖珍方》，永乐十三年刻本。《兰亭图》四卷，永乐十五年石刻拓本。《普济方》一百六十八卷，朱橚撰，永乐刻本。《元宫词》，朱橚撰，一卷。《诚斋牡丹谱》一卷，周宪王朱有燉自撰，宣德六年刻本。《诚斋牡丹百咏》一卷、《梅花百咏》一卷、《玉堂春百咏》一卷，朱有燉撰，宣德六年刻本，又嘉靖十二年刻本。《诚斋乐府》二卷，朱有燉撰，宣德九年刻本。《诚斋杂剧》二十二种三十一卷，朱有燉撰，永乐刻本，又宣德九年刻本、正统刻本。《诚斋录》四卷，《新录》一卷，朱有燉撰，嘉靖十二年刻本。《东书堂集古法帖》十二卷，朱有燉纂。《豹子和尚还俗》，朱有燉撰，宣德年间刻本。《河嵩神灵芝庆寿》不分卷，朱有燉撰，正统四年刻本。《记事珠》十四卷，明刘国翰撰，嘉靖十五年（1536）刻本。《西湖百咏》二卷，宋董嗣杲撰，明陈贽和韵，嘉靖十六年周藩南陵王睦楧刻本。《金丹正理大全》四十一卷，嘉靖十七年乐善堂刻本，嵩岳主人朱睦㮮自编。谭峭《化书》六卷，嘉靖十七年乐善堂刻本。《玄宗内典诸经注》四十二卷，嘉靖十七年乐善堂刻本。陈致虚《周易参同契分章注》三卷，嘉靖十七年乐善堂刻本。《游梁集》，陈全之撰，卷数不详，朱睦㮮之子勤炴嘉靖三十三年刻本。《金丹大成集》五卷，元萧廷芝撰，嘉靖四十二年刻本。《韵谱》五卷，朱睦㮮撰，嘉靖二十四年聚乐堂刻本。《苏文忠公表启》二卷，朱睦㮮辑刻，嘉靖三十四年刻本。《平倭四疏》三卷，明张焕撰，嘉靖三十八年聚乐堂刻本。《周易集解》十七卷，唐李鼎祚撰，附《略例注》一卷，宋邢昺撰，嘉靖四十二年聚乐堂刻本，一作嘉靖三十六年刻本。《春秋集注》十一卷《纲领》一卷,宋张洽撰,嘉靖四十三年聚乐堂刻本。《俪德谐寿录》四卷,朱睦㮮编,嘉靖四十年刻本。《空同先生集》六十三卷,明李梦阳撰,嘉靖年间聚乐堂刻本。《周易辑闻》六卷,《易雅》一卷,《筮宗》一卷,宋赵汝楳撰,嘉靖年间聚乐堂刻本,一作万历刻本。《翁东涯集》十七卷,明翁万达撰,万历三十四年聚乐堂刻本,一作嘉靖三十四年刻本。《镇平世系录》二卷,朱睦㮮撰。《中州人物志》十六卷,朱睦㮮撰,隆庆四年自刻本。《先考奉国公年表》一卷,朱睦㮮撰,隆庆、万历间刻本。《冰川诗式》十卷,明梁桥撰,隆庆六年聚乐堂刻本。《皇明圣制策要》,明梁桥撰,隆庆四年刻本。《中川先生集》,明王教撰,朱睦㮮刻。《圣典》二十四卷,朱睦㮮辑,万历四十一年刻本。《王国典礼》八卷,朱勤美撰,万历四十三年(1615)刻本,天启年间增刻。《纯孝编》四卷,朱睦㮮自编,聚乐堂刻本。《授经图》二十卷,朱睦㮮自辑,聚乐堂刻本。《经序录》五卷,朱睦㮮自撰,聚乐堂刻本。《保生馀录》五卷,周定王朱橚撰。《德善堂集》一卷,周藩镇平王有爌撰。《南极地理》一卷、《南极时令》一卷,周藩敬德斋刻。《雅音会编》十二卷,康麟辑,崇祯四年刻本。《唐诗三体》。《洪武正韵》。《石叠集》。《太上老子道德经》。《闲中戏书字帖》。《张旭酒德颂》。《续编锦囊诗对故事》四卷,嘉靖十二年周藩博平王府刻本,前有嘉靖癸巳博平王敬斋序。《养正馀力录》一卷,周藩博平王府刻本。

(二)唐藩 11种

《直说通略》十二卷,元郑镇孙撰,唐庄王朱芝址成化十六年刻本。《文选》六十卷,梁萧统纂,元张伯颜本,成化二十三年刻本,又弘治间刻本。《一斋诗》十卷,朱芝址撰,其子弥鍗嘉靖二年刻本。《迩言》十二卷,宋刘炎撰,嘉靖八年朱宠让刻本。《忠武录》五卷,明沈津辑,嘉靖十九年刻本。《瓮天小稿》十二卷,唐成王朱弥鍗撰,嘉靖十九年刻本。《谦光堂诗集》八卷,唐藩文城王朱弥钳撰,嘉靖二十年刻本。《东莱吕氏两汉精华》二十八卷(《西汉精华》十四卷、《东汉精华》十四卷),宋吕祖谦撰,嘉靖二十六年刻本。《文选注》六十卷,梁萧统辑,唐李善注,隆庆五年刻本。《雷氏白云楼集》二卷，雷鸣春撰，隆庆五年刻本。《神妙秘方》，唐藩文城王朱弥钳自撰。

（三）伊藩　5种

《四书集注》二十六卷，宋朱熹集注，嘉靖二十七年刻本。《周易参同契注解》三卷，元陈致虚撰，嘉靖三十一年刻本。《清庵先生中和集》前集三卷后集三卷，元李道纯撰，嘉靖年间刻本。《道德会元》一卷，元李道纯撰，嘉靖年间刻本。《谭子化书》，五代谭峭撰。

（四）赵藩　32种

《御著大狩龙飞录》二卷，嘉靖皇帝撰，嘉靖十八年朱厚煜刻本。《云坪集》四卷，明张天瑞撰，嘉靖二十七年赵藩味经堂刻本。《敬轩薛先生文集》二十四卷，明薛瑄撰，嘉靖三十五年赵藩味经堂刻本。《资治通鉴纲目》五十九卷，宋朱熹撰，嘉靖三十五年赵藩居敬堂刻本。《薛文清公读书录》十一卷《续录》十二卷，明薛瑄撰，嘉靖三十五年赵藩居敬堂刻本。《居敬堂集》十卷，赵康王厚煜撰，嘉靖四十四年刻本。《王氏脉经》十卷，晋王叔和撰，宋林亿校正，嘉靖年间赵藩居敬堂刻本。《补注释文黄帝内经素问》十二卷《遗篇》一卷，《灵枢经》十二卷，唐王冰注，宋林亿等校正，嘉靖年间赵藩居敬堂刻本。《前后卫生歌》一卷。《修真秘要》一卷。《医家秘传随身备用加减十三方》一卷。《诗辑》三十六卷，宋严粲撰。《书传会选》六卷，明刘三吾等撰，嘉靖年间赵藩味经堂刻本。《刘涓子鬼遗方》五卷，南朝齐龚庆宣撰，嘉靖年间赵藩味经堂刻本。《周易注》九卷附唐邢王寿《略例注》一卷，魏王弼撰，嘉靖年间赵藩味经堂刊本。《周易参同契道真义》三卷，后蜀彭晓撰。《周易参同契发挥》三卷《释疑》三卷，元俞琰撰。《洹词》十二卷，明安阳崔铣撰，嘉靖年间赵藩味经堂刻本。《法藏碎金录》十卷，宋晁迥撰，嘉靖年间赵藩居敬堂刻本。《苏氏易解》八卷，宋苏轼撰，万历年间赵藩刻本。《四溟山人全集》二十四卷，明谢榛撰，万历二十四年赵藩冰玉堂刻本，又三十二年刻本。《天池雪堂汇稿》十八卷，徐珮撰，万历二十五年刻本。《中丞马先生集》四卷、诗集四卷、诗馀一卷,明马卿撰,崇祯九年赵藩补刻本。此外,还有刊刻年代不详的《六子》《左传》《杜诗选注》《四书》《五经》《唐诗绝句》《仪礼》《左传》。

（五）郑藩　10 种

《柏斋集》十一卷,明何塘撰,郑恭王厚烷嘉靖二十八年刻本。《乐律全书》十五种四十八卷,郑藩端清世子朱载堉撰,万历二十四年刻本,一作万历三十一年刻竣。《图解古周髀算经》一卷,朱载堉撰,万历三十八年刻本。《嘉量算经》三卷,《问答》一卷,朱载堉撰,万历三十八年刻本。《圆方勾股图解》一卷。《嘉量算经问答》一卷。《乐书》二百卷,宋陈旸撰。《郑王退思录》四册,郑恭王厚烷撰。《瑟谱》一卷,朱厚烷撰,嘉靖四十年朱载玺刻。《篆法偏旁点画辩》一卷。

（六）崇藩　6 种

《贞观政要》十卷,唐吴兢撰,元戈直集论,成化十二年崇简王朱见泽重刊本。《春秋左传类解》二十卷、《地谱世系》一卷,明刘绩编注,崇庄王朱载境之孙由樻嘉靖七年刻本。《孝肃包公奏议集》十卷,宋包拯撰,嘉靖二十二年崇庄王朱载境刻本。此外,还有《道德经》《中和集》。

（七）徽藩　14 种

《新书》十卷,汉贾谊撰,正德十年刻本。《锦绣万花谷》前集四十卷、后集四十卷、续集四十卷,嘉靖十四年徽藩崇德书院刻本。一说尚有别集三十卷。《七子》七卷,包括《素书》一卷、《鹖子》一卷、《公孙龙子》一卷、《亢仓子》一卷、《玄真子》一卷、《天隐子》一卷、《无能子》一卷,嘉靖十四年刻本。《风宣玄品》十六卷,张鲲撰,嘉靖十八年刻本。《礼仪定式》一卷,李原名等撰,嘉靖二十四年徽藩芸窗道人重刊。《增修诗话总龟》前集四十八卷、后集五十卷,宋阮阅辑,嘉靖二十四年月窗道人刊。《词林摘艳》十卷,明张禄辑,嘉靖三十年月窗道人刻本。《新编养生大要》一卷,嘉靖年间崇古书院刊本。《圆机活法》五十卷,李衡辑。《迩卑吟集》一卷,徽王见沛撰。《异物汇苑》,闵文振辑。此外,还有《群公手简》《玄棋经》《宝善卷》。

（八）汝藩　3种

《秦汉文》，嘉靖二十年之前刻本。《观音救苦经》，隆庆二年汝安王妃李氏刻本。《佛说护身咒》，隆庆二年汝安王妃李氏刻本。

（九）潞藩　7种

《潞藩纂集万汇仙机棋谱》十卷，敬一道人朱常淓自辑，崇祯七年刻本。《草韵辨体》五卷附《草诀百韵歌》一卷、《后草诀百韵歌》一卷、《草诀续韵歌》一卷，郭谌辑，崇祯七年刻本。《潞藩纂集古音正宗》，卷首题"大明崇祯甲戌岁夏月潞国敬一道人撰"，崇祯七年刻本。《古今宗藩懿行考》十卷，朱常淓自辑，崇祯九年刻本。《潞藩新刻述古书法纂》十卷，朱常淓自辑，崇祯九年刻本。《历代臣议》三十七卷。《琴谱》。

（十）福藩　1种

《佛说金轮佛顶大威德炽盛光如来陀罗尼经》一卷，万历三十八年刻本。福王于万历二十九年封，至四十二年始就藩洛阳，此书疑福王朱常洵在京师所刻。

需要说明的是，以上只是在前人研究的基础之上，根据现有典藏及文献著录所作的粗浅的统计整理，只是也只能是明代中原藩府刻书的一部分，相信随着相关研究的深入和文献信息工作与古籍保护整理工作的推进，还会有新的发现和新的突破。即便如此，我们已经可以从中窥见明代中原藩府刻书的盛况，并借以想见明代宗藩对于民族传统文化的传承和中原地域文化的发展所发挥的重要作用。

三、藩府刻书的特点与历史地位

根据以上的初步统计，与其他藩府刻书进行比较，我们可以看出，明代中原藩府刻书具有以下几个特点：

其一，藩府刻书的普遍性和时代特点。明代中原11个藩府，除秀王见澍成化六年就藩，八年就死去，没有刻书记录外，其余10府均有多少不同的刻书记录,这在明代藩府刻书史上是非常突出的。尤其是周藩,其刻书几乎与明朝相始终。

从纵向的发展来看,明代中原藩府刻书历朝连绵不绝,而又相对集中于两个时期,即嘉靖与万历年间,这与明代出版业的历史发展是同步的。

其二,藩府刻书的内容分类与特点。明代中原藩府刻书的内容,颇为驳杂,大体上可以分为以下几类:一是诗文集,包括宗室成员的诗文集,如周宪王的《诚斋集》,镇平王的《德善斋集》,唐庄王的《一斋诗》,唐成王的《瓮天小稿》,唐藩文城王的《谦光堂诗集》,赵康王的《居敬堂集》,徽王的《迩卑吟集》等;前代名家的诗文集,如周府所刻明翁万达的《翁东涯集》,伊府所刻元李道纯的《清庵先生中和集》,崇府所刻宋包拯的《孝肃包公奏议》,汝府所刻的总集《秦汉文》等;当代名家的文集,如周府所刻的李梦阳《空同先生集》,赵府所刻薛瑄《敬轩薛先生文集》,谢榛《四溟山人全集》,崔铣《洹词》,马卿《中丞马先生集》,郑府所刻的何瑭《柏斋集》等。二是艺术类图书,如周府所刻的周宪王所著戏剧乐府,郑府所刻世子载堉所著的乐律书及宋陈旸《乐书》,潞府所刻潞王常淓所编的书法、琴谱等,以及周宪王所辑《东书堂集古法帖》等。三是医药养生类图书,如周府所刻《千金方》《普济方》《袖珍方》《救荒本草》,唐府所刻《神妙秘方》,赵府所刻《灵枢经》《黄帝内经素问》《脉经》,以及周府所刻《保生馀录》,伊府所刻《周易参同契注解》,赵府所刻《周易参同契》,徽府所刻的《新编养生大全》等。四是经、史、子、集四部的经典名著,如周府所刻的《周易集解》《春秋集注》,唐府所刻的《文选》《两汉精华》,伊府所刻的《四书集注》,赵府所刻的《通鉴纲目》《王弼注周易》《六子》《左传》《杜诗选注》,崇府所刻的《贞观政要》《春秋左传类解》《道德经》,徽府所刻的《七子》等。此外,还有佛道、类书、地理、历史、游艺、花卉等。

其三,藩府刻书的作者特点。藩府刻书,首先是宗藩成员自己的著作,大约占其所刻书的三分之一。其次是前人著作,包括先秦诸子、汉唐名家以至宋元先贤，约占二分之一。再次是明朝同代的学者，其中有的是藩府所在地的乡贤作家，与藩府有密切的关系。如何瑭字粹夫，号柏斋，怀庆府武陟县人，7岁起迁居府城，弘治十五年进士，官至礼部右侍郎，嘉靖八年（1529）致仕归，居怀庆15年，卒谥文定。他与封藩于怀庆府的郑王府关系密切，与郑恭王厚烷切磋学问，对朱载堉的乐律研究启发甚大。死后郑王为其校订文集十卷，序刻行世，成为何瑭文集的最早编定本。又如崔铣，安阳人，弘治十八年进士，累官翰林编修、南京国子监祭酒、南京礼部右侍郎，卒谥文敏。其《洹词》即由封藩于彰德府的赵府味经堂刊刻出版。还有的则是非河南籍的作家，却与中原士林、中原藩府过从甚密，渊源颇深，如谢榛、薛瑄之与赵府，李梦阳之与周府即是。

其四，藩府刻书的质量与技术特点。我们知道，在中国出版史上，明刻本的质量是不高的，然而，藩府刻书却是一个特殊的现象，以其质量上乘而为藏书家、研究家所重视。昌彼得《明藩刻书考》谓："明人刻书，率喜窜乱旧章，为世所诟病；书帕坊本，校勘不谨，人多轻之。唯诸藩刻书，尚多精本。盖以其被赐之书，多有宋元善本，可以翻雕，故时有佳刻也。"李致忠《明代刻书述略》亦称赞藩刻"翻刊有据，校勘有凭，历来多为版本学家所称善"。在明代中原藩刻中，唐藩所刻《文选》，赵藩所刻《诗辑》，郑藩所刻《乐律全书》等堪称其中的代表。

藩府刻书的版刻特点大体可分为前、中、后三个时期。前期，仍保留着元刻本粗黑口、赵体字的遗风。中期，受复古思潮影响，出现了翻宋、仿宋的倾向，纸墨精良，行格疏朗，颇具宋版风韵。后期，则白口、长字，兴避讳之风，纸墨亦有所下降。

文字而外，又有图版，如周藩所刻《救荒本草》，郑藩所刻《乐律全书》都有精美逼真的插图。

另外，值得一提的是，藩府刻书在序跋牌记或上下版心，喜欢采用堂、斋、书院等名号，也可以作为藩府专门刻书场所的证明。如周府的敬德斋、万卷堂、聚乐堂、乐善堂等，唐府的居善堂、忠敬堂，赵府的居敬堂、味经堂、冰玉堂，崇府的宝贤堂，徽府的崇德书院、崇古书院等。另据《如梦录》记载，周王府存信殿"东厢有墨刻作，西厢是印书、裱褙"，可见，周府设有专门的出版机构和印刷装帧之所。

至于说到中原明代藩府刻书的历史地位，可以从以下三个方面认识：

其一，藩府刻书的版本价值。藩府刻书是明代刻书的珍品，这是学界的共识。这一共识也同样适用于对中原明代藩府刻书的评价。藩府以宋元版本为底本，刊刻了许多珍稀、罕见的古籍，其中，不少被翻刻的宋元版本已不复存在，为我们研究宋元版本保存了不少有价值的版本资料，因而在版本研究史上具有重要的价值。而藩府所刊刻的许多明代人著作，大都成为这些图书的原始刻本，其版本价值也是不可替代的。

其二，藩府刻书的学术价值。明代中原藩府刻书的另一个突出贡献，就是其科技成就和学术价值。作为明代正统文化的代表，对于我国传统文化的积累和传承发挥了积极的作用，在当时和后世都产生了较大的社会影响。即就宗藩成员的文化成就而言，不少人在各自的领域都取得了令人瞩目的成果，代表着当时中国乃至世界科学、艺术的发展高峰。如前述的周定王朱橚之于植物本草学、医药方剂学，周宪王朱有燉之于杂剧、散曲，郑端清世子朱载堉之于数学和音乐学等。

其三，藩府刻书的艺术价值。藩府刻书大多刻工精湛，印装讲究，在古籍善本中占有一定的地位，很多版本本身就是艺术品。同时，藩刻中还有一些艺术类的图书，如郑藩的《乐律全书》中就有不少舞谱，雕印非常精美；又如潞藩的书法类图书，以及周藩的本草书等，都有很高的艺术价值。

正是由于明代中原藩府刻书具有以上的特点和价值，所以历来为版本学家所重。潘承弼、顾廷龙《明代版本图录初编》谓："明时藩邸子孙袭祖宗余荫，优游文史，雕椠之业，迈轶前朝。今可溯者，殆十数家。蜀府最先……他如唐藩之《文选》，吉府之《贾子》，于今传诵。余则代、崇、肃三府，多有垂典，并为世睹。此成化以前藩邸之概略也。嘉靖以下……秦藩之《史记》，德藩之《汉书》，赵府之《诗辑》，益府之《玉篇》，并得擅美济武，而郑藩之通音律，所刊《乐律全书》，尤为审音家所推重，不独以雕板著艺苑也。其他诸藩，曰周曰徽曰沈曰伊曰鲁曰楚曰辽曰潞，一二精椠，更仆难数，河间、衡阳，无与为盛。汇而录之，黼黻太平，具见一代之宏业云。"① 叶德辉《书林清话》亦称明刻多滥，"惟诸藩时有佳刻。以其时被赐之书，多有宋元善本，可以翻雕。藩邸王孙又颇好学故也"。官私书目多所著录，藏书家更是宝若拱璧，传播甚广，影响颇巨，流传至今者均名列善本，成为中华传统文化宝库中的重要遗产。

当然，相对来讲，明代中原藩府刻书也有其不足的地方。与江南刻书相比，在技术层面，还没有采用活字技术（有人认为"芝城铜版活字"《墨子》十五卷为唐藩朱芝城所刻，其实芝城乃福建建宁之别称），没有采用套印和彩印技术；在经济层面，还没有走向规模化、市场化和商业化，这也是我们评价明代中原藩府出版时所值得关注和思考的问题。

（本文原载《学习论坛》2008 年第 6 期，略有修订）

---

① 潘承弼、顾廷龙：《明代版本图录初编》卷二，第 173—174 页，台北：文海出版社，1971 年。

明代中原民间出版简论

在中国出版史研究中，一般把刻书系统分为官府刻书、私家刻书、书坊刻书三大类型。其实，私家刻书和书坊刻书相对于官府刻书而言，都属于私刻，其共同点在于其民间性质，其产品都通过不同流通渠道到达读者手中，其区别则在于是否以商业利润为价值追求。而且就古代而言，二者并不一定能够截然区分开来，尤其是对于商业性出版业不发达的中原来说更是如此。所以，我们在论述明代的中原出版时，倾向于将整个出版印刷业分为官府出版和民间出版两大系统，也就是将私家刻书与书坊刻书以及寺院刻书等统称为民间出版，一并探讨。

与明代出版文化环境的宽松、印刷技术的进步和出版业的高度发达相适应，明代中原地区的民间出版也较之前代有了较大的发展。但明代的中原，已经失去了全国政治、经济、文化中心的地位，在整个出版格局中也无足轻重，无法与作为出版中心的南北两京、苏州、杭州、建阳等地相提并论。就民间出版而言，私家刻书虽然有了较大的增长，从时间上几乎与整个明王朝相始终，尤以嘉靖和万历年间为著，从地域上几乎各个州县都留下了私家刻书的记录，但书坊刻书记录很少，出版业的商业化程度较低,寺院等其他民间组织的刻书史料亦不多见,所以明代中原民间出版的发展在没有更多的史料发现之前尚不宜做过高估计。当然,我们知道,中原四战之地,屡遭兵燹,有关的记载和实物传世不多,尤其是商业性的坊刻图书历来不为学界所重,著录甚少,搜罗更难,也是重要的原因。我们期待着有志于此的学人的辛勤求索和新的发现。

一、明代中原民间出版的主体——私家刻书

明代前期是河南民间出版的起步阶段。综合文献记载,有7例私家刻书记录,刻书地域包括豫中的开封,豫西的河南(洛阳),豫西南的南阳,豫南的汝宁,也就是说除了黄河以北的彰德、卫辉、怀庆三府和豫东的归德外,其余地区都有了民间刻书的记录。如汝南许中丽洪武十九年(1386)刊刻其所辑《唐元光岳英华诗集》十五卷,收录唐至元人诗作,这是有确切记载的明代河南刻书的第一部;河南(今洛阳)师祐永乐年间刊刻唐李频《黎岳诗集》一卷附录一卷;祥符(今开封)张辅宣德四年(1429)刊刻《通鉴纲目集览正误》二卷;邓州李贤宣德二年(1427)刊刻宋严羽撰《严沧浪诗集》二卷,另刊阎禹锡编《河南程氏遗书》二十五卷;洛阳阎禹锡正统年间刊刻《二程全书》五十一卷等。

进入明朝中期,随着社会经济的恢复和发展,文化事业包括出版业也逐步走向繁荣。河南的私家刻书,景泰和天顺年间还只有3例记录,如新野李伸刊刻其先祖《一山文集》《经济文集》,祥符岳璿刊刻赵孟頫《松雪斋集》等;到成化、弘治年间便有了较快的发展,分别有11例和10例,如嵩县寇平全幼堂所刻《全幼心鉴》、邓州李璋刊刻其父李贤《古穰文集》、汲县(今卫辉)马龙所刻《秋涧先生大全集》以及襄县李敏所刻《武经七书直解》等;正德年间持续增长,达到17例,如林县马卿所刻《西山先生真文忠公文章正宗》、信阳何景明所刻《汉纪》以及仪封王廷相所刻《沈佺期诗集》等。嘉靖年间最为发达,约有67例,涉及门类更广,形成了

明代中原私家刻书的一个高峰，而且涌现出像李濂、晁瑮、吉澄等著名的出版家。隆庆一朝只有 6 年时间，中原地区亦不乏私家刻书的记录。

从万历元年（1573）到明朝灭亡，是为明代后期。这一时期，明朝政治日益腐败，社会矛盾不断激化，而商品经济和文化事业则空前发达，与此相应，出版业的发展也达到又一高峰，规模更大，地域更广，技术更加进步，产业化程度也更为提高。中原地区的私家刻书也大体反映出这一发展轨迹。万历年间是中原地区私家刻书的又一个高峰，据不完全统计，有 69 例记录，内容涉猎经史子集丛各部，传统经典如《集千家注杜工部诗集》和通俗普及类如《山海经释义》等明显增加，出现了黄吉士、傅振商、马之骏等代表性的出版家。天启年间中原民间刻书有 7 例记录，如信阳何奕家所刻《何震川先生集》、陈留（今开封）孙如兰所刻《玉壶冰》等；崇祯年间中原一带虽处于灾荒和战乱之中，但民间刻书的记录仍续有所见，如新乡张缙彦墨绘斋崇祯六年刊本《名山胜概记》四十八卷，光州罗宽代文堂崇祯七年刊刻明罗玘撰《文肃公圭峰罗先生文集》三十七卷，新安吕维祺崇祯年间刊刻自撰《音韵日月灯》六十五卷等。①

以上统计以刻书家为中心，其中有不少人所刻图书多达数种、十数种甚至数十种，而且可能跨越两个或者更多朝代（以最早刻书为准，系于该年份或朝代）。这些私家刻书活动占整个明代中原民间刻书的绝大多数，是明代中原民间出版的绝对主体。当然，其中也有一些可能是刻书家在为官任上所刻，包括书帕本，其私刻、官刻的界限并不分明；而且其中也不排除有书坊刻书的案例，只是缺乏标志性的说明罢了。

二、明代中原书坊刻书、寺院刻书的辨证

关于坊刻和私刻的界定，关键在于是否出于赢利的目的，似乎在理

---

① 郭孟良：《明代中原出版》，《中原文化大典·著述典·中原出版》，第 249—269 页，郑州：中州古籍出版社，2008 年。

论上没有多少疑义。但是限于文献记载的阙略,实际上二者很难截然分得开来。基此,我们把分不清楚私刻和坊刻的刻书,都归入上述的私刻之中,所以说,明代中原地区的坊刻图书就微乎其微了。对此,我们需要做以下几点辨正。

首先,当时中原地区存在着一定规模的书坊刻书,市场上流通的大众读物和教育类读物如日历等日用类图书、科举考试类图书、戏曲小说等畅销书之类,除一部分从江南、两京转运而来,应当有不少为当地书商所刻印、翻刻。但是,由于坊刻图书多为通俗的大众读物或士子教本,不受藏书家的重视,很少被著录下来;加之明清以来中原迭经战乱,留存极少,因此明代中原地区的书坊名号很少为后人所知,书坊出版情况也无从知晓,见于著录的几家堂名铺号,也很难界定是否为书坊抑或是私家书斋。

其次,明代后期的大梁周氏光霁堂、大业堂堪称是中原地区明代书坊刻书的代表。其主人周文炜,字赤之,号坦然、如山,乃著名学者周亮工之父。在开封、南京等地设有光霁堂、大业堂、醉畊堂等书坊,刻书可考者20多种,所刻图书显然是面向市场的大众读物为主,如《袁中郎全集》《广清纪》《国色天香》等文坛畅销书与医药养生书《医林状元寿世保元》《本草原始》等。《明代版刻综录》等在著录其刻书时即作"书林光霁堂""大梁光霁堂""大梁周文炜如山甫重梓""书林周氏大业堂""书林周如山大业堂"等,显然已经将其作为坊刻看待,而且其书坊在大梁(今开封)、金陵(今南京)均有经营活动,从万历末年一直持续到清初,在书林颇有影响。此外,在开封和其他地方还有书坊的存在,事实上,有的研究者已经把大梁清白堂等刻书单位和刻书家列入了书坊,如戚福康《中国古代书坊研究》就分别列有嘉靖、万历年间开封书坊各一家。①

再次,从宋元时期就开始兴起的开封朱仙镇木版年画,至晚明再度兴盛,持续到清代前期,"业此者达三百余家,出品盛销于临近各省",

---

① 戚福康:《中国古代书坊研究》,第164—165页,北京:商务印书馆,2007年。

并且流风所及,豫西、豫北等地也出现了民间年画作坊,这些自然都属于坊刻的范畴。

最后,还需要就七松居刻书问题作一简略的考证。七松居曾经作为明代中原地区唯一的一家书坊载入《河南省志》:"明代河南书坊的名字多不为后人所知……较著名的是嵩山吴怀保的七松居,万历十六(1588)、十七年刻有5种书,即《杜律七言注解》4卷、《诗法家数》1卷、《杜律五言注解》3卷、《晏子春秋》4卷、《书言故事大全》。"① 七松居主人吴怀保,字伯仁。杜信孚《明代版刻综录》卷一称其"商山人",《全明分省分县刻书考》则径称其"安徽歙县人"。商山,今为休宁东南部的一个乡,紧邻黄山市,商山吴氏为休宁巨族,《书言故事大全》吴怀保序径称"新安休邑",上图下文版式,图乃黄铅、黄德时刻,是新安版画的风格。而"杜律"两书的著录明确记载"万历十六年新安吴氏七松居刊本",显然吴氏七松居乃新安(即徽州,今安徽黄山)休宁书坊,而非河南登封的书坊,或以"商山"为"嵩山"之误。

至于寺院、道观刻书,也即佛教、道教等宗教机构的雕印出版经书,在明代也颇称发达,如佛经《南藏》《北藏》《武林藏》《嘉兴藏》,道经《正统道藏》《万历续道藏》等的编刊,在整个出版格局中占有重要地位。而河南的寺、观刻书记载不多,仅见有少林寺万历十年刊刻《禅门诸家评唱》十六卷,明释玄林编。杜信孚等《全明分省分县刻书考》谓北京少林寺刊本,当为误记。②

三、明代中原民间出版的分析评价

明代中原民间出版共约210例,计刻书约360种,这只是从现存古

---

① 河南省地方史志编纂委员会:《河南省志·出版志》,第142页,郑州:河南人民出版社,1995年。
② 杜信孚、杜同书:《全明分省分县刻书考》第1册,北京:线装书局,2001年。

籍以及有关书目、版本著录中所得的不完全统计，应该说只是明代中原民间刻书的一部分。即便如此，我们可以从中窥见得到明代中原民间出版的概貌，并获取如下几点初步认识。

明代中原民间出版的主体是私家刻书，书坊刻书所占的比重很有限。这与明代中原地区商品经济的发展程度和社会文化消费水平是相适应的，同时也表明明代中原出版的商业化和市场化程度很低。即就私家刻书而言，也基本上是一个个官宦世家、缙绅之家分散的个体行为，谈不上民间出版业的专业化和规模化。

明代中原民间出版的发展线索与全国出版业的发展态势基本同步，经历了前期的零星分布，中期的缓慢增长，到嘉靖和万历时期的两个高峰。嘉靖、万历两朝的刻书总量与其余15朝相比占有绝对优势，约当整个明代刻书的70%以上。

明代中原民间出版的地域分布很广，几乎所有的州县都有了民间刻书的记录。刻书记录较多的依次是祥符19例、安阳13例、钧州（今禹州）9例、洛阳8例、信阳州8例、南阳7例、汝阳（今汝南）7例、开州（今濮阳）5例、浚县5例、太康5例以及光州、濮州、灵宝、新安、仪封、睢州、夏邑、嵩县、郏县、永宁、光山、罗山、汲县、滑县、长垣等。可见作为政治、经济、文化中心的省城开封是民间出版的中心，豫西的洛阳、豫南的信阳和汝南、豫北的安阳和开州、豫西南的南阳、豫中的钧州是区域性的民间出版中心。

明代中原私家刻书的出版者当然是本地的知识阶层，他们出于对继承传统、传播文化、表彰先贤、实施教化的历史使命感和社会责任感，或捐俸银，或费家财，筹措资金，聘请刻工，更要付出辛勤的劳动，从事编撰、校勘、设计制作等一系列工作，为中原文化遗产宝库奉献出一部部精刻佳椠，其中，也涌现出一批卓有成就的编辑家和出版家，如开州晁瑮、开州吉澄、祥符李濂、内黄黄吉士、汝阳傅振商等。从他们编纂刊刻的类型和方式来看，一是刊刻自己所编撰的著作，以寄托传世流芳的理想；二是刊刻自己祖先和家族的著作，以表达忠孝之情和亲亲之谊；三是作为官员刊刻任所当地名家的著作，以表彰乡贤和施行教化；四是刊刻本地当代名流及先贤、师尊的著作，以弘扬地方文化，传播郡邑文献；五是刊刻前代名家的经典名著，以传承文化，教育后代；六是刊刻教育读本和实用读物，以适应科举考试和日常生活之需要。换一个角度来看，就是明代中原私家刻书的作者，大体也可以从这几个方面来分析，最主要的部分即明代中原的士人，其作品基本是依靠中原民间出版业得以面世并传播和传承下来的；其次是明代非中原籍的士人名流；再次是前代的名儒先贤，包括中原乡贤和非中原籍的经典作家。

明代中原私家刻书的内容，按照传统的四部分类，应当说是四部俱备，而以集部为多。经部文献，以吉澄嘉靖年间所刻《书经集传》《诗经集传》《礼记集说》《春秋程朱传义》《春秋四传》等最为有名；史部文献，以黄吉士万历年间所刻《通鉴纪事本末》《宋史纪事本末》《元史纪事本末》《五朝名臣言行录》，以及何景明刻《汉纪》等为学界称道；子部文献，则以李敏所刻《武经七书直解》、吕氏家刻《呻吟语摘》、傅振商刻《山海经释义》等较有影响；至于集部文献，数量既大，善本更多，既有杜诗、韩文、朱熹《晦庵文钞》、陶渊明《陶靖节集》这样的历代名家文集，也有当代大家宋濂《潜溪集》、方孝孺《逊志斋集》、焦竑《澹园集》、边贡《边华泉稿》、袁宏道《袁中郎全集》等，更有历代和当代中原名家文集，如二程《河南程氏遗书》、韩琦《安阳集》、许衡《鲁斋先生集》、李梦阳《空同集》、何景明《大复集》、吕坤《去伪斋文集》、王廷相《王氏家藏稿》等，总集类的《楚辞》《汉魏诗集》《唐元光岳英华诗集》《广文选》《历代文选》《古文元箸》《皇明文衡》等。另外，在类书的编纂出版方面，也颇有成就，如确山陈耀文编撰并刊行的《天中记》和《花草粹编》，洛阳张松所刊刻的《艺文类聚》等。在丛书编纂出版方面，也有起步，如晁瑮所编刊的《晁氏三先生集》四种八卷及内乡清议堂李云鹄编刊的《六李集》，可以认为是一种族姓丛书；《高文襄公集》《御龙子集》等则为独撰类丛书；夏邑彭瑞吾刊刻的《痘疹全书》三种，则可以认为是一种专科丛书；而李际期宛委山堂所刊刻的《说郛》虽在顺治三年（1646），但工程浩大，当启动于明末，在丛书编刊历史上颇有影响。

　　明代中原民间出版的书籍，是明代中原文化传承流变的基本载体，在中原文化史乃至中华文化史上具有重要的价值，发挥着积极的作用。首先是对于中原乃至中华优秀文化的传承，提供了前代的基本文献；其次是保存和传播明代的中原文献，为中原地方史研究提供了丰富的素材和扎实的依据；再次是对于促进明代中原教育发展、知识传播和丰富广大中原人民的精神文化生活提供了强大的智力支持和重要的物质基础。正由于此，对于明代中原民间出版的探索与研究，其意义也就不言而喻了。

（本文原载《中国出版》2010 年 3 月下）

中原文化图书出版传播论

中原地区不仅是中华民族的重要发祥地，是中华文明长河的源头，同时也是中国文字的发源地和造纸术的发明地，是中国传统出版传播的重镇。一代又一代的中原人士以繁荣文化、赓续传统为己任，著书立说，发明创造，并将先贤的遗产与自己的成果"书于竹帛，镂之金石"，刻于雕版，锓梓行世，创造了丰富多彩的中原出版文化，为中原文化乃至中国文化的发展繁荣和传播作出了积极的贡献。认真梳理中原文化出版传播的历程，理性分析中原文化出版传播的巨大成就和存在问题，思考和规划中原文化出版传播的未来走向，对于我们在新的历史时期更好地承担起传承文化、发展文化和繁荣文化的历史责任，改革创新中原文化传播方式、做强做大中原出版产业，具有重要的学术价值和现实意义。

一、中原文化图书出版概述

所谓中原文化，是指在今河南省区域内形成和发展的独具特色的物质文化和精神文化的总和。那么中原文化图书出版传播，则包括对中原文化及其分支领域进行研究、整理、介绍的各类图书的出版和传播，涉及学科众多，范围宽泛。本文着重谈改革开放30年来河南出版界所出版发行的此类图书，兼及全国其他出版社的相关出版物。

新中国成立之初，河南有两家出版社——河南文教出版社和平原人民出版社，1953年合并成立河南人民出版社，除1967—1972年撤销建制外，改革开放前一直维持这种格局。其间陆续推出了河南地方戏曲和中原文物考古类图书数十种，产生了积极的社会影响。同时，国家和外省的出版社也出版了一批有价值的相关图书，尤其是配合经济建设进行的考古发掘成果引人注目，不仅是新中国（也包括新中国成立前）考古发掘成果的展示，而且对于中国马克思主义考古学理论和方法的形成具有极其重要的意义。

改革开放30年来，中原文化的研究、出版、传播得到了长足的发展。大体说来，可以分为起步、发展和突破三个阶段。

起步阶段（1978—1988年）：党的十一届三中全会以后，高校、科研工作恢复了正常的秩序，一批新的科研单位、文博机构、学会相继成立，宣传文化工作者焕发了学术青春，燃起了创作激情，使得中原文化及其相关领域的研究涌现出大量的成果，为中原文化出版传播提供了源头活水；河南经济社会的改革开放、快速发展，人民生活的自足安定、文化消费和精神需求的激增，都为中原文化出版和传播的起步和快速发展提供了客观的条件。与此相应，河南新闻出版事业也迎来了飞速发展的新时期。一批专业出版单位相继成立，中原出版机构和出版队伍迅速扩大，出版单位从一家增长到十余家，各社都从各自的专业分工出发，立足河南，推出了一大批中原文化图书。如哲学类的《三松堂全集》等，艺术类的"中原历代碑帖丛书""河南曲艺丛书"等，语言文学类的《说文解字约注》《中原音韵音系研究》《歧路灯》等，古籍整理类的《谢灵运集校注》等，历史文化类的《中原远古文化》《河南考古》"宋史研究丛书"等。这一时期，省外出版的相关图书，其中以文物考古类图书最为集中，也具有较高的学术价值和艺术价值。如《千唐志斋藏志》《殷墟发掘报告》等，在海内外产生了广泛的影响。

　　发展阶段(1989—1999年)：学术界、文化艺术界的自觉和出版的理性，促使这一时期中原文化出版传播走上发展轨道。其一，河南新方志的编纂出版和旧志的整理出版空前兴盛。省、地（市）、县（市、区）都先后出版了新志书与旧志整理本，另有行业志、部门志、专业志、厂矿企业志、学校志、乡村志、山水寺庙志以及各种年鉴等类型的地方史志类图书相继问世，形成了第一次中原地方史志图书出版的热潮，《河南省志》（65卷）、《黄河志》（11卷）、《洛阳市志》（18卷）堪称其中的代表。其二，古籍整理成果的陆续问世。"中州名家集"相继推出了《侯方域集校笺》等近20种，"中州文献丛书"则推出了《校订录鬼簿三种》等20多种；另外，还推出了《北京图书馆藏历代石刻拓本汇编》等重要的古籍整理项目，在海内外产生了较大的社会影响。其三，中原文物考古类图书出版形成高潮。其中以文物考古研究类著作较多，如《20世纪河南考古发现与研究》等，考古报告类如《北宋皇陵》等，图录类如《河南文物精华》等，另有资料类和通俗类的文物考古图书。这一时期，省外出版的文物考古类图书也有较大增长，如文物出版社的《登封王城岗与阳城》《洛阳发掘报告》《三门峡虢国墓》等，科学出版社的《舞阳贾湖》等，中国社会科学出版社的《洛阳出土历代墓志辑绳》，等等。其四，中原文化研究取得明显进展，一批有价值的相关著作在省内外陆续问世。如《简明河南史》《黄河史》《道家与中国文化精神》《豫剧大词典》等，也都具有较高学术价值和社会影响；值得注意的是几部中原文化专著的问世，如《中原文化志》《中州文化》《中原文化精神》《永不失落的文明》等。这些著作大多由中原学者执笔，或从中原文化的基本内容进行梳理，或就地域文化事象进行描述，或从哲学和文学艺术的角度试图探寻中原文化的精神内质，或从历史发展的时间序列追溯中原文化的源流，具有颇资借鉴的学术价值，为中原文化概论性著作的出世和中原文化学科的诞生提供了理论准备。其五，中原文化普及类图书出版传播也形成了一个显著的特色。"可爱的家乡丛书""中原民俗丛书""中国历史文化知识丛书"等，都产生了较好的社会效益。

突破阶段（2000—2008年）：新世纪伊始，河南经济社会的进步，重塑河南形象与实现中原崛起的提出，出版体制改革和产业发展，使中原文化的出版传播空前活跃，实现了历史性的突破。其一，中原文化总结性图书、标志性图书的出现。如第一部编年体河南通史——《河南通鉴》，第一部大型现代体裁的通史著作——《河南通史》，第一部全面反映河南历史与现状的大型百科资料工具书——《河南大百科全书》，第一部河南文物百科全书——《河南文物》，第一部系统全面的河南人物著述总目提要——《中州文献总录》等。其二，中原文化专著的形成。徐光春主撰的《中原文化与中原崛起》，以作者在中原文化港澳行活动中的演讲为基础，吸收各个相关领域专家学者的讨论，对中原文化进行了系统的梳理，产生了广泛的社会影响。李庚香所撰《中原文化精神》则是在前揭书的基础上修订、充实、提升而成的，具有重要的理论意义和现实功能。张新斌主编《中原文化解读》则将中原文化分解成六大板块、三十个分支文化，并逐一就文化内涵、概况、亮点进行解读，进而提出深度阅读书目，堪称一部精良的中原文化读本。另外，《中原文化史》《河洛文化研究》《中原文化与中国文化的形成》等都是比较系统的中原文化研究著作。其三，研究著作的大量涌现。如"河洛文化研究丛书""豫商发展史与豫商案例研究""中原文化研究丛书""中国古代文明与考古学研究丛书""河南省社会科学院学术文库"等汇集了一大批中原文化的研究成果。另外，《黄河文化史》《河南教育通史》《嵩岳文献丛刊》"河南老城市丛书""河南非物质文化遗产丛书"《中国钧瓷》《中国陈氏太极拳》《朱仙镇木版年画》等有关中原文化的综合研究、断代研究、区域研究、专业研究和专题研究成果也纷纷出版，《中原文史萃编》等一批高质量的论文选集相继问世，《在河之南》等以文学形式呈现的中原文化著作也颇受读者的欢迎。其四,文物研究、考古报告的集中出版。如本省出版的有《中原文物考古研究》《五帝时代研究》《辉县孟庄》《新郑郑公大墓青铜器》等;省外出版的有《社旗山陕会馆》《郑州商城》《龙门石窟造像全集》《殷墟发现与研究》《洛阳考古集成》《北京图书馆藏龙门石窟造像题记拓本全编》等。其五,通俗传播品牌的形成。《厚重河南》作为《大河报》同名专版的延伸,以"华夏文明的发现之旅,中原文化的新闻观照"作为基本理念,以新闻的眼光打捞远逝的历史碎片,以媒体互动形式增强传播效果,已经成为读者公认的中原文化传播品牌。《文化河南》则是电视节目的文本,也收到了互动传播的效果。其六,中原文化走进中小学课堂。《老子》《太极拳》《古都郑州》等乡土教材、学生读本都起到了宣传普及中原文化的良好作用。其七,多媒体互动。河南电子音像出版社自成立以来,即致力于中原文化遗产的开发,在豫剧、武术等特色领域的多媒体产品出版方面作出了积极努力,尤其是《中华武术经典》光盘和图书输出世界各地,产生了广泛的影响。其八,标志性工程——《中原文化大典》的圆满完成。《中原文化大典》堪称中原文化图书出版传播的标志性工程,其酝酿论证历经多年,从2001年启动,2008年完成,可以说是这一时期中原文化出版传播突破的代表。《大典》分总论、学术思想典、文学艺术典、科学技术典、教育典、民俗典、文物典、人物典、著述典、大事记10个部分,55册,近3000万字,40000幅图片,上起远古,下迄清末,以传统编纂和现代撰述方式相结合,在广泛占有资料和借鉴海内外学术成果的基础上,首次对中原文化及其各个分支领域进行科学总结、权威表述和系统研究,对中原文化资源进行挖掘整理、全面展示和艺术再现,是一项兼具集成性、经典性和实用性,代表中原文化研究最新水平和公认的学术成果,完整准确体现中原文化多维价值的大型图书出版工程。

二、中原文化图书出版传播分析

通过以上的初步概述，我们可以看出，改革开放30年来，河南宣传文化、教育科研与出版界立足中原，服务大局，强化特色，组织编纂出版了一大批中原文化类的出版物，不仅为中原文化资源的整理、开发和中原文化学科的形成、中原文化产业的发展发挥了核心的作用，而且通过这些出版物的传播，对河南省的经济建设、文化建设、旅游开发、招商引资、海外交流、宣传教育、科学研究等方面提供了良好的服务和智力的支持。鉴于中原文化图书涉猎面广，包罗丰富，很难进行精确的计量统计和科学分析，这里只是从出版传播和产业发展角度进行粗略的分析评述。

图书出版传播的基本要素包括作为传播内容的作品和作为媒介的出版物、作为出版传播者的作者和出版者、出版传播的渠道、作为出版传播接收者的读者以及出版传播效果与影响等。初步统计，中原文化图书出版总量达8000种左右。就内容而言，其中占最大比重的是地方史志类图书，根据统计，地方志系统先后整理出版旧志、编纂三级综合志书、年鉴、行业志、专业志、部门志、厂矿学校志、乡村志以及各类地情图书4000种以上，在整个中原文化图书中占有一半的比例。其次是文物考古类图书，在1000种左右。再次为中原文化研究类图书，包括资料的整理，综合研究、专门研究和专题研究类图书。最后是中原文化的普及类图书，包括各类经典、文化大众普及读本，有关乡土文化的教育读本，文化旅游类读物，文学体裁的出版物等。就形式而言，起步阶段以单本和分散的图书出版为主，发展和突破阶段则形成了官书、套书、丛书、系列书为主，与单本、分散的出版相结合，纸质图书与电子音像图书以及书、报、刊、电视互动的多层次、多媒体立体开发，图书出版与文化交流、学术研讨、寻根探源、旅游开发、经贸活动同步共赢、相得益彰的局面，从而增强了出版传播的社会性和影响力。

出版传播者处于出版传播过程的起点，包括作者和编辑出版者。中原文化图书作者队伍，就地域而言，以本省为主，省外作者则以学者、专家即专业研究人员居多；就本省作者身份而言，又以职务行为为主，包括各级各类的地方史志、地方党史、文史资料、文博机构等为主体，专家学者为辅，两相结合；就专家学者而言，则以高等院校、科研院所以及相关单位的专业研究人员为主，各类中原文化的研究者、爱好者为辅，以集体编撰为主，以个人专业论著为辅；而学术价值较高的专业研究著作则以个人论著为主，合作项目为辅。中原文化图书的出版者，亦以河南出版界为主，河南12家出版社都多少不同地出版过此类图书，其中河南人民出版社、中州古籍出版社、大象出版社较为集中。省外出版社则以北京、上海为主，如文物出版社、科学出版社出版的文物考古类图书，中国社会科学出版社、中华书局的学术书，都极具品牌价值，在海内外有着良好的影响。总之，中原文化图书出版传播者初步形成了省内外联动、机构与个人并举、专家学者与各方面力量结合、官方倡导与民间互动这样一个良性的发展格局。

从传播渠道和传播手段分析，中原文化图书出版尚存在渠道不广、流通不畅、手段陈旧落后等问题。此类图书多为官方或专业机构与出版单位合作出版，主要为存史、资治、研究所用，通过内部分发、赠送、交流的渠道；一部分通过新华书店或民间渠道发行，往往销量有限，流通不广，影响有限；只有一小部分通过媒体宣传、邮政或教育等特殊或专业渠道进行推广，取得了可观的成效。传播机制、传播渠道和传播手段的创新将是未来发展的一个重要课题。

出版传播的接收者即读者、听众和观众是出版传播的终点，包括群体接收和个体接收。中原文化图书的传播接收者以群体接收如机关、学校、图书馆等为主，个体接收即各阶层的读者为辅；而且传播者与接收者的互动与后者的反馈、前者的相应服务似未得到应有的重视。因此，市场资源的整合、分级和有效开发将是未来发展的潜力所在。

如前所述，中原文化图书出版传播产生了良好的效果和影响。首先是服务于河南省经济社会发展的工作大局，为改革开放、中原崛起提供了强有力的精神动力和智力支持；其次是唤起了各级领导与社会公众对中原文化丰厚资源与文化产业前景的认识，为实现两大跨越和建设文化强省奠定了良好基础；同时，也为中原文化学科的建设和中原文化产业的开发准备了基本的条件。

我们说，中原文化图书出版具有得天独厚的资源优势，经过几十年的起步、发展，已经取得了显著的突破，已经建立起中原文化研究、出版、传播的平台，具备了产业的基础和条件，那么从产业发展的角度看，应当说中原文化出版产业还处于初级阶段或者说起步阶段。

一是缺乏科学的产业战略和发展规划。近年来，河南省的文化体制改革和文化产业发展得到了空前的重视，省委、省政府相继出台了一系列指导性文件，亟待从认识层面转入落实阶段，亟待研究制定科学的文化产业战略和发展规划，同时结合各个相关领域的实际情况，制定专门的发展战略规划及其实施细则。就出版产业的战略规划来说，其中一个重点就是中原文化资源开发与产业规划，促进中原文化出版传播的可持续发展、跨越式发展。

二是资源整合不到位，产业价值链有待拓展。图书出版是内容产业，内容信息资源的整合、设计、创新和服务是其核心环节。与之相关的物质和非物质文化遗产资源，田野资源与文献资源，专业研究、教学和创作资源，政府、学会、民间的资源，新闻、出版、广播、电视、网络等媒介资源，基本处于分散的、各自为战或者局部联合的状态，这就很难统筹兼顾、合力突破、形成规模、共创辉煌，反而造成了严重的重复和浪费。

三是产业结构不合理，品牌意识不强。中原文化出版传播的基本现状是，产品多而精品少，一般性著作多而高端的成果少，出版品种多而发行量大的畅销书少，单个媒体传播的多而多媒体互动的少。另外，立足中原，系统整理、研究和普及中国传统文化的大型图书或系列丛书、套书也不多，与中原文化的优势资源很不相称。结构的不合理严重制约着中原文化出版传播的立体开发、品牌建设，从而大大影响了传播的效果。

四是发展方式有待创新，经营管理有待加强。首先需要继续深化改革，转变发展方式，创新传播机制、传播渠道和传播手段；其次需要塑造市场主体，建构新的出版传播者系统；再次需要建立强有力的投资主体和有效的资本运作机制，激活中原文化领域的产业元素；最后需要强化出版传播的中观和微观管理，实现内容产业的新突破，着力提升中原文化出版资源的利用率、产业集中度和经营效益率。

三、加强中原文化图书出版传播的思考

我们正处于文化软实力和文化创意产业得到空前重视的时代，处于中国传统文化积淀最为丰厚的中原大地，处于人口众多、精神文化需求旺盛的巨大消费市场，植根中原沃土，传承华夏文化，打造中原文化高地，建设民族共有精神家园，是我们这一代中原出版人责无旁贷的历史使命。党的十七大作出了掀起社会主义文化建设新高潮、推动文化大发展大繁荣的战略部署，省八次党代会提出了由经济大省向经济强省跨越、由文化资源大省向文化强省跨越的宏伟目标，为我们弘扬中原文化、建设文化强省营造了前所未有的现实环境，进一步解放思想，与时俱进，整合资源，集聚力量，创意策划，立体开发，做强做大中原文化出版产业，打造辐射海内外的中国传统文化研究、开发、教育、普及的中心，为繁荣文化事业、发展文化产业、实现中原崛起和中华民族伟大复兴作出新的更大贡献，将是我们现实的选择和奋斗的目标。

第一，战略定位，科学规划，走可持续发展之路。首先要从战略的高度认真做好中原文化出版产业发展规划，在《河南省文化强省建设规划纲要》等纲领性文件的指导下，结合出版产业的实际情况，集思广益，

研究制定中原文化出版产业的近期、中期和长期的发展计划，为其全面协调、可持续发展进行战略部署和系统布局；其次要加大政府投入和社会投资力度，打造公益性中原文化出版产业平台，如建立中原文献电子资源库、中原文化图片库、中原文化研究数据库、中原非物质文化遗产资料库等，为中原文化出版产业的升级和转型提供资源平台和技术支撑；再次要培育中原文化产业研发和推广队伍，加强与教育、科研机构的联合，组建和培养专门人才团队，为中原文化出版产业提供智力支撑和人才保障。

第二，整合资源，集聚力量，走合力突破之路。近年来，中原文化事业和文化产业发展迅速：我们进行了中原文化资源调查、民间文化遗产抢救、文物普查和信息化建设等；组建了出版集团、报业集团、文化影视集团、电影电视制作集团等龙头企业，成立了中原文化、河洛文化、黄河文化等研究会、研究中心、研究院所；开展了拜祖大典、姓氏寻根、中原文化行等活动；形成了《风中少林》《禅宗少林·音乐大典》《大宋·东京梦华》等知名品牌。但文化产业在 GDP 中所占比重还很低，与先进省份、发达国家的差距还很大，这就需要我们统筹规划，整合资源，集聚力量，合力突破。我们可以考虑成立中原文化基金会或中原文化创意产业协会，着力提高中原文化资源的利用率和产业的集中度，充分发挥中原得天独厚的文化优势，打造辐射海内外的中原文化乃至中国传统文化研究、教育、产业开发和信息传播中心，为推动文化强省建设发挥战略支撑作用。

第三，创意创新，打造精品，走品牌带动之路。文化是内容产业，是创意产业，这就要求我们在时代的高起点上不断创新内容形式、创新体制机制、创新传播手段、创新文化业态，实施项目带动和品牌提升战略，立体开发，品牌带动，自主创新，产权保护，坚持传承与创新、传统与现代、文化与产业相结合，壮大龙头，培育主体，加快中原文化产业基地和文化精品群、品牌群、产业群的建设，带动中原文化事业和文化产业的大发展和大繁荣；要立足中原，放宽视界，面向市场，面向世界，开发利用好中原文化乃至中华民族优秀传统文化这个极富价值的"金矿",让灿烂的民族文化之花,结出丰硕的现代产业之果;要积极运用高技术改造传统文化产业,运用电子出版、网络传输、数字影视等现代技术,大力发展文化创意、文化博览、动漫游戏等新兴产业,努力运用先进的科学技术提高文化产品和文化服务的科技含量,延伸服务领域,拓展服务内容,推进文化产业升级。

第四,统筹内外,做强做大,走产业化发展之路。当今世界,经济与文化融合趋势日趋明显,文化作为软实力的影响日益强大,越来越成为一个国家、民族、地区发展和进步的战略资源,这就为文化的传承、创新和传播提供了广阔的舞台,营造了良好的社会氛围。在此社会背景下观照中原文化、中国传统文化及其产业化,我们倍觉优势明显、责任重大、使命光荣、前景广阔,必须坚持以科学发展观为统领,以改革创新的动力,自觉把中原文化产业的发展放到经济全球化的大趋势和全国文化大繁荣的大格局中去审视,统筹国内国际两个大局,积极利用国际国内两个市场、两种资源,大力引进文化资本和战略投资者,建立开放的中原文化产业投融资体系,提高文化产业的市场运作能力,努力使我们的文化企业"借船出海",拓展中原文化在国内和国际两个文化市场上的占有率;以务实的姿态和创新的精神,因时制宜,因地制宜,努力打造传统文化研究与创新的重要中心,文化生产与传播的主要基地,文化消费与服务的广阔市场,实现中原文化出版产业的科学发展。

(原载《区域文化与区域发展》,河南人民出版社 2009 年 10 月版)

中原文化的系统总结和全面展示
——《中原文化大典》编纂出版工作综述

河南地处中原，是中华文化的重要发源地和华夏历史文明传承创新区。坚定文化自信，依托丰厚资源，建设文化强省，构筑全国重要的文化高地，推动社会主义文化繁荣兴盛，始终是河南宣传文化工作特别是出版工作的重中之重。2008年4月，河南出版界策划运作多年的标志性出版工程——《中原文化大典》在郑州举办的第十八届中国图书交易博览会上盛装亮相，产生了广泛的社会影响。10年过去了，在中国特色社会主义进入新时代的今天，回顾总结《中原文化大典》策划、论证、组织、编纂的艰苦历程，梳理我们弘扬中原文化、让中原更加出彩的战略规划和发展思路，对于我们深刻领会、贯彻落实党的十九大关于中国特色社会主义文化建设的新思想、新部署、新要求，在实现"两个一百年"奋斗目标和中华民族伟大复兴中国梦的伟大进程中勇敢地承担起传承文化、发展文化、繁荣文化的历史责任，具有重要的现实意义。

一、站位与定位

"嵩岳苍苍,河水泱泱,中原文化悠且长。"源远流长、博大精深的中原文化,是中华文明长河的源头、主流,是中华民族优秀传统文化的缩影、载体,是我们国家和民族的"根之所系,脉之所维",也是我们今天进行文化建设和文化创造的丰厚土壤和源头活水,因此,挖掘、抢救、展示、总结、弘扬、创新中原文化,不仅是我们河南出版界义不容辞的历史使命,也是我们建设文化强省、实现中原崛起的必然要求,更是我们充分发挥文化资源优势、促进文化大发展大繁荣的具体实践。

(一)编纂出版《中原文化大典》,是对中原得天独厚文化资源的挖掘整理、科学总结和集中展示,是一项中原文化的探源工程、抢救工程

河南地处中原,长期作为全国政治、经济、文化的中心,从夏朝到北宋,先后有22个朝代、200多名帝王在河南建都,八大古都有其四,文化积淀非常丰厚,文化内涵博大精深,文化资源优势得天独厚,一部中原文化史,就是中华文明史的缩影。从新石器时代的裴李岗文化算起,8000多年的历史发展,给中原乃至中华文明留下了大量的文化景观、文化遗存、历史文物、文化典籍和艺术珍品,无论在总量还是系统上,中原文化资源都居全国的领先地位,河南的地下文物、馆藏文物、国家历史文化名城和重点文物保护单位数量均居全国第一,中国20世纪100项考古大发现,河南有17项。从历史的角度看,中原地区是中华民族的摇篮地,在数千年的中华文明史上,中原地区一直是全国政治、经济、军事、文化的中心区域,有1000多位著名的思想家、政治家、科学家、文学艺术家等在此诞生、成长或成熟于此,有1500多个姓氏起源、迁徙于此。从文化传播的角度,中原地区还是中国古代文明的传播交流中心,中国最早的文字——甲骨文是在这里发明和发现的,中国的四大发明——指南针、印刷术、造纸术、火药是从这里发明和传播的,连接东西、享誉世界的——

丝绸之路是从这里起步的，就连来自远方的宗教——佛教也是首先在这里安家落户的。因此，编纂出版《中原文化大典》，科学总结和全面展示中原文化，是对中华民族优秀文化传统的最好总结，是文化河南再现辉煌的重大任务之一。对中原文化资源进行系统的发掘整理、研究总结和集中展示，不仅具有重要的文化积累和文化抢救价值，而且也是我们发展文化产业、建设文化强省的必然选择。

（二）编纂出版《中原文化大典》，是弘扬中华民族精神和构建各民族共有精神家园、培育和践行社会主义核心价值观的重大实践，是一项功在当代、惠及千秋的传承工程、铸魂工程

河南历史悠久、文化灿烂，以裴李岗文化、仰韶文化、河南龙山文化为代表的考古学文化，以夏商周文化、汉魏文化、唐宋文化为代表的中原历史文化，以老子、庄子、张衡、许慎、张仲景、吴道子、杜甫、韩愈、岳飞、朱载堉为代表的名人文化，以易学、诸子、道教、佛教为代表的思想文化，以天文、农耕、冶铸、陶瓷、医药为代表的科技文化，以汉字、诗文、书画、戏剧为代表的文学艺术，以少林、太极为代表的武术文化，以龙乡、始祖、河洛、姓氏为代表的寻根文化，以汴绣、钧瓷、汝瓷、官瓷、唐三彩、南阳玉雕、朱仙镇木版年画、汤阴剪纸、浚县泥塑、淮阳泥泥狗为代表的民间工艺，以宝丰民间演艺、濮阳和周口杂技、豫西社火、豫南民间歌舞、大伾山庙会等为代表的民俗文化，还有以龙门石窟、殷墟和白马寺、少林寺、相国寺为代表的人文景观，以嵩山、太行山、伏牛山、大别山、桐柏山为代表的山水景观，无不彰显着中原传统文化的根源性、正统性、连续性和开放性特征，以及兼容并蓄、刚柔相济、革故鼎新、生生不息的精神，这是我们今天实现中原崛起、建设文化强省、促进科学发展、构建和谐社会得天独厚的优势所在。源远流长的中原文化，是繁荣和发展河南出版业的雄厚资源，变文化资源优势为文化产业发展优势，做大内容出版，做强出版主业，加快从出版大省向出版强省的历史性跨越，是我们河南出版界义不容辞的历史使命。大

力弘扬和培育民族精神、树立社会主义核心价值观、发展繁荣中国特色社会主义文化是宣传思想工作的基本方针，坚持"两为"方向和"双百"方针，弘扬主旋律，提倡多样化，是新闻出版工作的基本职责。《中原文化大典》的编纂出版，不仅能够激发广大读者的民族自尊心、自信心和认同感、自豪感，增强社会主义意识形态的吸引力和凝聚力，弘扬以爱国主义为核心的民族精神和以改革创新为核心的时代精神，同时对加强精神文明建设、提高公民思想道德素质，倡导文明风尚、弘扬社会正气，建设先进文化、增强发展活力产生积极的影响，从而为改革、发展、稳定提供思想保证、精神动力和智力支持。

（三）编纂出版《中原文化大典》，是树立河南文化大省形象、建设文化强省、构筑全国重要的文化高地的有效途径，是一项中原文化的建设工程、形象工程

中国文化是世界文化的重要组成部分，而中原文化又是中国文化的核心组成部分。充分发挥河南得天独厚的文化资源优势和出版资源优势，集中各个领域的科研力量与编辑出版力量，通力编纂出版《中原文化大典》，通过对中原文化进行系统总结和全面展示，宣传和弘扬源远流长、博大精深的中原文化以及它所体现的中原优秀传统文化，不仅具有重大的文化积累和文化传承价值，而且具有重大的文化建设价值。从建设文化强省和出版强省的角度讲，编纂出版《中原文化大典》，是我省文化积累、文化建设和文化产业发展史上具有里程碑意义的工程，是宣传河南、树立河南良好形象的有效途径。近几年来，我们河南内强素质、外树形象，经济保持高速增长，各项事业整体推进，给世人展示了一个良好的新形象。编纂出版《中原文化大典》本身就是宣传河南、推介河南，充分发挥河南的文化资源优势，集中体现河南文化大省的形象，把奋力实现中原崛起、全面建成小康社会的伟大事业不断推向前进。

（四）编纂出版《中原文化大典》，构筑中原文化研究、开发、

传播的权威平台，具有巨大的可持续发展潜力，是一项中原文化的创新工程、传播工程

在时代的高起点上推动文化内容形式、体制机制、传播手段创新，解放和发展文化生产力，是繁荣文化的必由之路。文化产业是内容产业，内容形式的不断创新是其发展繁荣的内在规律，体制机制的改革创新则是破除制约束缚、激发创造活力的环境保障，传播手段的创新则是文化控制力、影响力、竞争力的实现途径。河南省文化事业和文化产业深化改革，积极探索，热点不断，亮点纷呈，但"大而不强"的问题依然突出，其中的关键还在于内容创新。《中原文化大典》的编纂出版，旨在改变中原文化内容产业散乱、重复、浅层次开发的现状，打造中原文化的超级航母，构筑进一步研究、开发、利用、传播的权威平台，为全方位开发、多层次普及、多媒体传播和可持续发展，满足不同时代、不同群体、不同阶层文化需求提供基础的内容服务和广阔的发展空间。因而对于做强做大中原文化内容产业，进而创新文化生产方式、培育新的文化业态、形成新文化传播格局将起到积极的推动作用。

总之，河南文化积淀丰厚，博大精深，是名副其实的文化资源大省，这是我们实现中原崛起、建设经济强省和文化强省得天独厚的资源优势。如何变资源优势为产业优势，加快从文化资源大省向文化强省的历史性跨越，构筑全国重要的文化高地、推动社会主义文化大发展大繁荣，是我们宣传文化战线责无旁贷的历史使命。《中原文化大典》的编纂出版，在我省文化积累、文化建设、文化产业发展史上都有着里程碑式的意义。

二、编纂与出版

蕴涵丰富的中原文化，是发展繁荣河南出版事业和做强做大文化产业的雄厚资源。新中国成立后，尤其是改革开放以来，河南出版界立足中原、面向全国、放眼世界，围绕中原文化，编辑出版了一大批优秀图书，

如《河南省志》《简明河南史》《河南历代名人词典》《中原远古文化》《夏史初探》《安阳殷墟青铜器》《中国音乐文物大系·河南卷》《中原民俗丛书》《中原文化史》《河南通史》《河南通鉴》等，产生了积极的社会影响，也为编纂出版大型地域文化图书奠定了良好的工作基础。

早在20世纪90年代初期，随着文化热的深入，《中华大典》《中华文化通志》等大规模的文化工程相继启动，地域文化研究和开发也成了举世瞩目的文化现象，《孔子文化大全》《岭南文库》等也纷纷上马，河南学术界和出版界的不少有识之士就提出了关于编纂《中原文化典汇》《河南文物精粹图说》《河南古代艺术》等中原文化大型图书的构想。当时，出现了一个值得注意的问题，省内外各出版单位都竞相策划相关的选题，其积极性和主观愿望是应该肯定的，但同时这种零散的、不成阵势的出版，形成了乱挖"小煤窑"的现象，不能完整准确地再现灿烂的中原文化。作为当代河南出版人，我们如果不采取有效措施，系统全面、完整准确地整理和开发中原文化的丰厚资源，不仅仅是一种遗憾，也可以说是一种失职。于是，河南省新闻出版局决心组织各界力量，编纂出版《中原文化大典》，作为我省出版事业升级发展的标志性精品工程。

"九五"期间，先后约请百余位有关方面的专家，进行了多次整体策划和专题调研，1999年全省图书选题论证会上再次进行专题讨论，在几次大规模论证的基础上，集思广益，初步形成了《中原文化大典》的编纂出版计划。新世纪之初，省新闻出版局在制定"十五"规划时，认为随着河南出版界出版物创新、技术创新、人才创新三大工程的实施，出版综合实力大为增强，为《中原文化大典》工程的启动提供了必备的条件；近年来学术界有关研究逐步深入，相关成果日益增多，图书资料的陆续整理出版，作者队伍和编辑出版队伍逐渐成熟，打下了较为扎实的工作基础；而新世纪的机遇与挑战，河南出版业全面升级的历史使命，省委省政府"重塑河南新形象，创造发展好环境"的指示精神，为工程的规划和实施提供了最佳的启动契机。经认真研究，果断决定把《中原文化大典》出版工程作为中心工作列入"十五"重点规划,并于 2001 年 6 月向省委、省政府上报《关于启动中原文化大典的报告》,并报请列入国家新闻出版"十五"重点规划和省精神文明建设重点项目、省社会科学规划重点项目。2001 年 11 月 29 日,《中原文化大典》出版座谈会召开,中共河南省委副书记王全书到会作了重要讲话,省委、省政府及各有关部门、方面的领导、专家、记者 60 多人与会,围绕《大典》编纂方案进行了热烈讨论,要求锁定目标,明确责任,通力协作,开拓创新,力争以一流的策划、一流的设计(方案)、一流的作者,创一流的作品;以一流的编校、一流的装帧、一流的印制,出一流的图书,举全省之力,把这件功在当代、惠及子孙的大事办好,以无愧于前人,无愧于时代,无愧于后世。

这次会议,标志着《中原文化大典》工程的全面启动。经过近八年的努力,特别是省委、省政府实现中原崛起和建设文化强省战略决策的提出,文化体制改革和文化产业发展面临良好机遇;河南出版集团成立后,集团领导高度重视,精心组织,强力推动组建队伍,搜集资料,编写书稿,采集图片,评审修改,精心编校,设计制作;社会各界高度关注和通力合作,《中原文化大典》编纂出版工程终于大功告成,几代出版人的这一梦想可以实现了。

(一)根据编纂实践的需要,逐步完善《中原文化大典》的编纂方案

《中原文化大典》分一论、八典、一记,10 个部分,精装 55 册,约 3000 万字,4 万幅图片。在编纂体裁上融通史、通志、通典于一体,有别于丛书、类书,传统编纂与现代撰述方式相结合;在述论关系上以述为主,述论结合;在纵横关系上,横分竖写为基本原则;在图文关系上,文纲图目,文图并茂;在时间概念上,上起远古,下迄清末;在空间概念上,取狭义的中原即今天河南省的地域范围。

《总论》:1 册,论述中原文化的科学内涵、自然与人文环境、区域特征、

文化形态、文化特征、文化精神及其在中华文化中的地位和作用。

《学术思想典》：分哲学、经学·史学·文字学，2册，系统梳理中原学术思想的发展脉络，展现中原学术思想成果。

《文学艺术典》：分文学、书法、绘画、音乐、戏剧、舞蹈，6册，总结中原文学艺术各个门类的发展线索、规律、特点，揭示其在中国文艺发展史上的地位与贡献。

《科学技术典》：分数学·物理学·化学、天文学·地理学·生物学·医药学、农业技术·水利技术·纺织技术·矿冶技术·建筑技术·交通技术，4册，从13个学科领域客观记述和展示中原历史上的科学技术成就。

《教育典》：分官学教育·选士制度、私学教育·书院教育、家庭教育·社会教育，3册，系统总结中原传统教育文化。

《民俗典》：分民间生产、民间生活、民间社会、民间信仰、民间文艺、武术，6册，全面深入记述中原民俗文化的传统风貌和精神特质，系统整理中原武术文化遗产。

《文物典》：分古人类·旧石器、聚落、城址、陵寝墓葬（上、下）、古文字（上、下）、陶器、陶塑、瓷器、青铜器（上、下）、玉器、金银器·漆器·杂项、画像石·画像砖、壁画、碑刻墓志、龙门石窟（上、下）、中小型石窟与石刻造像、建筑、历史文化名城，23册，以精练的文字综述和精美的文物图片全面展示中原文物考古重大发现和研究成果，再现中原文明。

《人物典》：分人物传（上、中、下）、人物表，4册，入传人物600余，入表人物5000余，客观记述中原历史文化名人的生平及其对中华文明的贡献。

《著述典》：分正编·经部、正编·史部、正编·子部、正编·集部、外编（河南方志总目提要）、附编（中原出版），6册，著录历代河南人所编撰的各类存佚著述，著录河南历代方志及非河南人所编撰的有关中原的专录文献，总计9000余种，并以历史线索记述和总结中原传统出版文化。

《大事记》：1卷1册，记述中原有史以来的重大历史事件，作为整个中原文化的纵向大事记录。

纸质图书出版以后，我们又在此基础上开发建成了中原文化资源数据库。

（二）组建阵容强大、实力雄厚的《中原文化大典》编纂队伍

根据《中原文化大典》编纂出版的总要求，按照"一流的专家、一流的编辑、一流的设计、一流的质量、一流的成果"的原则，经过反复酝酿和征求专家、学者意见，我们组建了国内一流的《中原文化大典》专家学者队伍。

《中原文化大典》工程启动之初，我们就邀请北京大学教授季羡林、张岱年、邹衡、宿白，国家图书馆馆长任继愈，中国人民大学教授、国家清史编纂委员会主任戴逸，国家文物局局长、著名考古学家张文彬，中国社会科学院历史研究所所长、国家夏商周断代工程首席科学家李学勤，中国文联副主席、中国民间文艺家协会主席冯骥才，中国社会科学院副院长李慎明担任学术顾问，并就编纂理念、编纂原则、编纂方案提出重要的指导意见。

按照权威专家领衔挂帅、中坚力量担纲主撰、社会各界广泛参与、立足河南兼及全国的基本思路，我们邀请郑州大学博士生导师李民教授担任《总论》主编，郑州大学党委书记郑永扣教授担任《学术思想典》主编，著名文艺评论家、河南省文学院名誉院长孙广举研究员担任《文学艺术典》主编，河南大学副校长赵国祥教授、河南大学教育科学学院苗春德教授担任《教育典》主编，郑州大学历史学院博士生导师王星光教授担任《科学技术典》主编，河南大学文学院张振犁教授、郑州轻工业学院副院长陈江风教授、河南文艺出版社任骋编审担任《民俗典》主编，河南博物院许顺湛研究员、河南省文物局局长陈爱兰、河南博物院院长张文军研究员、河南省文物局副局长孙英民研究员担任《文物典》主编，河南大学朱绍侯教授担任《人物典》主编，河南省社会科学院栾星研究员担任《著述典》主编，河南省社会科学院历史所所长程有为研究员担任《大事记》主编。担任《中原文化大典》分典副主编以及分卷、分册的主编、副主编近百人，也都是省内外各个相关领域的学术权威、知名专家和学术带头人。具体执笔的撰稿人300多人，几乎囊括了我省中原文化研究的所有力量，尤其是中青年学术骨干，并特邀省外相关领域专家学者共襄盛举。

2006年起，《中原文化大典》初稿陆续完成，我们建立了评议评审制度，对每卷每册书稿先请专家评议，有的还要进行二次、三次评议，基本定稿后再邀请全国相关领域的学术权威担任首席评审专家、若干知名学者担任评审专家，首席评审专家和评审专家要在相应的卷端署名。评审专家中包括中国科学院自然科学史研究所所长廖育群研究员，中国社会科学院文学研究所原所长邓绍基研究员、世界宗教研究所副所长张新鹰研究员和马西沙研究员、历史研究所王震中研究员，中国艺术研究院隆荫培研究员、余从研究员，北京大学张双棣教授，北京师范大学刘铁梁教授、王炳照教授，中国民间文艺家协会刘锡诚研究员，中国人民大学张研教授，上海大学阮荣春教授，武汉大学曹之教授，山东大学叶涛教授，华中师范大学熊铁基教授，上海师范大学汤勤福教授，等等。这些评审专家基本代表了国内相关学科的权威水平，他们广泛的文化影响、高深的学术造诣、严谨的把关态度，是我们编纂出版的质量保障和坚强后盾。

（三）**辛勤耕耘，敬业奉献，高标准、高质量地完成《中原文化大典》编纂出版任务**

《中原文化大典》工程启动之初，即成立了专门的办公室，制定了具体可行的工作程序和实施方案，并由中州古籍出版社具体承担编纂出版任务。《中原文化大典》办公室进行了如下艰苦细致的工作：

一是编纂方案的进一步论证和完善。专程到京征求专家意见，并召开座谈会；召开三次编纂工作会议，论证和补充完善方案，陆续增加了《学术思想典》《教育典》《科学技术典》以及《出版卷》，压缩《总论》等，最后形成现在的规模。

二是陆续启动各分典的编纂。大体包括聘请主编、副主编、分卷主编组成分典编委会，制定分典编纂方案和编写提纲，组建写作班子，撰写样稿，经分典编纂会议通过后全面铺开编撰工作。一个环节往往需要多次研讨和磋商，有的分典编委会的组成几经反复，迁延一两年之久。

三是出版工作简报，交流信息，指导编纂实践，出版简报32期。

四是建立编纂工作会议、分典编委会议和日常工作例会制度，协调解决有关问题。

五是实施书稿评议制度。书稿部分完成后，约请专家进行评议，提出修改意见，既推动进度，又及时纠正问题，提高质量。有些书稿经过两次甚至三次评议。

六是制定图片采集和使用办法，指导图片工作。《中原文化大典》图文并茂，对图片的要求数量多、质量高，尤其大量文物图片的拍摄工作量大、行政协调难、费用高，颇费周折和时日。

七是组建整体设计专家队伍。先是尝试面向海内外招标方式，后采取邀标方式，最后确定以著名装帧设计师陆智昌先生为首组成的整体设计组，拿出一流的设计方案。

八是实行评审定稿制度。书稿经过主编审读、内部评议，修改后请该领域的国内知名专家担任首席评审专家和评审专家，通审分典或分卷书稿，评审通过或修改后方可定稿，进入编辑出版程序。

九是制订后期编辑、设计、校对、印制工作计划，实行倒计时工作法。确定了编辑责任人制度，引进项目管理的有关办法，前期编撰初步完成后，即着手制定后期出版工作规划，实行流程管理和倒计时的工作方法，确保质量和进度。

十是在河南出版集团成立伊始、资金非常紧张的情况下，筹措资金，保证投入，制定专项资金管理办法，加强预算管理，确保工程的进展。

盛世修典，众志成城。《中原文化大典》的编纂出版，正值我国文化体制改革和文化产业发展的良好机遇,省委、省政府的正确领导,社会各界的协力推进,为工程的顺利进行提供了坚强有力的保证。省直有关部门、有关单位和高等院校、科研院所也都发扬协同作战精神,在资源、人力、项目安排等方面给予了密切配合、积极支持;特别是承担编撰任务的各位专家学者几年来以饱满的政治热情、严谨的科学态度,充分发挥各自的专业优势,全身心投入到编撰工作中去,辛勤耕耘,顽强拼搏,精益求精,敬业奉献,为工程的圆满完成提供了坚强有力的组织保障和质量保障。

三、总结与展示

《中原文化大典》上起远古,下迄清末,突出中原文化的地域特色,是一项兼具集成性和经典性、权威性和科学性、艺术性和实用性,系统总结中原文化的辉煌成就,全面展示中原文化的厚重博大,代表中原文化研究的最高水平和公认的学术成果,完整准确体现中原文化多维价值的大型图书出版工程。这是一项前无古人、功在当代、惠及千秋的文化壮举,对促进我省经济社会发展、实现中原崛起产生了广泛而深远的影响,在全国各地区域文化工程的编纂出版方面也探索出了具有一定代表性的路子。

(一)《中原文化大典》是对中原文化的科学总结、权威表述和系统研究

《总论》首次对中原文化进行系统的理论概括,科学地阐释了中原文化的地域内涵和文化内涵,分析了中原文化所处的自然环境、人文环境和社会环境,梳理了中原文化从起源、形成、发展、繁荣到嬗变、复兴的历史演变轨迹,并以文化区域理论透视中原文化的中心区域和边缘区域的空间布局(河洛文化区、郑韩文化区、后河洛文化区、卫赵文化区、楚文化区、黄淮文化区)及其整合与分异,以文化形态理论分析中原思

想文化形态、信仰文化形态、文学形态、艺术形态、科学技术形态和文化组织形态，最后总结中原文化的悠久性、连续性、原创性、融合性和正统性五大特征，进一步概括出中原文化三教合流的精神内核，天人合一的理想境界，刚健有为、中庸尚和的处世哲学以及爱国爱家、尊礼重教、勤劳开拓、节俭持家、坚忍不拔、和平仁爱等丰富多彩的人格追求，进而从宏观角度揭示中原文化在中华文明发展进程中的主体、主导地位及其价值和作用，近代以来中原文化的历史走向和现实启示。

随后的5个分典20个分册的主体部分分门别类对中原文化的各个分支学科进行研究，作为《大典》的第一方阵，在广泛借鉴千百年来中原文化研究成果的基础之上，初步创建中原文化的学科体系，打造中原文化的集成之作。《学术思想典》包括哲学、经学、史学、语言文字学，《文学艺术典》则涵盖文学、书法、绘画、音乐、戏剧、舞蹈六大门类，《教育典》分为官学教育、私学和书院教育、家庭教育和社会教育，《科学技术典》更是包括数学、物理、化学、天文学、地理学、生物学、医药学、农业技术、水利技术、纺织技术、冶金技术、建筑技术、交通技术等13个门类，《民俗典》眼光向下系统论述中原民间生产、民间生活、民间社会、民间信仰、民间文艺和武术。这些论述，一是代表了中原文化领域公认的学术成果，体现其集成性和经典性特点，二是代表了中原文化领域的最新水平，许多论述都具有原创和开创意义，体现其权威性和科学性的特点；三是图文并茂，在理论总结的同时，充分发挥其展示功能，将有重要历史和文化传承意义的经典文献和珍贵图版保存和选录其中，体现其经典性和资料性的特点。以此体现《中原文化大典》的编纂意图，也得到了众多评审专家的充分肯定和高度评价。

（二）《中原文化大典》是对中原文化资源的挖掘整理、全面展示和艺术再现

除了上述主体部分总结为主兼及展示外，以下的《文物典》《人物典》《著述典》和《大事记》4个分典33个分册作为《大典》的第二方阵，

则运用传统史传的编纂方式，承担起整理、展示和再现中原丰厚文化资源的功能。其中《文物典》23册，工程最为浩大，以精到的文字综述和大量精美的文物图版系统反映中原文物考古百年来的重大发现和研究成果，探源析流，还原本色，以物证史，以图说史，全面再现中原古代文明的广袤图景，充分彰显中国文物第一大省的壮美风采。《人物传》3册入传人物600余人，《人物表》1册入表人物5000余人；《著述典》正编经、史、子、集、丛部著录历代河南人士编撰的各类现存或散佚著述，外编则著录河南方志文献以及历代非河南人所编撰的有关中原的著述，总计9000多种，一一撰写提要，并编制索引，以备检阅，另设附编《中原出版》1册，勾画中原出版文化的历史脉络；《大事记》1册，以传统编年体和纪事本末体相结合的手法，客观记述中原地区有史以来文化方面的重大事件，作为整个《大典》的纵向的大事年表。文物、文献、人物、事件，不同题材；章节、条目、表格、部类，不同体例；图片、文字，不同载体，共同清理资源、彰显主题、再现文化、展示辉煌，把河南作为"声灵赫濯之区、文物衣冠之薮"的文化资源大省之名落到实处，把中原文化的理论概括具象于丰富的载体之中、建立在坚实的基础之上。

值得强调的是，《中原文化大典》秉承中国出版文化史上"左图右史""亦图亦文"的优良传统，着重强调图片资料的文物与艺术价值及其存在的独立性，高度关注其视觉表达和艺术效果，"覃精聚神，穷极要妙"，以"天巧人工"，铸图文经典。《中原文化大典》采录图片资料50000余幅，精选40000幅入书，本身就堪称"中原文化图片资源库"；同时，在整体装帧设计上，我们与著名设计师陆智昌先生反复研讨，通过开本、纸张、封面与版式设计、印刷制作的精心策划，全面调动各种出版文化元素，最大限度地突出图片艺术效果和独立价值，提升全书的设计含量和艺术含量。

（三）作为一部大型的综合性、地域性文化套书，《中原文化大典》在编纂体式上勇于探索，敢于创新，有所突破，有所创造

《中原文化大典》有别于《中华大典》等的类书体裁和《孔子文化大全》

等地域性文化图书的丛书体裁，以传统的图书编纂方式和现代图书编纂方式相结合，融通史、通志编纂的优点于一体，注重体系建构，观照纵横关系，兼顾传统与现代学科分类，严守时空和学科边界，提出横分竖写、文纲图目、述论结合、正附相维等编纂原则，综合运用章节、条目、图表、部类等编纂体例，从而探索出一种相对科学适用的地域性综合文化套书的编纂体式。当然，体制上的创新也极大地增加了编纂的难度和强度，为此，我们提出从打造文化品牌和传世经典的高度，全面强化责任意识和质量意识，认真处理好质量与进度的关系，把关与协调服务的关系，《中原文化大典》编纂理念、原则与各个学科特点的关系，中国文化与中原文化的关系，历史与现实的关系问题，经过长期的探索与努力，我们与广大作者密切合作，以对祖国文化的崇敬和对学术严谨科学的态度以及对历史、对读者、对自己高度负责的使命感，圆满完成了既定的编纂任务，达到了预期的目的，也为这类图书的编纂出版提供了可资借鉴的经验和可供研究的范例。

四、传承与创新

《中原文化大典》的编纂出版和中原文化资源库的建立，既是中原得天独厚文化资源优势的挖掘清理、中原文化研究的选精集粹，也为中原文化的进一步研究、开发、传播和弘扬构建了一个权威的学术平台，将为我省文化事业的发展和文化产业的繁荣打下坚实的基础。近年来，随着中原经济区、中原城市群上升为国家战略，河南省提出立足中原文化资源优势，通过龙头项目带动、文化品牌提升、特色产业支撑、体制机制创新，聚焦、聚神、聚力全球华人根亲文化圣地建设工程、中国文化遗产保护传承示范基地建设工程、全国重要的文化产业基地建设工程、现代文化创新发展新高地建设工程、中华文化"走出去"重要基地建设工程，加快推进华夏历史文明传承创新区建设。我们出版界也组织出版了《中原文化通史》《河洛文化研究丛书》《河南历代方志集成》《中华姓氏河南寻根》《河南专门史大型学术文化工程丛书》《黄河志丛书》《中国考古集成》《中国传统工艺全集》《中国音乐文物大系》《中国汉字文物大系》《华夏文库》《国学经典》以及全球中国研究数据库等一大批传承弘扬中华优秀传统文化的优秀出版物。

《中原文化大典》问世 10 年来，全国各地地域性文库的纷纷涌现，其中大部分以地域文献整理为主，兼及文化研究，形成了一个引人瞩目的文库出版现象。我们也在《中原文化大典》的基础上，借鉴兄弟省份的经验，规划实施中原文脉传承创新工程，既系统整理编纂新中国成立之前的历代中原文献，也适应信息文明和融合出版的趋势，开发中原文献数据库，并组织出版中原文化专题研究丛书和当代中原研究丛书，多角度、多层次、多媒体立体开发，努力构建中原文化资源和创新平台，进而形成辐射海内外的中原文化乃至中国传统文化的研究、教育、产业开发中心，为构筑全国重要的文化高地浓墨重彩，谋篇布局。

党的十九大报告指出："文化兴国运兴，文化强民族强。""坚持创造性转化、创新性发展，不断铸就中华文化新辉煌。"此前，中办、国办还下发了《关于实施中华优秀传统文化传承发展工程的意见》。新时代，新方略，作为文化资源大省的河南，文化发展面临着前所未有的历史机遇。我们必须坚定文化自信，进一步解放思想，持续深化改革开放，与时俱进，守正出新；合理定位，科学规划，走可持续发展之路；整合资源，集聚力量，走合力突破之路；创意创新，打造精品，走品牌带动之路；统筹内外，做强做大，走产业化发展之路，进一步推动中原文化高质量发展和高水平开放，不断增强中原文化的传播力和影响力，在中国特色社会主义文化的繁荣兴盛和中华民族的伟大复兴中谱写出中原更加出彩的新篇章。

（本文原载《地方文献保护与整理出版研讨会论文集》，国家图书馆出版社，2019 年 10 月版）

构筑中国边疆研究权威平台
——"中国边疆通史丛书"出竣之际的对话

中国社会科学院中国边疆史地研究中心马大正研究员主编的"中国边疆通史丛书"日前由中州古籍出版社出齐。丛书包括《中国边疆经略史》《中国海疆通史》《东北通史》《北疆通史》《西域通史》《西藏通史》《西南通史》7册，500多万字，由国内边疆史地学界数十位专家通力合作，历时数年撰写而成，堪称中国边疆史研究的里程碑。对此，记者专访了丛书的策划和责任编辑之一、中州古籍出版社副总编辑郭孟良。

记者：丛书准确地把握我国的历史国情，以史为鉴，面对现实，丛书对我国边疆的巩固、开发和建设有何政治意义和理论价值？

郭孟良：我国是一个统一的多民族国家，广阔的陆疆和海疆地区，是祖国领土不可分割的组成部分，是各民族聚居、交流、融合、发展的舞台，因此，科学地研究和总结边疆的历史发展及其规律，对于我国多民族国家的统一、巩固和领土完整、经济开发与文明进步，都有着直接的因果关联。丛书从以下几个方面突出其现实意义和理论价值：一是通过对边疆历史的缜密而系统的研究，由点及面地揭示出统一多民族中国形成、发展的历史规律和边疆地区成为祖国领土不可分割一部分的历史必然性，着力弘扬爱国主义精神，增强中华民族的向心力和凝聚力；二是通过对历代封建王朝边疆治理和开发政策的经验教训、成败得失的总结，为中央和各级地方政府的科学决策提供有益借鉴，从而维护边疆稳定和民族团结，加快边疆现代化进程；三是通过对边疆开发和经济文化建设模式的探索和思考，为西部大开发战略、海洋开发战略以及兴边富民、兴边睦邻发展战略提供历史镜鉴，为全面建设小康社会、实现民族伟大复兴服务。

记者：丛书的出版标志着我国边疆史研究进入了一个新的阶段。请您谈谈丛书在学术研究和学科建设上的贡献。

郭孟良：可以用这么两句话。第一，丛书作为我国第一部系统的边疆通史，堪称中国边疆史研究的集大成之作。尽管历代正史都有关于边疆的记述，但边疆史学的形成还是在20世纪的上半叶，80年代到90年代更有了快速发展。在这一背景下，我们约请中国边疆史地研究中心组织协调全国该领域的学术力量，广泛借鉴各种成果，催生了这一丛书。第二，丛书为方兴未艾的边疆学研究构筑了一个权威的学术平台，将成为新世纪中国边疆研究的坚实的学术基点。

记者：丛书在内容创新和通史编撰方法等方面进行了哪些有意义的探索？

郭孟良：首先，丛书是迄今为止首次以我国广阔的陆疆和海疆地区作为论述对象的大型通史。此前的通史著作中，边疆所占的篇幅有限，专门史和地方史则仅限于某一领域或地域，边疆史亦多限于疆域沿革和地理变迁，尤其是海疆史的研究，更显得薄弱。《中国海疆通史》第一次以现代海洋国土的概念去观照我国海疆社会和海洋文明的历史演进，其开创性是不言而喻的。其次，就通史编撰方法而言，一方面突出边疆区域史的视角，通过对以边疆为主体的特定文化区域内的人类所创造的文明的撰述，弥补以往通史的缺憾；另一方面从历代对边疆的治理、辖卫和开发，突出中华多元一体格局的主题。两个视角融会贯通，相辅相成。

再次，丛书在客观深入论述边疆历史进程的同时，也做了许多可贵的理论探索，如《总序》中关于边疆及其发展阶段的界说、边疆通史编撰体裁的选择，《中国边疆经略史》中关于边疆经略、边疆政策、治边思想的研究，《北疆通史》前言中关于五个发展时期、两个融合过程的论述，等等。

记者：您认为丛书策划成功之处在哪里？丛书面世后各方面反响和评价如何？市场预测乐观吗？

郭孟良：丛书是我社近年来着力打造的精品之一，这与我们的出版定位和选题思路密切相关。作为一家地方专业古籍出版社，选择若干专业领域，形成优势，打造品牌，是我社的定位之一。边疆研究是一门新兴的边缘学科，兼具学术价值和现实意义，有较大的发展潜力，是我们关注的一个重点领域，与有关专家也保持着较好的联系，所以我社较早提出了通史的编纂计划，与中国边疆史地研究中心达成共识，中心又申请列入国家社科基金项目，实现了出版与学术互动，经数年努力，终于告竣。可以说，丛书的编撰出版既契合学术发展的脉动，也体现出我们的出版定位和出版人的主体意识。

丛书的出版得到了河南省新闻出版局的大力支持，河南省出版发展专项基金予以资助。丛书出版后，在学术界产生了较大的反响，著名学者戴逸、瞿林东、陈高华、郝时远等给予高度评价。《中国边疆经略史》荣获第八届中宣部"五个一工程·一本好书奖"。作为一套高质量的学术著作，它有其不大但相对稳定的读者队伍，故对其市场效应，我们以平常心待之。较早出版的《西域通史》初版3000册已经售完，现已修订再版，可以作为一个参照。

（本文原载《中国新闻出版报》2003年6月25日）

中国茶文化的基础工程
——《中国茶书全集校证》评介

近二十年来，随着茶产业的繁荣和茶文化消费的活跃，有关茶文化的研究著作和普及读物空前多了起来。仅有关茶文献整理的大型图书，就有阮浩耕、沈冬梅、于良子《中国古代茶叶全书》（浙江摄影出版社，1999，以下简称《茶叶全书》），陈彬藩主编，余悦、关博文副主编《中国茶文化经典》（光明日报出版社，1999，以下简称《经典》），郑培凯、朱自振主编《中国历代茶书汇编校注本》（香港商务印书馆，2007，以下简称《校注本》），朱自振、沈冬梅、增勤《中国古代茶书集成》（上海文化出版社，2010，以下简称《集成》），杨东甫主编《中国古代茶学全书》（广西师范大学出版社，2011，以下简称《茶学全书》）等，为茶文化的研究和传习提供了很大便利。然茶书文献涉及历史时段较长、学科领域较广，对整理者综合学术素养要求较高，从严格的学术规范和古籍整理通则而言，上述图书均不免存在这样那样的缺憾，以致有学者发出"茶书啊茶书，让我无语"的感叹；就连对前出茶书文献批评颇多的《茶学全书》，也有悖古籍整理基本规范，不言底本，只是"据不同版本择善而从，不出校语"，仍不免沿袭旧误、新出错漏，令人失望。中州古籍出版社2015年推出的国家出版基金资助项目、方健先生汇编校证的《中国茶书全集校证》（以下简称《校证》），在收书数量、校辑质量以及考证精审方面，皆有所优长，足以代表当代茶书研究的前沿水平，是中国茶文化建设的一项基础性成果，可望对于茶史研究、茶文化传播发挥积极而深远的影响。

《校证》的特色之一在于收罗数量更广，规模最大。前述《茶叶全书》收录茶书68种，102万字，全一册；《经典》分先秦两汉魏晋南北朝茶文化经典、隋唐五代茶文化经典、宋代茶文化经典、辽金元茶文化经典、明代茶文化经典、清代茶文化经典六卷，卷下又分茶著、茶文、诗词、杂著四类，总250万字，其中茶书44种，全一册；《校注本》收录茶书114种，150万字，上下两册；《集成》是《校注本》的大陆版，收录相同；《茶学全书》收录85种，114.5万字，全一册。《校证》分上、中、下、补编，收录101种，加上有关茶书的附录茶书，凡112种，新收44种；另外附录一《已佚存目或未收茶书叙录》著录茶书96种，其中今存41种、已佚55种。全书7册，400万字。其收书原则，唐宋茶书从宽，有闻必录；明清茶书从严，有些茶书缺乏原创、辗转传抄，仅列入存目"叙录"，其正编虽收录并非最多，却有不少书首次收录。如唐人杨晔的《茶录》（《膳夫经手录》之一篇），成书于唐宣宗大中十年（856），今传本见于宋人晁载之《续谈助》，南宋初类书已见引用，记载了中晚唐时期茶的产地、品目、性状以及流通和消费情况，填补了陆羽《茶经》到毛文锡《茶谱》之间的缺环，具有重要的文献价值。另如《政和本草》《海录碎事》《全芳备祖》《古今合璧事类备要》《食物本草》等书中有关茶的专篇，也都是首次入编。至于补编部分，更是占了足足3册篇幅，其中既有从《宋会要》《文献通考》《名山藏》等书中辑校的茶史文献，也有《大元马政记》《马政志》《皇朝马政纪》等茶马制度的专题文献，还有整理者辑录的《茶榜》和《中国古代茶品选辑》等资料，不仅大大丰富了茶书的内涵，而且为茶史研究者提供了极大的便利。

《校证》的特色之二在于严守学术规范，校辑质量更高。整理者方健先生是著名藏书家，几十多年来广泛访求、搜集海内外庋藏的茶书文献，自20世纪80年代发凡起例，以20年业余时间"积微成著，聚沙成塔"，然后又用10年时间反复校勘订正，终于成就此书。《校证》采用繁体竖排，严格按照古籍整理通例，进行标点断句、版本校雠、辑佚汇编。谨慎选择底本，作为工作基础，除非确有把握又信而有据者，一般不轻改底本。如陆羽《茶经》，一般都取其祖本——南宋咸淳九年（1273）百川学海本为底本，然百川学海传本也有十种之多，最重要的是民国陶湘影印本（百川甲本）和日本宫内厅书陵部藏本（百川乙本），二本对校，异文多达30余处；而四库全书本亦出自百川本，与百川本对校，校勘学意义上的舛误要少得多，于是整理者最终选择四库全书本作为底本，而以百川本作为主校本。唐宋茶书近半为辑佚，以毛文锡《茶谱》为代表，从唐宋文献中竭泽而渔，逐字比对，择其条文完善者为底本，再参校诸书所采，凡有异文，皆录存于校记，文本差异较大者，列参见条。校勘则以存真复原、言必有据为原则，以不同版本的逐字对校为主，而以本校、他校、理校为辅，特别是他校，也就是从类书、方志、诗注等文献引用茶书的文字来解决原文中读不通、点不断或难以判断的异文，这是其他茶书整理者所不及的地方。

《校证》的特色之三在于考证更为精审，学术价值更高。以整理者用力最勤的《茶经》为例，除了搜罗对勘中外所藏近百种《茶经》版本外，整理者长于宋代文献研究，另辟蹊径，从宋代诗词、类书、方志、笔记披沙拣金，辑录宋人引用《茶经》文字数百则，以《茶经》祖本之前的引文校证今传诸本文字上百处，从而将《茶经》校勘推向新的高度。又如陆廷灿的《续茶经》，依《茶经》体例征引历代茶事资料，为茶书中规模最大的一种。然征引未核原书，或随意增删，取舍失当，整理者追本溯源，校以始见原著，改补是非而酌校异同，解决了大量悬疑未决的问题。另如附编中号称繁难的《宋会要辑稿》中茶史资料及历代茶马史料的校勘，都是其他茶书文献所未涉及的领域，对于茶史研究的贡献尤其令人感佩。

《校证》的特色之四在于以一人之力，积二十年之功，独立完成，既避免了成于众手、标准不一的问题，同时将整理者对于茶史研究的成果融入其中，取得了不少突破性成果。书前的《导言》没有按照一般古籍整理图书的惯例仅仅介绍茶书的源流，而是根据整理者多年研究茶史的心得，对中国茶史的发展进程进行了系统论述，其中关于茶的起源、茶马贸易之始以及唐宋明清茶史上的若干问题的考辨，所得出的令人信服的结论，对于中国茶文化史的建构具有重要的参考意义。

文化的发展重在建设，尤其是扎实的基础工程。《校证》的整理与出版也给我们许多启示。希望更多的有识之士、饱学之士，能够发扬这种广搜博采、严谨规范、久久为功的精神，进一步整理中国茶文化史上的诗词文献、科技文献、文物资料、影像资源等，并加强交流与合作，运用数字技术共建中国茶文化资源数据库，为中国茶产业发展和茶文化繁荣打下更加坚实的基础，作出更大的贡献。

（本文原载《中华读书报》2016 年 8 月 3 日）

还巨星以本色
——读《朱载堉——明代的科学和艺术巨星》

四百多年前，有一位亲王世子，在父王遭诬获罪后，筑土室于宫门之外，席蒿饭蔬，孑孓独处十九年；及父死，他又力辞王爵，视名利如草芥，澹泊自处，在朝野引起极大震动，被称为"天潢中之异人"。他以执着的毅力、拖久病之躯，毕生从事科学和艺术探索，在乐律、天文、数学、计量、舞蹈等许多方面作出了巨大贡献，为我们留下了百数十万字的文化遗产。他一人独创六个世界第一，尤其是他创立的十二平均律理论，深刻地影响了世界音乐文化史的进程，堪称一代文化巨星。这就是明太祖朱元璋的九世孙，生于河南怀庆（治今沁阳）郑王府的端清世子朱载堉（1536—1611）。

随着十二平均律理论的西传，并日益产生出划时代的影响，"王子载堉"誉满欧洲。但具有讽刺意味的是：朱载堉和他的"新法密率"在其故乡中国却被束之高阁，落得个"诏付史馆，以备稽考"的命运，不仅没有及时产生积极的社会作用，而且一直遭到冷落和反对，以致使这位文化巨人被历史的尘埃埋没了四百年之久。这不能不说是一个值得深思的历史悲剧。

如今，到了拂去历史的尘埃，还这位科学和艺术巨星以本色的时候了。戴念祖先生的《朱载堉——明代的科学与艺术巨星》（以下简称《巨星》）一书正是这样一本拓荒之作。全书第一次以翔实的材料、科学的论证和生动的笔调介绍和论述了朱载堉的生平和成就，重现了一代巨星的固有光彩。

"伟大人物所处时代的一般性质对于伟大人物是种'实在的必然性'。"（普列汉诺夫语）朱载堉的生平和成就，同样是其时代政治经济文化发展综合作用（包括宗藩社会的直接影响）的产物。要认识他在人类科学文化史上的地位和作用，"抛开历史感的逻辑分析只能是概念的游戏"，是孤立而空洞的说教。作者有识于此，以开卷三章，概观了这个变动不居的大时代，缕述了这位王子的家世渊源，再现了他曲折的一生和等身的撰著，把一个清晰的时空轮廓展现在读者面前。16、17世纪是我国科学史上群星璀璨、成就辉煌的时代，一百年间，出现了五位科学巨人——李时珍、徐光启、徐霞客、宋应星、朱载堉，产生了相应的五部科学巨著，而朱载堉是其中一位注重实践、注重数理、独具特色的多才多艺的王子。

朱载堉是位大百科式的人物，他一生涉猎广阔，成就斐然，但又重心明确。正如他所自述的：以律历为"本原"，数理诸学则为"支派""羽翼"，有本有支，有理论也重实践，融通一体，浑然天成。《巨星》一书的主干部分，详细论证了朱载堉在创建十二平均律、乐器制造和古乐器考证、天文历法、数学、计量和物理学、音乐学、文学、舞蹈、绘画等领域的卓越贡献，使我们看到"科学家的冷静头脑和艺术家的入世激情在这位杰出人物的身上构成了不可思议的、相依并存的、和谐的统一体"（黄翔鹏序）。特别需要提出的是，作者关于朱载堉十二平均律的理论研究方面的诸多创见，除了对十二平均律的思想渊源和它在国内外的迥异反响的详尽描述外，该书的创见主要有以下三点：一是对中外瞩目而又颇有争议的十二平均律创建时间问题，在李纯一先生考证的基础上，做出了在 1581 年之前朱载堉已完成了十二平均律的理论和计算方法的全部工作的可靠的结论，纠正了传统的错误看法。二是作者深入研究《乐律全书》，认为朱载堉不仅提出和运用了十二平均律理论，而且利用自己在数理方法上的成果完成了"新法密率"的计算工作，澄清了西方学者所谓十二平均律计算原理的起源是模糊的，或朱载堉只是提出而计算之功则应该归于欧洲的说法。三是作者发微阐幽，以分析考证和合理构想相结合的办法，提出了十二平均律的西传线索，即以传教士为中介传播影响到西方，启发了默森等人的平均律理论。

思想和观念往往是行动的先导。朱载堉不但学识广博，而且思想敏锐。尽管作者未及系统地论述朱载堉的思想体系，但在其科学思想与方法（科学哲学）的探索上下了一番工夫，并力图揭示出朱载堉作为近代实践科学先驱的历史地位，这是应当肯定和发扬的。例如，朱载堉注重"数术音声"的"器"而反叛宋明理学空谈心性的"道"；"惟求实理，不事文饰"的近代科学精神；躬亲实践、追求精确的治学态度和方法；注重数学在自然科学中的地位和作用。这些都与中国古代的偏重实用、缺乏周密的理论分析和逻辑论证的学术传统具有不同的风格，带有明显的近代意义。

朱载堉研究在国内还是处女地，拓荒之作难免存有微瑕；况朱载堉作为一个百科型学者，自非一人一时之功所能会通。作者是搞自然科学的，因而在评述传主的历史背景、政治活动、思想倾向等方面尚不够得心应手。如对朱载堉所处时代的发展特点及与他的关系认识不够，甚至出现拿清代史料说明明代手工业发展的显误，关于朱载堉是封建社会和传统思想（尤指宋明理学）的叛逆者的观点亦大有商榷余地；此外对朱载堉科学和艺术成就分别论列，横向安排，不易凸现如前述及的朱载堉的自成体系的学术旨趣和格局，等等。

（本文原载《读书》1987 年第 7 期）

一本书的四百年
——《醉古堂剑扫》新校本序

当今读者,提起《小窗幽记》,可以说是天下谁人不识君;而说到《醉古堂剑扫》,则大多尚不识庐山真面目。乙未新年伊始,一则娱乐新闻将二者关系的旧案重提,引起了公众的关注。

"文青要提高,还得背《剑扫》"

这是《京华时报》2015 年 1 月 16 日一篇文章的标题。报道的是刚刚开通微博的王家卫导演 14 日首次做客微访谈,引经据典,出口成章,"墨镜王"一时变为"金句王",这场访谈也被誉为"史上最有逼格的微访谈"。

王导在访谈中用了六则格言警句:"[圣]人了了不知了,不知了了是了了,若知了了便不了。""花繁柳密处,拨得开才是手段;风狂雨急时,立得定方见脚跟。""难道我有意无意,却看他有情无情。""醉花宜昼,醉雪宜晚。""凡情留不尽之意则味深,凡言留不尽之意则致远。""语不可激,怒不可留。"记者搜出四则出自《醉古堂剑扫》,其实是全部。于是乎,一时网络、纸媒纷纷报道,谓膜拜墨镜王,不如熟读《剑扫》,《剑扫》一书迅速走红，被奉为"文青宝典"。

随后，在一些媒体的报道中，《醉古堂剑扫》又变成了《小窗幽记》，谓"小窗'犹记'，'宗师'附体"。一家品牌古籍出版社的社长称"朋友圈也被刷爆了"，该社的《小窗幽记》也卖得很火，编辑甚至称陆绍珩《醉古堂剑扫》与陈继儒《小窗幽记》是两本书，"但陆绍珩因已无名，故假托名重一时的陈继儒之名"。这样，关于两书关系的公案再次提了出来，媒体又发出了"究竟是一本书还是两本书"的疑问。

庐山真面

《醉古堂剑扫》十二卷，明陆绍珩选辑，天启四年（1624）松陵陆氏朱墨套印本。陆绍珩字湘客，松陵（今江苏苏州吴江区松陵街道）人，约生于万历三十三年（1605），其兄陆绍璘序称"弟生平无他好，惟嗜古人书，得其片语只字，会心处辄手录，珍玩沾沾，作数日喜，积而成帙"。天启甲子（1624）秋，年甫弱冠的陆绍珩赴金陵科考落第，与友人访古寻胜，见识世态人情，兴发苍茫感慨，于是拿出手录清言格语，检阅校雠，博观约取，部分类属，厘为醒、情、峭、灵、素、景、韵、奇、绮、豪、法、倩十二卷，卷各一类，类各有引，题曰剑扫，意为以笔为剑，"用浇胸中傀儡，一扫世态俗情"，于是年刊刻行世。前有任大冶《剑扫引》，陈国琦、汝调鼎、倪煌、何其孝题词，兄陆绍璘《剑扫引》，陆绍珩《自叙》，倪点《剑扫叙》，徐履吉题词，以及《参阅姓氏》《剑扫凡例》《剑扫采用书目》，后有朱鸿、屠嘉庆、顾廷拭跋语。

由此可知，《醉古堂剑扫》的成书过程分两个阶段：一为编者平素读书摘录古今嘉言词章，从《剑扫采用书目》看，上起《史记》《汉书》，下迄晚明时贤著述《闲情小品》，达五十种以上，正所谓集芳为美，万取一收。二为检校删改，分类编排，"主以独见，参之众裁"，成功地将寻常摘录笔记转换为陆氏一人之作，正合晚明竟陵派所谓的"合述作为一心，联古今为一人"的创作理念。

清言,是晚明新兴的一种小品文体,形式上短小精练,骈俪成文,自由活泼,隽永雅致,作者或拈出个人沉思偶得,或借取前人嘉言隽语,标举"清"的境界及其主体自由的追寻,"幅短而神遥,墨希而旨永","有法外法、味外味、韵外韵",表达晚明文人的人生理想、处世哲学、生活艺术和审美情趣。吕坤《呻吟语》和屠隆《娑罗馆清言》是晚明清言早期的代表作,前者有较多传统的政教关怀,关涉性命、伦理、世运、圣贤、治道、物理等命题,后者则集中于士人主体自由的体认,开启了后起清言的关怀方向。洪自诚《菜根谭》和陆绍珩《醉古堂剑扫》承继屠隆清言的路向,并由士人主体自由的追寻拓展到个人与社会群体、生存环境的互动,成为清言发展第二阶段的代表作。尤其是《醉古堂剑扫》广收博采,体量最巨,类分部属,从新结构,十二卷中,既有体察世态人情的入世进取,如卷一《醒》、卷三《峭》、卷八《奇》、卷十一《法》,也有赞叹名士风度、人生境界的处世姿态,如卷二《情》、卷九《绮》、卷十《豪》、卷十二《倩》,更有品赏天地灵气、方外之致的幽趣,如卷四《灵》、卷五《素》、卷六《景》、卷七《韵》,出入三教,"有治世法、有傲世法、有维世法、有出世法、有垂世法",体现了多重的人生境界,可以说是体道与审美的综合经验、晚明清言的集成之作。到清初张潮的《幽梦影》,则随着世风、学风、文风的转折,减却尘氛,游心闲赏,流于消极的应世之法,已是清言的流风余韵了。

入清以来,《醉古堂剑扫》未再刊刻行世。而在日本,则在江户后期开始刊行,多次重印,有常足斋藏本、崇兰馆藏本、星文堂刊本、文泉堂刊本、文荣堂刊本、嵩山堂刊本、竹苞书楼刊本等。1932年,周作人在名古屋购得嘉永六年(1853)刊本后题词说,该书与《菜根谭》同为人所爱诵,"但在中国则似久逸,素未闻有人说及也"。当代更有合山究、川种郎等日文译注本,依然被视为中国古典名著,受到读者的青睐。

假作真时

　　问世近四百年来，《醉古堂剑扫》之所以真本久湮，既有社会文化风气转向和以四库馆臣为代表的清代主流文化对晚明小品、晚明习气排拒的因素，更重要的是因为伪书泛滥，也就是《小窗幽记》的出现及其在当代的风行。

　　《小窗幽记》一书出现于乾隆三十五年（1770），扉页题"眉公陈先生辑""问心斋藏板"，目录首页题"云间陈继儒眉公手辑，古溪王绍曾西岩论定"，前有陈本敬《小窗幽记叙》，末署"乾隆三十五年岁次庚寅春月昌平陈本敬仲思氏书于聚星书院之谢青堂"，叙中明言刊刻者为许昌崔维东。陈本敬字仲思，直隶昌平人，翰林编修陈浩次子，乾隆二十五年（1760）进士，官翰林检讨，二十八年在翰詹考试中被定为四等，休致去官。聚星书院位于河南许昌，明代中叶知州邵宝建，清初废，乾隆六年（1741）知府董思恭重修。至于许昌崔维东，则生平不详。

　　对比《醉古堂剑扫》，《小窗幽记》正文分卷、类引，内容基本相同，只是删去了原书的序跋、题词、凡例、参阅姓氏和采用书目，删掉部分条目，更改条目顺序，改动个别字句，更改个别条目的分合，总的来说变动不大，而且变动效果不佳，甚至造成错讹。当然，更为严重的问题是作伪，一是伪托具有较大市场号召力的晚明山人陈眉公，二是将以笔为剑、一扫尘纷的"剑扫"改为幽处小窗、语带烟霞的"幽记"。通过查阅晚明文献，未有陈继儒编辑《小窗幽记》的信息，而《醉古堂剑扫》后附《参阅姓氏》中，陈继儒赫然居首，《采用书目》中也有《眉公秘笈》《岩栖幽事》，卷五更有"眉公居山中，有客问山中何景最奇"的条目，显然这又是晚明以降众多假冒眉公大名的伪书之一。至于前引某编辑所谓的陆绍珩主动假托陈继儒之名以及民国襟霞阁主人"提要"与《小窗清纪》等的类比，皆为信口雌黄，不足一辨。

　　尽管《小窗幽记》以新的面目出现，甚至将书中"我辈腹中之剑"

也改为"我辈腹中之气",将晚明文士体道与审美的综合经验更改为风花雪月的小品文集,但随着不久以后编修《四库全书》对陈继儒为代表的晚明习气的批评和世风之变,《小窗幽记》依然没有产生多大反响,直至清末未再重刊。民国以后,近代启蒙与新文学溯源,晚明小品再受追捧,1935年中央书店推出"国学珍本文库",所收《小窗幽记》标举"为陈眉公手录抄本",虽非乾隆本,内容却无差别,然其源流真相已鲜为人知了。改革开放以来,以《菜根谭》为代表的清言小品畅行一时。1991年,希望出版社出版了武杰评说的《白话小窗幽记》(仅收前四卷中的194则),此后《小窗幽记》伪书泛滥,转相传抄,随意删改,层出不穷,全本、节本、白话本、译注本、评点本、插图本,多达数十种。屈指可数的几种以《醉古堂剑扫》命名者,也都是以《小窗幽记》为底本整理的,包括岳麓书社"古人云丛书"中的《醉古堂剑扫》,既非原本,且多有删改,甚至将第十二卷全部舍弃。辽宁作者许贵文在博客中对二书关系作了考辨,对选文出处多所考证,但也基本未涉及二书的版本对勘,因此其成果依然《小窗幽记译注》的名义面世。

正本清源

  一本书的命运,折射出世风、学风和文风的时代变迁,也是观照出版历史流变的一个独特视角,可以作为个案分析的标本。

  作为一个出版人,笔者从二十多年前开始持续关注《醉古堂剑扫》与《小窗幽记》。1994年曾推出《白话醉古堂剑扫》选译本;1996年在《中华修身处世经典》下册《全本小窗幽记》前言中已明确辨析二者的关系;2005年在《小窗幽记》修订版(署名清风)前言中进一步申述这一观点。此后,一直在搜集海内外《醉古堂剑扫》各种藏本,加以校注,并一一考证一千六百余则的出处,这项工作目前尚在进行之中,有望取得突破性进展。有鉴于至今这一问题尚属疑案,决计先行整理出一个《醉古堂剑扫》白文本，以正本清源，给读者一个可靠的读本，然后在此基础上完成《醉古堂剑扫校注》，为这个近四百年来的公案画上一个圆满的句号。

本书的整理，以国家图书馆出版社 2013 年出版"原国立北平图书馆甲库善本丛书"所收《醉古堂剑扫》天启四年刻朱墨套印本为底本，以台湾"国家图书馆"和上海、苏州所藏原刊本以及日本刻本参校。甲库善本在抗战期间先转移至上海租界，继而寄存美国国会图书馆，后归台湾，丛书即以 20 世纪 40 年代美国国会图书馆所拍缩微胶卷为主影印。影印本《醉古堂剑扫》虽有个别顺序错乱，基本可展现原本真容。复旦大学图书馆所藏第五卷条目有所不同，老古文化事业公司影印日本嘉永六年本存在条目顺序差别和删节，基本属于同一版本系统。校勘过程中，个别明显错字、漏字径改，不出校记。书前书后的引、自叙、题词、跋语与《凡例》《参阅姓氏》《剑扫采用书目》悉数整理点校，另以日本刻本序跋以及陈本敬《小窗幽记叙》等，作为附录，供读者参考。

作为大陆第一个《醉古堂剑扫》整理本，我们期待着广大读者的检阅和批评。

（本文写于 2015 年 7 月）

《中原文献整理史稿》跋

"自古逢秋悲寂寥，我言秋日胜春朝。"己亥秋日，在新中国七十华诞的欢庆氛围当中，王钢兄的新著《中原文献整理史稿》杀青告竣，行将付梓，令人欣慰。通读之下，不忍释卷，应作者之嘱，聊述观感，附于骥尾。

王钢兄天纵逸才，出身于文化世家，徜徉于书海文府，与我亦师亦友之间。1988年，当我刚刚入行出版之际，他的大作《关汉卿研究资料汇考》已经问世，甚见功力，颇得时誉。随后《校订录鬼簿三种》《徐渭传》《中国戏曲史编年》（元明卷）、《全元曲》等相继推出，破格晋升研究员，无愧为我辈中州学人的翘楚。其后他又转入出版战线，成为我们河南出版业界的同道，主持策划出版了一大批优秀图书，尤其是较早地身体力行，致力于数字出版领域的探索，无愧为编辑出版行业的先进。近年来，在文化产业的改革发展中，他多年如一日，白天忙于出版经营管理，晚间则畅游书海，利用互联网联通无限的快捷与便利，"坐拥书城，秒杀万卷"，构建起自己的数字图书馆，致力于中原文献、历史影像的搜集整理与研究，无愧为中原文脉的传人。职此之故，梳理中原文脉传承，编撰《中原文献整理史稿》，王钢兄堪称上佳之选。

中原地区是中华文明的主要发祥地，秉河岳英灵，会八方风雨，自古为声灵赫濯之区、文物衣冠之薮。独特的自然与人文环境，铸就了精深博大、生生不息的中原文脉，形成了作为中华文化主干、主流、主线的中原文化，留下了积淀丰厚的物质文化遗产、非物质文化遗产和数以万计的记忆遗产或文献遗产，成为我们今天坚定文化自信、促进文化复兴的源头活水。遗憾的是，自靖康之变、宋室南渡，中原地区逐渐失却核心地位，加之屡遭兵燹、频罹灾伤，中原文化趋于式微，在清代以降的几次地方文献编纂整理出版热潮中，也没有大的作为。不仅浩如烟海的传统中原文献亟待系统搜集整理和保护利用，而且清末以来的报刊、档案及其他文献更需要抢救性保护，近百年来文物考古的丰富资源也有待集中呈现，因此实施中原文献整理出版工程，传承中原文脉，构筑文化高地，成为当代中原人义不容辞的历史使命。

可喜的是，继《中原文化大典》编纂出版之后，酝酿已久的"中原文库"出版工程即将正式启动。王钢兄的《中原文献整理史稿》在这一现实背景下面世，可谓适时之作。我们在规划"中原文库"的过程中，梳理一个世纪以来的中原文化研究著作，约略千种之多，然尚未有一种以中原文献整理史作为研究对象的专著，从这个意义上说，王钢兄的《中原文献整理史稿》堪称创体之作。细读其书，在广搜博采的基础上对明代、清代、民国以及新中国成立七十年来以纸本图籍为主的中原文献整理出版工作进行了深入细致的论述，发掘出许多鲜为人知的史料，讲述了不少生动感人的故事，总结了前辈学人的经验教训，也提出了新时代编纂整理出版中原文献的历史任务，允为翔实之作。

作为一个中原出版人，我曾经担任执行副总主编经历了《中原文化大典》编纂出版的始终，如今又恭逢"中原文库"编纂出版工程这件盛事，实为幸运！而能与王钢兄一道沉潜其中，切磋琢磨，如沐春风，更属人生乐事！故乐见其书之成，而大作又将由我曾长期供职的中州古籍出版社推出,作为建社四十周年的献礼,真乃可喜可贺!

是为跋。

(本文写于 2019 年 10 月 10 日。《中原文献整理史稿》,中州古籍出版社 2019 年 11 月版)

下卷 绿香满路

绮阴攒盖,灵草试旗。竹炉幽讨,松火怒飞。水交以淡,茗战而肥。绿香满路,永日忘归。

——[明]陈继儒

明代茶人群体①的形成及其特点

茶人一词的界定，古今见仁见智，众说纷纭。唐代陆龟蒙《茶人》诗描摹的是一个隐士的形象："天赋识灵草，自然钟野姿。闲来北山下，似与东风期。雨后探芳去，云间幽路危。唯应报春鸟，得共斯人知。"可谓夫子自况。明人陈绍英在《赠闵汶水》诗序中赞"汶水真茶人也，谛其品，亦曰人中之茶也"，则将茶品与人品相得、"素心"与"贵德"相应的"习领君子味"者称为茶人②，也就是具有君子人格的嗜茶人士。当代学者吴智和将其类化为"文人性格+欣慕茶事+闲适自娱+超轶世味等四个条件，也就是人格特质、兴趣取向、生活抉择、品位追求的综合反映"。③ 概括来说，茶人是文人阶层中的一支清流，他们以茶事作为日常生活的清课，融入其酬酢交游、艺文流连、器物玩赏、山水览胜的闲

---

① "群体"泛指不同个体以某种特征相互交往、结合而成的共同体。而"集团"则是为了一定的目的组织起来共同行动的团体。相对而言，"群体"的组织色彩略淡一些，更加符合茶人的群体特征。吴智和则借鉴郭绍虞《明代的文人集团》的说法，称之为"茶人集团"，见氏著《明代的茶人集团》等多篇学术论文及专著《明人饮茶生活文化》。
② 陈绍英：《五石居诗》卷一《司云草》，中国国家图书馆藏抄本。
③ 吴智和：《明人饮茶生活文化》，第209页，台北：明史研究小组，1996年。

适生涯当中，借助茶事来发挥其生活观、艺术观、人生观和价值观，形成一个超凡脱俗、出入三教、独抒性灵的文人群体。

茶人群体的形成与兴盛，从明代初期滥觞，中期形成，晚期大盛，一直持续到明末清初，虽以经济发展、文化繁荣的江南地区为中心，却不是一时一地的简单、涣散而短暂的文化现象，"而是呈显一种具有社会组织、集体意识、生活文化等时代风格的特征"，与明代社会与文化变迁息息相关，值得进行系统而深入的分析。

一、茶人群体形成的动因

茶人是从传统的文人士大夫阶层当中游离出来的一个群体，其中以诸生、布衣、山人等隐逸茶人为主体，包括澹泊于仕途或失意于政坛的科举人士等寄怀茶人，他们以茶事相尚、志同道契，将清静、澹泊、中和、性灵等文化理念融入焚香品茗、文艺鉴藏、山水酬游等生活之中。茶人群体的蔚然兴起，与明代政治、经济、社会变迁以及文化思潮、生活时尚均有密切的关联。

（一）科举仕途的竞争

明朝的一个典型的科名社会。从生员、举人到进士，进而成为官员，形成了所谓的士绅阶层或缙绅阶层。根据学者的新近研究成果，有明一代共取进士89榜、24599人。① 明代会试的录取比例为8%~10%，那么明代举人的数量在24.6万至30万之间。② 取得举人、进士功名出仕的官僚以及致仕的乡绅，是士绅的上层；而广大的生员秀才，或称青衿，是

---

① 郭培贵：《明代殿试榜数与进士数考辨》，《明清论丛》第七辑，北京：紫禁城出版社，2006年。
② 钱茂伟《国家、科举与社会——以明代为中心考察》认为明代会试的录取率在10%左右，乡试的录取率在4%左右，北京：国家图书馆出版社，2004年；郭培贵《明代科举各级考试的规模及其录取率》认为洪武至万历会试平均录取率为8.6%，《史学月刊》2006年第12期。

其中的下层。由于人口长期稳定的增长以及经济的发展和教育的普及，生员的数量已经由明初的6万多人，增加到明末的五六十万人。按顾炎武的估计，每县生员300名，全国生员总数达50万之多；据陈宝良的研究，明末地方儒学生员人数约在60万之上，占当时总人数的0.46%。[①]而据明人朱国祯估计，大县生员一二千人，小县七八百人，下县二三百人。宋应星也认为"大者已溢二千人矣"。侯方域更认为"今者大县之弟子，殆不下二千人，中小县亦各千余人"。可见生员已经成为一个庞大而独立的社会阶层，顾炎武《生员论》将其与乡宦、胥吏并列为病民的三种社会力量，费密《荒书》更称其为明季"五蠹"之一。若以儒童（童子、童生）岁试、科试进学为生员的比例为5%计算，那么全国童生的数量当为1200万人。然而每三年一次的开科取士，录取的名额有限，百分之六七十的生员终其一生不可能更上一层楼，造成了大量文士赋闲在乡的现象。一代代学子年复一年，浸淫制艺，然龙门难登，科甲无望，以山人、处士、布衣终身者为数甚巨，成为游离、失志于民间的文人阶层。加之商品经济的繁荣、奢侈性消费成为时尚、市民文学的兴盛和文化艺术市场的逐步成熟，整个社会精神文化需要空前提高，为茶文化的发展和以文谋生开辟了潜力巨大的社会空间。明代为数不少的茶人，都是科场的失意者，如田艺蘅"自庚子抵辛酉，凡七举不第矣"，何良俊也曾七次参加乡试，王宠八次，文征明九次，蔡羽甚至十四次皆挫，虽然他们后来以贡生、监生身份进入官场，但很快就感到味同嚼蜡，纷纷赋归以去，甘心田园生活。至于著名茶人陈继儒，"年甫二十九，取儒衣冠焚弃之，隐居昆山之阳"，以布衣终身而享盛名于天下。茶人王寅，字仲房，号十岳山人，"不喜举子业"，"弃诸生籍"，周游四方名山，访求异人，品茗学禅。如此事例，不胜枚举，形成一种浓厚的社会氛围。

明代封建官场积习甚重，中后期朋党之争由来已久，廉介清流、正

[①] 陈宝良《明代地方儒学生员数蠡测》，《顾诚先生纪念暨明清史研究文集》，第109—138页，郑州：中州古籍出版社，2005年。

直敢言之士多不容于当时，通过科举、学校以进士、举人或其他途径进入官场的文人生存环境同样竞争激烈，波诡云谲，充满风险和挑战。著名茶人冯梦祯曾是万历五年丁丑科会试第一名（会元），官至南京国子监祭酒，然因中蜚语归，罢居林下四十年，以品茶鉴水、书画鉴藏、著书参禅为事，成为当时茶人中的核心人物之一。他的同科进士屠隆更是文采风流，从政绩突出的青浦知县任上升入礼部不久，便因纵情诗酒被弹劾罢职，终身以文为生，成就文坛一翘楚，也是茶界一祭酒。还有他的同乡后学李日华，进士中式后进入仕途，曾辞官乡居二十年；六十岁后再入官场，以太仆寺少卿罢归；工书画，精鉴赏，与董其昌、王惟俭并称三大博物君子，也是走茶运水、博通茶道的著名茶人，有《竹懒茶衡》《运泉约》等茶书行世。

这样，一大批失意于科场、灰心于仕途的文人，正当盛年，本身多为饱学之士、风雅词客，他们将品茶作为其闲适生活的寄托、文化活动的媒介，从而成为以品茶为标识的一个时代生活文化的典范。袁宏道"少有茶癖，又性不嗜酒，用是得专其嗜于茶"，其《惠山后记》载："一日，携天池斗品，偕数友汲泉试茶于此。一友突然问曰：'公今解官，亦有何愿？'余曰：'愿得惠山为汤沐，益以顾渚、天池、虎丘、罗岕，陆、蔡诸公供事其中，余辈披缁衣老焉，胜于酒泉醉乡诸公子远矣。'"① 中郎不仅专于嗜茶，简直要将品茶作为其余生的生涯规划了！

（二）山人隐逸的风尚

"古之君子，非显即隐。"出仕与隐逸，本身是一个古老的人生命题。只是到了明代，由于科举制度和经济发展等结构性因素，才使得这个问题更具普遍性意义。如上所述，明代文人阶层面临着处世与出世、入仕与隐逸的困惑与抉择，其结果自然是无奈的山人隐逸之成为风尚。正如四库馆臣所谓："有明中叶以后，山人墨客标榜成风，稍能书画诗文者，下则厕

---

① 钱伯城：《袁宏道集校笺》卷十《解脱集之三·惠山后记》，第420页，上海古籍出版社，1981年。

食客之班，上则饰隐君之号，借士大夫以为利，士大夫亦借以为名，观于是集，可以见当时风气矣。"①晚明"山人遍天下"，有所谓娱乐型山人、政治型山人和游食型山人之分，其中既包括又不限于传统意义上的隐逸之士，而是"无位者之通称"，其中既有未曾出仕的所谓处士、布衣，也有失意隐逸的乡绅，还有投身艺术的文人、游食四方的幕客、"贾而好儒"的富商等。他们是晚明时期主要的知识生产者和文化消费者，也是晚明奢靡而精致的生活风尚的倡导者和践行者。

晚明山人隐逸之风盛行，也引发人们对于隐逸的探讨，呈现出多元化的隐逸观。如袁宗道认为隐者有清浊、动静、贫富之别，故有隐之清者、隐之浊者、隐之静者、隐之动者、隐之富者、隐之穷者。他还有诗歌咏其仕隐矛盾的心态："为白非所望，为陶谅难堪。揣分得所处，将处陶白间。"陈槐则分为天隐、地隐、人隐、名隐、大隐、中隐、小隐、充隐、通隐九类。另外还有身隐（迹隐）与心隐（道隐）之辨，小隐与大隐之别，亦有关于时隐、市隐、山隐、吏隐、商隐、侠隐、农隐、色隐、醉隐、茶隐等的讨论，更有"藏出世于经世"的出处合一论、出处得中说。

晚明山人、隐士的标志性人物陈继儒在《茶董序》中写道："热肠如沸，茶不胜酒；幽韵如云，酒不胜茶。酒类侠，茶类隐，酒固道广，茶亦德素。"在茶酒对比中提出了茶与隐逸这个命题。茶的本性与隐逸的属性非常契合，"惟山居逸人乃当作之"，饮茶适宜幽人韵士、衲子仙朋，茶文化也"流传于高流隐逸、有烟霞泉石磊块胸次者"，于是有所谓以茶为隐即茶隐、茗隐。如钱谦益《茶供说》有"娄江逸人朱汝圭精于茶事，将以茶隐"的记载；阮大铖《过闵汶水茗饮》有"茗隐从知岁月深，幽人斗室即孤岑"之说。茶隐之中，既有以德行、才艺表率一时的文坛巨子，如苏州文人集团的领袖沈周、文征明；更多的则是煮茗焚香、以茶为寄托的隐逸茶人，如松泉斋的吴弈、醉茗庐的王涞、茶梦阁的姚咨，以及号称春波懒渔的

---

① 《四库全书总目提要》卷一百八十《集部·别集类存目七·牒草》，第4875页，石家庄：河北人民出版社，2000年。

张志远、岣嵝山人的李元昭、心远居士的吴大本等。正是这样一大批以山人隐逸为主体的隐逸茶人，与仕宦退归的寄怀茶人一道，鼓荡起具有时代格调的饮茶生活文化，并对于推动整个社会的饮茶文化发挥了标杆和示范作用。

（三）生活文化的转向

在愈演愈烈的商品经济大潮冲击下，明代社会风气与文化生活的变迁，经历了由明初的"俭朴敦厚""贵贱有等"，到明代中期的由俭入奢、"敦厚之风少衰"，演变为晚明的"华侈相高""僭越违式"，"人情以放荡为快，世风以侈靡相高"。与此相应，学术思想上是慕奇好异，文学艺术上是异调新声，文化消费上则是所谓的"长物之好"。

文震亨《长物志》就是这一观物、用物、体物的集成之作。伍绍棠跋云："有明中叶，天下承平，士大夫以儒雅相尚。若评书、品画、瀹茗、焚香、弹琴、选石等事，无一不精。而当时骚人墨客，亦皆工鉴别，善品题，玉敦珠盘，辉映坛坫。若启美此书，亦庶几卓卓可传者；盖贵介风流，雅人深致，均于此见之。"张应文《清秘藏》自序云："嘉靖、万历间，吴中有隐君子焉。……斋居宴坐，爇博山炉，烹石鼎，陈国史，列尊罍，著书谈道，吟诗拓帖，甚适也。"从而在富贵之外，另辟出闲雅的生活空间，建构起一种生活文化的价值和意义。陆绍珩《醉古堂剑扫》所谓："净几明窗，一轴画，一囊琴，一只鹤，一瓯茶，一炉香，一部法帖；小园幽径，几丛花，几群鸟，几区亭，几拳石，几池水，几片闲云。"又如陈继儒《岩栖幽事》所谓："香令人幽，酒令人远，茶令人爽，琴令人寂，棋令人闲，剑令人侠，杖令人轻，麈令人雅，月令人清，竹令人冷，花令人韵，石令人隽，雪令人旷，僧令人谈，蒲团令人野，美人令人怜，山水令人奇，书史令人博，金石鼎彝令人古。"其中，又以啜茗焚香最为要用，"幽人清课，讵但啜茗焚香；雅士高盟，不在题诗挥翰"。

晚明生活文化的转向，恒以江南地区尤其是苏州一府为首区，也就是时人所谓的"苏意""苏样"，用今天的话讲就是苏州范。这种文人阶层倡导的雅致生活文化，内涵颇广，集文学、美术、音律、戏曲、金石、骨董、版刻、园林建筑、饮食服饰、游艺博弈、焚香啜茗、参禅修道等于一体，兼有形而上之道与形而下的器，包括隐的人生态度、闲的生活理念和雅的生活形式、乐的感官体验，组成特定的文人生活文化形态，作为文人墨客、山人隐逸的所谓"清课"，成为文人借以自我标榜、相互认同的一种生命情调和生活方式。①

（四）诗文结社的风行

明代文人结社是一个突出的文化现象，也是文人群体形成和发展的重要体现。有明一代，文人结社空前兴盛，社事数量之多、规模之巨、种类之繁为历代所仅见。根据学界的最新研究，见诸文献记载的多达930家，实际数量当在千数以上。②其规模也从前期的几人、十几人，到晚明时期多达几十人、上百人，复社大会更达数千人之众。其内涵也非常丰富，以赋诗、研文为主，兼有讲学、参禅、冶游、宴饮、清谈，乃至弹琴、赏曲、狎妓之类，甚至有餐荔会、品蟹会、斗鸡社、怒飞社（放鸽）等，五花八门，形成一种社会风尚。

作为一种社会文化现象，结社之风与当时政治、经济、思想乃至文化生活消费密切相关，而且随着社会的变迁经历了一个从滥觞、初兴到高潮的发展历程。谢国桢较早研究明清之际的党社运动，将嘉靖以至清初的文人结社活动分为以文会友、政治运动、社会革命运动三个时期。郭绍虞《明代的文人集团》则着眼于整个明代，划分为洪武至景泰年间的"兴趣的结合"，天顺至万历年间的"主张的结合"，以及启祯时期的"政治的结合"三个时期。近年来何宗美、李玉栓的研究，分为四个时期，

---

① 王鸿泰：《闲情雅致——明清间文人的生活经营与品赏文化》，《故宫学术季刊》第 22 卷 1 期，2004 年。
② 李玉栓：《明代文人结社考》，北京：中华书局，2013 年。

虽略有不同，大体上都是明代前期、中期、后期和南明。① 无论如何分期，明代文人结社之风在中期以后逐步兴盛、晚期形成高潮则是没有疑义的。其中既有江南经济繁荣的背景，也有文人群体急剧增长的基础，更有三教融合、心学炽盛、思想解放的因素，奢侈性、文化性品质消费崛起的影响，是晚明社会文化近代化的重要表征，也是我们认识有明一代文学与文化的一种重要视角。

结社集会是明代文人群体共识同趣的行为标志，而饮茶则是他们吟诗论文、酬酢交游的一种重要媒介，也是他们区隔雅俗的一个重要条件。正如李日华所谓："茶以芳冽洗神，非读书谈道，不宜亵用。然非真正契道之士，茶之韵味，亦未宜评量。"② 亦如谢肇淛所谓："吾辈纵极高雅，一入公门，说公事，便觉带几分俗恶；纵极鄙俗，一入佛寺，看经啜茶，便觉有几分幽致。士大夫不可不存此想也。"③

（五）名茶纷呈的条件

随着明代制茶和品饮方式的转型，散茶生产呈现出名品纷呈的局面。其中除了川陕的边茶，内地茶则以江南地区为中心，而且由于文人、僧家介入茶叶生产研发、品评推广，使得江南名茶日益走向精致化、极品化。高濂《遵生八笺》谓："若近时虎丘山茶，亦可称奇，惜不多得。若天池茶，在谷雨前收细芽，炒得法者，青翠芳馨，嗅亦解渴。若真岕茶，其价甚重，两倍天池，惜乎难得，须用自己令人采收方妙。又如浙之六安，茶品亦精，但不善炒，不能发香而色苦，茶之本性实佳。如杭之龙泓茶，真者天池不能及也。"他还比喻岕茶如名士、武夷如高士、六安如野士，誉为岁寒之交的茶中三士。当然，还有名重士林的松萝茶、阳羡茶等，都是经过文人

---

① 谢国桢：《明清之际党社运动考》，北京：中华书局，1982 年；郭绍虞：《明代的文人集团》，《照隅室古典文学论集》上编，上海：上海古籍出版社，1983 年；何宗美：《明末清初文人结社研究》，天津：南开大学出版社，2003 年；李玉栓：《明代文人结社考》，北京：中华书局，2013 年。
② 李日华：《六研斋笔记》卷一。
③ 谢肇淛：《五杂俎》卷八《人部四》。

的参与,使其真茶虽产量有限,却工艺繁复,炒制得法,定位上品,价位高昂,很多都是文人与当地茶人联手采制、专门供应或茶友馈赠,形成所谓的文人茶,与一般消渴为主的庶民茶迥然有别。文人茶从研发、生产、品评到消费的品牌化过程,为茶人群体的形成创造了基本条件。

二、茶人群体形成的时空分析

从纵向的历史源流来看,茶人群体滥觞于明代前期,形成于明代中期,而繁荣于明代晚期;而从横向的地域布局来看,茶人群体以江南地区为中心,波及福建、江西、湖广乃至川陕及北方广大地区,呈现出鲜明的时空分布特点。

(一)时间:茶人群体形成的历史轨迹

1. 初明滥觞。一般而言,明代茶人群体是从明代中期开始出现并逐步形成的。吴智和《明人饮茶生活文化》一书就是从《中明饮茶生活综述》写起的。其实,正如任何事物的出现都渊源有自一样,明代前期的茶人群体活动亦有可以称述的历史渊源,不妨视为明代茶人群体的滥觞。最为突出的就是无锡惠山听松庵的竹炉清吟和竹炉雅集。听松庵竹炉故事,可以说是明代文人茶事或言明代烹茶道的肇始。洪武年间,真公性海(鉴圆)"卓锡于惠山之阳,山之泉甘美闻天下,日汲泉试茗以自怡"。二十八年乙亥,委托湖州竹工制竹茶炉,与王绂、潘克诚三士(开士、儒士、医士)"远追桑苎之风,近葺香山之社","瀹茗试泉,颇多逸致"。王绂所画《三士图》,展现的正是三人在听松庵竹炉瀹茗的雅集行乐之象。王绂绘画《竹炉煮茶图》,并题《竹炉诗》云:"僧馆高僧事事幽,竹编茶具瀹清流。气蒸阳羡三春雨,声带湘江两岸秋。玉臼夜敲苍雪冷,翠瓶清引碧石稠。禅翁托此重开社,若个知心是赵州。"同时遍邀海内名家题诗作文,包括王达、陶振、谢常、韩弈等,然后请人将十余首(篇)竹茶炉诗文书写于王绂的画作之上,装裱成卷。这是惠山听松庵竹茶炉史上第一次主题活动,称为"竹炉清吟"。后来真公移杖虎丘,弟子祖公韶石禅师"践席惠山,复能振起宗风,远近向慕,而徒侣云集第二泉,幸不落寞"。永乐年间又有听松庵雅集和诗文吟咏之会。此后,成化、正德、嘉靖年间以至清代,竹炉瀹茗,风雅不绝。明初贝琼(1315—1379)《茶屋记》载:"携李屠生兼善,颜其游息之所曰茶屋。盖兼善嗜茶,尤善烹茶之法,凡茶之产于名山,若吴之阳羡、越之日铸、闽之武夷者,收而贮之屋中。客至辄汲泉烹茗以奉客,与之剧谈终日,不待郏莒之会焉。"[1] 亦可为明初茶人生活的一个生动写照。另,明太祖驸马都尉王宁,号清真道人,成祖时封永春侯,能诗嗜茶,结交方外淄流,与姚广孝、释南洲结成斗茶会。至于宁王朱权及其《茶谱》,在茶史上占有重要位置,其饮茶生活虽缺乏详细记载,但《茶谱序》中的"举白眼而望青天,汲清泉而烹活火"的"林下一家生活",以及开篇所谓"或会于泉石之间,或处于松竹之下,或对皓月清风,或坐明窗静牖,乃与客清谈款话,探玄虚而参造化,清心神而出尘表",堪称对文人饮茶生活的精到概括。

值得说明的是,一般认为元代"九儒十丐",文人地位低下,其实从元末明初的诗文来看,元代江南士大夫过着相当悠游奢华的生活,元末张士诚政权又重用江南文人,所以他们依然保留了宋代士大夫阶层的生活遗韵。就饮茶生活而言,上面所举的几个例证,就带有一定的典型性。只是其中既有贵族、官宦,也有僧人、处士,作为一个社会群体的茶人尚未形成,这与明代士大夫阶层逐步向知识人群体转变的进程是一致的。

2. 中明形成。随着社会经济的恢复与发展、人口的激增、教育的普及以及与之相应的科举竞争的加剧,通过科举进入仕途的比例越来越低,自明代中叶开始,文人阶层加速扩大和分化,经历着从"士大夫"向"知识人"、"士大夫社会"(或称"科名社会""科举社会")向"知识人社会"的历史转型。所谓"知识人",不再仅限于具有科名的读书人或称士大

---

[1] 贝琼:《清江贝先生集》卷一。

夫，而是包括掌握各类知识的群体，诸如布衣文人、僧道、方士、商贾、工匠以及女性等，而茶人群体正是在这一背景下逐步形成的。成化之前，徐有贞等人的结社雅集，还是以退归林下的士大夫为主，可以作为茶人群体的先导。成化、弘治之后，天下承平，物力渐舒，吴中地区人文荟萃，好古博雅、隐逸之士以沈周为首，逐步形成汲泉烹茗的茶会之风。此后以文征明为代表人物，将饮茶融入其退守恬淡、向往性灵、安身立命的生活文化之中，确立起茶人群体的主流取向和时代共识。《戒庵老人漫笔》的作者李诩借用元代赵孟頫《真率斋铭》，书写下来悬挂于其真率窝中，颇能表达茶人群体的这种旨趣："吾斋之中，弗尚虚礼，不迎客来，不送客去。宾主无间，坐列无序，真率为约，简素为具。有酒且酌，无酒且止，清茶一杯，好香一炷，闲谈古今，静玩山水。不言是非，不论官府，行立坐卧，忘形适趣，冷淡家风，林泉清致。道义之交，如斯而已。"[①]

沈周竹巢会茶、朱存理松下清言，堪称此一阶段居家园庭饮茶性灵生活模式的典范。其茶人群体中又有王守、王宠、王涞、吴奕等精通煎茶之法的茶艺高手，相互影响，渐成风气。徐复祚《花当阁丛谈》记载的桑琳和孙七政也颇有典型意义。桑琳即江南狂士桑悦之父，"性恬澹，读书好古，耽吟咏。……结庐虞山下，山光湖色，日映几席间。视其中，薰炉、茶鼎、蒲团、麈尾，种种潇洒。有客过从，则打渔鼓、吹紫竹，笑语相应，出入于青松白石间，大都白玉蟾之流也"。孙七政字斋之，号沧浪生，其西爽楼、清晖堂收藏图籍、古物、金石、名画，称一时之盛，其人"有茶癖，又有洁癖"，家有园池，日与四方词客焚香品茗，赋诗宴赏。徐复祚说他不及见桑琳，然"不胜景星庆云之思"，"若孙先生则与先君子交特厚，余犹得时时侍杯茗"，"风流雅致，裘帽翩翩，望而知非尘寰中人"。孙氏有《松韵堂集》十二卷，曾为《茶数》作序，并与郭次甫等茶人多有交往。蔡羽《事茗说》所记载的南濠（苏州阊门外）陈朝爵是

---

① 李诩：《戒庵老人漫笔》卷五《真率铭》，第169页，北京：中华书局，1982年。

一位以茶为性命的茶人典范："性嗜茗，日以为事。居之必洁厥室，水必洁厥品，器必致厥磨琢。非其人不得预其茗，以其茗事其人。虽有千金之货、缓急之征，必坐而忘去。客之与厥事、获厥趣者，虽有千金之邀、兼程之约，亦必坐而忘去，故朝爵竟以事茗著于吴。"如果不得其人，就"孤居深扃，名香净几，以茗自陶，志虑日美"。①既把饮茶作为个人适志养心、安身立命的修习之法，同时也作为人际往来、类分群聚的判断标准和基本规范。

艺文酬酢、器物玩赏是茶人群体饮茶性灵生活的又一表现形式。茶人相聚，赋诗论文为主，辅以琴棋书画，在闲适生涯中寄托其性情和志趣。茶人吴奕（字嗣业，吴宽之侄，东庄十友之一）工诗善书，"其煮茶爇香之法，吴僧无不传，咸谓之茶香先生"，"开影翠轩，筑紫筠亭，日招致高人。高人至，不谢而入，坐定饮茶赋诗，复不谢而去，炎热者不得间焉"，以至于"堂无虚席"。又如处士周铎，"晚岁筑书屋于西溪，而环以竹桧，日徜徉其间。客至则焚香煮茗，治具相饮，壶弈觞咏以为乐，虽久而弗厌也。室中所蓄，惟经史子集及百氏之书"。归有光与好友沈贞甫时相过从，"以文字往来无虚日"，每过其精庐，"啜茗论文，或至竟日"。昆山俞允文也是"焚香啜茗，竟日谈笑无凡语"。最具代表性的例证，是隆庆三年（1569）上巳日名士欧大任等在广陵（今江苏扬州）禅智寺举行的修禊之会："楼台皆在烟雨中，景最奇绝。[周]汝言伸纸作画，诸君临坐水槛，相与被衣起，而或巾，或衲，或屦，或筇；或焚香，或瀹茗，或较弈，或鼓琴；或对花而歌，或展卷而诵，或流羽觞，或持石铫；或二人共浮一人，或三人共嚼一斗。欢饮无算，于是各赋五言律一首。诗既成，步过法海寺少憩，又各赋一绝句，沿流而归。"欧氏为作《上巳禊游记》，认为"斯游山川之胜、宾客之盛不减于会稽、洛水也。且东西南北之远，偶合雅游，出处长幼之殊，共秉微尚。其诗虽一时之作，皆华而有质，乐不忘规，亦足以黼黻太平，笙簧幽境

---

① 蔡羽：《林屋集》卷十六《事茗说》，中华再造善本，北京：国家图书馆出版社，2010年。

矣"。① 至于器物清赏，更为中晚明文人时尚潮流，举凡法书名画、金石鼎彝、陶瓷玉器、文房清供等，皆以古为美，以精为雅。如苏州茶人群体的史鉴、沈周子维时以及无锡华氏的华叔阳等，都是江南器物玩赏名家。文徵明《真赏斋铭》和《真赏斋图》的主人华夏，也是"室庐靓深，皮藏精好"，"宴谈之余，焚香设茗，手发所藏，玉轴锦幖，烂然溢目"。当然，"书斋雅供，茶具为先"，直接和茶器品赏有关的，还是无锡惠山寺听松庵的竹炉雅集。明代中期约有三次，一是成化十二年秦夔及其碧山吟社社友为复竹茶炉而进行的活动，二是成化十九年盛颙、盛虞叔侄组织的仿制竹茶炉的雅集，三是正德四年唐寅、祝允明书画合璧的画竹茶炉雅集。与听松庵竹炉齐名的另一件茗器，是王宠、王守兄弟宝藏的茶鼎，史载为洪武年间狮林寺僧所造，与宋代蔡襄的建盏同传于世。茶人蔡羽为撰《茶鼎记》谓："王子履约、履吉氏，王子方以文章显名，而酷好饮茶。其暖茗藏器，别为斗室，淘煮、火功、断汤、反釜，多不拘陆羽所传。特出新意，融通其法，而色香滋味，近年无有及者。余尝与王子游金陵憩石湖，恒奇其善茗，访之，笑而不答。丁丑十一月，余病烦壅弥月，忽自林屋入吴城，过王子观其煮茶，再饮而烦涤。用是知王子敏于为文，尝有渴思，留意于茗，厥功不细。"而且总结吴中擅长茶事的王涞、吴奕，其烹茶之法皆出于王氏兄弟之下，很大程度上要归功于茶鼎。②

至于山水览胜的饮茶性灵生活模式，在明代中期以来的山水游记作品中也多了起来。文人喜游历，江湖览胜，汲泉瀹茗，或与僧道往来，品茶清话，成为一种普遍的现象。如成化六年（1470）春，何乔新宦游福州鼓山，"寺僧亦汲泉瀹茗以饮客"。苏州都穆游华山，道士"持茗来献"；游灵谷，"方丈僧侑以香茗，兼出棋娱客，尘襟洒然"。薛应旂与唐顺之同游武进天宁寺，赋诗云："十年朝市逐人登，今日相看白塔僧。石鼎香

---

① 欧大任：《欧虞部集》文集卷八《上巳禊游记》。
② 蔡羽：《林屋集》卷十四《茶鼎记》，中华再造善本，北京：国家图书馆出版社，2010年。

消红火活,竹炉茶沸翠云蒸。雨花满座蒲团静,过羽飞空锡杖腾。可笑黄粱炊未熟,不知尘梦醒未曾。"文人的游兴、诗情和茶趣,借助这些诗文表达出来,为我们呈现出明代茶人群体的休闲生活文化状态。

3. 晚明大盛。嘉靖、隆庆以降,商品经济持续繁荣,社会消费日益增长,文权下移,思想解放,文艺活跃,生活奢靡,整个社会呈现出近代化的趋势。在这样的背景之下,罗岕、松萝等名茶不断涌现,宜兴紫砂等茗器广受推崇;《茶疏》《茶说》《茶录》《茗笈》等茶书陆续成书和刊行,形成热潮;文人结社活动盛况空前,茶人群体不断扩大,以品茗、焚香、清赏为基调的闲隐生活优雅雍容,成为士林风气和社会时尚。正如明末清初孙枝蔚所云,当时的名士,即使贫者亦"必焚香,必啜茗,必置玩好,必交游尽贵者也"。谢肇淛论茶亦曰:"茶之于人,功力最巨。无论其品色、香味为大雅所宜,即益精神、消壅滞,亦服食家之所不废也。"

居家园庭的饮茶活动已成为茶人群体的生活常态。茶人往往于园庭中设置茶寮、茶灶,"凡瓢汲、罂注、濯沸之具咸庀",还要有通晓茗事的童子佐助,或潇然独酌,或对客清谈,从而获得心灵的安顿和心志的表达。如费元禄于其甲秀园中"隙地构一小馆,颜曰晁采,清闳幽迥,差足自适……几一琴,香一鼎,竹炉、茶灶一具","暇日啸咏其间,无俗客尘事之累。当是震旦净土,人世月丘"。① 上元(今南京市)盛时泰,"每日早起,坐苍润轩,或改两京赋,或完诗文之债,命童子焚香煮茗待客者。客至,洒笔以成,酣歌和墨,以藉谈笑"。徽州收藏家程季白"从京口溯钱塘,旁及淞泖、苕霅五六百里"间选择秀水建立白苎草堂,"炼珍有厨,勘茶有寮,晒书有台,鸣琴有馆",雅倩宏谧,成为其交结四方贤豪墨客茶友的所在。著名刻书家、梅颠道人周履靖有梅花庵,"宅有一轩,颜曰闲云馆。左图右史,茗碗薰炉,杂贮牺尊宝鼎、云罍龙螭诸古玩。性好临书哦句,晴窗拂几研讨";又有别业梅墟书屋,"构数椽为书

---

① 费元禄:《晁采馆清课》,《四库全书存目丛书》第118册,济南:齐鲁书社,1995年。

屋，列槿为墉，编竹为屏，绕垣皆梅"，"客善诗者，匡坐氍毹，分韵刻烛，或拨篢燃炉，或瀹雪烹茗，未有不得意去也"。① 祁彪佳精心构建的寓山园林，有四十八景，其中寓山草堂中设"髹几竹榻、茶灶酒枪"，以此娱客；同时有茶坞，"极宜种茶"，有僧无公采制，"寒香特异"。"他日汲沁月泉，闲啜于长松下，趣亦不恶。"

茶人蝉脱尘俗、快心娱志、畅怀冲襟，莫过于走向大自然、徜徉溪山林泉之间。而与霞外清音、幽绝景色最为相宜的，就要数清心悦神的茶了。游心物外、清恬闲旷的心境，正是山水览胜的饮茶生活的本心。松江茶人宋彦"山房夜坐，遣人携瓶汲宝藏泉，归瀹松萝茗。雪涛初泻，碧绡破剪，满室作九畹香气，恨无人共赏。适小童在都城来，携仲含柬至，中云二十二三当访余于山中。览之喜甚，回还复阅，啖至七碗乃罢"，表达的就是这样一种心境。费元禄的晁采馆临近湖水，置舟二，一以淡胜，一以浓胜，出行时"惟携笔床、茶灶"。"偶忆如白水山房，得见世外佳景。是时，春雪稍霁，庭敞积素，行眠低地，山白排云。水压平桥，水流半咽。万树梅飞，幽香自媚。方啜茗破寒，消摇阁道。即未能幽冷摄心，颇觉清凉入脾，足洗胸中柴棘"。冯梦祯、李日华、祁彪佳等茶人性喜山水，日记中留下许多探访名山、名泉并品茗的记录。公安派三袁兄弟的游记小品中，也不乏"茵花啜茗，欢笑移事""携天池斗品，偕数友汲泉试茶""各啜一杯，荡舟浩歌而返"之类的纪事。

至于器物品赏、艺文流连的饮茶生活，更是晚明茶人生活模式的主体。晚明鉴藏之风大盛，而著名的鉴赏家像陈继儒、李日华、冯梦祯、董其昌、项元汴等，几乎都是资深茶人，他们也都把器物玩赏与茶事活动合二为一。陈继儒《岩栖幽事》云："三月茶笋初肥，梅风未困；九月莼鲈正美，秋酒新香。胜客晴窗，出古人法书名画，焚香评赏，无过此时。"董其昌的书画题跋，也往往是"晴窗啜新茗重题"。李日华在《题祝枝山字卷》说

---

① 周履靖：《梅坞贻琼》卷五，屠隆《梅花庵记》，严绍峰《梅墟书屋记》，夷门广牍本。

他收藏祝允明书法，后多文征明、唐寅等题跋，"每饱饭后，泼茶炷香恣玩，得趣必狂叫而后已"。其《草汀盛隐君传》中记载盛龙升慕古天随生之风，自号草汀主人、杞菊老人，探历岩洞，访名衲谈禅，"品说书画，疏泉斗茗"。"每休沐归，则闭门却扫，焚香默坐，摩挲古墨鼎彝以自愉快"，"君性简质而有奇思，见古文奇迹，宝玩尤物，辄能定其甲乙，或满座欢哗聚讼，君初不言，已复淡然出数语，极中窾会，故挟珍者雅服君善鉴，而袭燕石者或目摄君，顾君直任其衡，无所低昂，其间人弗能难也"。《春门徐隐君传》中记载徐弘泽，字润卿，"乃绝意进取，日翻庄老，哦陶杜诗自适。产不及中人，亦时采计然什一以佐釜庾。日中既罢，则下帘闭肆，洁一室，炉薰茗碗，萧然山泽之癯也。性嗜法书名画，评赏临摹，日无虚晷，亦时损匕箸购藏一二佳者，务悦其意，不以夸客射赀也"。①盛、徐二位隐逸茶人堪称嗜茶与品物相结合的典范。晚明器物玩赏与茶事相结合的典型例证，当属宜兴紫砂。袁宏道《瓶花斋杂录》云："近日小技著名者尤多，然皆吴人。瓦瓶如龚春、时大彬，价至二三千钱。龚春尤称难得，黄质而腻，光华若玉。……一时好事家争购之，如恐不及。其事皆始于吴中，狷子转相售受，以欺富人公子，动得重资，浸淫至士大夫间，遂以成风。然其器实精良，他工不及，其得名不虚也。"时大彬与陈继儒、王鉴、王时敏等名士交往，并接受他们的建议改制小壶，流行一时。葛应秋《瓦壶记》写他家藏大彬壶，饮茶日用，抚摩既久，莹如玉，光如鉴，"若乃山斋独处，抱膝吟馀，棐几藤床，楮围竹椅，端石博山，牙签篆幅，及其槛外素葩，园中绿竹，迫则生色纸窗，远亦射影圭宝，重复玲珑，宛转了发，小中现大，真禅家所称壶天耶"！②

"今之为诗者，非悬令甲，非本性情，率为酬也游也。"到了晚明，

---

① 李日华：《恬致堂集》卷三十七，第1339页；卷二十四，第924—925，932页，上海：上海古籍出版社，2012年。
② 葛应秋：《石丈斋集》卷二，《四库未收书辑刊》第6辑第23册，第61页，北京：北京出版社，1997年。

诗文结社、往来酬酢的风气是文人交游的基本手段，甚至成为取得士人群体认同、树立各自声望位阶的必备条件。我们从晚明文集中大量的茶事诗文中，不难看出饮茶与艺文活动的密切关联。最为典型的是钟惺与徐波《茶讯诗》的故事：竟陵派作家钟惺与苏州后学徐波因买茶而结诗缘，"吴楚风烟，淼然天末，以顾渚一片香为鸿鱼之路，往反间书可必得，如潮信之不爽"，两年后钟惺汇编为《茶讯诗》一卷。钟惺去世后，这一茶诗缘由另一位竟陵派作家谭元春接续下来。而每至岕茶新到，徐波都要设退谷居士（即钟惺）和幽溪大师（字无尽，号传灯）二像进行祭祀，"素瓷斟酌待吟魂"。钱谦益《牧斋初学集》卷九《戏题徐元叹所藏钟伯敬茶讯诗卷》叹道："钟生品诗如品茶，龙团月片百不爱，但爱幽香余涩留齿牙。徐郎嗜茶又嗜钟生诗，微吟短咏爬痒处，恰是卢仝饮到搜肠破闷时。钟生逝矣徐郎恸，吟诗啜茶谁与共？生平臭味阿堵中，生作茶邮死作供。今年徐郎示我《茶讯》篇，兼携好茗谷雨前。坐听松风沸石鼎，手汲云浪烹新泉。茶罢还枕石硎眠，沉吟茶诗欲泫然。高山流水在何许，但见风轻花落紫茶烟。"① 还有僧俗之间的诗文、茶事、禅修交往，亦为普遍现象。李日华《秋潭禅师传》中说："公筑秋水庵于郊南，住二十年，词客名德，就而与同匡床共茗碗，公意色无所加损。其他则征诗索书，户屦常满，倏聚倏散，公视之如晴虚云影也。"更为有趣的是，袁中道在《答董思白太史》书中云："明公之道德行谊，与风流蕴藉，真无愧于古人。无论目前陶铸天下，即异日之文采辉映，决不出苏公下也。如生者得附门下一士，比于点密云龙茶之数，则幸矣。拙诗一册、旧刻二种请教。"诗文酬游，攀托延誉，期望获得董其昌像宋代茶中极品密云龙那样的珍视，这一妙喻可谓"独见创语"，意味深长。

（二）空间：以江南为中心的地域分布

饮茶一道，乃平常日用，至明代已不分南北、无论士庶，并皆消费，

---

① 钱谦益：《牧斋初学集》卷九，上册，第299—300页，上海：上海古籍出版社，2009年。

唯其喜好不同、多少有异而已。然壶中天地深长，以茶清心悦神、寄寓性灵，则有雅俗之别、士庶之分，是所谓茶人超轶世味的生活文化。从这个意义上讲，茶人群体的空间布局，虽非一时一地的现象，却呈现出以苏州一府为冠冕、以江南地区为中心、波及全国各地这样一个结构性特点。

吴智和依据明代文献记载，制作明代茶人茶侣知见表，并在此基础上对明代茶人进行统计分析，形成明代茶人茶侣里贯出身统计表和明代江南六府所辖州县茶人茶侣人数统计表[①]。对于茶人茶侣的认定标准，一是性嗜茶，二是著有茶书，三是绘有茶图，四是记录有茶事。从现存明代茶史文献来看，尽管阙漏尚多，也足以支撑上述关于茶人空间分布结构的判断。

明代茶人茶侣知见表共搜集到茶人资料338人，其中包括僧道31人、里贯不详者59人。明代茶人茶侣里贯出身统计表则就其中有里贯记载的茶人248人进行统计。就籍贯分析，苏州府居首位，多达79人，占31.9%。排在第二位的是松江府28人，第三位常州府20人，第四位杭州府16人，第五位嘉兴府11人，以下是应天府、徽州府、湖州府等。南直隶和浙江之外，其他省份依次有福建、江西、山东、湖广、四川、陕西、河南、广东、北直隶等。就出身分析，进士出身者78人，占31.5%；举人出身者24人，占9.7%；生员出身者40人，占16.1%；布衣68人，占27.4%；其他38人，占15.3%。单就苏州府分析，出身进士者18人，举人者8人，生员身份者16人，布衣28人，其他9人，布衣茶人居首，与整体情况略有不同，却有一定的代表性和典型性。

明代江南六府所辖州县茶人茶侣人数统计表在上表的基础上细化到所辖州县，江南六府中，仍以苏州居首，占49.7%，包括所属长洲（28人）、吴县（23人）、常熟（4人）、昆山（9人）、吴江（4人）、嘉定（3人）、太仓（3人）及不详县分的5人。如以州县统计，排名前十位的依次是：

---

① 吴智和：《明人饮茶生活文化》，第208、209、213—243页，台北：明史研究小组，1996年。

长洲（28人）、华亭（27人）、吴县（23人）、无锡（11人）、钱塘（10人）、昆山（9人）、嘉兴（7人）、江阴（5人）、常熟（4人）、吴江（4人）。

　　计量分析总是有局限的。一是338人的总量明显不足。笔者检索台湾汉学研究中心所建明人文集联合目录及篇目索引资料库，明人文集中标题有"茶""茗"二字的诗文约计2300篇（首），涉及文献约计640种，人物略少于此数；如果再综合运用相关文献信息进行统计，可以考知的明代茶人当在千人之上。二是江南六府之外的统计明显不足。尤其是南直隶、浙江以外的北直隶及其他省份，像福建、江西、湖广、四川、云南等产茶区域，且不说传统名茶产区的四川只有一人，茶树原产地的云南一个也没有，即便是统计较多的福建12人，徐𤊹、谢肇淛的福州茶友曹学佺、陈价夫、陈仲溱、吴雨、周千秋、郑邦祥、高景等都未统计在内。三是以里贯作为统计标准，既有其合理性，也有相对的局限性。我们从明代茶事文献中可以看到，很多非江南籍贯的茶人，其茶事活动往往也是在江南地区展开的，如很多徽州籍贯的茶人，其活动的主要地域甚至是入仕、从业、定居的地方却集中在南京、苏州、杭州等地。即便如此，吴智和的统计分析也具有一定的代表性，基本反映出明代茶人群体的空间分布和身份结构。

　　以苏州为中心的吴中地区是明代商品经济繁荣、文化艺术活跃的首善之区，也是最具影响力和传播力的生活时尚中心，因而成为茶人群体活动的冠冕之地。从宣德、正统到天顺年间的杜琼、陈宽、徐有贞、刘珏等开风气之先，到成化以后的沈周、吴宽、李应祯、史鉴、朱存理、文林以及稍晚的王涞、杨循吉等，形成以隐逸茶人为主的群体，往来频繁，影响日广，然后到文征明、祝允明、唐寅、钱同爱、汤珍、陆粲、蔡羽、王宠等，苏州茶人群体臻于大盛，此后代不乏人，延续至明末清初。同时从空间上亦呈现出涟漪效应，与临近的常州、松江、嘉兴、湖州、杭州、应天等府形成扩散和互动关系。

　　如果说苏州是江南茶人群体活动的中心，那么江南地区则是全国茶人群体活动的中心。一般说来，江南地区，包括苏州、松江（今上海）、常州、镇江、应天（今南京）、杭州、嘉兴、湖州八府及由苏州府划出的太仓直隶州。若就茶业生产和茶事活动而言，似应包括南直隶的徽州府以及浙江的绍兴、宁波二府。明代江南地区经济繁荣、文教昌盛、风俗奢华、风景优美，成为全国最为发达以及官绅乐聚、文士悠游、商贾走趋、流风是瞻的地区。苏州之外，其余十府或为经济文化重镇，或为名茶产地，或为名泉所在，或有茗器品牌，或者有影响力的茶人领袖与文社活动，也都是茶人群体活跃、活动频繁的地方。在吴智和的统计中，仅江南六府茶人、茶侣多达 159 位，占总数的 64.1%；南直隶和浙江两省合计 198 人，占总数的 79.8%。同时，江南诸府还以极强的向心力和磁场效应吸引着全国的爱茶人士走吴越、游金陵，品茶鉴水，遍交贤士大夫，甚至客居、寓居、隐居。如著名山人、江阴王稚登移居吴门；徽州闵汶水父子寓居金陵桃叶渡；自称秦人的孙一元避地入吴，客居湖州，安仁刘麟卜居长兴南坦，与隐居西溪的龙霓、隐君蒙山的吴琉和罢斥家居的陆崑并称苕溪五隐。

至于江南以外的北直隶及十二个省份，茶人亦在在有之。福建、江西、湖广、四川、云南、广东、广西、贵州、云南、陕西、河南都有茶叶生产，北直隶和山东虽没有茶叶生产，却也是传统文化重地。各地区茶人群体规模大小不同，活动记载亦有较大差异，区域间的交流和互动影响也始终存在。举两个彼此相反的例证：一是冯梦祯《快雪堂漫录》所记山东历城（今济南）人李攀龙（字于鳞）与岕茶的故事。李攀龙任浙江按察副使，诗友徐中行（字子舆）"以岕茶最精者饷之，比看子舆昭庆寺，问及，则已赏皂役矣。盖岕茶叶大多梗，于鳞北士，不遇宜矣，纪之以发一粲"。说明北方文士即使是像李攀龙那样著名的作家，对茶事也确实所知有限，称不上茶人。另一个是武陵（今湖南常德）茶人龙膺在西北湟中品泉瀹茗的故事。龙膺于万历二十三年（1595）谪任巩昌府通判，"不忍绝塞人竟懵然罔识清净味"，于是"遍品诸水"，发现并命名湟北的蒙惠泉，为建清宁堂、枕漱轩、醒翁亭等，"命童子注蒙泉，烹苦茗"，"日汲一碗，供博士炉，茗必松萝始御，弗继，则以天池、顾渚需此焉"，然苦于绝塞佳茗难继，"于夏初采枸杞芽，制以茶法，烹亦如之，味苦而清，且能滋益，久之色转香美，名曰杞茶"，同时编撰《蒙史》，普及茶文化知识，引领西北边陲品茶鉴水的风气。

三、茶人的群体特征

作为一个社会群体，明代茶人具有其独特的身份特征、组合形式、社会形象和性情行为，从而以其茶事实践和茶理升华创造出那个时代特有的饮茶生活文化模式与品质消费旨趣。茶人群体特征的分析，对于明代社会生活史和中国茶文化史的研究都有其重要的开拓意义和创新价值。

（一）茶人、茶侣、茶族

吴智和指出："明人饮茶生活的开展，出现一批反庸俗化的茶人、茶侣、茶族……而这一干茶人、茶侣、茶族，又形成具有时代格调的茶寮、茶会、茶契、茶品、茶器，以及茶文、茶牍、茶诗、水符等等附加的生活文化之时代产物。"[①] 茶人、茶侣、茶族的提法，正是从茶人群体的身份特征和组合形式而言，可惜并未进行系统的展开。笔者借用吴先生的提法，在这里略加概括和申述。

茶人，是指嗜茶的自然人、知识人，可以大体分为隐逸茶人和寄怀茶人。他们都精通茶事，举凡产、采、制、藏、烹、饮、水、器无不兼擅，一生与茶结缘，与茶相伴，或隐居于茶乡、林泉，或寄怀于茶寮、茶会，或以其茶事实践，或以其茶事作品，丰富了茶文化的内涵，推动了茶文化的发展。

隐逸茶人是指没有进入仕途的布衣、生员、山人、隐士身份的嗜茶

---

① 吴智和：《明人饮茶生活文化》，第1页，台北：明史研究小组，1996年。

人士，是茶人群体的主体。其中既有像顾元庆、陈继儒、张源、高濂、许次纾、田艺蘅、徐燉、罗廪、闻龙等重要的茶书作者，还有像王涞、吴奕、闵汶水、郭第、徐桂、吴孟坚等茶艺高手，更有像吴纶、姚绍科姚绍宪兄弟、周庆叔、朱汝圭、于象明等既拥有名茶资源、精研茶艺又积极融入文人集团的茶人，还有默默无闻，只留下一鳞半爪，甚至连蛛丝马迹也无可寻觅的有名或无名的茶人。这里选择一般读者接触较少的隐逸茶人朱汝圭作为例证。朱氏自号娄江（原名昆山塘、至和塘，西起苏州娄门、东至昆山太仓交界）逸人，钱谦益《茶供说》称其"精于茶事，将以茶隐，欲求为之记，愿岁岁采渚山青芽，为余作供"。顾苓亦称其"隐于茶事，每当桐阴初引，秋露既白之候，辄手一罂，为余甄别正变，其言有合于道"，于是采其意而作《茶序》①，对茶史流变、茶艺之道颇多精解。最能反映其嗜茶和茶艺造诣的是冒襄的记载："又有吴门七十四老人朱汝圭，携茶过访。茶与象明颇同，多花香一种。汝圭之嗜茶自幼，如世人至结斋于胎。年十四入岕，迄今春夏不渝者，百二十番，夺食色以好之。有子孙为名诸生，老不受其养，谓不嗜茶为不似阿翁。每竦骨入山，卧游虎虺，负笼入肆，啸傲瓯香。晨夕涤瓷洗叶，啜弄无休，指爪齿颊，与语言激扬赞颂之津津，恒有喜神妙气，与茶相长养，真奇癖也。"②关于于象明，也见诸冒襄此书的记录："金沙之于，精鉴赏，甲于江南。而岕山之棋盘顶，久归于家。每岁，其尊人必躬往采制。今夏携来庙后、棋顶、涨沙、本山诸种，各有差等，然道地之极真极妙，二十年所无。又辨水候火，与手自洗，烹之细洁，使茶之色香性情，从文人之奇嗜异好，一一淋漓而出。诚如丹丘羽人，所谓饮茶生羽翼者，真衰年称心乐事也。"

寄怀茶人是指文人群体中的政治型、社会型、文化型嗜茶人士，他

---

① 顾苓：《茶序》，《塔影园集》卷四，第102—103页，上海：华东师范大学出版社，2014年。
② 冒襄：《岕茶汇钞》，《中国茶书全集校证》第四册，第1673页，郑州：中州古籍出版社，2015年。

们在茶事方面造诣颇深，然并不超逸世俗，忘却荣利，而是积极入世，有着较大的政治、文化和社会影响力，饮茶只是作为其生活品位的符号和情怀寄托的方式之一。其中既有像徐有贞、吴宽、冯梦祯、邵宝、谢肇淛、钱谦益这样的仕宦人物，也有像高启、沈周、文征明、杨慎、袁宏道、钟惺、张岱这样的文坛翘楚，还包括朱权、陆树声、熊明遇、曹学佺、李日华、龙膺、屠隆、屠本畯、蔡复一、冯时可等具有官宦背景的茶书作者，以及晚明四公子之一的吴应箕等具有广泛社会影响的人物。

　　隐逸茶人大多志甘淡泊，精研茶理，寄怀茶人则多文采风流、名望素著，他们以茶为媒，密切交往，切磋茶艺，推广茶道，促进一代茶风的养成。我们看当时的茶事活动，往往都是仕宦、文人、布衣、僧道以及煎茶高手的相辅相成。具体到隐逸、寄怀茶人而言，更是你中有我，我中有你，无法截然区隔开来。宜兴逸人吴大本，精于煎茶法，"至苏必过沈石田，流连浃旬乃去"，遍交吴宽、王鏊、沈周、邵宝、史鉴、文征明、祝允明、唐寅等名士，苏州文人群体"自得山人传妙诀，一时风味压南州"（吴宽诗句）。又如冯梦祯，"茶道余成僻，烹调手自便。香传明月嫩，色借白云鲜"。①他曾官国子监祭酒，于炒茶、藏茶、品茶多有妙解，其日记中关于品茶的记载更是不胜枚举，可以说是一位寄怀茶人。其周围就有一大批隐逸茶人，如许次纾、田艺蘅、陈季象、乐子晋等，还有每年茶季为他供应岕茶的姚氏兄弟，正像他自言"伴侣俱翩翩才情，无一俗物"。

　　茶侣，即茶品与人品相得的茶友。茶是性灵清品，饮茶是文人清课，唯有知其味、识其趣、得其道，方可为茶侣。因此，明代茶人非常重视茶侣的选择。《茶录》作者冯时可曾写过一篇《烹茶记》，谓其"新构既成，于内寝傍设茶灶，令侍婢名桂者典茗事，所进茗香洁，甚适口"，"他日客丛至，令进茗，不如前。余以诘婢，对曰：'主人不闻乎江篱涧芷，以珮骚人，熊蹯象肚，以享豪举，用物各有所宜也。今彼尘披垢积，纷

---

① 冯梦祯：《快雪堂集》卷六十四《新汲虎跑泉试庙后岕茶》，续修四库全书本。

纷具驽者，宁与此味相宜？使主人游从果一一眠云跂石人，高流如芝如兰，入清净味中三昧者，而某不以佳茗进，则安所逭其咎哉？'余无以责。居数日，有故太史至，称诗而语烟霞，婢亟进良茗，曰：'此虽轩冕，能自超迈，诚主人茶侣。'竟日坐灶傍，茶烟隐隐出竹树外，客觉之大畅而别"。[1]陆树声《茶寮记》对茶侣的定位是"翰卿墨客，淄流羽士，逸老散人，或轩冕之徒，超轶世味者"。许次纾《茶疏》专设《论客》一目，强调"惟素心同调，彼此畅适，清言雄辩，脱略形骸"四个条件具备，"始可呼童篝火，酌水点汤"。徐𤊹《茗谭》不仅说"饮茶须择清癯韵士为侣，始与茶理相契"，而且以貌取人、以洁择侣，"若腊汉肥伧，满身垢气，大损香味，不可与作缘"。屠隆《茶说》则援陆羽《茶经》专论《人品》道："茶之为饮，最宜精行修德之人。兼以白石清泉，烹煮如法，不时废而或兴，能熟习而深味，神融心醉，觉与醍醐、甘露抗衡，斯善鉴赏者矣。使佳茗而饮非其人，犹汲泉以灌蒿莱，罪莫大焉。有其人而未识其趣，一吸而尽，不暇辨味，俗莫甚焉。"由此可见，在明代茶人的心目中，有关茶侣的理想的社会身份条件：一是博学多艺的文人，典型代表是以沈周、文征明为代表的苏州文人群体。二是方外修真的僧道，他们素擅茶理，与文人酬酢往来，是推动茶文化发展的重要力量。屠隆诗云："僧庐既清幽，梵音复嘹亮。嘉茗甘露浆，烦襟尽涤荡。"所咏的是他与二三同侣信步出杭州清波门，沿着西湖入南屏山净慈寺访筼泉莲公，邂逅玄津法师，同坐精庐，啜龙井新茶，"风来南窗，月吐东岭，快哉此乐，可以忘世"！三是隐逸林泉的处士，古称"巢居之徒、豪濮之侣"，他们"蝉脱尘埃"，被誉为"遁天之民"，而茶性类隐，因而可谓茶人的中坚力量。茅一相为顾元庆《茶谱》所作跋中记载的顾元庆、王天雨、岳岱三人可谓苏州隐逸茶侣的代表。王天雨似即王济，字伯雨，号汝舟、雨舟，湖州乌程人，曾结砚山社，乃博雅好古之士，晚岁厌弃市俗，筑室苏州阳山之阴，"日

---

[1] 冯时可：《冯元成选集》卷十八《烹茶记》，《四库全书存目丛书》本。

惟与顾、岳二山人结泉石之盟",切磋书画,探究茶艺,并为山林隐逸中的嗜茶君子。四是有官秩爵禄的显贵。仕宦之中的博雅君子、名儒文宗,亦不乏志趣高远的嗜茶人物,可称为轩冕茶侣。明初翰林学士朱升有《茗理》诗以茶喻道,以茶明理,序云:"茗之带草气者,茗之气质之性也。茗之带花香者,茗之天理之性也。抑之则实,实则热,热则柔,柔则草气渐除。然恐花香因而太泄也,于是复扬之。迭抑迭扬,草气消融,花香氤氲,茗之气质变化,天理浑然之时也。漫成一绝。"诗曰:"一抑重教又一扬,能从草质发花香。神奇共诧天工妙,易简无令物性伤。"理学家吕柟与郑若曾等讨论"饮食知味处便是道",从饮茶中体味逊让之礼和"超轶世味"的味外之味,认为"不如此,只是饮茶而已"。至于身在庙堂或退归林下的寄怀茶人更是不胜枚举。当然,茶侣之间并非完全以类相从,其中既有同一身份的组合,如前举之顾元庆等隐逸茶侣,更多的则是不同身份之间的交游,如薛冈、徐𤊹《茗笈序》及相关书信中所记载的他们与闻龙、屠本畯之间的饮茶交往,又如布衣茶人张大复《乞梅茶帖》中所记载他与僧儒之间的茶侣关系等。

  茶侣、茗友的饮茶生活丰富多彩,约略计之,有此数端:一是以茶为清课,也就是将烹茶焚香作为清士、茶人日常功课,作为其"高标幽韵,迥出尘表"的载体,这是比较普遍的现象。如张岱笔下的鲁云谷,"相知者日集试茶,纷至沓来,应接不暇,人病其烦,而云谷乐此不疲也",尤其是密友也就是茶侣陆癯庵、金尔和与张岱,"非大风雨,非至不得已事,必日至其家,啜茗焚香,剧诶谑笑,十三年于此"。二是以茶为学术、志业,"究茶之理,契茶之趣"。众多明代茶书的作者,周围都有若干志同道合的茶侣、茗友,作者之间也多有交游与切磋茶艺的记载。如徐𤊹叙述他和与屠本畯的交往:"予每过从,辄具茗碗,相对品骘古人文章词赋,不及其他。茗尽而谈未竟,必令童子数燃继之,率以为常。而先生亦赏予雅通茗事,喜与语,且喜与啜。凡天下奇茗异品,无不烹试,定其优劣。"在徐氏传世的抄本《红雨楼集》《鳌峰文集》中收录很多致屠本畯的书信,不乏馈赠茶品、茶书的记录以及探讨茶艺的文字。三是以茶为媒介，增进友谊，滋养爱情。前者好理解，不必例举。后者涉及女性茶侣，则以晚明秦淮名妓与风流才子为代表，如冒辟疆与董小宛、侯方域与李香君、张岱与王月生等。冒辟疆的记述最为动人："姬能饮，自入吾门，见余量不胜蕉叶，遂罢饮，每晚伺荆人数杯而已。而嗜茶，与余同性，又同嗜岕片。每岁半塘顾子，兼择最精者缄寄，具有片甲蝉翼之异。文火细烟，小鼎长泉，必手自吹涤。余每诵左思《娇女诗》'吹嘘对鼎䥶'之句，姬为解颐。至沸乳看蟹目鱼鳞，传瓷选月魂雪魄，尤为精绝。每花前月下，静试对尝，碧沉香泛，真如木兰沾露，瑶草临波，备极卢、陆之致。东坡云'分无玉碗捧蛾眉'。余一生清福，九年占尽，九年折尽矣。"①四是以茶为寄托，追求恬淡、幽韵和雅致的精神境界。李日华认为"茶以芳洌洗神，非读书谈道，不宜亵用，非真正契道之士，茶之韵味亦未易评量"。因此明人主张"晤对"之时，"焚香啜茗清谈心赏者为上，谐谑角技携手闲玩为次，酌酒铺肴沉酣潦倒为下"。张大复拥炉静坐，"寥寥如松风响"起，读李卓吾《焚书》，"极醒极健"，念念不忘壬寅五月品茶于吴城王弘之第，称为"壬寅第一夜"。

茶族，是指具有饮茶生活文化传统的家族。明清以来，江南地区形成了众多具有艺文传统的文化世家，其影响一直至于当今，其中就不乏具有饮茶传统的茶族。最具有代表性的要数长洲文氏了。我们读文氏家集，可见从文林、文征明、文嘉文彭兄弟到文肇祉、文震亨，都有关于汲泉品茗生活的诗文书画记录。文林赴任温州知府前寄赠茶具于茶友吴宽，二人以诗唱和，吴宽称："畴昔崖巅与水滨，行时茶具每随身。俗缘未尽还今郡，清物犹存合赠人。"文林次韵奉答："隐具回看真长物，清风自拟属高人。……何日斗茶寻旧约，白头林下荷皇仁。"文征明茶事作品最多，"绢封阳羡月，瓦缶惠山泉。至味心难忘，闲情手自煎。"堪称其日

---

① 冒辟疆：《影梅庵忆语》卷一。

常品饮生活的写照。文彭"偶过顾舍人汝由研山斋，见其窗明几净，折松枝梅花作供，凿玉河冰烹茗啜之，又新得匜鼎奇古，目所未见，炙内府龙涎香，恍然如在世外，不复知有京华尘土"，感而赋诗："偶入高人室，恍然尘梦醒。香生金鸭水，茶剖玉河冰。"文嘉为张幼于《石田品泉图》题诗："扬子江心真活泼，惠山岩下有清香。不须调水将符递，千古清风自不忘。"文肇祉游摄山栖霞寺，"春茗试烹纱帽侧，石莲翻出鹿泉寒。何时借我僧寮里，闲取楞伽带月看"。其第五代震孟、震亨兄弟重振宗风，文震亨《长物志》专设《香茗》一卷，是一部具有原创意义的茶书文献。吴宽及其侄子吴奕亦可作为吴氏茶族的典型,其《爱茶歌》写道："堂中无事长煮茶，终日茶杯不离口。当筵侍立惟茶童，入门来谒惟茶友。谢茶有诗学卢仝，煎茶有赋拟黄九。茶经续编不借人，茶谱补遗将脱手。"宜兴吴纶家族可以称为另一类茶族的代表。其家居茶乡，自种名茶，精于茶道，广交茶人，并与紫砂结下不解之缘。纶字大本，号心远居士，"偏嗜茗饮，其出必阳羡顾渚……其掇之必晴，藏之必温，烹之必法，有《茶经》所不载"[①]，是江南茶人群体的活跃人物，"人又曰古陆鸿渐之流耶"！如邵宝诗云："山人鸿渐流，有具随我适。采新试名泉，吾山屡为客。水火自成功，居然得真液。细啜对山僧，永此风月夕。"[②] 其子吴仕字克学，号颐山，就是供春的主人，被后世誉为宜兴紫砂文化的始祖，其《颐山私稿》中也有"汲泉提夜瓮，碾月动春罗"的茶诗。吴仕的堂兄吴俨，官至南京礼部尚书，曾留下"品茶世独推阳羡，评水人多说慧山"的名句。长兴姚绍科（字伯道）、姚绍宪（字叔度）兄弟，顺天府尹姚一元之子，"嗜古善诗，诗拟摩诘，书肖子敬"，辟小园于明月峡，"岁取茶租自判，童而白首，始得臻其玄诣"，与许次纾、冯梦祯等茶人为至交，姚伯道在《茶

---

① 王鏊：《封奉直大夫礼部员外郎吴府君墓表》，《震泽先生集》卷二十六，第376—377页，上海：上海古籍出版社，2013年。又见焦竑《国朝献征录》卷一百十六。
② 邵宝：《容春堂集》后集卷九《赠吴山人》。

疏》序中说："武林许然明，余石交也，亦有嗜茶之癖。每茶期，必命驾造余斋头，汲金沙玉窦二泉，细啜而探讨品骘之。余罄生平习试自秘之诀，悉以相授。故然明得茶理最精，归而著《茶疏》一帙，余未之知也。"冯梦祯《快雪堂集》中有多篇与姚氏兄弟书信，答谢惠赠新芥，"情味深至，令人感戢"，"庙后一种清芬郁烈，美不可言"。长兴周庆叔，周文政之子，徐中行外孙，隐居箬溪，"精心芥妙"，每岁以芥茶惠赠茶友，著有《芥茶别论》。黄汝亨为作序，谓其"少而壮，壮而艾，非逐众好，漫然尝试使然也。……而茶直沁肌彻理，冷然与之会而已，非凝神致一，恶能穷其妙乎？"① 陈继儒为作跋，云其隐居长兴，"所至载茶具，邀余于素鸥黄叶间，共相欣赏。……恨鸿渐、君谟不见庆叔耳，为之覆茶三叹"②。

（二）形象、行为、性情、境界

茶人群体的构成是复杂的。就其社会身份而言，其中既有进士、举人出身的，也有生员、布衣身份的，还有商贾、医卜、妇女，乃至方外的僧人、道士，几乎包含了各个社会阶层；就其专业素养而言，大多才艺兼通，其中既有书画家、诗文家、戏曲家，也有传统的经学家、史学家、地理学家，还有博物学家、收藏家、医学家、科技家，而以诗文书画为主流。然作为嗜茶人士，亦有其具有共性特征的群体形象、性情行为乃至精神境界。

酷嗜茗饮，素心同调。爱茶、嗜茶是茶人形象的基本特征。像陈朝爵"性嗜茗，日以为事"。吴奕"煮茶爇香，若不遑他务"。俞允文"焚香啜茗，竟日谭笑无凡语"。周文甫"自少至老，茗碗熏炉，无时暂废。饮茶且有定期，旦明、晏食、禺中、铺时、下舂、黄昏，凡六举，而客至烹点不与焉"。③ 龙游书贾童子鸣"焚香啜茗，评骘古书画而已"。晚明杜濬号茶

---

① 黄汝亨：《寓林集》卷三《芥茶别论序》。
② 陈继儒：《白石樵真稿》卷二十二《书芥茶别论后》，《四库禁毁书辑刊》第66册。
③ 闻龙：《茶笺》，《中国茶书全集校证》第二册，第987页，郑州：中州古籍出版社，2015年。

村，又号茶星，自言："吾之于茶也，性命之交也。……吾好茶不改其度，清泉活火，相依不舍。计客中一切之费，茶居其半，有绝粮，无绝茶也。……惟茶为恩我，负之不祥，岂可使堕落污秽中，且余既有花冢矣，耳目之玩，孰如性命之交乎？于是举凡所用之败叶，必检点收拾，置之净处，每至岁终，聚而封之，谓之茶丘，磨石刻铭，曰：石可泐，交不绝。"[①]其诗集卷五《茶喜》诗序中还提出茶有四妙：曰湛，曰幽，曰灵，曰远，"用以澡吾根器，美吾智意，改吾闻见，导吾杳冥"。可见其对茶性理解之深。茶淡而有素心，酒浓而有兴致，茶人不同于酒客，无论是风清月白、净几明窗中的独自煎饮，还是以茶会友，交流书画、唱和诗文、鉴赏文物、谈道修禅、山水览胜，所展现的都是澹泊闲适、素心同调、清逸自在的人生态度和群体形象。

品质生活，休闲消费。明代特别是晚明时期商品经济的发展，以江南为中心的都市化、城镇化程度日益提高，以市民阶层为代表的艺术生活和文化消费空前高涨，呈现出奢靡化和世俗化的风气。而茶性澹泊，超轶世味，不宜亵用，未易评量，正合乎文人雅致文化、品质生活和休闲消费的价值取向，也可以说是对当时奢靡之风和物化生活的一种反拨。就茶人而言，日常生活，茗茶为尚，书斋雅供，茶具为先，"旦夕炉香茗碗，萧然自得"。冯梦祯"书室十三事：随意散帙，焚香，瀹茗品泉，鸣琴，挥麈习静，临摹法书，观图画，弄笔墨，看池中鱼戏，或听鸟声，观卉木，识奇字，玩文石"。[②]周履靖《野人清啸》吟咏茶人休闲生活曰："幽斋静对一炉薰，凭几闲披韩柳文。野鹤绕阶和月舞，山童煮茗摘松焚。春光浩荡如沧海，人事轻浮似淡云。漫拉前溪老渔叟，频斟绿醑话殷勤。"高人韵士、茶烟香篆、图书文物、花月清风、水声林影、寻幽访古、清谈唱和，形成茶人高雅绝俗的生活美学和休闲文化。

兼擅才艺，崇尚性灵。茶人多兼擅技艺才学，又好诗文唱和、结社

[①] 杜濬：《变雅堂遗集》文卷八《茶丘铭》，续修四库全书本。
[②] 冯梦祯：《快雪堂集》卷四十五《真实斋常课记》，续修四库全书本。

交游，以茶为媒介融入文化、艺术、鉴藏、旅游等日常生活之中，志同道合之辈密切往来，形成一个时代文艺活动、性灵生活的文化共识和群体特征。明代茶人中既有与文艺圈交往密切的茶道高手，更多兼擅诗文书画的性灵派文人墨客。即使名声不显的隐逸茶人，亦多兼通诸艺，造诣不凡。如金陵严宾，字法米帖，能诗，善画兰竹，"所蓄古法书名画颇多。有藤床、藤椅，皆藤所成，不加寸木；又有枣根香几，天然为之，不烦凿削，最称奇品。精于煮茶，茶具皆佳妙。文人墨客多与之游，往来东桥、衡山之门"。① 至于吴门画派、公安三袁、竟陵派钟惺和谭元春等文艺名家的茶事活动与茶事作品，更是饮茶生活与文艺结合的集中体现。

旷达恬淡，希企隐逸。"品茗最为清事"，是最具"俭德"的"素业"，与旷达恬淡的价值观念和隐逸修真的精神境界颇为契合。隐逸茶人作为烟波山林中人，自是恬退达趣的隐君子形象。像樵海山人张源，顾大典《茶录引》谓其"志甘恬淡，性合幽栖，号称隐君子。其隐于山谷间，无所事事，日习诵诸子百家言。每博览之暇，汲泉煮茗，以自愉快。无间寒暑，历三十年，疲精殚思，不究茶之指归不已"。自称春波懒渔的山人张志远，"性独嗜茶与吟"，不喜见俗人，"间走荒庵破寺中，分老衲之榻，映弥陀之灯"，"真同岩耕谷汲之流"。即使那些活跃于官场文坛的寄怀茶人，也都具备淡于荣利、不事奔竞、知止清静、希企隐逸的涵养与取向，树立起优雅的文化风范和清流的正面形象。像苏州文坛的领袖沈周，钱谦益称其含章挺生于文物士风清嘉之地，"有三吴、西浙、新安佳山水以供其游览，有图书子史充栋溢杼以资其诵读，有金石鼎彝法书名画以博其见闻，有春花秋月名香佳茗以陶写其神情"，"称大隐，跻大耋"，誉为"高情远性，和风雅韵"的灵山异人。② 著名文学家、军事家唐顺之，在《病中试新茶》诗中展现的是"生涯只本草，岁月又新茶"以及世事都忘却，

---

① 顾起元:《客座赘语》卷六。
② 钱谦益:《石田诗钞序》,《牧斋初学集》卷四十，第1077页，上海：上海古籍出版社，2009年。

"恰似老僧伽"的形象。著名学者钱谦益，在茶诗中也表达了"我生爱茶复爱仙"的旨趣，"世事突兀看枪旗，富贵纷纭诧团饼"的感悟，以及"行买山田入阳羡，更置水递近石井"的隐逸理想。

（本文写于 2016 年）

晚明宁波茶人研究三题

晚明茶文化兴盛的一个重要标志,就是以江南地区为中心的茶人群体的形成,并以茶人群体为主体推动了文人茶的崛起。江南茶人群体当中,依地域而言,苏州自居冠冕,松江、应天、杭州、湖州、绍兴、宁波等皆为重镇。宁波茶人群体中,屠隆、屠本畯、闻龙、罗廪等不仅里籍相近、交往密切,而且"究茶之理,契茶之趣",皆有茶书传世。竺济法曾撰文表彰先贤,论述颇详[①]。然检阅茶史及地方文献,晚明宁波茶人研究尚多阙疑之处,兹就其中的三个问题,略陈管见,奉请方家指教。

一、《茗史》作者万邦宁籍贯考辨

《茗史》二卷,万邦宁撰,成书于天启元年(1621),仅存抄本,《四库全书存目丛书》《续修四库全书》据以影印。

关于其作者万邦宁的籍贯,古今学者多认为是四川夔州府奉节县(今

---

① 竺济法:《晚明宁波四位茶书作者茶事及生平小考》,《中国茶叶》2010年第2、3期。

属重庆）。黄虞稷《千顷堂书目》著录："万邦宁《茗史》二卷。"旧抄本有注文云："奉节人，天启壬戌进士。"①《四库全书总目提要》卷一百十六《子部·谱录类存目》："《茗史》二卷，浙江巡抚采进本，明万邦宁撰。邦宁，奉节人。天启壬戌进士。是书不载焙造煎试诸法，惟杂采古今茗事。多从类书撮录而成，未为博奥。"②当今学者多从其说，如陈宗懋主编《中国茶叶大词典》："万邦宁（生卒年未详），明代文学家，奉节（今属重庆）人，对茶事有研究，于崇祯三年（1630）前后撰《茗史》二卷。《四库全书》存目，谓'是书不载焙造煎试诸法，惟杂采古今茗事。多从类书撮录而成，未为博奥。'"③蔡定益《香茗流芳：明代茶书研究》、方健《中国茶书全集校证》等均从其说。也有认同奉节说，同时注意到作者在书末《赘言》中自署"甬上万邦宁惟咸氏"，"故两地不知何是祖籍，何是其居住地，待考"。如郑培凯、朱自振主编《中国历代茶书汇编校注本》等。④笔者较早关注这一问题，经查阅方志文献，确认万邦宁籍贯为鄞县（今宁波市鄞州区），并在《晚明茶书的出版传播考察》⑤一文中，将他与屠隆、屠本畯、闻龙、罗廪并列为宁波茶人群体的中坚。然限于体例，未及详细申说。

按万氏为有明一代甬上世族之一，自明初即有所谓"三世四忠"（万斌、万钟、万武、万文）；明代后期，万表、万邦孚、万泰等更是才兼文武，皆一时人望。万泰子万斯年、万斯选、万斯大、万斯同等兄弟八人，更以学问、节行为世所重，号称"万氏八龙"，成为浙东学派的翘楚。因

---

① 黄虞稷著，瞿凤起、潘景郑整理：《千顷堂书目》卷九《食货类》，第251页，上海：上海古籍出版社，1990年。
② 纪昀：《四库全书总目提要》第三册，第3009页，石家庄：河北人民出版社，2000年。
③ 陈宗懋主编：《中国茶叶大词典》第671页，北京：中国轻工业出版社，2008年。
④ 蔡定益《香茗流芳：明代茶书研究》，北京：中国社会科学出版社，2018年；方健《中国茶书全集校证》，郑州：中州古籍出版社，2015年；郑培凯、朱自振主编《中国历代茶书汇编校注本》，香港：商务印书馆，2007年。
⑤ 郭孟良：《晚明茶书的出版传播考察》，《浙江树人大学学报》2011年第1期。

此，黄宗羲称其"有事则显忠节，无事则显儒术"，并由衷叹赏"浙东门风之雄，莫过万氏矣""明州万氏，无愧为国家之世臣也"。①

万邦宁乃甬上万氏第九代，祖父万表，字民望，号鹿园，又号九沙山人，累官都督同知，为抗倭名将，又为阳明私淑弟子，有《玩鹿亭稿》等行世，是一位儒将。父谦甫，万表庶长子，万历元年贡生。《濠梁万氏宗谱》卷五《世传四》载："曾伯祖考 [盛一府君] 讳谦甫，字来章，别号凝斋，茂一府君庶长子也，充郡庠生。万历改元，选贡任江西万年县簿。娶张氏，兵部尚书文定公邦奇女。继娶王氏。子邦宁庶出，合葬应岙水家山。"叔父达甫，字仲章，号纯斋，历官广东海防参将，又与罗洪先、王畿、钱德洪游，晚年与焦竑、冯梦祯、屠隆等结诗社，有《皆非集》传世。堂兄邦孚字汝永，号瑞岩，官至福建总兵、左军都督府佥事，曾入朝抗倭，有诗集《一枝轩吟草》。至于万邦宁的生平事迹，略见于《濠梁万氏宗谱》卷六《世传五》："叔祖 [嘉三府君] 讳邦宁，盛一府君之子，字惟咸，别号梦庵。娶唐氏，继娶俞氏，子二：复、晋。生于万历乙酉（1585）九月初十日，卒于顺治丙戌（1646）九月廿四日，享年六十二岁。府君工于诗文，善作行草，所著有《玉树坛稿》。"卷十四《家集录》著录其著作还有《佛顶山院记》。②另康熙《鄞县志》卷十六亦载："邦宁字惟咸，后改名象，字象王，邦孚之弟也。能诗文，好禅理，恒与雅士名僧游，亦矫然出尘之品。一子名晋，字方书，精于篆刻，不幸早亡。"卷十七《修辞考》著录其"著《象王诗文稿》"。"好禅理，恒与雅士名僧游"，与《茗史小引》中自称"须头陀"亦正相合。他不仅能诗，还是一位书法家，以楷书工整称于时，近摹晋唐法帖，法度严峻，又能行草书，笔法奔放。

值得注意的是，《茗史》书前有五则友人所撰的《茗史评》，而这五

---

① 黄宗羲：《南雷文定》前集卷五《明骠骑将军镇守福建总兵官左军都督府都督佥事瑞岩万公神道碑》。
② 以上见《濠梁万氏宗谱》，爱如生典海数字平台之《中国谱牒库》。

则评语的作者，均为鄞县人，同属宁波文人群体，可反证万邦宁籍贯鄞县的真实性。

一是"仑海董大晟"。《浙江通志》卷一百八十："董大晟字扬明，鄞县人，博学工文，撰有《海曙楼赋》《雪月风花赋》等，为时所称。"《甬上耆旧传》著录其《啸庐集》；《鄞县志》另据屠隆《白榆集》著录"董扬明《啸庐四赋》"，还有《半楼赋集》《四明览胜》等。

二是"社弟李德述"。康熙《鄞县志》卷二十二《艺文·集部》著录其著作有"《潺湲集》《息枝吟》《耐轩藉句》"，并附有小传云："李字木皋，为名诸生，能诗，有经世意。壮岁入闽，与曹能始先生、徐山人熥称诗相唱酬。晚年复游塞下，为开府左荐于朝，会以疾卒，曹能始为刻其诗闽中。"

三是"全天骏"。天骏字思若，全元立之孙，工于书法。康熙《鄞县志》卷十八《艺术》引全祖望《鲒琦亭集》云"全氏多工书者"，并记载全天麟、天叙"以汉隶名"，天骏、大科"皆以行书"。乾隆《鄞县志》卷二十《特艺考》载："全天骏，字令超，初名天启，乡贡，官应山令，行草流丽当家。"对此，同治《鄞县志》认为"天骏当系天授之误，令超亦因灵超而误也"，是说乾隆《鄞县志》把他哥哥全天授的生平张冠李戴了，"全天授字啬馀，一字灵超，岁贡，文学渊奥，官应山知县卒。"因此我们对于全天骏生平的了解仅限于民国《鄞县通志》所说的"工诗，善书法"。

四是"友弟蔡起白"。蔡起白，生平不详，当地著名士人蔡学用之子。同治《鄞县志》卷三十六《蔡学用传》记载："蔡学用，字子行，号青山……人称乾溪孔子……子起白，能诗，有父风。"

五是"社弟李桐封若甫"。咸丰《鄞县志》卷十八《人物》、同治《鄞县志》卷三十九《人物传》均有传略：李桐，字封若，号侗庵，光禄寺监簿德继之子，生三岁而孤，事母至孝，"读书通大义，肆力于诗古文词"。甲申之变，北京沦陷，赋《悲愤诗》十章，遂感沉疾。浙东起事，命子从军，授兵部主事。及江上师溃，旬余病剧卒，享年四十九岁，门人私谥曰贞愍。

同治《鄞县志·艺文志》著录其《侗庵诗稿》以及《柳亭庵志》二卷、《寒香阁戊寅集》一卷，另有其"手辑先世诗文曰《衣德编》"。晚明鄞县茶人薛冈的《天爵堂文集》卷二《李封若诗集序》谓："少年具兼才，为诸生，又为诗人。其为诸生，务研精经史奥义，发为时义，自匠门堂不屑屑依人帖括；其为诗也，三百篇潴而为渊源，汉魏六朝流而为脉络，初盛唐望而为大海之洋，发之为诗，遂奄有三百篇汉魏六朝初盛唐之至理正法。……无怪封若超今日诗人而居上乘，盖不第有其才，其学力亦自胜人远，故在李为白眉，在里为巨擘，斯亦诸生之明效也。……封若后来杰士，虽无待文王而兴，相观而善，谓之摩前人之功在后学，岂可诬也。"

至于将万邦宁籍贯署为四川奉节，当源于《四库全书总目提要》卷一百十六《子部·谱录类存目》："《茗史》二卷，明万邦宁撰。邦宁，奉节人。天启壬戌进士。"而同时的四川省夔州府奉节县确有此人，现藏国家图书馆的《天启二年壬戌科进士履历》载："万邦宁，涵春，诗四房，戊戌十月十九日生，奉节人。"并记载他历任南宁府推官、桂林府推官、本省乡试同考官，后以病辞官休养。显然，四库馆臣张冠李戴，致有此误。后世学者不察，沿袭下来。

二、茶人薛冈及其《斗茶文》

薛冈，初字伯起，更字千仞，鄞县人。生于嘉靖四十年（1561）七月初十，据其崇祯甲申（1644）菊月84岁时为张邦纪遗集作序，可知其卒于明清易代之后。乾隆《鄞县志》卷十六引《甬上耆旧传》："薛冈字千仞，自号天爵翁。年八十，集其平生元旦、除夕诗为一卷，起万历庚辰（1580），至崇祯庚辰（1640），身为太平词客六十年，名重天下，亦盛事也。"

薛氏先世虽不乏贵显，然至乃父辈已见式微。薛冈自幼习举子业，又能古文诗词，然始终未能及第，布衣终身，长期游幕并周览天下，"游梁洛、燕赵、关陕者几三十年",晚年归乡,构西阁月湖之东,号天爵翁。著有《天爵堂文集》十九卷,收其序、记、墓志、尺牍、杂记等类文字,崇祯四年刊。《天爵堂笔馀》三卷,崇祯初年刻本,时人何伟然评"其论天人之际、风土之殊、贤愚之辨、朝野之谋、经史之原、诗文之撰、古今之学、博雅之能,以至技术之末、羽介之微,知无不言,言无不痛,似乎不乐与世言,而作孙登啸也;又似乎不得与世言,而作阮籍之哭也。"其诗词未有刊本,唯《诗慰》《甬上耆旧集》等收有少量诗作。他还编有《甬东薛氏世风删》二卷,选录薛氏26人诗作165首,有明刊本;《国朝鄞献表》二卷,清抄本作《皇明鄞献表》;《徐文长诗选》,收录徐渭诗103首。

薛冈一生爱茶,尝言"余性嗜茶而不嗜酒","余性嗜茶,女善煮茶,日进佳茗数瓯,深契旗枪之妙"。① 即使客游北方,亦留下不少饮茶记录,如在河南汝州"命童子取雪作茶,啜之甘";在山东济南与友人沈凝之"汲泉瀹茗,闲谈一二眼前事,吾二人作暂时仙人"。基于自己的品茶实践,其《天爵堂笔馀》卷二中还对海内名茶发表了精彩评论:"芥与松萝兴而诸茶皆废,宜其废也。昔人谓茶能换骨通灵,啜芥久之,而知非虚语。越茶种最多,有最佳者,然不得做法,往往使佳茗埋没于土人之手,可恨,可惜。若吾乡之朱溪五井,太白、桃花山诸茶,使遇大方,当不在松萝下。武夷茶有佳者,人不尽知。茶品之恶,莫恶于六安,而举世贵贱皆啜之,夫亦以其声价不甚高贵,人易与乎?此正见俗情。""虎丘真茶最寡,止宜新,芥亦宜新,唯松萝可久蓄。芥宜春后采,松萝秋采者更佳,以是知茶品无过于松萝。"他还曾经取黄河水"瀹茗,妙甚",并将黄河水与扬子江心水、宁波它山泉等比较轻重,结果不爽毫厘,只有无锡惠山泉独重二两,可知水以体重者为佳。

薛冈一生交游广泛,其中不乏著名茶人,如闵汶水:"新安闵希文居秦淮,以茗擅誉,最得烹啜之方,世无与比。一种茶经其点瀹,色香味

---

① 薛冈:《天爵堂文集》卷八《亡女传》。

皆与人殊，茶若听其所使者。余每过之，顿将尘肠淘洒一洁，如蝉儿欲仙脱。"特别是与宁波茶人群体的交往互动密切。对屠隆，《天爵堂笔馀》卷一评价说："长卿仪部之才，如天风乍来，海涛忽涌，难原其始，难要其终。不但今代无双，汉之文园，唐之青莲，宋之坡老，明之长卿，盖一身四现者也。"对屠本畯，他也评价道："田叔读书著书，老而不倦，而精力又足以副之，余谓此公盖天纵文人，非戏也。"他还为屠本畯《茗笈》作序，对闻龙和屠本畯的茶文化贡献多加推崇。他与闻龙"为牙期之交"，在为闻龙《行乐吟》作序时，对闻龙给予高度评价："吾友闻隐鳞先生，端人也，以德行先文学，而又以孝友先百行……隐鳞生长华屋，性贞素，不好名，尝居深山中读书，腥膏不入口，有蓬蒿藜藿之风，而事佛甚谨，究心三藏。夫禅门空寂，可淡世味，隐鳞以出世之心，发蒲团之趣，其趣高，故语高，承露之仙掌也；其趣幽，故语幽，深谷之松风也；其趣远，故语远，碧天之无际也；其趣清，故语清，寒溪之彻底也；其趣朗，故语朗，月午之霜空也。无意于奇而语自奇，放光之舍利也；无意藻丽而语自藻丽，不染之莲花也。无一语越古人矩矱，亦无一语落古人齿牙，而温厚和平之气，往往类其为人，夺词坛之赤帜，改艺圃之新观，卓然名家，今之摩诘也。"《天爵堂文集》中也留下很多与闻龙、屠本畯等往还的书信，记录下他们之间"枫丹霜白，茶熟香清""共此寂寥，同其离索"的饮茶交往生活。

《斗茶文》见于《天爵堂文集》卷十八，是迄今所知有明一代唯一的一篇以斗茶为主题的散文，颇有价值：

> 王伯良、方仲举皆新安人，各自任所畜松萝茶最精。马金部眉伯请于七月七日斗之。仲举负，罚具酒。同座客有蒋子厚、汪遗民，人皆赋诗，余得文。其辞曰：
>
> 贪夫斗积，武人斗刚，谋家斗略，敌国斗强。凡斗之道，杀机攸藏，余不乐近，矧与俱觞。岁维乙丑再诣都门，金部眉伯为余开樽，余不宜酒，乞茗涤烦，于是遣清风之使，启都统之笼，斥凤髓与雀舌，

拔松萝于伍中。余方欲啜，二客交陈，咸述斯茶之甲，拆我家山之春，六班昔著，九难今聆，王伯良已称换骨，方伯举自誉通灵，座如聚讼，辩质罕停。眉伯奋曰：君且屏嚣，明届七夕，斗巧之宵，易而斗茗，于我团焦，请别以口味于何逃，吾将为子陈瓦铛，煨榾柮，汲洌井，除林越，官时之壶具施，成宣之杯毕发，迟吾子旗，摇太白枪，挥绿沉火，攻逞夫田氏水阵，背以淮阴，胜者具酒，负者罚金，二客唯唯，谨识以心。

  是日薄脯，秋灯未灼，二茗俱臻，众客弗约。伯良既悍，仲举不弱，发茗接兵，方氏顿却，输金取酒，以佐欢谑。茶品斗竟，未较茶量，余与诸子，愿一命将，分道而进，无许退让。众乃坚壁，不敢仰望。纵余鲸吞，形神欣畅。尔辈酿王，秒肠以酿，盍吸玉津，一洗五脏。余少病悸，蚁斗惊牛，夫何老惫，与斗者游，畴知嬉笑之斗，斗虽力而无忧，杀机不起，凶锋亦收。方托之以展怀舒额，亦假是而追朋随俦。眉伯兹举，岂将陟森伯而黜欢伯，移虎丘而易糟丘，法当赐若以馀甘之姓，封若为不夜之侯。因思文人好胜，莫不斗靡夸多，未经比试，均一松萝。倘饬眉伯，持衡而过，操觚之人，其如尔何？

文中所关涉人物王伯良、方仲举、马眉伯、汪遗民等皆不详，唯蒋子厚，《天爵堂笔馀》卷一有一段"蒋子厚，廉士也"的记载。尽管如此，此篇《斗茶文》作为珍贵的茶史文献，仍具有进一步研究探索的价值。

三、从屠本畯、闻龙、罗廪的交往再探《茗笈》成书过程

  关于屠本畯的《茗笈》，历来有不少争议。《四库全书总目提要》称："每章多引诸书论茶之语，而前引以赞，后系以评。又取陆羽《茶经》分冠各篇，顶格书之，其他诸书皆亚一格书之。然割裂饾饤，已非《茶经》之全文。点瀹二章，并无《茶经》可引，则竟阙之。核其体例，似疏解《茶经》，又不似疏解《茶经》；似增删《茶经》，又不似增删《茶经》。纷

纭错乱，殊不解其何意也。"也有对其正面的评价，当今《中国历代茶书汇编校注本》认为是一部"内容整洁，编排清楚，出处详全，时间也较早的具有代表性的较好茶书"。仅就其成书年代而言，就众说纷纭，有万历三十二年（1604）前后、万历三十六年（1608）、万历三十七年（1609）、万历三十八年（1610）以及万历三十八年以后等多种说法。[①]问题所在，涉及到《茗笈》成书的曲折过程，特别是屠本畯与闻龙、罗廪三位宁波茶人的交往关系，值得深入探讨。

首先，从三位宁波茶人的交往关系入手。屠本畯出于鄞县望族，其从祖父屠侨、屠侄同为正德六年（1511）进士，分别官至左都御史、吏部尚书和吏部考功清吏司郎中。其父屠大山，嘉靖二年（1523）进士，累官川湖总督、应天巡抚兼提督军务。屠隆亦为其同族从祖辈，二人仅相差一岁，交往密切，趣味相近。屠本畯（1542—1622）字绍蕑，又字田叔，号汉陂、桃花渔父，晚号憨先生、豳叟。以父荫入仕，历官刑部检校、太常典簿、南京礼部郎中、两淮盐运同知、福建盐运同知、辰州知府，著有《山林经济籍》《闽中海错疏》《情采编》等。闻龙（1551—1631）本名继龙，字隐鳞，初字仲连，号飞遁，亦出于鄞县望族，祖父闻渊与屠侨同年中举，弘治十八年（1505）进士，官至礼部尚书。父闻思尹，荫中书舍人。屠、闻二氏乃通家世交，有多重姻亲关系：闻渊长女适屠大文，屠大年女适闻思安，屠本畯有个姐妹适闻思治、其子维霖娶闻龙堂兄弟继美之女，闻龙本人则娶屠大雅长女为妻。闻龙"博学隐居，屡征不仕"，嗜茶、参禅、工诗、喜游，屠隆称其为"天际真人"。闻龙与屠本畯交往颇为密切，其《行乐吟》就是在屠本畯等友人的建议下结集成册的；屠本畯升任辰州知府时，闻龙撰《送田叔守辰州》诗相赠。

[①] 参见丁以寿《明代几种茶书成书年代考》《明代五种茶书成书年代补正》《明代几种茶书成书年代再补：兼答张如安先生》，分载《农业考古》2004年第4期、2007年第5期、2009年第5期；张如安《〈明代五种茶书成书年代补正〉商兑》，《农业考古》2009年第2期；竺济法《晚明宁波四位茶书作者茶事及生平小考（续）》，《中国茶叶》2010年第3期。

闻龙《茶笺》作为《茗笈·品茗姓氏》的最后一种，堪称其撰著《茗笈》的最新参考文献，屠本畯《茗笈自序》特别提到闻龙的影响："不佞生也憨，无所嗜好，独于茗不能忘情。偶探友人闻隐鳞架上，得诸家论茶书，有会于心，采其隽永者著于篇。"

罗廪（1553—？）字君举，改字高君，别号烟客，慈溪（今宁波江北区慈城镇）人。罗氏亦为当地望族，曾祖罗信佳，成化丙戌（1466）进士，祖父罗缙，弘治壬戌（1502）进士。父罗瑞，字景祥，别号双浦，由制贡授南京西城兵马司，调涿州同知。屠本畯从祖父屠侨与罗廪祖父罗缙是老友，曾有《送双浦公任南都》诗赠罗廪父罗瑞，说明两家早有交往。罗廪《罗高君集》中有《闻杜鹃寄屠纬真、张成叔、季之文》《送屠田叔移南都水部郎》两诗，可见他与屠隆、屠本畯多有交流。更为重要的是，万历三十七年，罗廪完成《茶解》，请屠本畯为之作序。屠本畯完成于"万历己酉端阳日"的序言，不仅评价其人"性嗜茶，于茶理有悬解""其论审而确也，其词简而核也"，还特别提到屠、罗、闻三人的茶缘："初，予得《茶经》《茶谱》《茶疏》《泉品》等书，今于《茶解》而合璧之。读者口津津，而听者风习习，渴闷既涓，荣卫斯畅。予友闻隐鳞，性通茶灵，早有季疵之癖，晚悟禅机，正对赵州之锋，方与裒辑《茗笈》。持此示之，隐鳞印可曰：斯足以为政于山林矣。"可见罗廪及其《茶解》对屠本畯及其《茗笈》产生的冲击和影响，也可见闻龙似亦参与了《茗笈》的编纂。

其次，从《茗笈》刊刻和版本信息入手。《茗笈》一书，有《山林经济籍》《茶书》以及增订《茶书》《山居小玩》《群芳清玩》诸本，其中《山林经济籍》本，载于卷十七，该书有六篇序（包括自序），最早的是万历丁未（1607）王嗣奭序，最晚的是万历癸丑（1613）柴懋贤序，而柴懋贤是其校订者（卷十三有"甬东屠本畯豳叟编辑""后学柴懋贤士德校订"），说明该书从首篇序言到最后刊刻问世至少经过了七年时间，才增删、修订、评议完成，因此《山林经济籍》本当为刊刻较晚的一个版本。《茶书》及其增订本，则是在茶友徐㶿推荐下收入，分别刊刻于万历四十年（1612）

和四十一年（1613）。至于毛氏汲古阁《山居小玩》及其增订《群芳清玩》本（崇祯二年，1629）就更晚了。值得注意的是，万历三十八年（1610）《茗笈》编纂已经完成，并有一个单行本。证明之一是屠本畯自序、薛冈序、范大远跋以及王嗣奭、范汝梓、陈瑛、屠玉衡《茗笈品藻》均作于是年；之二是福建茶人谢肇淛、徐𤊹曾得到此书，徐𤊹万历三十九年（1611）序中明确说："予与先生别十五载，而谢在杭自燕归，出《茗笈》，读之清风逸兴，宛然在目，乃谋诸守公喻使君梓之郡斋，以广同好，善夫！"不唯有前本，而且又有次年的福州府刻本，接着就是将此本收入《茶书》及其增订本。我们从徐𤊹文集中也能得到相应的信息。《寄屠田叔》："罗高君入闽，恨相见之晚……《茗笈》重梓，僭作小引，隐鳞《茶笺》、然明《茶疏》，便鸿万祈寄示合梓之，不啻饥渴，余情高君能详道之。"又《寄屠田叔》："自丙午……十五年契阔，迩者有客传使君新编《茗笈》，当令鸿渐《经》惭，君谟《录》愧。客为帐中之秘，不轻示人，而不肖请于敝郡喻守公重授梓。日下尚未举工，秋杪可寄呈记曹也。老公祖千秋之业，想日益精，倘有杀青，愿一见教。余甥谢在杭水部久慕使君风猷，不敢径通尺素，谨将家训数种托不肖代致阁下……新刻《蔡端明别纪》一部，附呈台览。"[1]

最后，我们来还原《茗笈》曲折的编纂出版过程。第一步，《茗笈》是作为《山林经济籍》二十四卷中的一卷，属于经部。《叙籍原起》云："煮茗焚香，高论未已，烹葵邀客，玄谈转清，岂惟滓秽外祛，抑亦灵根内涤，纪《茗笈》第十七。"旨在记录朋友间煮茗焚香高谈清话的言论，尚未有编纂一部茶书的构想。符合这一体例的是开篇的"南山有茶十章"，所谓"南山有茶，美茗笈也，醒心之膏液，砭俗之鼓吹，是故咏之"。《叙籍原起》末署"万历戊申修禊日屠本畯书于人伦堂"，是指《叙籍原起》完成的时间是万历三十六年农历三月三，并非《山林经济籍》的成书时间。

---

[1] 徐𤊹：《红雨楼集》第305页、317页，《上海图书馆藏未刊古籍稿本》第43册，上海：复旦大学出版社，2008年。

第二步，受闻龙茶作及架上茶书的影响进行调整。正如前引屠本畯自序中所说的"采其隽永者，著于篇"。第三步，受罗廪《茶解》的影响再次对其内容、体例和架构进行较大幅度的补充和调整，列出18人的"品茶姓氏"及其著作清单，作为基本参考资料；模仿传统经传，"大都以《茶经》为经，自《茶谱》迄《茶笺》列为传"。从《茗笈》的文本来看并未完全实现这一构想，只是像类书一样将不同出处的引文纳入各章类目之下，因而遭致四库馆臣的批评："核其体例，似解《茶经》，又不似解《茶经》；似增删《茶经》，又不似增删《茶经》。纷纭错乱，殊不解其何意也。"从《茗笈》引用茶书的情况统计，引《茶笺》《茶解》分别为10则和12则，仅次于许次纾《茶疏》的19则和张源《茶录》的15则。另外，从屠本畯自序和薛冈《茗笈序》只提闻龙而不提罗廪，以及罗廪《茶解》万历四十年再刊时，将龙膺作于该年春三月的跋置于正文前，而将万历三十七年初刊时屠本畯所作的序移到了正文之后，可见二人在此一问题上的微妙关系。

综上所述，屠本畯《茗笈》的成书，经历了三个阶段，特别是受到另外两位宁波茶人闻龙、罗廪的影响作出重要补充与调整，约于万历三十八年（1610）定稿。由于《山林经济籍》尚未校订付样，乃将《茗笈》单独刊刻；得到此本的福建茶人徐𤊹又向福州知府喻政推荐，于次年秋刊于府中，接着又于万历四十年、四十一年收于《茶书》及其增订本。最后才是万历四十一年《山林经济籍》（卷十七《茗笈》）的刊行。

（本文原载《"茶庄园""茶旅游"暨宁波茶史茶事研讨会论文集》，2019年）

明代的饮茶风尚

饮茶风习发展到了明代,早已成了开门七件事之一,而民间茶馆文化也在晚明时期勃然兴起,我们已经无必要去述说此风的传播与盛行了。值得注意的是,与焕然一新的生产和加工方式相适应,饮茶风尚也发生了具有划时代意义的变革。斗茶之风消失了,穷极工巧的团茶为"天趣悉备"的散茶所代替,研末而饮的点茶道变成了沸水冲泡的瀹饮法,从而开创了后来的开水冲泡饮法的先河,反过来也促进了散茶生产技术的全面发展。同时,人们尤其是士大夫阶层对饮茶艺术的追求和审美也创造了一个新的天地,传统的茶文化得到了弘扬和发展。

一、茶文化的流变与转型

两宋之际,中国历史发生了划时代的变化。也就是从这时开始,中国茶文化也经历了两三个世纪的嬗变。从茶艺而言,则是从团饼点茶到散茶冲泡的转型。这一转型,酝酿于南宋,经历元朝和明代前期,到明代中期逐步完成,晚明以后盛行开来,一直到今天,成为饮茶方式的主流形态。

（一）中心重合：产业中心与文化中心

夏、商、周三代以降，中国的政治中心、经济中心、文化中心始终在黄河流域的中原地区，并沿着西安—洛阳—开封这一轴心缓缓向东移动；六朝以来，江南地区渐次开发，经济重心已开始向东南微微倾斜；安史之乱以后，江南经济已显后来居上之势；北宋江南文化业已与中原文化旗鼓相应；1127年的靖康之难，繁华的东京被洗劫一空，"中原人士扶携南渡几千万人"，从而给政治中心、经济中心、文化中心南移"以最后的推动"。接下来的南宋时期，政治中心移至临安（今杭州）；全国经济重心完成了从黄河流域向长江流域的历史性转移，传统中国的经济形态自此逐渐从自然经济转向商品经济，从封闭经济走向开放经济，从内陆型经济转向海陆型经济，这是中国传统社会发展进程中具有标志性意义的重大转折。与此相应，自从东晋以后开始的全国文化中心南移的运动也得以完成，杭州—苏州—南京构成的南北向文化轴心取代了长安—洛阳—开封东西向文化轴心。正如刘子健先生所提出的假说："中国近八百年来的文化，是以南宋为领导模式，以江浙一带为重心……南宋模式的文化已经成为汉文化的大传统。"[①]

在中华文明空间转换大势之下观照中国茶文化的历史流变，我们也可以得到一些新的启示。"茶者，南方之嘉木也。"基于茶树生长的环境要求，茶叶生产与饮茶风气的中心是长江淮河流域及其以南的广大地区，也就是说茶产业的中心是在江南地区。而自中唐时代"茶道大行"，陆羽《茶经》"分其源、制其具、教其造、设其器、命其煮"，开启了中国茶业的文化之门，形成了以煎饮法为特征的中国茶文化史的第一个高峰；经五代至北宋，北苑建茶崛起，"龙团凤饼，名冠天下"，"缙绅之士，韦布之流，沐浴膏泽，熏陶德化"，"采择之精，制作之工，品第之胜，烹点

---

① 刘子健：《代序——略论南宋的重要性》，黄宽重《南宋史研究集》，台北：新文丰出版公司，1985年。

之妙，莫不盛造其极"，形成了以斗茶、点茶、分茶为特征的中国茶文化史的第二个高峰，也可以称为巅峰。两次茶文化发展的中心区都不在江南的茶产业中心，而是在并不适宜茶叶生产的京师，也就是当时全国的文化中心区域，这种茶产业中心与文化中心的疏离状态，是中国茶文化发展史上一个值得关注的现象。

这种现象的存在是封建中央集权统治的产物。首先是源于任土作贡的贡茶制度，上品佳茗皆贡献朝廷，所谓"天子须尝阳羡茶，百草不敢先开花"；"凌烟触露不停采，官家赤印连帖催……茶成拜表贡天子，万人争喊春山摧"。京师集中了全国最好的茶叶，唐元和十二年（817）五月，内库一次就拿出30万斤茶叶。北宋继承南唐旧制，在北苑置官园官焙，设官专司向皇室贡茶之事，岁贡高达216000斤，其他"诸路贡新茶者凡三十余州，越数千里，有岁中再三至者"。其次是高度集权下的行政运作的极致发挥，为京师积聚了广泛的政治、经济和文化资源，皇室的热心倡导和身体力行、官府的大力推动、文人的极力阐扬、民众的广泛参与，使得宋茶的品质极度精致化，也大大提升了茶的文化形象，拓展了茶的文化内涵，拉动了茶的社会消费。也正因为如此，这种超经济的力量也极大地消解了茶叶产业中心与文化中心相疏离的现象所带来的负面作用或言消极影响，依然成就了唐宋茶文化的辉煌。

当然，这种茶产业中心与文化中心长期疏离的状态或现象，毕竟不符合茶叶经济发展的规律，也不可避免地会给中国茶文化的历史发展带来不利的影响。因缘际会，南宋时期随着政治、经济、文化中心南移的完成，临安成了三位一体的茶业核心区。首先，"中朝人物悉会于行在"，"四方士民商贾辐辏"，促使杭州得以携京师重地、经济重心、文化绍兴、茶产兴盛多重优势，成为茶文化复兴的得天独厚的中心区域。其次，延续北宋上层社会茶文化的庙堂风致的同时，适应商品经济发展和市民文化兴起的历史潮流，推动了江南茶文化的士林风雅和民间风俗、庙堂风致与民间意趣的雅俗融合，是观照南宋乃至此后中国茶文化发展的一条重要路径。

（二）雅俗辩证：庙堂风致与民间意趣

关于宋代的文化特征，学术界比较普遍的看法："宋词、宋文、宋画、宋代文玩以及宋代理学，构成了一个精致辽阔而又森严的贵族世界，而在这个世界之外，别有一种文化形态崛起，这就是在熙熙攘攘的商市生活、人头攒动的瓦舍勾栏中成长起来的野俗而生动的市民文化。"[①]这就关涉中国文化史上最为常见的一个命题——雅俗之辨，也就是精英文化与大众文化的思维结构，二者的关系并不局限于两种文化、两个阶层之间的区分，重要的是二者之间更为复杂的互动和融合。中国茶文化的发展亦当作如是观。

饮茶之兴，自是源自民间生产生活；而提升为生活艺术、审美情趣和精神文化，则由于文士僧家的总结阐扬。封演《封氏闻见记》卷六："开元中，泰山灵岩寺有降魔师，大兴禅教，学禅务于不寐，又不夕食，皆许其饮茶。人自怀挟，到处煮饮，从此转相仿效，遂成风俗。……楚人陆鸿渐为茶论，说茶之功效，并煎茶炙茶之法，选茶具二十四事，以都统笼贮之，远近倾慕，好事者家藏一副。有常伯熊者，又因鸿渐之论广润色之，于是茶道大行，王公朝士无不饮者。"沿至北宋，以宫廷、士林为代表的茶之雅文化融合三教、兼通百艺，臻于极致，而以市民阶层为代表的茶之俗文化也空前兴起，显示出勃勃生机。就前者而言，"天下之士，励志清白，竞为闲暇修索之玩"，北苑贡茶穷极精致，点茶、分茶、斗茶技艺出神入化，茶书编撰蔚然成风，茶与诗词、书法、绘画等艺术形式的有机结合，"试碾露芽烹白雪，休拈霜蕊嚼黄金"，"北苑将期献天子，林下群豪先斗美"，"矮纸斜行闲作草，晴窗细乳戏分茶"，成为"盛世之清尚"。就后者而言，商品经济发展和打破坊市制度，市民阶层的兴起和市民文化的勃兴，茶坊酒肆、瓦舍勾栏的繁荣，流动茶摊、茶担的兴起，

[①] 冯天瑜等：《中华文化史》第2版，下册，第546—647页，上海：上海人民出版社，2005年。

以至"宾主设礼，非茶不交""客至则设茶，欲去则设汤"的客来敬茶习俗，居家饮茶和以茶睦邻、茶入婚俗等，茶文化已经深入到城乡居民生活的方方面面，成为民间文化的一个重要元素。

如果说北宋茶的雅文化登峰造极而俗文化初见端倪的话，那么到了南宋时期，茶之雅俗文化则经历着此消彼长、从分野到融合的嬗变。南宋虽偏安江南，但其疆域仍基本包含了适宜栽茶生态区，加上茶马贸易、榷场及走私贸易之需，茶叶生产持续增长，产量高达1.65亿~2亿宋斤之间。北苑贡茶的制度、品名、规模虽仍沿袭北宋之旧，如熊克所谓"阅近所贡仍旧，其先后之序亦同，惟跻龙团胜雪于白茶之上，及无兴国岩小龙、小凤"。但格于客观形势，也不时加以裁减、蠲免，如高宗就曾罢北苑贡茶三分之一。孝宗以后，北苑贡茶可能裁损更甚，或虽有旧规，而多不敷额了。况且贡茶制作成本高昂、价值严重偏离、违背自然物性也影响了这种极端精致化的茶艺的持续发展和普及；社会的动荡和人们的心理焦灼也使得茶艺"慢慢从高贵的艺术殿堂降落，渐渐平凡化"，南宋茶书的编撰的锐减就是一个明证。与此相反，以都城临安为代表的城市商品经济繁荣已远远超过北宋东京，"视京师其过十倍矣"，社会风气好新慕异，奢靡相尚，民间茶文化获得了空前的发展。就其标志之一的茶坊而言，《东京梦华录》虽记载有李四分茶坊、薛家分茶坊、从行裹角茶坊、山子茶坊、丁家素茶坊等，《清明上河图》也展现了汴河两岸的茶坊，但还是在叙述街道、展示街景时附带提到，较之《梦粱录》《都城纪胜》等文献，专设"茶肆""茶坊"之目，不仅列名繁多，"处处各有茶坊"，而且分类更细，如茶楼教坊、行业"市头"、"士大夫期朋约友会聚之处"以及娱乐场所之花茶坊、水茶坊、歌馆、书场等，经营方式也灵活多样。京师之外的其他城乡也所在多有，茶馆的普及程度已远远超过了北宋。民间茶文化的普及也同时在不断简化着极端精致化的品饮技艺，消解着精英阶层茶文化的技术含量和质量标准，从而逐步弥合茶文化雅俗之辨，走向融合发展的自然之途。

庙堂风致的盛极转衰，民间意趣的发扬光大，代表着茶文化发展的历史走向。雅俗融合的一个重要环节是文人阶层，他们是饮茶进入文化艺术天地的主要推动力，也是民间风俗效仿和模拟的对象。此前，文人阶层更多的是通过上贡朝廷而影响朝野、推广茶道，此后，则是追求生活技艺、艺术审美、精神愉悦的和谐统一，从而成为茶之雅文化的代表，进而影响四民，美化生活，明清以降的茶文化发展即是这种雅俗融合的体现。

（三）饮法转型：团饼煎点与散茶冲泡

从茶之品饮技艺而言，以蒸青制饼、煮茶清饮为特征的唐代煎茶法，以精制团饼、煮水点汤为特征的宋代点茶法，以及以散茶冲泡为特征的明代瀹茶法，代表着茶艺发展的三个阶段。宋代正处于承前启后的重要阶段，尤其是南宋时期是从团饼煎点方法向散茶冲泡饮用方法转型的过渡时期。

历史地看，三个阶段的划分是相对而言的。早在制饼煎煮为主导形式的唐代，也间有散茶饮法，如陆希声《茗坡》诗所谓"惜取新芽旋摘煎"，刘禹锡《西山兰若试茶歌》所谓"新芽连拳半未舒，自摘至煎俄顷余"是也。宋代"茶有二类，曰片茶，曰散茶"，"腊茶（即片茶）出于剑建，草茶（即散茶）盛于两浙"。洪州双井茶号称"草茶第一"，杭州的白云茶、香林茶、宝云茶、垂云茶也都是蒸青或炒青散茶，品饮时碾磨成末，以沸水冲点。黄庭坚《双井茶送子瞻》所谓"我家江南摘云腴，落硙霏霏雪不如"即是。

南宋以后，随着以北苑贡茶为代表的团饼茶艺渐趋式微，草茶、散茶的制作和品饮方式在民间逐步普及开来，从两浙、江右扩展到更多的茶区。正如南宋赵彦卫《云麓漫钞》所谓："今人不复为饼。"谢肇淛《五杂俎》引用马端临《文献通考·征榷考》"茗有片，有散，片者即龙团，旧法；散者则不蒸而干之，如今之茶也"的说法，认为"始知南渡之后，茶渐以不蒸为贵矣"。当今负有盛名的西湖龙井茶，宋代尚未知名，至元初虞集《次韵邓善之游山中》曰："徘徊龙井上，云气起晴昼。……但见瓢中清，翠影落群岫。烹煎黄金芽，不取谷雨后。同来二三子，三咽不忍漱。"可见元代已经基本完成从饼茶到散茶的主次转换。

然而，作为一种生活方式或饮食风俗，散茶冲泡也有一个从研末冲瀹到撮茶冲泡的演变过程。我们看到，成书于正统年间的朱权《茶谱》，记载的仍然是一种末茶的饮用方式，反映出过渡性的特征；到了弘治年间，邱濬就已经写道："今世惟闽广间用末茶，而叶茶之用遍于中国，而外夷亦然，世不复知有末茶矣。"① 这种转型和创新，不仅日趋简便，而且更近天然，极大地推动了茶文化在民间的广泛传播，并终结了建茶的一枝独秀，开启了万紫千红的茶业发展局面。

二、瀹饮法："开千古茗饮之宗"

关于明代饮茶方式的变革，大多简单地理解为如今的泡茶法，似乎一朝之间就从宋朝穷极精巧的点茶法一下子过渡到简便异常的冲泡法。其实，实际的情况要复杂得多，我们读明代的茶书、茶诗、茶文，不仅煎茶、点茶、烹茶、煮茶、试茶、瀹茶、泡茶种种名目纷然杂陈，所描述的方式方法也千差万别，令人眼花缭乱，莫衷一是。这既反映了过渡时期的茶艺特征，也有着文人茶艺与大众茶艺的区隔，需要加以辨析。

纵观人类饮茶文化史，茶叶烹饮方式不外乎两种，一是煎饮法，一是冲泡法。前者是将茶投入煮水器中煎煮，然后分到饮茶器中品啜；后者是将茶投入饮茶器，然后以煎好的沸水冲点，无论是茶末还是茶叶；从这个意义上讲，唐代煎茶属于煎饮法，宋代点茶则属于冲泡法；明朝的情况比较复杂，从时间概念上说，前期属于点茶，中后期属于煎茶；从饮茶主题而言，文人茶接近煎茶，大众茶接近点茶；因为茶叶、茶具以及品饮方式与唐宋已不可同日而语，故有人将明代饮茶方式概括为烹

---

① 丘濬：《大学衍义补》卷二十九《山泽之利》下，第417页，郑州：中州古籍出版社，1995年。

茶法；明末以降，基本上过渡到了冲泡法。以此衡量，日本茶道中的抹茶道，自宋代点茶演化而来，当属于冲泡法；日本茶道中的煎茶道，则自明代烹茶法演化而来，亦属于冲泡法，与唐代煎茶道没有什么关系。

（一）从明太祖贡茶改制说起

谈到明代沸水冲瀹饮法的普及，不能不提一提明太祖朱元璋的贡茶改制的影响。对此，沈德符《万历野获编》记述颇详，评价甚高：

> 国初四方供茶，以建宁、阳羡茶品为上。时犹仍宋制，所进者俱碾而揉之，为大小龙团。至洪武二十四年（1391）九月，上以重劳民力，罢造龙团，惟采茶芽以进。其品有四，曰探春、先春、次春、紫笋。置茶户五百，免其徭役。按茶加香物，捣为细饼，已失真味，宋时又有官中绣茶之制，尤为水厄中第一厄。今人惟取初萌之精者，汲泉置鼎，一瀹便啜，遂开千古茗饮之宗。乃不知我太祖实首辟此法，真所谓圣人先得我心也。陆鸿渐有灵，必俯首服；蔡君谟在地下，亦咋舌退矣。①

俞樾《茶香室续钞》卷二十三引此条，并云："按此则今人瀹茗之法，自明初始也。"文震亨《长物志》亦认为"我朝所尚"与前代迥然不同，这种烹试之法"简便异常，天趣悉备，可谓尽茶之真味矣"。茅元仪《读坡公建茶诗因忆故山岕侯八首》之四吟咏此事："大明天子罢龙团，始得天真映涧寒。多幸君王哀贡户，拓开风雅后人看。"并自注云："我太祖设五百户贡茶，仍恐劳费，罢磨碾，于是草茶盛行。"②

如果将瀹饮法的形成归于明太祖一人的功劳，或因此而推断今天开水冲泡之法始于明初，恐怕有失妥当。其实，这种饮茶风习是在唐宋时代就存在的散茶饮用方法的基础上发展而来的，早在南宋及元代，"重散略饼"的趋势已很显著。况且这一简便的饮法应该说是先在下层民间社会普及传播开来的，朱元璋诏罢团饼，"惟令采茶芽以进"，只是顺应了

---

① 沈德符：《万历野获编》补遗卷一《供御茶》，北京：中华书局，1989年。
② 茅元仪：《石民江村集》卷六《读坡公建茶诗因忆故山岕侯八首》其四。

饼茶制法、饮法的衰落和散茶加工、品饮风尚的兴起的历史潮流，将这种风尚推广于宫廷生活之中，进而影响及于朝野而已。

当然，皇帝罢进团饼，唯饮芽茶，在客观上还是产生了很大的影响力，对于宋元以来重散略饼的茶叶加工和饮用方法的转变起到了推波助澜的作用。至明代中后期，这种瀹饮法就更为普及，明末清初刘献廷《广阳杂记》记载："古时之茶，曰煮，曰烹，曰煎，须候汤如蟹眼，茶味方中。今之茶惟用沸汤投之，稍着火即色黄而味涩，不中饮矣。乃知古今之法，亦自不同矣。"此外，这种饮法对于叶茶加工技术的进步以及黑茶、熏花茶、红茶、乌龙茶等茶类的迅速兴起和发展也起到了巨大推动作用，从而使明清两代成为我国制茶技术全面发展的时期。

还有一个不可忽视的问题，那就是茶叶加工和品饮方式的简化，茶叶生产的发展，使得这种"简便异常"的生活艺术更容易广泛地深入到社会的各个层面，植根于下层民众之中，从唐宋时期宫廷、文人的雅尚清玩转变为整个社会、广大民众的生活文化。从这个意义上讲，中国的茶文化从散茶的兴起才开始真正普及到社会的各个阶层，逐渐与社会生活、民情风俗、人生礼仪、审美意识结合起来，影响深广；当然，另一方面也使中国的茶文化不如日本茶道那么程式化、艺术化甚至宗教化，这大概也是中国茶艺与日本茶道的一种区别吧！

（二）从烹茶法到冲泡法

就在明太祖朱元璋下诏贡茶改制大约半个世纪之后，其子宁王朱权的《茶谱》问世。那么在这号称明代第一部茶书中，所记录的是什么样的饮茶方法呢？我们且看这位"天资聪慧，德器夙成"的皇子晚年的自述：

……然天地生物，各遂其性，莫若叶茶，烹而啜之，以遂其自然之性也。予故取烹茶之法，末茶之具，崇新改易，自成一家。……命一童子设香案、携茶炉于前，一童子出茶具，以瓢汲清泉注于瓶而炊之。然后碾茶为末，置于磨令细，以罗罗之，候汤将如蟹眼，量客众寡，投数匕于巨瓯，候茶出相宜，以茶筅摔令沫不浮，乃成

云头雨脚,分于啜瓯,置于竹架。童子捧献于前,主起,举瓯奉客曰:
"为君以泻清臆。"客起,接举瓯,曰:"非此不足以破孤闷。"乃复坐,
童子接瓯而退。①

朱权明确指出所用为"叶茶",其方法为"烹茶之法",而其制作和煎饮方式则依然是唐宋以来的传统,采摘一芽一叶的散茶,蒸之、揉之、烘之、焙之,然后碾之、磨之、罗之,将茶末投入巨瓯也就是大茶碗,然后将煎好的沸水点汤,以茶筅击拂,幻出沫浡,分于茶瓯,行礼奉饮,以示风雅。显然,这仍然是宋代的点茶之法,只是将团茶变成散茶而已,并非乃父朱元璋所倡导的瀹饮法或冲泡法。虽然其中不无宁王晚年"脱迹黄冠"、寄情山水、全身远祸的因素,但更为重要的是作为一种饮茶方式、社会风俗,从烹茶法到瀹饮法的转变需要有一个较长的历史嬗变。

这个历史嬗变的过程,几乎延续了有明一代。明末清初的苏州人顾苓,"居虎丘山塘",为"文氏弥甥"。他与著名茶人朱汝圭为老友,"每当桐阴初引,秋露既白之候,辄手一罂,为余甄别正变,其言有合于道",因而采取其说,写成《茶序》,提出了一个很有价值的判断:茶事至崇祯年间(1628—1644)才发生了划时代的变革:

茶事至今日而极矣。唐用熟碾,为挺为丸。宋宣和间,剔叶取心,为银丝冰芽龙团胜雪,而茶一变,天下皆取细芽,而浙江之长兴为一旗一枪。崇祯间始为片叶,而茶又一变。夫去熟碾而剔取,去剔取而烘焙,其为工也,渐近自然;由细芽而旗枪,由旗枪而片叶,其取候也,渐壮渐老。既老而近自然,则茶之为事也近乎道矣。况茶与水比而有色,色欲白;水得茶而成味,味欲甘。且冽茶得水而出香,香种种不同,大约与花香相似。世间草木之有花者,无高下,无大小,莫不有香,惟茶花不香,而闷其香于叶。晴日风和,采摘怀里,香气蓬勃,及注以水而不出者,人工失也。天下之茶皆有香,

---

① 拙编:《中国茶典》,第114页,太原:山西古籍出版社,2004年。方健《中国茶书全集校证》第2册,第625页,有脱漏,郑州:中州古籍出版社,2015年。

生于山之左而香者或移之右而杀焉，生于山之麓而香者或移之巅而烈焉，地力殊也。他草木以地力分者，在百里千里之外。茶以地力分者，在五步十步之中。盖茶之食力于地者贵薄，而所守之界甚隘。草木之有隐德者也。产于中土，不生边陲之外，草木之得正气者也。然宣和一变，崇祯再变，而今且蟹眼金牙，杂牛马潼酪以进；素瓷聚乳，在鸣镝服匿之旁，非茶之又一变乎？福先祸始，谁实为之？而论者执其咎为草木之妖，可胜叹哉！"①

尽管他的说法或者说是朱汝圭的说法是基于长兴岕茶的实践，但也具有重要的参考意义。至少说在晚明炒青绿茶兴起，取代蒸青散茶之后，还有就是宜兴紫砂壶风行之后，以茶壶烹茶、泡茶的饮茶方式才逐渐成为风俗，使得瀹茶法真正得到普及和推广。

以上是从时间概念上来梳理从烹茶法到瀹茶法的演变过程，我们还可以从社会阶层或社会群体乃至地域的维度加以分析。

首先是文人雅士与庶民百姓或言专业茶人与一般饮茶人士的区别。随着散茶的兴起，一般饮茶人士可能都一概从简，逐渐适应了冲泡之法；而文人雅士喜好附庸风雅，瓶煎秋水，瓯啜春风，还要追求烹茶的幽韵，于是这两种饮茶方法也就在相当长的时间内并行不悖了。

这一文人烹茶之法可以追溯到明朝初年。无锡惠山寺的住持真公性海和尚，喜欢饮茶，在寺院旁植万株古松，建听松庵，庵内设竹炉、砂瓶、陶盏、朱托盘等物，汲惠山泉，烹阳羡茶，与当地文人墨客雅集唱和，一时传为盛事。就在明太祖朱元璋贡茶改制四年之后的洪武二十八年（1395），性海和尚命湖州竹工制造竹茶炉，并陶瓶一，陶盏四，竹盘一，请才子王达撰《竹炉记》，画家王绂绘画并题诗，苏吴名士纷纷题咏唱和，惠山泉、阳羡茶与竹茶炉三美并具，竹炉烹茶成为明代文人雅士烹茶之法的一个标识，并世代相传，风雅不绝。文征明诗："嫩汤自候鱼

---

① 顾苓：《塔影园集》卷四《茶序》，第102—103页，上海：华东师范大学出版社，2014年。

生眼，新茗还夸翠展旗。"唐寅诗："买得青山只种茶，峰前峰后摘春芽。烹煎已得前人法，蟹眼松风候自嘉。"徐祯卿诗："惠山秋净水泠泠，煎具随身挈小瓶。欲点云腴还按法，古藤花底阅《茶经》。"都是这一烹茶之法的写照。与朱权烹茶之法相比，这种以文人雅士和僧侣为代表的饮茶方式，省却了碾、磨、罗茶等环节，直接把叶茶投入茶瓶、茶铫或茶壶煎煮，可谓别开生面，并受到广泛传扬，开启了后世工夫茶法的先声。

其次还有不同地域之间饮茶方式或饮茶风俗的差别。成书于万历二十一年（1593）前后的钱塘人陈师所作《茶考》就为我们留下了苏州、杭州雅俗不同的两种饮茶方法："烹茶之法，唯苏吴得之。以佳茗入磁瓶火煎，酌量火候，以数沸蟹眼为节。如淡金黄色，香味清馥，过此而色赤，不佳矣。故前人诗云：采时须是雨前品，煎处当来肘后方。古人重煎法如此。"又云："杭俗烹茶，用细茗，置茶瓯，以沸汤点之，名为撮泡。北客多哂之，予亦不满。一则味不尽出，一则泡一次而不用，亦费而可惜，殊失古人蟹眼鹧鸪之意。况杂以他果，亦有不相入者。……予每至山寺，有解事僧烹茶，如吴中置磁壶二小瓯于案，全不用果奉客，随意啜之，可谓知味而雅致者矣。"① 烹茶之法与撮泡之法并行于苏杭，连杭州人陈师自己就觉得是雅俗之辨，代表着两种不同的风俗，也可以说是明初以来饮茶方式变革的两种不同的走向。对此，同为杭州茶人的许次纾并不同意，认为"杭俗喜于盂中撮点，故贵极细，理烦散郁，未可遽非"。

到了万历年间，炒青绿茶取代蒸青散茶，由于其滋味厚重、香韵悠长，备受世人推崇，开启了茶叶加工制作的新时代，与之相应的泡茶法在江南广为流行，并由南而北，逐渐成为烹饮的主流形态。张源《茶录》总结"泡法"道："探汤纯熟，便取起先注少许壶中，祛荡冷气，倾出，然后投茶。茶多寡宜酌，不可过中失正。茶重，则味苦香沉；水胜，则色清气寡。两壶后，又用冷水荡涤，使壶凉洁，不则减茶香矣。罐熟则

---

① 陈师：《茶考》，方健《中国茶书全集校证》第二册，第737—738页，郑州：中州古籍出版社，2015年。

茶神不健，壶清则水性常灵。稍俟茶水冲和，然后分酾布饮。酾不宜早，饮不宜迟。早则茶神未发，迟则妙馥先消。"同时他认为"投茶有序，毋失其宜"："先茶后汤，曰下投；汤半下茶，复以汤满，曰中投；先汤后茶，曰上投。春秋中投，夏上投，冬下投。"至于"饮茶"："以客少为贵。客众则喧，喧则雅趣失矣。独啜曰神，二客曰胜，三四曰趣，五六曰泛，七八曰施。"他还总结了茶的色香味："茶以青翠为胜，涛以蓝白为佳。黄黑红昏，俱不入品。雪涛为上，翠涛为中，黄涛为下。新泉活火，煮茗玄工；玉茗冰涛，当杯绝技。""茶有真香，有兰香，有清香，有纯香。表里如一，曰纯香；不生不熟，曰清香；火候均停，曰兰香；雨前神具，曰真香。更有含香、漏香、浮香、间香，此皆不正之气。""味以甘润为上，苦涩为下。"这些原则与方法对于今天而言仍然具有一定的指导意义。

　　明代饮茶方式的演变既如上述，那么作为与唐代煎茶法、宋代点茶法等量齐观的明代烹茶法或瀹饮法，究竟是怎么样一种品饮技艺呢？我们认为，可以许次纾《茶疏》的描述作为代表。许次纾（1549—1605）字然明，钱塘人，是中国茶史上堪与陆羽、蔡襄媲美的又一个划时代的人物，其《茶疏》是基于作者及其茶人群体的茶艺实践，代表了晚明烹茶法或瀹饮法成熟时期的时尚和水平。

　　《茶疏》，《千顷堂书目》著录为《岕茶疏》，据作于万历三十五年（1607）姚绍宪序云：

　　　　陆羽品茶，以吾乡顾渚所产为冠，而明月峡尤其所最佳者也。余辟小园其中，岁取茶租，自判童而白首，始得臻其玄诣。武林许然明，余石交也，亦有嗜茶之癖。每茶期，必命驾造余斋头，汲金沙、玉窦二泉，细啜而探讨、品骘之。余罄生平习试自秘之诀，悉以相授。故然明得茶理最精，归而著《茶疏》一帙，余未之知也。然明化三年所矣，余每持茗碗，不能无期牙之感。

　　长兴姚绍宪（字伯道）、姚绍科（字叔度）兄弟，京兆尹姚一元之子，是明代岕茶茶艺的代表人物。冯梦祯《祭姚伯道文》云："呜呼伯道，其人如玉,生于名家,丹山鸑鷟,愧余晚交,饮淳挹馥。地产名茶,君也多蓄,白下武林,岁遗相续。"① 而罗岕茶堪称明茶绝唱,"缘其摘迟,枝叶微老,炒亦不能使软,徒枯碎耳",依然保持着传统蒸青工艺,色泽深绿,气味幽深,风靡于明清之际,深受文人雅士喜爱。同时,到许次纾的时代,紫砂壶异军突起,成为文人茶艺的新宠。因而在茶器设置上,在保留风炉、茶铫、茶瓶、茶瓯、茶盏、茶架、盏托这些唐宋以来传统器具的同时,对阳羡茗壶予以倾情关注,"往时龚春茶壶,近日时彬所制,大为时人宝惜。盖皆以粗砂制之,正取砂无土气耳。随手造作,颇极精工,顾烧时必须火力极足,方可出窑,然火候少过,壶又多碎坏者,以是益加贵重。"基此,许次纾身处明末烹茶法成熟的历史节点,终生事茶,深得号称明茶绝唱的岕茶茶艺精髓,适应紫砂风行的潮流,他所践行和总结的饮茶技艺,已经逐步脱离唐宋以来传统的拘束,更趋简练和成型,可以视为明代烹茶法或瀹饮法的代表。

综合《茶疏》的记载,许次纾的烹茶法大体上包括预备器具、择水汲泉、起炉煎水、涤壶温盏、洗茶、注汤、投茶、烹茶、出汤、品饮等十个步骤。

"未曾汲水,先备茶具,必洁必燥,开口以待。"

至于泉水的准备,有"择水""贮水""舀水"三节,详细讨论。

煎水用铫,以锡铫最好。又有"穿心铫",煎水最佳。爇炉燃炭用坚木炭,烧去烟火气,最为闲雅。水泉精洁,火候匀停,就可以煎水烹茶了。烹茶的水以介于二沸三沸间最为适宜。

洗茶:烹时不洗去沙土,最能败茶。必先盥手令洁,次用半沸水,扇扬稍和,洗之。水不沸,则水气不尽,反能败茶,毋得过劳以损其力。沙土既去,急于手中挤令极干,另以深口瓷合贮之,抖散待用。

注汤、投茶、烹茶、出汤四个环节是一以贯之的:"先握茶手中,俟汤既入壶,随手投茶汤,以盖覆定。三呼吸时,次满倾盂内,重投壶内,

---

① 冯梦祯:《快雪堂集》卷二十二《祭姚伯道文》,《续修四库全书》本。

用以动荡香韵，兼色不沉滞。更三呼吸顷，以定其浮薄，然后泻以供客。则乳嫩清滑，馥郁鼻端。病可令起，疲可令爽，吟坛发其逸思，谈席涤其玄衿。"

饮啜："一壶之茶，只堪再巡。初巡鲜美，再则甘醇，三巡意欲尽矣。"作者与冯梦祯"戏论茶候"，"以初巡为停停袅袅十三余，再巡为碧玉破瓜年，三巡以来，绿叶成阴矣。"

（三）饮茶方式：饮茶艺术美的创造

独具特色的传统饮茶方式，不仅是一种物质消费，而且是一种精神生活，一种艺术，饮茶本身也是一种艺术美的创造和欣赏即审美活动。明代饮茶之风虽深入大众生活，但真正把饮茶升华为文化，把它作为艺术去创造和审美的则是文人雅士阶层。他们留下的大量而分散的这种高雅文化、品质生活的记录文字，使我们得以可能去探测当年他们的品饮方式和精神享受。

晚明江西茶人费元禄，字无学，出身于铅山鹅湖费氏世家，著有《晁采馆清课》。他自述因为婴疾在体，摒弃世务，园居栖息三年，"自非花柳招寻，不践门前"，然"茶癖犹存，能受砖碌七碗"。园居生活中有感而发，草成《转情集》一书，将园居生活归纳为静坐、清谈、读书、弹琴、焚香、种花、灌园、斗草、烹茶、观弈、听鸟等142事，一事一目，加以描摹，文情并茂，既是其园居生活的实录，又堪称晚明文人闲赏美学的读本，所以引起当时士林的共鸣，为其评定者多达30多位，其中不乏陈继儒、陈际泰、潘之恒、郑仲夔等名流。书中言及品茶者不少，如"酒阑歌罢，旋烧竹火，间爇松蓬，瀹以阳羡之枪，点以壑源之甲，三杯也醉"；"偶逢行脚禅僧，相命高季老衲，松蓬爇火，调和白水清泉，茗碗敲冰，勾引梅花雪片"。当然，集中体现还是《烹茶》一目：

新茶始至，昏眼为开，汲云母之泉，斫潇湘之竹，鼎支折脚，扇执平头。仙芽正似美人，汤社岂容俗手！□其火候既成，乳花旋喷，似秋虫之啸律，类天籁之行空。投以虎丘、龙井之腴，瀹以蒙顶、鳖源之苗。吹云泼雪，视之若可除烦；滴露流香，嗅之已能脱骨。既乃二人得其味，独酌得其神，布席酌尝，擎瓯品第，作斋中之清供，享天上之故人。春困倍煎，固亦山居之福；日长斗胜，何关水厄之嫌！加以地当深松流水，侣是跂石眠云，读韦孟之诗，讲山林之政，唤回蝶梦，别有□外一天，碾破龙团，始得个中三昧。鸟一声而人一饮，香一缕而病一消，学鲁望置园，不为杜康立社，盖将扶清风而游碧落，思欲广《冰壶》而反《离骚》也。①

从烹茶流程说起，以专业的话语、唯美的言辞娓娓道来，颇能尽其神韵、穷其功效。文后其好友喻应秋评定说："得秋茶书，知足下已诣茗柯理。是物既清，于人且益。候火沃浓，浊衷立豁。嗅香饮淡，使人意远。"郑仲夔也评定说："余忆丙辰，玄冥司政，滕六扬辉，树各摇银，山皆成练。寒光映目，朔风创肌。余与友人收雪水，烹至百沸，取篋中松萝茶投之，啜至数杯，自觉爽绝，如许清味，恨不共无学享之。"

唐宋时期，人们饮茶就讲究环境的优美雅静，茶友的"精行修德"，以及饮茶的具体方式的合乎规范。明代改团饼煎煮之法为散茶冲瀹之法，更是崇尚自然之美。正如明人田艺蘅所指出的："茶之团者片者，皆出于碾硙之末，既损真味，复加油垢，即非佳品，总不若今之芽茶也，盖天然者自胜耳。"明代休宁著名戏曲家汪廷讷，"家在松萝山麓"，自述他在"谷雨以前，携童子持筐出步松萝山涧，摘茶叶鲜者，旋汲山泉，然枯竹枝以烹，盛于白磁盏，与客手谈林下，一吸清气，逼人世味洗尽"。②旋摘雨前新茶，旋即汲泉烹煮，与茶友一边弈棋，一边品饮，可谓天趣悉备，充分体现了饮茶的自然之韵。

唐宋"煎茶只煎水"，重在煎，故以色为主要的品评标准；明人饮茶工于"瀹"，则重在香味，所以饮茶始终讲究保持"天趣"，最忌入杂。"采

---

① 费元禄：《转情集》卷上，《明别集丛刊》第5辑第19册，合肥：黄山书社，2013年。
② 汪廷讷：《坐隐先生集》卷十《随录》，《明别集丛刊》第5辑第1册，第300页，合肥：黄山书社，2016年。

茶欲精，藏茶欲燥，烹茶欲洁"，"精、燥、洁，茶道尽矣"。制茶时要求"一抑重教又一扬，能从草质发花香。神奇共诧天工妙，易简无令物性伤"。甚至认为"茶以日晒者佳，其青翠香洁，更胜火炒矣"。这样更接近自然，断烟火之气，避免手器不洁或火候失宜损其香色。同时，藏茶要求更严，千方百计地保持其清香之气，取用"必候天气晴朗，融和高朗"方可；日常置顿皆有定规。冲饮有"四要"，之前要"先用上品泉水涤烹器，务鲜务洁"；接着洗茶，一去尘垢，二去冷气。《长物志》曰："先以滚汤，候少温洗茶，去其尘垢，以定碗盛之，俟冷点茶，则香气自发。"然后是候汤，"汤嫩则茶味不出，过沸则水老而茶乏，惟有花无衣者，乃得点瀹之候耳。"即于将沸未沸之际冲泡，使茶味清香醇厚。冲泡之时，反对加入姜盐茶果，以损茶味。至于花茶，乃文人隐士别出心裁的雅玩，明人多以此佐饮，若比例适当，能促使茶叶吸收花之清香，更加宜人。但明代茶书多认为"亦损真味，如有佳茶，亦无事此"，仍是从崇尚自然美立论的。

除了追求茶叶本身的自然美——真味和清香之外，明人还强调饮茶环境的自然和谐之美。陆树声《茶寮记》载其辟茶室于小园之中，茶器俱备，择一通茗事者佐之，客来，童子生炉，茶烟隐隐起竹外，与具有云霞、玉泉、石磊般胸怀的僧道朋友试茶清谈，其乐无穷。另外，还有在月明风清的松涛竹影间品饮斗茶者，唐寅《事茗图》和文征明《惠山茶会图》等所描绘者即是。

明人还十分讲究饮茶之人的多少和人品、品饮的时间和环境等。所谓"一人得神，二人得趣，三人得味，七八人是名施茶"；"独啜曰幽，二客曰胜，三四曰趣，五六曰泛，七八曰施"。煮茶得宜而饮非其人，"犹汲乳泉而灌蒿莱，罪莫大焉；有其人而未识其趣，一饮而尽，不暇辨味，俗莫甚焉"。而许次纾《茶疏》则系统地梳理了品茶的时空环境：

  饮时：心手闲适，披咏疲倦，意绪棼乱，听歌闻曲，歌罢曲终，杜门避事，鼓琴看画，夜深共语，明窗净几，洞房阿阁，宾主款狎，佳客小姬，访友初归，风日晴和，轻阴微雨，小桥画舫，茂林修竹，课花责鸟，荷亭避暑，小院焚香，酒阑人散，儿辈斋馆，清幽寺院，名泉怪石。

宜辍：作字，观剧，发书柬，大雨雪，长筵大席，翻阅卷帙，人事忙迫，及与上宜饮时相反事。

不宜用：恶水，敝器，铜匙，铜铫，木桶，柴薪，麸炭，粗童，恶婢，不洁巾，各色果实香药。

不宜近：阴室，厨房，市喧，小儿啼，野性人，童奴相哄，酷热斋舍。

宜友：清风，明月，纸帐，楮衾，竹床，石枕，名花，琪树。

出游：士人登山临水，必命壶觞，乃茗碗、薰炉置而不问，是徒游于豪举，未托素交也。余欲特制游装，备诸器具，精茗名香，同行异室。茶罂一，注二，铫一，小瓯四，洗一，瓷合一，铜炉一，小面洗一，巾副一，附以香奁、小炉、香囊、匕箸，此为半肩；薄瓮贮水三十斤为半肩，足矣。①

同时，他还指出："宾朋杂沓，止堪交错觥筹；乍会泛交，仅须常品酬酢。惟素心同调，彼此畅适，清言雄辩，脱略形骸，始可呼童篝火，汲水点汤，量客多少，为役之繁简。"罗廪《茶解》也谈道："山堂夜坐，汲泉煮茗，至水火相战，如听松涛，清芬满怀，云光潋滟。此时幽趣，故难与俗人言矣。"总之，明人所强调的是天、地、人心的融通一体，清幽淡雅、超越尘世的理想境界。

（四）清心悦神：饮茶艺术美的鉴赏

在饮茶艺术美的创造活动中，那些深得其中三昧的茶人同时也在进行着审美鉴赏，在品饮消费中得到感情超越，达到一种超然物外，情趣高雅的精神境界，并形诸文字，丰富了中华茶文化的宝库，使我们得以从他们对饮茶艺术的审美欣赏中去体味明人饮茶的艺术美。

---

① 许次纾：《茶疏》，方健《中国茶书全集校证》第2册，第778—779页，郑州：中州古籍出版社，2015年。

先看看明代文献中对品饮艺术的要求和鉴赏。前引许次纾《茶疏》关于宜饮、宜辍、不宜用、不宜近、茶友等一系列论述不啻给我们描绘了一幅品茶审美艺术画卷。另外,《徐文长秘集》也指出:"品茶宜精舍,宜云林,宜磁瓶,宜竹灶,宜幽人雅士,宜衲子仙朋,宜永昼清谈,宜寒宵兀坐,宜松月下,宜花鸟间,宜清流白石,宜绿藓苍苔,宜素手汲泉,宜红妆扫雪,宜船头吹火,宜竹里飘烟。"在《清则·茗谈》中专立"茶禁"一目,列举茶事活动中的种种禁忌。明末冯可宾《岕茶笺》提出了品茶十三宜、七禁忌,可视为明人品饮理论的系统总结。

所谓十三宜:一无事,即品茶的时间、工夫要"神怡务闲";二佳客,即品饮者情趣高雅,能得茶中三昧;三独坐,即心地安适,自得其乐;四吟诗,即茶发诗兴,诗助茶兴;五挥翰,即泼墨挥洒,以书画与品茶相促而尽兴;六徜徉,即庭院小径,或山野林泉,信步悠行,时啜佳茗,幽韵无穷;七睡起,即一梦醒而未醒,汲之啜之,神清气爽;八宿醒,即醉而未醒,以茶解之;九清供,即有清淡茶果,以佐品饮;十精舍,即精洁雅致的茶室,渲染出空灵、肃穆的气氛;十一会心,如书法创作时的"偶然欲书",贵在自然,重在心物洽和,方可使茶功德圆满;十二赏鉴,即强调品,品鉴茶之色香味;十三文僮,即有文静伶俐的茶僮,以供其役。这十三条既有自然环境,也有心境,既有时间,也有人品,可谓细致而微,严格而精。

所谓七禁忌:一不如法,即烹点不得其法;二恶具,即茶具不精洁;三主客不韵,即主客人没有教养,举止不雅;四冠裳苛礼,即官场中的来往应酬,使人拘束,不能尽兴;五荤肴杂陈,即有腥膻之味,破坏茶道;六忙冗,即没有闲适工夫;七壁间案头多恶趣,即环境杂乱,或布置格调低俗,使人扫兴。①

《茶录》的作者冯时可,在为夏树芳《茶董》所作序言中说:"余家

---

① 冯可宾:《岕茶笺》,方健《中国茶书全集校证》第3册,第1300页,郑州:中州古籍出版社,2015年。

姑苏虎丘之茶,为天下冠。又近长兴地名洞山庙后所产岕,风格亦相絜焉。泉取惠山,甘过杨子,二妙相配,茗事始绝。"然后提出"茶有四宜":"宜其地,则竹林松涧,莲沼梅岭;宜其景,则朗月飞雪,晴昼疏雨;宜其时,则开卷手谈,操琴草圣;宜其人,则名僧骚客,文士淑姬。否则,与茶韵调大不相偕,不亦辱乎?"从地点、景色、时间、人物四个方面加以概括,简明扼要,清雅不俗,洵为不刊之论。

总之,是品而非饮,即通过饮茶达到精神上的愉悦,达到清心悦神、超脱凡俗的心理境界。如屠隆《考槃馀事》说:"茶之为饮,最宜精行修德之人,兼以白石清泉,烹煮如法,不时废而或兴,能熟习而深味,神融心醉,觉与醍醐甘露抗衡,斯善赏鉴者矣。"有好茶,还要有佳客,有佳境,有正确的方法,精到的茶功,方可得茶中三昧,取得理想的品饮效果。朱权《茶谱》谈到品饮境界:"凡鸾俦鹤侣,骚人羽客,皆能忘绝尘境,栖神物外,不伍于世流,不伍于时俗,或会于泉石之间,或处于松竹之下,或对皓月清风,或坐明窗静牖,乃与客清谈款话,探玄虚而参造化,清心神而出尘表。"可谓禅风仙骨,得茶中之"真义"。

下面举出三个例子,以见明代品茶高手高绝的技艺和超然的境界。

第一位是文史学家张岱。张岱一生酷爱品茶,《见日铸佳茶不能买嗅之而已》诗回顾其一生与茶的不解之缘说:"忆余少年时,死心究茶理。辨析入精微,身在水火里。日铸制佳茶,兰雪名以起。烹瀹恐不伦,乃为著《茶史》。遂使身后名,与茶相终始。……嗟余家已亡,虽生亦如死。前身爱清华,事事求其美。今乃对佳茶,见猎又心喜。象箸而玉杯,长此安穷已?学取蔡君谟,此心不得侈。"[1]其著作中关于制茶、品茶、品水的记载很多,且极为生动传神。《陶庵梦忆》中的《闵老子茶》一篇,便可见他与闵老子二人品茶技艺之精湛。徽州人闵汶水以善烹茶知名当时,人称闵老子,赞其"水火皆自任,颇极烹饮态"。张岱便慕名至桃叶渡访之。

---

[1] 张岱:《琅嬛文集》(沈复灿钞本),第33—34页,杭州:浙江古籍出版社,2016年。

适逢老人外出，迟迟而归，乃幡然一老翁。刚一叙话，又急忙说拐杖忘在某地了，匆匆去寻找。张岱心想专程来访，岂可空回，便打定主意一定要品尝闵老子的茶。很久老翁回来，问："客尚在耶，客在奚为者？"张岱赶忙说："慕汶老久，今日不畅饮汶老茶，决不去。"闵老子听后很是高兴，"自起当炉，茶旋煮，速如风雨。导之一室，明窗净几，荆溪壶、成宣窑磁瓯十余种，皆精绝。灯下视茶色，与磁瓯无别，而香气逼人，余叫绝"。然后问老人："此茶何产？"汶水曰："阆苑茶也。"张岱再品，说不要骗我，这是阆苑茶的制法而味道不像。再啜而答曰罗岕。老人吐舌瞠目，连声称奇。张岱又问水是何水，老人答曰惠泉。"余又曰：莫绐余！惠泉走千里，水劳而圭角不动，何也？"汶水曰："不敢复隐！其取惠水必淘井，静夜候新泉至，旋汲之，山石磊磊藉瓮底，舟非风则勿行，故水之生磊，即寻常惠水，犹逊一头地，况他水耶？"又吐舌曰："奇！奇！"说着又匆匆离去，少顷即提来一壶，斟满请张岱品饮。张岱略啜几口，道："香扑烈，味甚浑厚，此春茶耶？向瀹的是秋采。"老人高兴得哈哈大笑，说年过古稀，遇到的茶友不在少数，然精于鉴赏者，再没有超过阁下的了。于是相见恨晚，"遂定交"。张岱品茶，通过色香味不仅能辨别好坏，还可品出产地、制法、采茶季节；品水可品出水源及泉水的新陈老嫩，真不愧为茶中三昧手了。

第二位是江南文士文震亨。苏州文氏乃江南书香门第，也是一个茶文化世家，震亨一生未仕，是一位鉴赏家。其《长物志》一书记载品茶、品水轶事很多，谈自己品饮体悟者更为精到，情趣盎然。这里仅举焚香伴茶一例，可见一斑。《长物志》卷十二《香茗条》写道："香茗之用，其利最溥。物外高隐，坐语道德，可以清心悦神；初阳薄暝，兴味萧骚，可以畅怀舒啸；晴窗拓帖，挥麈闲吟，篝灯夜读，可以远辟睡魔；青衣红袖，密语谈私，可以助情热意；坐雨闲窗，饭余散步，可以遣寂除烦；醉筵醒客，夜雨蓬窗，长啸空楼，冰弦戛指，可以佐饮解渴。品之最优者以沉香、岕茶为首，第焚煮有法，必贞夫韵士乃能究心耳。"同卷关于名茶品评和茶艺活动的鉴赏亦多有精言妙论，体现出文氏文化世家的风雅传统。

第三位是山人巨擘陈眉公。陈继儒字仲醇，号眉公、糜公，华亭人。作为晚明名士、山人标本，也是一位茶人、"醉茶居士"，茶文化造诣极深。他一生才华横溢，名满天下，却隐居林下，布衣终身。他著有《茶话》《茶董补》，另有茶诗词数十首；另外《岩栖幽事》等书中也有不少谈及品茶者，如"采茶欲精，藏茶欲燥，烹茶欲洁""茶见日而味夺，墨见日而色灰""品茶，一人得神，二人得趣，三人得味，七八人是名施茶"，均为精辟之论。而他对品茶的精神体悟就更有代表性，在《茶董小序》中说："何如隐囊纱帽，翛然林润之间，摘露芽，煮云腴，一洗百年尘土胃耶？"又概括对比茶酒精神之区别："热肠如沸，茶不胜酒；幽韵如云，酒不胜茶。酒类侠，茶类隐，酒固道广，茶也德素。"在其诗词中更是妙笔生花，不仅将"茶瓯数点浮花乳，蕉叶一窗供草书""茶后香彰图一觉，深松层里叫黄鹂""花落山僧扫尽，客来唯有新茶""此际斜阳淡如许，更求添画斗茶僧""西庵茶坞有人家，云抱青山水抱沙"等饮茶环境、品茶情态描摹得十分宜人，而且还状写出作者"绿香满路，永日忘归""成名付之孺子，痛饮真是吾师""东畲结夏僧，竟日茶声死"那种如痴如醉的茶癖。而《题醉茶居士》（一作《失题》）一诗则可谓一幅逼真的自画像："山中日日试新泉，君合前身老玉川。石枕月侵蕉叶梦，竹炉风软落花烟。点来直是窥三昧，醒后翻能赋百篇。却笑当年醉乡子，一生虚掷杖头钱。"[①]

三、茶具艺术的创新

茶具乃"瑞草名泉，性情攸寄"，是饮茶行为得以进行的"最直接、最切近、最关键、最必不可缺的器具"媒介，因此成为茶文化的重要组成部分，其"形制和风尚即是茶文化的显明符号"，所以随着饮茶方式的

---

① 关于此诗的作者，尚有疑议。方应选《方众甫集》卷二也收录此诗，题作"赠醉茶居士"，文字全同。存疑待考。

变化，其器型组合、形制以及崇尚风格也各有特点，"非曰好事已也"。①

(一) 茶具组合与类型的新变化

明代散茶冲泡饮法的兴起，相对于唐宋时代的末茶饮法可谓一次大的变革。与此相适应，团饼茶煎点的炙茶、碾茶、罗茶、煮茶之类的茶具便成了多余之物，而一些新的茶具如茶壶出现了；茶盏也由黑釉盏变成了白瓷或青花瓷，尤其是"薄如纸，白如玉，声如磬，明如镜"的"甜白"异常考究，制作工巧，艺术价值很高。以甜白品茶，所谓"素瓷传静夜，芳气满闲轩"，制宜弇口邃肠，使色浮而香气不散。明代茶具品种数量上明显精简，着重在藏茶、洗茶、煮水、饮茶等器具形式，讲究规制，注重质地，改进制作工艺，从而逐步完成中国传统茶艺中茶具艺术的一次创新和转型，奠定了茶具艺术的基本格局，影响至今。

关于明代茶具的品种，明代茶书的记载详略不同。以成书较早、记载品种最全的顾元庆《茶谱》所附《竹炉并分封六事》为代表，在明代茶具流变史上有着重要的意义。《竹炉并分封六事》，前有《苦节君铭》，题"戊戌秋八月望日锡山盛颙著"，后有"庚申春三月谷雨日惠麓茶仙盛虞识"，此戊戌当为成化十四年（1478），庚申当为弘治十三年（1500），正是成化十九年（1483）盛颙命其侄盛虞依照原样复制两个听松庵竹茶炉的前后。《竹炉并分封六事》共有八张图，以"苦节君像""苦节君行省"为主，苦节君即竹茶炉，用以煎茶，苦节君行省为收藏放置竹茶炉的提篮。其余六图为"分封六事"：

（1）建城。"茶宜密裹，故以箬笼盛之，宜于高阁，不宜湿气，恐失真味也。古人因以用火，依时焙之。常如人体温温，则御湿润。今称建城，按《茶录》云，建安民间以茶为尚，故据地以城封之。"

（2）云屯。"泉汲于云根，取其洁也。欲全香液之腴，故以石子同贮瓶缶中，用供烹煮。水泉不甘者能损茶味，前世之论，必以惠山泉宜之。

---

① 吴远明：《紫砂壶进入茶文化之因缘解》，载《茶文化论》第227—228页，北京：光明日报出版社，1991年。

今名云屯,盖云即泉也。得贮其所,虽与列职诸君同事,而独屯于斯,岂不清高绝俗而自贵哉!"即用以杓泉的瓷瓶,屠隆《茶笺》所记为泉缶。

（3）乌府。"炭之为物,貌玄性刚。遇火则威灵,气焰赫然可畏,触之者腐,犯之者焦。殆犹宪司行部,而奸宄无状者望风自靡。苦节君得此,甚利于用也。况其别号乌银,故特表章其所藏之具曰乌府。不亦宜哉!"高濂《茶笺》云：以竹为篮,用以盛炭,为煎茶之资。

（4）水曹。"茶之真味,蕴诸旗枪之中,必浣之以水,而后发也。既复加之以火,投之以泉,则阳嘘阴翕,自然交妒而馨香之气溢于鼎矣。故凡苦节君器物,用事之余,未免有残沥微垢,皆赖水沃盥,名其器曰水曹。如人之濯于盘水,则垢除体洁,而有日新之功。岂不有关于世教也耶!"即磁缸瓦缶,用以贮泉,以供火鼎。屠隆《茶笺》所记为涤器桶。

（5）器局。即竹编方箱,用以收放茶具。

（6）品司。"古者茶有品香,而入贡者微以龙脑和膏,欲助其香,反失其真。煮而膻鼎腥瓯,点杂枣橘葱姜,夺其真味者尤甚。今茶产于阳羡山中,珍重一时,煎法又得赵州之传。虽欲啜时人以笋榄、瓜仁、芹蒿之属,则清而且佳。因命湘君设司检束,而前之所忌乱真味者,不敢窥其门矣。"高濂《茶笺》云：即竹编圆撞提盒,用以收贮各品叶茶,以待烹品者也。

细心的读者可能发现,上述分封六事中只有"器局"没有与其他一样的说明文字,因为这是一个像陆羽《茶经》中的都统笼一样的茶具,其中所要收放的就是茶具十六事：

（1）商象,即古石鼎,用以煎茶。

（2）归洁,即竹筅帚,用以涤壶。

（3）分盈,即杓子,即《茶经》水则,用以量水。每二升,计茶一两。

（4）递火,即铜火斗,用以搬火。

（5）降红,即铜火箸,用以簇火。

（6）执权,即准茶秤,用以称茶,每茶一两,计水二斤。

（7）团风，即湘竹扇，用以发火。

（8）漉尘，即洗茶篮，用以洗茶。

（9）静沸，即竹架，即《茶经》支腹也。

（10）注春，即磁壶，用以注茶。也就是茶壶。

（11）运锋，即剔果刀，用以切果。

（12）甘钝，即木砧墩，用以搁具。

（13）啜香，建盏也，即磁瓦瓯，用以啜茶。也就是茶瓯。

（14）撩云，即竹茶匙，用以取果。

（15）纳敬，即竹茶橐，用以放盏。也就是茶托。

（16）受污，即拭抹布，用以洁瓯。

"右茶具十六事，收贮于器局，供役苦节君者，故立名管之，盖欲归统于一，以其素心有贞心雅操，而能自守者也。"①合并竹炉并分封六事，共计茶器二十四种，正和陆羽《茶经》二十四器相符。其茶器名称虽有改变，但大多未离唐宋传统范畴，唯注春（茶壶）、啜香（茶杯、茶盅、茶钟）、运锋（剔果刀）等少数几式，为适应明代饮茶方式变化而出现的新型款式。器名古雅，涵义深远，乃文人墨客的特别讲究，寄托着明代茶人的精神追求，在具体的品饮实践中，不仅品种并不一定如此完备，而且称呼也不一定如此繁琐，正如文震亨《长物志》所说："宁特侈言乌府、云屯、苦节君、建城等名目而已哉！"

在明代的其他茶书中，高濂《茶笺》（《遵生八笺·饮馔服食笺·茶泉类》）在《竹炉并分封六事》的基础上略有增删，将苦节君和苦节君行省合并为一，列为茶具十六器、总贮茶器七具，论者多以为明代茶具组合的系统表述。程用宾《茶录》末集摹刻明代茶具12种，且以《茶经》所列茶具比况之，有图11幅（缺具列），与上述顾元庆、高濂所记略同。罗廪《茶解·器》也罗列了12种茶具：从采茶的筥，炒茶焙茶的灶、箕、扇、笼，

---

① 顾元庆：《茶谱》，方健《中国茶书全集校证》第二册，第664—670页，郑州：中州古籍出版社，2015年。

藏茶的瓮，拭手的帨，煮水的炉，称量的注，分饮的壶、瓯，以及夹茶的夹，其特点一是涵盖较广，包括采制阶段；二是比较实用，切合明代的实际。张源《茶录》只讨论了锡铫、茶盏、拭盏布和分茶盒四种。许次纾《茶疏》记载了藏茶的磁瓮、取用的小罂、贮水的大瓮和舀水的瓷瓶、煮水的锡铛、烹点的茶壶和品饮的瓯注。黄龙德《茶说》则历数当时流行的姑苏锡注、时大彬砂壶、汴梁汤铫、湘妃竹茶灶、宣成官窑茶盏，并认为即使唐宋以来茶具之精，也未必有如此雅致的。

从日常茶艺实践看，明人茶具主要体现在藏茶、洗茶、煮水、品饮等器具形式上，所以张源认为"造时精，藏时燥，泡时洁。精、燥、洁，茶道尽矣"。其中又以茶炉、茶壶、茶盏最为重要，堪称明代茶具的三大典型器。

藏茶器具，亦即贮茶器具。明代盛行散茶饮法，而散茶以鲜为贵，易于接触空气或其他因素受潮变质，所以茶叶的贮藏就显得尤其重要。顾元庆《茶谱》："茶宜箬叶而畏香药，喜温燥而忌冷湿。故收藏之家，以箬叶封裹入焙中，两三日一用火，当如人体温温，则御湿润。若火多，则茶焦不可食。"许次纾《茶疏》："收藏宜用瓷瓮，大容一二十斤，四围厚箬，中则贮茶，须极燥极新，专供此事，久乃愈佳，不必岁易。"闻龙《茶笺》："吴人绝重岕茶，往往杂以黄黑箬，大是缺事。余每藏茶，必令樵青入山采竹箭箬，拭净烘干，护罂四周；半用剪碎，拌入茶中，经年发覆，青翠如新。"明人藏茶，一般采取贮藏与烘焙相结合的办法，先于清明之前收买箬叶，拣其最青者烘干备用，然后将新茶放入茶焙，其下放置盛有炭火的木盆烘干茶叶后，再取贮茶的陶瓮，底部垫上若干层箬叶，尔后放上烘干冷却的茶叶，上面盖上箬叶，最后取折叠成多层的宣纸文火烘干，扎封瓮口，上边压上烘烤干燥的木板，置之高阁，切勿临风近火，临风易冷，近火先黄。取用时以干燥的小罂或叫分茶盒，取后随即包装如前，以保持茶叶的色香味。张源《茶录》专门记载分茶盒："盒以锡为之，从大坛中分出，用尽再取。"

洗茶器具,称为茶洗。张谦德《茶经》云:"茶洗,以银为之,制如碗式,而底穿数孔,用洗茶叶。凡沙垢皆从孔中流出,亦烹试家不可缺者。"《长物志》谓:"茶洗以砂为上,制如碗式,上下两层。上层底穿数孔,用以洗茶,沙垢皆从孔中流出,最便。"周高起记载的宜兴紫砂陶洗,形若扁壶,中有隔层,其上有箅子似的孔眼。洗茶之说与洗茶器具,都始于明代,主要是针对散茶,一以去其尘垢,一以除其潮湿。洗茶时,水不可太滚,否则一洗而无余味矣;以竹箸夹茶于茶洗中,反复涤荡,去尘土、黄叶、老梗,以手搦干,置涤器内盖定,少顷开视,色青香烈,就可以取沸水冲泡饮之。

煮水器具主要是茶炉和汤瓶。茶炉,亦称茶鼎、茶灶,其材质以铜、陶、竹三种为多,而以铜炉最为适用。张谦德《茶经》云:"茶炉,用铜铸如古鼎形,四周饰以兽面饕餮纹置茶寮中,乃不俗。"朱权《茶谱》记载的茶炉"与炼丹神鼎同制。通高七寸,径四寸,脚高三寸,风穴高一寸。上用铁隔。腹深三寸五分,泻铜为之,近世罕得",并说他"以泻银坩埚瓷为之,尤妙。襻高一尺七寸半,把手用藤扎,两傍用钩,挂以茶帚、茶筅、炊筒、水滤于上"。屠本畯《茗笈》:"炉宜铜,瓦竹易坏。"而罗廪《茶解》则认为:"炉,用以烹泉,或瓦或竹。"陶炉也称瓦炉、陶鼎、瓦鼎,吴宽《谢李贞伯送瓦茶炉》:"搏埴功成上短筵,茶香酒暖尽相便。送来陶鼎风斯下,移近寒屏火始然。"文征明《煎茶》诗:"竹符调水沙泉活,瓦鼎然松翠鬣香。"至于竹炉,似乎更符合文人墨客的清雅生活品格,明人诗文中吟咏竹炉煎茶特别是位于无锡惠山天下第二泉旁的听松庵竹茶炉的诗文层出不穷,形成了一个颇具传奇性的茶文化现象。又有石鼎,而且往往是将鼎与炉并列,如杨溥诗:"淄流不到玉川家,石鼎风炉自煮茶。"王翰诗:"土炉火新炽,石鼎安欲正。"邵宝诗:"竹炉石鼎文具耳,妙手只在调和中。"

汤瓶亦称汤銚,用以候汤,其质地、大小亦非常讲究。高濂《煎茶四要》云:"凡瓶要小者,易候汤,又点茶注汤相应。若瓶大啜存停久,味过则不佳矣。茶銚、茶瓶,磁砂为上,铜锡次之。磁壶注茶,砂銚煮水为上。……

铜铫煮水,锡壶注茶次之。"① 许次纾认为"金乃水母,锡备柔刚,味不咸涩,作铫最良"。张源也认为"惟用锡瓢,亦无损于香色味也,但铜铁忌之"。张德谦《茶经》说"瓶小者易候汤,又点茶注汤有准,瓷器为上"。文震亨《长物志》则说"汤瓶以铅者为上,锡者次之,铜者不可用。形如竹筒者,既不漏火,又易点注,瓷瓶虽不夺汤气,然不通用,亦不雅观"。

饮茶器具最为要用,以茶盏(茶钟、茶盅、茶碗、啜香)和茶壶(注春)居主要地位,其变化亦较明显。冯可宾《岕茶笺》云:"茶壶,窑器为上,锡次之。茶杯,汝、官、哥、定,如未可多得,则适意者为佳耳。"又说:"茶壶以小为贵,每一客,壶一把,任其自斟自饮,方为得趣。何也?壶小则香不涣散,味不耽阁,况茶中香味不先不后,只有一时。太早则未足,太迟则已过。的见得恰好一泻而尽,化而裁之,存乎其人,施于他茶,亦无不可。"这种从大到小的变化,也是适应从点茶到瀹茶的变革,无须点汤击拂。然据专家研究,这种以小为贵的风尚,在明代的出土器物和绘画作品中倒十分罕见,或许因为《岕茶笺》是明清易代之际的作品,所记载的茶事为时较晚。另一个变化是从深到浅,尤其以白瓷为尚,更能显现叶茶的汤色。白釉小盏直口尖底,成鸡心形,俗称鸡心杯,造型美观,非常流行。明代景德镇官窑的甜白、青花瓷器在茶具历史上占有重要地位。《长物志》云:"宣庙有尖足茶盏,料精式雅,质厚难冷,洁白如玉,可试茶色,盏中第一。世庙有坛盏,中有茶汤果酒,后有'金大醮坛用'等字样,亦佳。"

(二)"器成天下走":茶具的青花时代

"浮梁巧烧瓷,颜色比琼玖。"说到陶瓷茶具,自然离不开瓷都景德镇。自从元代设立浮梁瓷局,石破天惊,烧制出青花瓷器,有明一代更是"八方工匠来,器成天下走",创造出御窑生产的鼎盛时代,并扬帆远航,走向世界。明代王宗沐《江西大志·陶书》云:"自燕云而北,南交趾,东际海,

---

① 高濂著、王大淳整理:《高濂集》第三册,第799页,杭州:浙江古籍出版社,2015年。

西被蜀,无所不至,皆取于景德镇。"宋应星《天工开物》卷中《陶埏第七》则比较各地所产:"中国出惟五六处,北则真定定州、平凉华亭、太原平定、开封禹州,南则泉郡德化、徽郡婺源、祁门。德化窑惟以烧造瓷仙、精巧人物、玩器,不适实用。真、开等郡瓷窑所出,色或黄滞无宝光。合并数郡不敌江西饶郡产。……若夫中华四裔驰名猎取者,皆饶郡浮梁景德镇之产也。"① 也正是在明代,从郑和下西洋时期的主动外销,到后来西方殖民者东来的被动外销,瓷器成为海上丝路贸易的大宗,成为中国的一张靓丽名片。

明代景德镇御窑厂的建立与生产时间,从最早的洪武初年到宣德初年,有不同的说法。但近年御窑厂遗址出土的瓷瓦题记,明确标示洪武初年浮梁县丞赵万初作为监工的记录,可证乾隆《浮梁县志·建置》关于洪武二年(1369)说法的可靠。御窑厂位于珠山之麓,方圆五里,规模可观,历年来景德镇、南京、北京等地考古发掘出土的明洪武、永乐官窑青花、釉里红瓷片,以及海内外所藏洪武、永乐官窑瓷器,表明景德镇陶瓷生产随着明朝的兴起发展起来,还留下像永乐青花缠枝莲纹压手杯特别是南京报恩寺九级五色琉璃塔那样被誉为"中国之大古董、永乐之大窑器"的稀世之宝。洪熙元年(1425)派中官张善到饶州督造"御用器",可视为宦官督造御窑生产的开端。宣德年间,青花、红釉和五彩冠绝一代,"选料、制样、画器、题款无一不精",而且产量巨大,仅宣德八年,就"差本官一员,关出该监式样,往饶州烧造各样瓷器四十四万三千五百件";也正是从这时起,"大明宣德年制"之类的年号落款成为历朝御窑出品的规制,为后人留下年号瓷的凭证,见证着全国制瓷业中心的繁荣。许之衡《饮流斋说瓷》更推崇"宣窑之美,为有明一代冠,不但宣红、宣黄彪炳奕叶已也,即青花五彩各瓷,亦发明极多,咸为后来所祖"。

---

① 陈雨前:《中国古陶瓷文献校注》上卷,第 79 页,第 95—96 页,长沙:岳麓书社,2015 年。

然而，明代前期饶州景德镇与磁州彭城镇、处州龙泉镇御窑厂并存，至成化年间始确定了景德镇御窑的独尊地位，"遣中官之浮梁景德镇，烧造御用瓷器，最多且久，费不赀"。沈德符《敝帚轩剩语》记载："本朝瓷器，用白地青花，间装五色，为古今之冠。以宣窑品最贵，近日又重成窑，出宣窑之上。"尤其是成窑斗彩，点染生动，"有非丹青家所能及也"。弘治年间虽然曾多次下诏停烧，而且除青花延续成化风格外，其他御窑产品种类大为缩减，但延续下来的生产任务仍在持续，而适应外销需求，民窑瓷器得到了空前发展。嘉靖时期设立饶州通判专管御窑生产事宜，并逐步形成官搭民烧的新方式，形成了青花瓷生产一枝独秀的高峰期。王世懋《二酉委谭》谈到他亲临景德镇所见的景象："官窑设焉，天下窑器所聚，其民繁富，甲于一省。余尝以分守督运至其地，万杵之声殷地，火光烛天，夜令人不能寝。戏目之曰：四时雷电镇。"青花瓷真正从宫廷到民间、从民间到海外，成为瓷器的主流形态。诚如学者所言："这一时期，货币、商品、贸易三股重要的历史脉络在特定的时空点交汇、互动，构成了中华文明的代表——青花瓷史无前例兴盛发展的基本前提条件，中国青花瓷由此展开，走向了全球。"[①]

"隆、万窑，穆宗、神宗年间厂器也，土埴坟，质有厚薄，色兼青彩，制作益考，无物不有。"[②] 隆庆元年（1567）开放海禁，"许贩东西诸番"，外销瓷器的巨大需求反过来推动瓷业生产的兴盛。2007年发现并命名的"南澳一号"海底沉船，25个船舱装满25824件的外销货物，仅瓷碗多达7000件、瓷盘8000件，瓷罐和瓷杯各约2000件。万历十九年（1591）"命造十五万九千，既而复增八万"，为完成生产任务，不得不改砌青窑，最多时达44座，据推算其每年最多烧装能力达到小器1425600件[③]。而带有鲜明西方特征的订制纹章瓷和外销克拉克瓷等品种的出现，体现出中

---

① 万明：《明代青花瓷的展开：以时空为视点》，《历史研究》2012年第5期。
② 蓝浦：《景德镇陶录》卷五《景德镇历代窑考》。
③ 王光尧：《明代宫廷陶瓷史》，第135页，北京：紫禁城出版社，2010年。

外文明的交流会通，青花瓷走上欧美乃至世界各地家庭餐桌和生活世界的过程，也是中华文明融入全球化时代的一个重要体现。

明人分析评价历朝窑器的优劣说："以宣、成二窑为佳，宣窑以青花胜，成窑以五彩，宣窑之青，真苏淳泥青也。成窑时皆用尽，故成不及宣。宣窑五彩堆垛深厚，而成窑用色浅淡，颇成画意，故宣不及成。然二窑皆当时殿中画院人遣画也。世庙经醮坛盏亦为世珍。近则多造滥恶之物，惟以制度更变，新诡动人，大抵轻巧最长，古朴尽失，然此花白二瓷，他窑无是。遍国中以至海外夷方，凡舟车所到，无非饶器也。"①清人的评价，如陆廷灿《南村随笔》卷二云："明时饶州景德镇所造，永乐尚厚，成化尚薄，宣德青尚淡，嘉靖青尚浓。成青未若宣青，宣彩未若成彩。"还有人按照其品质高下列出排行榜："首成窑，次宣 [德]，次永 [乐]，次嘉 [靖]，其正 [统]、弘 [治]、隆 [庆]、万 [历]，间亦有佳者。"

无论是进贡朝廷还是远销海外，在以青花为主流的景德镇瓷器中，民生日用必需的圆器"造者居十九，而印器则十一"，茶具在其中占有重要的地位。器型以茶盏、茶瓯、茶杯为最普遍，也有茶壶、茶罂、茶船等。以茶盏为例，仅嘉靖二十年（1541）就有"白地青花里外万岁藤外抢龙珠龙花茶钟一万九千三百"的生产任务；他如嘉靖二十二年"青瓷茶钟二千"，二十五年"青花白瓷里青云龙外团龙菱花茶钟三千"，二十六年"白瓷暗龙花茶钟共五千"，三十五年"馨口白瓷茶瓯一千八百"，三十六年"青花白瓷茶碗四百五十"等，其生产规模十分可观。对于景德镇官窑茶具，明代茶书均非常推重。徐𤊹《茗谭》明确提出："注茶，莫美于饶州瓷瓯。"罗廪《茶解》也说："以小为佳，不必求古。只宣、成、靖窑足矣。"张源《茶录》认为："茶盏以雪白者为上，蓝白者不损茶色，次之。"许次纾《茶疏》也认为"纯白为佳，兼贵于小"，充分体现了崇尚白色、以小为美的特色。高濂《遵生八笺·煎茶四要》："茶盏，惟宣窑坛盏为最，质厚白莹，

---

① 王士性：《广志绎》卷四《江南诸省》，第 83—84 页，北京：中华书局，1981 年。

式样古雅，有等宣窑印花白瓯，式样得中，而荧然如玉。次则嘉窑心内茶字小盏为美。欲试茶色黄白，岂容青花乱之，注酒亦然。惟纯白色器皿为最上乘，余皆不取。"谢肇淛《五杂俎》："今景德镇所造小坛盏，仿大醮坛为之者，白而坚厚，最宜注茶。建安黑窑，间有藏者，时作红碧色，但免俗尔，未当于用也。"谷泰《博物要览》专门评论宣德细白茶盏："较坛盏少低而瓮肚，釜底线足，光莹如玉。内有绝细龙凤暗花，底有'大明宣德年制'暗款，隐隐橘皮纹起。虽定磁何能比方，真一代绝品。"还特别提到永乐名器压手杯："永乐年造压手杯，坦口折腰，沙足滑底，中心画有双狮滚球，球内篆书'永乐年制'四字，细若粒米，为上品；鸳鸯心者次之；花心者又其次也。杯外青花深翠，式样精妙，传用可久，价亦甚高。"这种小巧玲珑的茶杯，执于手中，正好将拇指和食指稳稳压住，有凝重之感，故称压手杯，洵为稀世之珍。

（三）"世间茶具称为首"：宜兴紫砂的风行

"如铁如石，胡玉胡金，备五文于一器，具百美于三停。远而望之，黝若钟鼎陈明廷；追而察之，灿若琬琰浮精英。"①自瀹茶之法兴，宜兴紫砂始名于天下，成为晚明以降最为时尚的茶具。明末江阴人周高起专门写了一本《阳羡茗壶系》，称"近百年中，壶黜银、锡及闽、豫瓷，而尚宜兴陶"，并将其比作与瀹饮法的变革等量齐观的"近人远过前人处也"。明人崇尚紫砂壶几乎达到狂热的程度，以致"明制一壶，值抵中人一家之产"，"一壶重不数两，价值一二十金，能使土与黄金争价"。

关于紫砂壶的起源，有一个神话般的传说。有个云游四方的和尚，来到常州宜兴县，每天在村头巷尾叫喊"卖富贵"，人多斥为疯癫。和尚一天拉着一位老翁到山中陶土处，指着地下说："贵不要你买，就买此富吧！"老翁掘开地表，下面五色俱备，"灿若披锦"，从此附近的人们就用此土烧制出古朴雅致的陶器，因而致富。这是传说，而有记载的则是

---

① 吴梅鼎：《阳羡茗壶赋》，载《紫砂名陶典籍》第40页，杭州：浙江摄影出版社，2001年。

当地一个"闲静有致"的金沙寺和尚,"习与陶缸瓮者处,抟其细土,加以澄练,捏筑为胎,规而圆之,刳而中空,踵传口柄盖的,附陶穴烧成,人遂传用"。

供春被尊为宜兴紫砂壶艺的开山鼻祖。文献中关于供春的记载,始于周高起:"供春,学宪吴颐山公青衣也。颐山读书金沙寺中,供春于给役之暇,窃仿老僧心匠,……今传世者,栗色闇闇,如古金铁,敦庞周正,允称神明垂则矣。世以其孙龚姓,亦书为龚春。"这一说法也得到吴颐山(吴仕,1481—1545)裔孙吴梅鼎的认可,其《阳羡茗壶赋》序中说:"余从祖拳石公,读书南山,携一童子名供春,见土人以泥为缶,即淘其泥以为壶,极古秀可爱,世所称供春壶是也。"然而,关于供春,周高起时代已有供春、龚春的不同说法,民国李康、张虹《阳羡砂壶图考》综合五种不同记载,"正其姓名曰龚供春"。宜兴籍学者徐鳌润《供春壶史正考》[①]提出一个新的说法:吴仕的书僮真名朱昌,供春是壶名,而非人名,"供春"二字,是吴仕从沈周《落花诗》"供送春愁到客眉"中汲取的灵感。春,指春天的茶,供春即供泡茶用的壶,以区别于炉上煎茶之壶。供春壶,传世极少,弥足珍贵。当然,也有人认为供春壶"笰形不雅,且无差小者",怀疑所谓的供春壶乃其主人吴颐山设计而假托其名。《茶笺》作者闻龙的朋友周文甫宝藏一供春壶,"摩挲宝爱,不啻掌珠,用之既久,外类紫玉,内如碧云",死时遗命殉葬。又以其地位非同一般,历代不乏仿制者,万历间时大彬所仿制,辨别殊难,清代以后仿者更多。如今传世的树瘿壶等,或为后人所仿制。

此后,万历年间有所谓四大名家——董翰、赵良、元畅、时朋,竞献技艺,精巧绝伦。时朋的儿子大彬青出于蓝而胜于蓝,"不务妍媚而朴雅坚栗,妙不可思"。起初,仿供春作大壶,后闻陈继儒等品茶名手的议论,改制小壶,流传甚广,人人"几案有一具",对之"生闲远之思",

---

① 徐鳌润:《徐鳌润紫砂陶艺论文集》,台北:盈记唐人工艺出版社,2008年。

遂独擅一时，有人题其壶曰："茶山之英，含土之精，饮之德者，心怡神宁。"当时大彬与李大仲（仲芳）、徐大友（友泉）合称"三大妙手"，其余名家辈出，各具匠心，使紫砂艺术臻于化境。当时茶壶，或像花果树木，缀以草虫，或如鸟兽虫鱼，各肖其形，或像商周鼎彝，古趣盎然，或如秀女寿翁，情态可掬，"种种变异，妙出心裁"，真是壶中乾坤，气象万千了。万历二十六年（1598）袁宏道作《时尚篇》："瓦瓶如供春、时大彬，价至二三千钱……一时好事者争购之，如恐不及。其事皆始于吴中……然其器实精良，他工不及，其得名不虚也。千百年后，安知不与王吉诸人并传哉？"

张大复（1544—1630）《梅花草堂笔谈》卷三："王祖玉贻一时大彬壶，平平耳，而四维上下虚空，色色可人意。今日盛洞山茶，酌已饮。倩郎问此茶何似，答曰：'似时彬壶。'予辄然洗盏，更酌饮之。"又卷十二："时大彬之物，如名窑宝刀，不可使满天下。使满天下，必不佳。古今名手，积意发愤一二为而已矣。时大彬为人埴多袖手观弈意，尝不欲使人物色之，如避租吏，惟恐匿影不深。吾是以知其必传。虽然，偃蹇已甚，壶将去之。黄商隐曰：'时氏之埴，出火得八九焉。今不能二三，盖壶去之矣。'故夫名者，身后之价，不可以先，不可以尽。吾友郑君约之塑也，昙阳死之。夫先与尽，犹不可，况其有兼之者哉！悲夫！"

紫砂茶具不仅因瀹饮法而盛，而且迎合了明人饮茶的自然美的追求，适应了明中叶之后心学炽盛、三教合流所追求的平淡、闲雅、端庄、质朴、自然、内敛、温厚等精神需要，从而成为明代茶文化的一种重要的文化表征或特殊的文化符号。明代的大彬壶、大亨壶皆"敦雅古穆""素净者浑朴端庄"，质朴自然，韵致怡人，所以当清代有人涂以黄丹，"加饶州之鎏"时，便遭到文人雅士的指斥和鄙弃，认为这样粗俗不雅，虽光彩照人，却失去本来面目，"无一可以清玩"。同时紫砂本身的物理属性，也宜于发茶之真味，"宜兴茗壶，以粗砂制之，正取砂无土气耳"。《长物志》说："壶以砂者为上，盖既不夺香，又无熟汤气。"周高起也认为

"制以本山土砂，能发真茶之色香味"，且"注茶越宿，暑月不馊"。另外，明人对用紫砂品饮还有更细要求，周高起言："壶供真茶，正在新泉活水，旋瀹旋啜，以尽色声香味之蕴。故壶宜小不宜大，宜浅不宜深，壶盖宜盎不宜砥"，使汤力茗香，俾得团结氤氲。冯可宾《岕茶笺》也说："茶壶，窑器为上，又以小为贵，每一客壶一把，任其自斟自饮，方为得趣"，"壶小则味不涣散，香不耽阁"。总之，瀹饮法的普及以及深谙茶道的文人雅士的宣传推动，使紫砂壶盛极一时；而制作讲究，崇尚自然雅致的紫砂茶具艺术也为品饮增添了无穷雅兴，从而丰富了茶文化的内涵。壶添茶趣，茗增壶艺，好似红花绿叶，相映生辉，相得益彰，"小石冷泉留早味，紫泥新品泛春华"，为饮茶艺术增添了无比光彩。

四、品水之学

水是生命之源、万物之本。老子言"上善若水"，孔子讲水有九德，佛家谓八功德水，中国传统文化对于水的物质功能和精神价值的品评可谓高屋建瓴而又细致入微。

茶性发之于水，其品质必然要通过以水煎煮或冲瀹后所形成的茶汤的滋味、香气、色泽呈现出来，供人们品鉴优劣、评判高下，因此在传统茶艺中，"烹茶，水之功居大"。唐宋以来，人们都非常讲究饮茶用水。明人饮茶崇尚天趣，更重视品水之学。许次纾《茶疏》即认为："精茗蕴香，借水而发，无水不可与论茶也。"张源《茶录》更进一步提出："茶者水之神，水者茶之体。非真水莫显其神，非精茶曷窥其体？"张大复《梅花草堂笔谈》也说："茶性必发于水，八分之茶，遇十分之水，茶亦十分矣。八分之水，试十分之茶，茶只八分耳。"有明一代，茶人有关泉水的论述很多，俨然形成一门品水之学。

（一）"水者茶之体"：明人的品水之学

明代众多茶书中，几乎没有例外地都有关于泉水的论述，专论品水的著作有两部——徐献忠所著《水品》二卷和田艺蘅所著《煮泉小品》一卷。徐献忠（1483—1559）字伯臣，松江华亭人，寓居长兴，以文章、气节名于当时，著述丰富。其《水品》上卷论其源、清、流、甘、寒、品以及杂说，下卷则分三十九目分别论述各地之水。另外还著有《品惠泉赋》《吴兴品水赋》《灵泉赋》。田艺蘅字子艺，钱塘人，著名茶人，其书"兼昔日之所长，得川原之隽味"，论茶水关系尤详。全书分源泉、石流、清寒、甘香、宜茶、灵水、异泉、江水、井水、绪谈十部分，虽有一些抄引古书及荒诞之处，但不失为古代品水之学的代表之作。另外，明代姚可成所辑《食物本草》首二卷《水部》记载全国各地名水、名泉七百余处，并注重择水与饮食的关系，从而在一定程度上揭示了宜茶之水的特质与功效。

明人论水之作虽多，但不外乎两个基本标准，即水质和水味。水质则要求清澄、洁净、流动不居、重量要轻；水味则要求甘香、凛冽，即甜美清凉。

"谁知一勺乾坤髓，占断江心万古清。"水质的第一个标准是清，也就是相对于浊而言，要求清澈透明，无沉淀，无悬浮。田艺蘅说："清，朗也，静也，澄水之貌。"即要质地洁净，"清明不淆"。因此明人强调择水先择源，即山下之泉。《煮泉小品·源泉》云："山厚者泉厚，山奇者泉奇，山清者泉清，山幽者泉幽，皆佳品也。不厚则薄，不奇则蠢，不清则浊，不幽则喧，必无佳泉。"故陈继儒《试茶》诗中说："泉从石出清宜冽，茶自峰生味更圆。"其《茶话》亦谓："山顶泉轻而清，山下泉清而重；石中泉清而甘，沙中泉清而冽，土中泉清而厚。流动者良于安静，负阴者胜于向阳；山峭者泉寡，山秀者有神。真源无味，真水无香。"许次纾还以黄河为例，说明浑浊的黄河水通过正确的方法澄清之后，"饮而甘之，尤宜煮茶，不下惠泉。黄河之水，来自天上，浊者，土色也，澄之既净，香味自发"，因此佳泉天下在在有之，关键在清。同理，李日华《六研斋笔记》也认为："武林西湖水，取贮五石大缸，澄淀六七日，有风雨则覆，晴则露之，使受日月星之气，用以烹茶，甘淳有味，不逊慧麓，以其溪谷奔注，涵浸凝淳，非复一水，取精多而味自足耳。以是知凡有湖陂大浸处，皆可贮以取澄，绝胜浅流阴井昏滞腥薄不堪点试也。"

为了达到清洁的标准，明人除选择水泉、防止污染之外，还注意水的贮存和保养，往往在水坛中置白石子，以养水味，除去杂质。田艺蘅说："移水，取石子置瓶中，虽养水味，亦可澄水，令之不淆。""择水中洁净白石，带泉煮之，尤妙，尤妙！"熊明遇《罗岕茶疏》曰："养水预置石子于瓮，不惟益水，而白石清泉，会心而不在远。"此外，还有投伏龙肝等养水方法，罗廪《茶解》云："梅水，须多置器于空庭中取之，并入大瓮，投伏龙肝两许，包藏月余汲用，至益人。即灶心中干土也，乘热投之。"张源《茶录》谓："贮水瓮，须置阴庭，覆以纱帛，使承星露，则英华不散，灵气常存。"许次纾《茶疏》更进一步指出："水性忌木，松杉为甚，木桶贮水，其害滋甚。"

水质的第二个标准是活，所谓"清泉澄江，引汲新活，茶之正脉也"。贵活忌静，有源有流，以泉水为上，无泉则用天水。田艺蘅《煮泉小品》说："泉不流者，食之有害。"以乳泉漫流者为上，而瀑涌湍激者，"气盛而脉涌"，缺少中和醇厚之感，于茶道不合，皆不可食。他还说："泉，往往有伏流沙土中者，挹之不竭，即可食。不然，则渗潴之潦耳，虽清勿食。流远则味淡，须深潭渟畜，以复其味，乃可食。""泉悬出为沃，暴溜曰瀑，皆不可食。"张献忠《水品》将这一标准称为"流"："水泉虽清映甘寒可爱，不出流者非源泉也。雨泽渗积久而澄寂尔。《易》谓山泽通气，山之气待泽而通，泽之气待流而通。《老子》：谷神不死，殊有深义。源泉发处，亦有谷神而混混，不舍昼夜，所谓不死者也。"李日华则辩证地认为，水性既要流动又要相对平静："水性欲流欲静，静则不挠，不杂尘土，流则新活，无淹腐气。吾郡诸溪港极活，城下亦清映可爱。择其稍远舟楫处瓮汲，停贮宿昔，即堪烹点，其胜井泉数倍也。"[①]也说明当时嘉兴的青山绿水，

---

① 李日华：《恬致堂集》卷三十九《书册散语》十二则之四，第1408页，上海：上海古籍出版社，2012年。

未受污染，溪港之水，纯净自然。

水味的第一个标准是甘，也就是口感甜美、芳香。田艺蘅《煮泉小品》谓："甘，美也；香，芳也。""泉惟甘香，故亦能养人。然甘易而香难，未有香而不甘者也。味美者曰甘香，气芳者为香泉，所在间有之。"徐献忠《水品》云："水泉初发处甚澹，发于山之外麓者，以渐而甘。流至海，则自甘而作咸矣。故汲者持久，水味亦变。……水以乳液为上，乳液必甘，称之独重于他水。凡称之重厚者，必乳泉也。丙穴鱼以食乳液，特佳。煮茶稍久，上生衣，而酿酒大益。水流千里者，其性必重。"又说："泉品以甘为上，幽谷绀寒清越者，类出甘泉。又必山林深厚，盛丽外流，虽近而内源远者。泉甘者，试称之必重厚，其所由来者远大使然也。江中南零水，自岷江发流数千里，始澄于两石间，其性亦重厚，故甘也。古称澧泉，非常出者，一时和气所发，与甘露、芝草同为瑞应……澧泉食之，令人寿考，和气畅达，宜有所然。泉上不宜有恶木，木受雨露，传气下注，善变泉味。况根株近泉，传气尤速，虽有甘泉，不能自美。犹童蒙之性，系于所习养也。"除泉水外，古人多以为天水为上，尤其是江南梅雨季节的雨水甜香。罗廪《茶解》谓："瀹茗必用山泉，次梅水。梅雨如膏，万物赖以滋养，其味独甘。梅后便不堪饮。"田艺蘅也认为和风顺雨，明云甘雨最为益人。文震亨《长物志》更进一步说："秋水为上，梅水次之。秋水白而冽，梅水白而甘，春冬二水，春胜于冬，盖以和风甘雨故。夏月暴雨不宜。"

水味的第二个标准是冽，也就是口感清凉、寒冽。《煮泉小品》云："寒，冽也，冻也，覆冰之貌。泉不难于清，而难于寒。其濑峻流驶而清，岩奥阴积而寒者，亦非佳品。……《蒙》之象曰果行，《井》之象曰寒泉。不果则气滞而光不澄，不寒则性燥而味必啬。冰，坚水也，穷谷阴气所聚，不泄则结而为伏阴也。在地英明者惟水，而冰则精而且冷，是固清寒之极也。"《水品》亦云："泉水不绀寒，俱下品。"明代文献中记载有很多寒泉，如张岱《陶庵梦忆》所载的禊泉、阳和泉，《赤雅》所记的"洁似清冰"的婆娑泉,《梅花草堂笔谈》所记的"味极冷澈"的山溪泉等。正是按照这一标准,人们十分讲究饮用冰水、雪水。《长物志》云:"雪为五谷之精,取以烹茶,是为幽况。然新春者有土气,稍陈乃佳。"熊明遇也说:"雪水,天地之精者,色不能白。"陶允宜《镜心堂草》卷七《煮雪烹茶》诗云:"谁传玄圃树,今是落花辰。入水明无迹,披山色有神。乾坤多逸气,湖海几闲人。掬手情孤赏,开襟意转亲。不妨银作鼎,还拟蜡为薪。陆羽应添灶,陶潜解漉巾。洗心寒切骨,觅句韵生春。忽见琼销蕊,方知玉有津。冰壶堪贮满,瓦缶惜倾频。当酒聊供客,焚香借与邻。气清难入俗,味淡不分贫。绝胜蔷薇水,偏宜薜荔身。江心泉失旧,惠麓井迷尘。汉殿仙人掌,堪评浊与醇。"姚孙棐《亦园全集》卷五还有一篇《取柏树上雪煎茶》的诗:"小盘承树雪,清极带微香。入水全无质,烹茶若有光。解醒通灏气,破闷快新尝。斟唱何须问,陶家味正长。"

此外,茶人陈师提出水味淡的标准。他自述:"余曩遇方上人,授煮水法。以新汲水三十瓯,用桑枝文武火煎,至一瓯,服之可治痰喘。"他将家井水、吴山泉、郭婆井、龙井泉、蒙山水、惠山泉等一一煎试对比,从而"悟淡之道",认为:"有色则有质,有质则有变,水惟淡也,安变乎?故人用情宜淡,无常百行,惟淡可久。"[①]

至于茶水相宜的理念,源于唐代张又新,他在《煎茶水记》中托名陆羽说:"夫烹茶于所产处,无不佳也。盖水土之宜,离其处,水功其半。然善烹洁器,全其功也。"田艺蘅《煮泉小品·宜茶》发扬其说,谓武林诸泉,惟有龙泓入品,茶亦以龙泓山为最,故茶泉双绝,世有"龙井茶,虎跑水"之说,这是有其科学道理的。

(二)"活水还须活火烹":明人的水火之候

"相传煎茶只煎水,茶性仍存偏有味。"古人非常重视煎水的功夫,陆羽总结煎水适度与否的"汤候",提出以水沸时的形态和声响辨别汤候

---

① 陈师:《禅寄续谈》卷四《辨水说》。

的三沸之法，也就是所谓的"如鱼目微有声"为第一沸，"缘边如涌泉连珠"为第二沸，"腾波鼓浪"为第三沸，第一、二沸是煎水，第三沸是煮茶，必须把握好时机，三沸之后就是老汤，不适宜饮用了。皮日休《茶中杂咏·煮茶》吟咏三沸之法道："香泉一合乳，煎作连珠沸。时有蟹目溅，乍见鱼鳞起。声疑松带雨，饽恐烟生翠。倘把沥中山，必无千日醉。"沫饽是茶汤的精华，薄的叫作沫，厚的叫作饽，细轻的叫作花。花就像漂浮在圆池上的枣花，又像曲折的水边和水洲上新生的青萍，又像晴朗的天空中鱼鳞般的浮云；沫则像是浮在水面上的绿苔，又像掉在酒樽中的菊花瓣；饽是沉在下面的茶滓沸腾时泛起的一层含有大量游离物的浓厚泡沫，又像耀眼的白雪。沫饽的孕育非常好看，正如杜育《荈赋》所形容的"焕如积雪，烨如春敷"。宋人点茶更有所谓"七汤之法"，通过点汤击拂，使茶汤茶色幻化出疏星朗月乃至飞禽走兽、花草虫鱼、山川风物、文字书法等种种物象，称为茶百戏、水丹青，令人叹为观止。

陆羽的三沸之法中，汤候的把握以形辨为主，声辨为辅。到了宋代，煎水的䥶演变为细颈的瓶，量茶入䥶中煮茶也改为以汤就茶瓯点之，于是形辨无法进行，只能"以声辨一沸、二沸、三沸之节"。罗大经《鹤林玉露》记载李南金关于声辨的一首诗："砌虫唧唧万蝉催，忽有千车捆载来。听得松风并涧水，急呼缥色绿瓷杯。"提出以水瀹茶当用背二涉三为合量，即二沸、三沸之际进行点茶。罗大经接着对李南金的说法补充说，茶汤欲嫩而不欲老，如果声如松风、涧水即二沸、三沸之际点茶，就过老而味苦，只有把炉上的茶瓶移开，当没有声音了再将沸水冲入茶瓯，茶汤就浮起一层白似春雪的沫浡，并赋诗一首道："松风桧雨到来初，急引铜瓶离竹炉。但得声闻俱寂后，一瓯春雪盛醍醐。"

"烹茶旨要，火候为先。"明代张源《茶录》概括前人和时人关于火候的实践经验，提出火的文武之候要以中和为度："炉火通红，茶铫始上。扇起要轻疾，待汤有声，稍稍重疾，斯文武火之候也。若过于文则水性柔，柔则水为茶降，过于武则火性烈，烈则茶为水制。皆不足于中和，非茶家之要旨也。"田艺蘅也非常在意烹茶的火候："人但知汤候而不知火候，火燃则水干，是试火先于试水也。"他还借用《吕氏春秋·本味篇》所说的伊尹以调和五味的学说向商汤进言，其中说到五味三材、九沸九变，都是以火候作为其鉴别标准的。

把握火候，更要注重汤候，也就是煮水的节奏。张源总结前人和时人关于汤候的实践经验，提出汤候有三大辨、十五小辨："一曰形辨，二曰声辨，三曰气辨。形为内辨，声为外辨，气为捷辨。如虾眼、蟹眼、鱼眼连珠，皆为萌汤，直至涌沸，如腾波鼓浪，水气全消，方是纯熟。如初声、转声、振声、骇声，皆为萌汤，直至无声，方是纯熟。如气浮一缕、二缕、三四缕，及缕乱不分，氤氲乱绕，皆为萌汤，直至气直冲贯，方是纯熟。"①他还提出唐宋末茶，汤宜嫩不宜老，这是因为唐宋团饼茶经过碾、磨、罗等工序，使得茶叶变成"飘尘飞粉"，所以一见茶汤"茶神便散"；而明代散茶的制作，不需要上述工序，所以茶叶"全具元体"，这样茶汤必须达到纯熟，才能使茶叶本身的神韵得到充分发挥，因此汤须五沸，才可以达到色、香、味俱佳的三奇境界。许次纾《茶疏》的观点则与此不同："水一入铫，便须急煮。候有松声，即去盖，以消息其老嫩。蟹眼之后，水有微涛，是为当时。大涛鼎沸，旋至无声，是为过时。过则汤老而香散，决不堪用。"田艺蘅也认为："汤嫩，则茶味不出；过沸，则水老而茶乏。惟有花而无衣，乃得点瀹之候耳。"唐代煎茶注重中汤，以二沸至三沸之间的水为好；宋代点茶喜嫩，以初沸水为佳。这里所说的"有花无衣"之汤，大体相当于唐人所谓的中汤。

（三）"此泉甘洌冠吴中，举世咸称煮茗功"：天下独重惠山泉

"一勺清泠下九咽，分明仙掌露珠圆。空劳陆羽轻品题，天下谁当第一泉？"②与唐宋以来人们热衷于推出天下名水名泉排行榜不同，明人

---

① 张源：《茶录》，方健《中国茶书全集校证》第2册，第745—746页，郑州：中州古籍出版社，2015年。
② 王世贞：《题惠山泉》，《弇州续稿》卷二十四，四库全书本。

似乎并不注重其间座次的变化。尽管明人吟咏记录的天下名水名泉多以千百计,但却独重无锡惠山泉。当地著名文士、茶人邵宝不仅校订僧圆显所辑《惠山记》四卷首一卷,记录自然与人文景观以及土产等,而且亲自补辑《惠山集》六卷,收录古今诗文,并为惠山文献集大成之作。

惠山,以西域僧人慧照居此,又作慧山。惠山泉,简称惠泉,位于无锡惠山寺侧,相传开凿于唐代大历年间,陆羽、刘伯刍、张又新等品定为天下第二泉。其水为山水,即通过岩层裂隙过滤的流动的地下水,"味甘""质轻""煎茶为上"。《水品》的作者徐献忠有《品惠泉赋》,其小序云:"叔皮何子(何良傅)远游来归,汲惠山泉一罂,遗予东皋之上。予方静掩竹门,消详鹤梦,奇事忽来,逸兴横发,乃乞新火,煮而品之,使童子归谢叔皮焉。"赋曰:

乃何子之特发,探水穴于山椒。挂清寒于齿牙,讯老羽于惠寮。甘平云之乳窦,因起兴于瓢操。望徐子以驰神,出简书于下曹。侑以阳羡之珍、谷雨之苗,走奇芳于鼻观,参春灵之上苞。合二美于一旦,嘉上善之无嘲。如上客兮在门,赴灵修之久要。发空濛之玄罔,辟尘氛于有巢。尔则陶氏之鼎,改余之火,既精涤荡,遂集文武,泻玉液于悬崖,分小瀑之如布。忽变绀寒,蒸气如雾,觉蟹眼之旋生,复中起兮如破。涌江潮于刹石,沸温波于洛浦。于是归功茗事,颂德玄溟。出太素于碧落,浮瑶光于上清。露华纷其秋澹,佳气郁乎春明。媚幽怀之无始,眷高况兮凌云。游玄神于顾渚,追胜事于南泠。兴呫呫兮七发,心冉冉而独醒。劣山谷之双井,胜仙掌之金茎。奔走群公,逍遥竹门,品上池之独重,追菊水乎颓龄。信驰心于空灏,无乃下甘露而清洪河也。①

"江南淛山俱可人,泽北惠泉尝入梦。"惠山泉名传天下,其周围方圆五百里之内,又尽是诸多名茶的产区,既然如此,那么过惠山汲泉品茗,

---

① 徐献忠:《长谷集》卷一。《明别集丛刊》第1辑第86册,合肥:黄山书社,2013年。

便成为天下茶人梦寐以求的风雅盛事，舟车往来，络绎于途，不舍昼夜，营造出一种特殊的茶文化氛围。我们读冯梦龙《警世通言》卷二十六《唐解元一笑因缘》，也就是今天大家熟知的唐伯虎三笑点秋香的故事，其中说到唐伯虎初遇秋香，一笑惊艳，来不及收拾行李，也不与朋友作别，急忙乘船追赶，一直追到无锡，眼见秋香所乘画舫进城，反而不急了，却说："到了这里，若不取惠山泉也就俗了。"遂移舟惠山取水烹茶，次日方才进城追寻。这一急一缓之间，充分显示了作为文人雅士身份象征的惠泉烹茶的魅力！

如果说这是小说家言，那么文坛巨擘文征明关于惠山泉一段尘缘的夫子自道，就更显得弥足珍贵。文征明的家乡苏州长洲，距离惠山大约百里之遥，对于酷爱茶泉、山水览胜的文氏而言，到惠山汲泉品茗早已心向往之。直到弘治十七年（1504）秋天，35岁的文氏第三次到南京参加乡试，舟泊惠山，方成就了他的首次惠山之旅。偕诸友汲泉品茗之余，一时诗兴舒发，写下一首《咏慧山泉》的五言古诗，记录下这一段尘缘雅事："少时阅《茶经》，水品谓能记。如何百里间，慧泉未曾试。空余裹茗兴，十载劳梦寐。秋风吹扁舟，晓及山前寺。始寻琴筑声，旋见珠颗泌。龙唇雪渍薄，月沼玉淳泗。乳腹信坡言，圆方亦随地。不论味如何，清彻已云异。俯窥鉴须眉，下掬走童稚。高情殊未已，纷然各携器。昔闻李卫公，千里曾驿致。好奇虽自笃，那可辨真伪？吾来良已晚，手致不烦使。袖中有先春，活火还手炽。吾生不饮酒，亦自得茗醉。虽非古易牙，其理可寻譬。向来所曾尝，虎阜出其次。行当酌中泠，一验逋翁智。"初游惠山，印象殊深，从此与惠泉结下了不解之缘。南京乡试再告失利，归途舟经无锡，遂引发《再游慧山》苦中作乐的雅兴："忆得新秋慧山路，小舸归未及秋暮。东行不负酌泉盟，一笑再理登山屦。山中草木渐衰歇，依旧灵泉雪流乳。肠胃聊湔肉食腥，须眉净洗京尘污。雅致仍携小笤茶，旧游愧读南墙句。墨痕凌乱犹昨日，老衲依稀说前度。三旬才到一何稽，一月两番无乃屡？人情嗜好信有偏，至理自知非可谕。我生坚固万缘轻，泉石娱人却成痼。

那能过此但空归？纵不可留须一屏。小奚解事走相从，瓶罂预洁提泉具。斜阳一抹滞奔程，好奇正得舟人怒。回视舟人笑不言，就中有理无相苦。"自此以后，惠山茶旅便成了他生命中的一部分，至于后来约茶友举办惠山茶会，作《惠山茶会图》，更是茶史、画史上浓墨重彩的一笔。

另一位茶人冯梦祯，辞官归隐于西子湖畔，以焚香啜茗、书画鉴藏、山水游览、参禅礼佛为日常功课。从其《快雪堂日记》中，我们不时看到惠泉的存在："早遣唐俞卿汲惠泉十瓮，遂放舟。""连日断惠泉，于季华宅得一坛烹试，甚苏渴肠。日中，次卿往吴中，因遣奴子汲惠泉十瓮。""午后，同细君烹龙井茶，惠泉二坛，茂吴许借用。""载惠泉水三十坛至。""早发，日午到无锡，汲水三十坛。""午前到惠山，同沈及庵寺中泉上一游，惠泉汲十四瓮船归，同及庵饮虎丘茶数壶，甚畅。茶后小饮，饮再烹茶。""许然明自山东回，同张仲初来，留叙，烹惠泉龙井。""许然明、张仲初来，仲初饷新龙井一包，试惠泉。"读他与友人的书信，惠泉亦常在念中。其《与陆敬承》中写道："吴中得三日欢聚，且送之惠山，汲泉数十瓮而返，焚香煮茗，大是快事，惜不得与二三兄弟共之耳！"《答盛叔永》云："今岁蓄岕茶颇裕，须得惠泉试之，洗法、火候及器物毫发乖违，便非清供。相见在近，与足下共之，始信陆羽、蔡君谟诸君未免伧父面目！今饷足下一器，如乏佳泉，当俟归途取江水澄清烹试之。"日记书信之文乃其真情流露，足见他对于惠山泉水的珍惜宝爱，简直到了须臾不可或离的地步。

著名山人王稚登也对惠山泉情有独钟。其《雨航纪》云："维过慧山，汲慧山泉四罂。余每过泉上，虽甚多事，及昏夜必迂路汲泉。上人熟识余，及是风雨复来汲，皆大笑以为怪。"并留下《雨中汲慧山泉》诗，其一云："常年远汲频回首，此日经过一系舟。……"其二云："寺下扁舟系绿筠，寺中僧屋暗鱼鳞。石罂入夜分新涧，秋雨看山对故人。云遮酒旗浓似墨，水流村店白如银。江城昏黑投秦系，烛影茶烟上葛巾。"

当然，能够亲临惠山汲泉品茗的机会毕竟是非常有限的，远离惠山的日子里，要想品尝惠山灵泉，只有靠朋友以水相赠，或不惜"千里致水"，集资购买和组织运输了。明人诗文中这样的记载十分普遍。文徵明有《雪夜郑太吉送慧山泉》诗云："有客遥分第二泉，分明身在慧山前。两年不挹松风面，百里初回雪夜船。青箬小壶冰共裹，寒灯新茗月同煎。洛阳空说曾驰驿，未必缄来味尚全。"又有《邵二泉司徒以惠山泉饷白岩先生适吴宗伯宁庵寄阳羡茶亦至白岩烹以饮客命余赋诗》："谏议印封阳羡茶，卫公驿送惠山泉。百年佳话人兼胜，一笑风檐手自煎。闲兴未夸禅榻畔，月明还到酒樽前。品茶只合王公贵，惭愧清风被玉川。"记载的是家居惠山的邵宝、家居吴兴的吴俨借地利之便，近水楼台先得月，给金大鸣寄来著名的惠山泉和阳羡茶，金大鸣聚集好友举行茶会的事。吴宽《谢冯副郎送惠山泉》诗云："何处泉满腹，惠山横翠屏。山远不能移，谁移此泓渟。客从山下来，遗我泉两瓶。磊磊石子在，中涵数峰青。宛如清晓汲，尚带鱼龙腥。煎茶水有记，陆羽著《茶经》。……远饷逾千里，瓿甀载吴舲。……"李梦阳《谢冯廷伯送惠山泉》诗所说的更令人感动："故友何方来，来自锡山谷。暑行四千里，致我泉一斛。……"袁宏道《识张幼于惠泉诗后》记载有两则运载惠泉的掌故：一是麻城丘长孺东游吴会，"载惠山泉三十坛"，他自己先归，令仆人担回，仆人因为太重，就倾倒于江中，到家后"始取山泉水盈之"，次日，长孺邀请城中好事者品水饮茶，众人相视而叹曰："美哉水也！非长孺高兴，吾辈此生何缘得饮此水！"皆叹羡不置而去。"半月后，诸仆相争，互发其私事。长孺大恚，逐其仆，诸位好事之饮水者，闻之愧叹而已。"二是其弟袁中道（字小修）从江南载惠山泉、中泠泉各二樽归，本来以红色笺纸书写泉名作为标记，结果一个多月到家后，标记磨灭，无法分辨，品尝之后仍然不能辨别，相顾大笑。直到后来作者担任吴县令，品尝泉水多了之后，已经可以分辨出不同的泉水，认为惠山泉实际上远胜于中泠泉，"因忆往事，不觉绝倒"。

正因为惠山泉备受推崇，俨然成为无锡的地方特产。每逢岁时改易，初春之季，无锡地方官衙敬献清贶，惠泉水便是必备的一件。张萱《西园存稿》卷三十四《答许无锡明府》就是其收到这一"水心清福"的贺礼之后的答谢辞:"诸贶种种珍美,独泉水尚欲请益。问水之吏,如水之心,更宜以水济水。故小垒有联曰:自愧素餐,一日慧山泉十碗;颇贪清福,六时大石笋三枚。奈此中役人,取水慧山,往往谓关吏非陆鸿渐之知味,又非李文饶之核真。皆以他水相混,非藉令公明赐,几于误此枯肠矣!"

当时江南城市中的茶馆,多专程从无锡惠山运水烹茶。如张岱所记的南京秦淮河桃叶渡的闵汶水便是不以路遥,派人往惠山取水。还有人专门组织,众人集资雇人从惠山运水至城中,如李日华就专为此写过一篇水牍文献——《醵金运惠泉小引》:

> 吾辈竹雪襟期,松风齿颊,暂随饮啄人间,终拟消摇物外。名山未即,尘海何辞?然而搜奇煅句,液沥易枯;涤滞洗蒙,茗泉不废。月团百片,喜折鱼缄;槐火一篝,惊翻蟹眼。陆季疵之著述,既奉典刑;张又新之编摩,能无鼓吹?昔卫公宣达中书,颇烦递水;杜老潜居夔峡,险叫湿云。今者环处惠麓,逾二百里而遥,问渡松陵,不三四日而致。登新捐旧,转手妙若辘轳;取便费廉,用力省于桔槔。凡吾清士,咸赴嘉盟。①

末署"竹懒居士题"。这是李日华为《运泉约》所作的小引,文集未收《运泉约》的文本,而在其《紫桃轩杂缀》卷三中,以上文字前有"松雨斋运泉约"六字,后附有《运泉约》的文本:

> 运惠水,每坛偿舟力费银三分。
>
> 坛精者,每个价三分,稍粗者,二分。坛盖或三厘或四厘,自备不计。
>
> 水至,走报各友,令人自抬。
>
> 每月上旬敛银,中旬运水。月运一次,以致清新。
>
> 愿者书号于左,以便登册,并开坛数,如数付银。

---

① 李日华:《恬致堂集》卷二十九《醵金运惠泉小引》,第1039页,上海:上海古籍出版社,2012年。

  尊号 用水 坛 月 日付

松雨斋主人谨订

  但一般人"不易致茶,尤难得水",因而多遂一时之兴,就地取材,随汲随饮。如孙贲诗云:"归去山中无个事,瓦瓶春水自煎茶。"同时还有人改造水品,自制名泉者。如朱国祯《涌幢小品》即记载有一种自制惠山泉的办法,亦可谓风雅趣事:

  家居苦泉水难得,自以意取寻常水,煮滚,总入大磁缸,置庭中,避日色,俟夜,天色皎洁,开缸受露,凡三夕,其清彻底。积垢二三寸,亟取出,以坛盛之,烹茶与慧泉无异。盖经火煅炼一番,又泡露取真气,则返本还元,依然可用。此亦修炼遗意,而余创为之,未必非《水经》一助也。他则令节或吉日,雨后承取,用之亦可。①

(本文原载《农业考古》1993年2期,此次做了较大的修改)

---

① 朱国祯:《涌幢小品》卷十五《品水》,第347页,北京:文化艺术出版社,1998年。

《金瓶梅》与明代的饮茶风尚

《金瓶梅》第十二回,写西门庆在妓女李桂姐处饮酒,应伯爵、谢希大等作陪,"只见少顷鲜红漆丹盘拿了七钟茶来,雪绽般茶盏,杏叶茶匙儿,盐笋、芝麻、木樨泡茶,馨香可掬。每人面前一盏。应伯爵道:'我有个《朝天子》儿,单道这茶的好处:这细茶的嫩芽,生长在春风下。不揪不采叶儿楂。但煮着颜色大,绝品清奇,难描难画。口儿里常时呷,醉了时想他,醒来时爱他,原来一篓儿千金价。'"

这一段描写不仅有茶具、茶品、茶香,而且作者借应伯爵之口表现了时人对茶的推崇和赞美,尽管这曲儿被帮闲用来对嫖客和妓女捧场讨好,将李桂姐比作"这细茶",不免扫人清兴。

茶,起源于我国,从远古起就开始了药用和饮用,至唐代"茶道大行",饮茶风习普及南北,茶的生产制作大为发展,饮茶方式也日益讲究,并创造出了高雅独特的茶文化。宋代饮茶更为普遍,"君子小人靡不嗜,富贵贫贱靡不用",茶成了"不可一日以无"的珍品;同时随着斗茶(即茗战)风行,团饼茶的制作和品饮艺术都达到了空前的高度。南宋以降,"重散略饼"之风起,饮茶更为简便易行,遂在民间更加盛行,以致与柴米油盐酱醋并列为开门七件事之一。到了明代，散茶基本上代替了穷极精巧的团饼茶，与焕然一新的散茶生产和加工方式相适应，饮茶风尚也发生了划时代的变革，斗茶之风消失了，研末而煎饮的团饼茶饮法变成了沸水冲泡的瀹饮法，"简便异常，天趣悉备"，开创了后世开水冲泡饮法的先河，反过来也促进了散茶生产技术的全面发展，六大茶类和花茶也都兴盛起来。这种简便的饮茶方法更有利于在广大民众中的普及，使之与日常社会生活、风俗礼仪的方方面面都结下了不解之缘；文人雅士阶层对饮茶艺术的追求和审美也创造了一个新的天地，如饮茶的崇尚自然美，古朴雅致的紫砂茶具，讲求清、轻、甘、活的品水之学，以及对饮茶艺术的审美鉴赏等，传统的茶文化得到了弘扬和发展。

《金瓶梅》通过西门庆一家的兴衰荣枯为我们描绘了晚明世俗生活的画卷，自然对"开门七件事"之一的茶多所关注，体现了饮茶生活的普及和市井饮茶风俗的多姿多彩。当然，它所描绘的不是文人雅士格韵高洁的茶文化，与文人茶文化著作所反映的风格不尽一样，而是一幅市井社会的饮茶风俗图，从而弥补了有关史料在这方面的不足，值得我们珍视。

有人曾作过统计，《金瓶梅》中提到茶多达629处，这在古典文学作品中可谓空前的现象，可见饮茶之普遍。书中写日常生活、亲属宾客来往以及酒后消食，皆饮茶。如：第一回西门庆的会中兄弟应伯爵等来访，就是一面让座，一面唤茶来吃。第七回西门庆由媒婆薛嫂陪着去孟玉楼家相亲见面，进门先由小厮拿出一盏福仁泡茶来，双方相见，只见小丫鬟拿了三盏蜜饯金橙子泡茶，银镶雕漆茶钟，银杏叶茶匙，妇人起身先取头一盏，用纤手抹去盏边水渍，递与西门庆……取了第二盏茶来递与薛嫂，她自取了一盏，陪坐吃了茶。这可以说是一种并未细写却有特色的客来敬茶礼仪了。第八十回写家中正乱着，平安儿来报蔡御史来吊西门庆，月娘吩咐请前厅坐，蔡御史道："也不消坐了，拿茶来，我吃一钟就是了。"第二十回写孟玉楼不吃酒，要茶来饮。第七十三回写潘金莲不饮陈茶，要喝苦艳艳的浓茶，解酒消食。佛教僧人禁酒，向为饮茶风气的推动者，素有"吃茶去"乃和尚家风的说法。书中写永福寺僧人待客也是"略备一茶而已"。如第八十九回写吴月娘为西门庆上坟后来到永福寺，道坚长老唤"小僧看茶"。客来敬茶已经成为当时社会生活的基本礼俗。另外，书中还交代西门庆专门备有茶袋，在衣袖、绣袋中带着香茶外出备饮，这大概是当时官绅富豪的一种生活习惯。顺便一提，茶叶也被当作礼物馈赠，如第三十六回安进士送西门庆的见面礼中就有四袋芽茶。可见，茶已经成为市井民众日常生活不可须臾或离的必需品。

值得一提的是，茶馆、茶坊的普遍存在和茶与风俗礼仪的结合，这是饮茶普及民间的重要标志。明代有关茶馆的记载在中后期始多起来，既有私人的茶室、茶寮，也有公共的茶坊、茶店。《金瓶梅》第二回写王婆所开的茶坊便是一个突出的例子，我们不仅可从文字中看到她开店卖茶的情况，还可从该书的绣像上看到茶坊的形制规模。作为这茶坊的老板，王婆自称"卖茶叫做鬼打更""只靠些杂趁养口""迎头儿跟着人说媒，次后揽人家些衣服卖，又与人家抱腰、收小的，闲常也会做牵头，做马泊六，也会针灸看病，也会做戎儿"，真是个典型的市侩形象。

至于说到饮茶风俗与人生礼仪的结合，最为突出的要属茶与婚俗了。"下茶"之俗在明代颇为流行，郎瑛《七修类稿》引述了一条茶谚"长老种芝麻，未见得吃茶"，并解释说："种茶下子，不可移植，移植则不复生也。故女子受聘，谓之吃茶，又聘以茶为礼者，见其从一之义。"著名戏剧家汤显祖在《牡丹亭》中也有"我女已亡故三年，不说到纳采下茶，便是指腹裁襟，一些没有"的说法。《顺天府志》也记载男女合婚要行小茶礼、大茶礼。沈榜《宛署杂记》更具体说到小茶礼"物止羹果，数用四或六，甚至十六"，大茶礼则"别加衣服"。《金瓶梅》中写了多次婚姻，潘金莲、李瓶儿与西门庆的结婚是再嫁、偷娶除外，孟玉楼的两次婚姻虽也是再醮、续弦，却相当正规，第一次嫁西门庆，双方议婚后，约定日期，由吴月娘坐轿押担纳采下茶礼，送了二十余担衣服头面、羹果茶饼等做聘。第二次退李衙内，两个媒婆陶妈妈和薛嫂拿了婚帖，又请了先生算了命，李衙内道："只择吉日良辰，行茶礼过去就是了。"四月初八，备办了十六盘羹果茶饼以及其他金银珠宝、衣物首饰共二十余抬下礼。书中最为细写的还是第九十七回陈经济与葛翠屏的婚事，亦重下茶之礼：双方由媒人说定，春梅这里备了"两抬茶叶、喜饼、羹果，教孙二娘坐轿子，往葛员外家插定女儿"，然后又择定吉日纳采，"备了十六盘羹果茶饼，两盘上头面，二盘珠翠，四抬酒，两牵羊，一顶鬏髻，全副金银头面簪环之类，两件罗段袍儿，四季衣服，其余绵花绢，二十两礼银"，作为下茶之礼。可见，这一茶俗、茶礼在《金瓶梅》时代是非常通行的。

与明代文人雅士品茶崇尚自然天趣不同，《金瓶梅》中所描写的市井饮茶方式有其特殊性，大多为香花、果仁、芝麻、盐、姜等物入茶沸水冲泡而饮。如胡桃松子泡茶、福仁（橄榄仁）泡茶、果仁泡茶、蜜饯金橙子茶、盐笋芝麻木樨泡茶、梅桂泼卤瓜仁泡茶、木樨金灯（橙）茶、木樨青豆茶、熏豆子茶、咸樱桃茶、桂花木樨茶、八宝青豆木樨泡茶、瓜仁栗丝盐笋芝麻玫瑰香茶、姜茶、土豆泡茶、芫荽芝麻茶、海青拿天鹅（橄榄白果）茶等。这种以杂物佐茶的方法可分为以下几种情况：

一是以香花、干鲜果品入茶，这种方法最为常见。以花入茶，唐宋文人多视为煞风景之事，但也不乏以香料、果品等物佐茶，益茶之清香。如蔡襄《茶录》所记在贡茶中放入龙脑等名贵香料；黄庭坚《煎茶赋》中提到"佐以草石之良"，有胡桃、松实、庵摩、鸭脚、勃贺、蘼芜、水苏、甘菊等。真正的窨制花茶始于元代，至明代大盛，顾元庆《茶谱》除记莲花茶、橙茶外，又说："木樨、茉莉、玫瑰、蔷薇、兰、蕙、橘花、栀子、木香、梅花，皆可作茶。诸花开时，摘其半含半放蕊之香气全者，量其茶叶多少，摘花作茶。花多则太香，而脱茶韵，花少则不香，而不尽美，三停茶叶一停花，始称。"其法："用磁罐一层茶一曾花，投间至满，纸箬系固，入锅重汤煮之，取出待冷，用纸封裹，置火上焙干收用。"徐渭的方法则是将各种花杂入花中，盛锡瓶内，隔水煮之，一沸即起。屠隆《考槃馀事》不仅记载了花茶，还专门列有"择果"一目，记载当时果品入茶时尚，但他认为"茶有真香，有佳味，有正色。烹点之际，不宜以珍果香草夺之。夺其香者，松子、柑、橙、木香、梅花、茉莉、蔷薇、木樨是也；夺其味者，番桃、杨梅之类是也。凡饮佳茶，去果方觉味清，杂之则无辨矣。若必曰所宜，核桃、榛子、杏仁、榄仁、菱米、栗子、鸡豆、银杏、新笋、莲肉之类，精制或可用也。"《金瓶梅》中的以香花入茶，既反映了当时以花入茶的风俗，同时也与上述花茶窨制方法不尽一致，一方面似乎并非严格的花、茶相配煮制，另一方面这些茶汤是茶、花还有果品混合泡制而成。至于以各种各样的干鲜果品之类佐茶饮用，在该书中非常普遍，反映了当时民间的饮茶习惯，这当然是追求格调清雅的屠隆等文人墨客所不赞成的。正因为人们饮茶既喜茶味，又爱果味、花香，这种综合型的饮料颜色自然不同于单纯的茶，所以书中只能用"浓艳艳"来形容了。

二是以盐、姜入茶。盐、姜入茶是茶史上长期争论不休的问题。唐人多习惯加入盐、姜以调味，如薛能诗："盐损添常戒，姜宜煮更夸。"宋人则多持反对态度，《东坡志林》说："近世有用此二物者，辄大笑之。""茶之中等者，用姜煎，信可也，盐则不可。"但是"风土嗜好，各有不同"，苏轼诗中也写道："又不见北方茗饮无不有，盐酪椒姜夸满口。"又道："老幼妻子不知爱，一半已入姜盐煎。"可见民间不仅很难饮用上等好茶，而且不怎么讲究纯茶，而是习惯加入一些调味品或辛辣型作料。明代一些地区也以盐、姜入茶，如张萱《疑耀》一书记载："有友人尝为余言，楚之长沙诸郡，今茶犹用盐、姜，乃为敬客，岂亦古人遗俗耶？"既然如此，那么宋代北方人饮茶"盐酪椒姜夸满口"的风习也不免会遗留下来。《金瓶梅》中提到的盐笋泡茶、咸樱桃茶、姜茶便反映了民间的这一习尚。

三是以其他物品入茶。如芝麻、青豆、土豆、芫荽等。《金瓶梅》中的芝麻茶很多，如木樨芝麻熏笋泡茶等。据说这是苏州一带的风俗。明代郑仲夔《玉麈新谭》中记载："吴俗，好用芝麻点茶。"芫荽，俗称香菜，是一种生熟皆可食用、并有药用价值的蔬菜，"香气令人口爽"，因而也被当作香料入茶，制成芫荽芝麻茶饮用。青豆、熏豆子入茶与前述之果仁、松子入茶类似。至于所谓的土豆泡茶，亦当为一种土产豆类果实入茶，而非今日所说的土豆也。

　　这种以茶水冲泡各种干鲜果品、芝麻、豆蔻等物，加入盐、姜调制而成的茶食与现在仍流行于湖南等地的擂茶的饮法颇有些相通之处，只是其具体制法和饮法已不可详知了。

　　《金瓶梅》中还提到饮用纯茶也就是不入杂物的茶叶。这是在第二十一回"吴月娘扫雪烹茶，应伯爵替花勾使"中。当时天降大雪，"冻合玉楼寒起栗，光摇银海眩生光"，正与西门庆及家中众妇人在花园饮酒赏雪的吴月娘骤生雅兴，"下席来，教小玉拿着茶罐，亲自扫雪，烹江南凤团雀舌芽茶，与众人吃。正是：白玉壶中翻碧浪，紫金杯内喷清香。"这里所提到的江南凤团雀舌芽茶，与书中其他地方提到的"碾破凤团，碧玉瓯中翻白浪""烹龙泡凤玉脂润，罗帏绣幕围清风"中的龙团、凤团均为宋代饼茶名品。宋代团饼茶穷极精巧，名品纷呈，尤以福建建安北苑所造贡茶"独冠天下，非人间所可得也"。自太宗太平兴国初年开始制造龙凤团饼，此后不断更新，有小龙团，更是精巧绝伦，饰面华美异常；又有密云龙、龙团胜雪等品，总称为龙凤团饼，是上供朝廷的珍品，当时有"金易得，而团饼不易得"之说。"凡茶芽数品，最上者曰小芽，如雀舌鹰爪，以其轻直纤挺，故曰芽茶。"《金瓶梅》中的凤团雀舌茶可能就是以这种雀舌小芽焙制而成的凤团茶，故需如宋代饮茶那样"碾破凤团"，然后烹煎而饮。至于前面的"江南"二字可能出于泛称。作者在散茶饮法盛行的明代仍写宋代的饮茶法，一则可能是作为宋茶之风的残存，并以此更借"宋"而写"明"，反映其主旨；二则乃是以此饮法讲究、茶品精绝的贡茶来喻指西门庆一家的豪奢生活。

　　小说第七十二回还提到了明代的名茶——六安茶：西门庆从林太太处回到潘金莲房中，潘金莲尚未睡，正倚着梳台，脚蹬着炉台，口中嗑着瓜子等他，"火边茶烹玉蕊，桌上香袅金猊……春梅拿净瓯儿，妇人从新用纤手抹盏边水渍,点了一盏浓浓艳艳芝麻盐笋栗丝瓜仁夹春不老海青拿天鹅木樨梅桂泼卤六安雀舌牙茶,西门庆刚呷了一口,美味香甜,满心欢喜……"这仍是一种综合型的泡茶,但明确说明是六安雀舌茶冲泡的。第二十三回也提到吴月娘吩咐宋惠莲到上房取六安茶,"顿一壶来俺每吃"。六安茶是明代散茶的代表之一,在当时非常有名,为"茶之极品"。许次纾《茶疏》称:"大江以北,则称六安,然六安乃其郡名,其实产霍山县之大蜀山也。茶生最多,名品亦振,河南、山陕人皆用之。"陈霆《两山墨谈》更称六安茶为"天下第一"。可见西门庆家中所备也有这上等的好茶。但如此好茶饮用时仍是与那么多的果品、香花一起调制,成为一盏大杂烩,与士大夫的品茶艺术生活不可同日而语。罗列那么多花果食物入茶可能出于夸张,既表明西门庆家的富豪,也体现了潘金莲殷勤笼络西门庆的用心。

除了茶叶品类及其饮用方式之外,《金瓶梅》在描写饮茶的过程中还提到了不少茶具。如鲜红漆丹盘、雪绽般茶盏、银镶雕漆茶钟、银杏叶茶匙、银匙雕漆茶钟、茶托、银镶瓯儿、银镶竹丝茶钟、金杏叶茶匙等。品种虽然不太多,但质地都是上乘的,制作工艺也很精到,表现了西门庆家日常生活器皿的奢华。鲜红漆丹盘是一种漆成红色的圆盘,用以盛放茶钟的。茶盏与茶托是相配的,盏即小杯,上有盖,下有托,书中提到的雪绽般茶盏即白色的小茶杯,正反映了明代崇尚白色茶盏的风气。屠隆《考槃馀事》记载:"宣庙时有茶盏,料精式雅,质厚难冷,莹白如玉,可试茶色,最为要用。蔡君谟取建盏,其色绀黑,似不宜用。"说明宋代、明代因饮茶方法不同对茶具的要求也有差异。茶托又叫茶托子、茶船,有金属制者,亦有瓷器、漆器,用以安放固定盏子。书中提到最多的是茶钟和茶匙。茶钟即茶碗,也是上有盖,下有托。银镶雕漆茶钟是杯口镶银,杯体以铜、锡、木为胎,漆上朱漆数十层。在漆半干时雕刻花纹,然后烘干、磨光而成,十分精巧。银镶竹丝茶钟是一种以竹丝编成器胎,再加髹漆,杯口镶银的茶钟。茶匙是一种细巧的茶具,用于饮茶时撩拨漂浮茶面上的茶叶。宋人斗茶讲究点汤击拂，颇为重视茶匙，黄金为上，民间以银、铁为之。书中提到的就有银杏叶茶匙、金茶叶茶匙，就分别是以金、银精制而成的杏叶形状的茶匙。至于茶瓯，大者似碗，小者似杯，唯其底较高。《金瓶梅》中多处提到以瓯饮茶，还有"银厢瓯儿"，是一种以银镶瓯口的茶具。

这些金、银雕漆茶具具有贵重化、工艺化的特点，反映了西门庆家陈设器皿的奢华；从雪绽般茶盏也可窥见明人崇尚"甜白"茶具的时尚；而从吴月娘扫雪烹茶一回中"白玉壶中翻碧浪，紫金杯内喷清香"的描写，也可看出随着明代散茶瀹饮法的兴起，壶、盏取代瓶、碗的茶具演变情况。白玉壶可能就是白色瓷器，但可惜书中写到茶壶的地方很少，又不详写，尤其是对明代后期最为时尚的宜兴紫砂壶一次也未提及。宜兴紫砂兴起于正德年间，随后名家辈出，渐成风俗，尤其为江南文人雅士所喜爱。明末江阴人周高起《阳羡茗壶系》称："近百年中，壶黜银、锡及闽、豫瓷，而尚宜兴陶。"而且作为与瀹饮法等量齐观的"近人远过前人处"，以致"一壶重不数两，价值一二十金，能使土与黄金争价"。古朴雅致的宜兴紫砂茶具作为"瑞草名泉，性情攸寄"，成为茶文化的一种特殊符号，"紫泥新品泛春华"，为明代饮茶生活增添了无比光彩。《金瓶梅》之所以不写宜兴紫砂，我们觉得这正是茶文化中的雅、俗之分。西门庆虽为暴富，却是生活在清河的市井环境中，自然没有文人雅士饮茶艺术的讲究，没有其中的文化情趣；同时，他所追求的只是豪华奢侈、纵欲享乐，陈设器皿都要贵重化，与士大夫阶层的崇尚自然美、古朴雅致之风不可同日而语，这从他家中的陈设、布置、餐具、酒器等豪奢化、金银化都可得到说明。明白了这一点，我们对于《金瓶梅》所反映的市井饮茶风俗就可以作进一步的理解了。当然，从中是否可以窥测出些许《金瓶梅》作者的时代、地域背景的信息，尚待专家们作进一步的研究和探索。

明代以降，唐宋以来的传统饮茶风尚发生了划时代意义的变革，开启了后世开水冲泡饮法的先河。然而，明代茶书及相关文献所反映的，都是文人雅士阶层的品饮艺术和审美追求，属于雅文化的范畴。而随着市民文化兴起，也出现了以《金瓶梅》为代表的世情小说的繁荣，广泛而深刻地反映了当时的世情风俗，为我们生动而真实地描摹出商业大潮冲击下的世俗生活大世界的风俗画卷。其中关于市井社会饮茶生活的描写，便为我们认识当时的饮茶风尚提供了崭新的视角和丰富的素材，大大丰富了明代茶文化的内涵。

通过对《金瓶梅》饮茶生活资料的整理和分析，我们可以看到，茶已经深入到人们日常生活和风俗礼仪的方方面面，诚可谓"不可一日无此君"了。然而，与文人集团的饮茶生活不同，其中看不到崇尚"天趣"的自然之美，看不到追求名茶名泉、讲求品饮环境的风雅茶会、茶社，体味不到"冲淡闲洁""神融心醉""幽韵如云"的精神境界，而是大量以香料、花果、食物入茶佐饮的市井饮茶方式，以及追求茶具豪华奢侈的新兴商人富豪的生活态度。而这些，正是当时市井社会生活状态的一种真实记录，具有重要的史料价值和思想认识价值。

（本文原载《明清小说研究》2002 年第 2 期）

明代茶叶生产的发展

中国是"茶的故乡",早在先秦时代,我国劳动人民就开始了茶事活动。汉魏六朝,饮茶风尚在长江流域逐渐普及并蔚然成风,茶叶生产和贸易亦得到相应的发展。唐代开创了古代茶业发展的新阶段,"江南百姓营生,多以种茶为业","茶之为物,无异米盐,人之所资,远近同俗",渐成"比屋之饮"。中唐以后,封建官府开始控制茶业生产和贸易,推行茶法,茶叶在国计民生中日益占据重要的位置。宋明以来,茶产日盛,茶法日密,尤其是明代茶叶生产与贸易得到了很大甚至可以说是划时代的发展。本文试从明代茶叶生产的地域扩展、技术进步以及茶类的发展等方面略加考述,至于茶叶的生产经营形态即生产关系方面的问题,限于篇幅,容另文论说。

一

明代茶叶生产的地域分布,较之前代又有所扩展,除北直隶、山东、山西布政司生态环境不宜植茶外,南直隶及其他十一个布政司均有生产;

而且在秦岭、淮河以南广阔的茶区内，许多不曾产茶的地方开始引种茶叶，且形成名茶；有的地方则是传统产区又有新的发展，出现了全面发展、名品纷呈的繁荣局面。据有关文献记载，明初郑和下西洋的过程中，将茶籽带到了台湾，从此台湾岛上开始有了茶叶生产，至清代迅速发展，逐步成为重要的名茶产区。另如云南地区，这里曾是我国茶树原产地之一，但后来茶业发展缓慢，有关记载也很少，至明代中叶以后普洱茶异军突起，"较他产为独盛"，到了清代前期，已经"名重于天下，此滇之所以为产而资利赖也。出普洱所属六茶山……周八百里，入山作茶者数十万人。茶客收买运于各处，每盈路，可谓大钱粮矣"。另外，像广东珠江之南的河南，旧时均采野茶，《广阳杂记》载明末有人开始栽培，于是"山中人率种茶"。另如徽州地区，"向无茶"，冯时可《茶录》载："近出松萝茶，最为时尚……远迩争市，价俟翔涌。"成为一时名品。

至于传统产茶地区的新发展就更多，最突出的要数闽茶。福建所产茶叶，宋时以北苑团茶而擅名海内，但随着散茶的兴起，北苑便成了明日黄花，逐步衰落了，代之而起的是武夷茶。徐𤊹《茶考》载："嘉靖中……环九曲之内，上下数百家，皆以种茶为业，岁所产数十万斛，水浮陆转，鬻之四方，而武夷之名甲于海内矣。"明末谈迁亦说："今但知武夷而不知北苑矣。"又如湖茶，虽历史悠久，但其影响有限，产量不大，明代中期开始崛起，行于天下。在西北茶市上与川茶争雄，终于成为边销茶中的大宗。还有汉中茶，在明代中后期由于茶市贸易的刺激和流民的涌入，"聚集栽培""开垦日繁，栽种日盛""新开茶园，日新月异，漫无稽考""民获其利"。当时"一家茶园，有三五日程历不遍者，有百余户佃种不周者"，产量日益扩大，为明代西北茶马互市提供了茶源供应。

明代茶叶名品繁多。明人黄一正在《事类绀珠·茶类》中收录全面，名茶多达九十八种，徐渭《徐文长先生秘集》所列亦有三十种。但最为时人称道者，要数"饮遍天下"的苏州虎丘茶、天池茶，长兴的罗岕茶，杭州的龙井茶，新安的松萝茶，绍兴的日铸茶，临安的天目茶，江北的六安茶等。这些都是明代新兴起来的名贵品种。

苏州虎丘茶产于虎丘山,屠隆称其"最为绝,为天下冠";天池茶产于苏州天池山,"天池土人以茶为业,隙地皆种茶","青翠芳馨,瞰之赏心,嗅亦解渴,诚可称仙品"。

罗岕茶亦称阳羡茶,产于浙江长兴县境,"介于山中谓之岕,罗氏隐焉故名罗"。屠隆曾说其"细者其价两倍天池",明人十分推重,熊明遇有《罗岕茶疏》,周高起有《洞山岕茶系》,专记其事。岕茶之法与其他茶不同,主要用蒸青,"甑中蒸熟,然后烘焙",茶形呈片状,故称片茶、岕片,"视松萝、虎丘而色香丰美"。周高起将岕茶按品质高下及产地,分作四品,第一品产于老庙后,"每年产不廿斤,色淡黄不绿,叶筋淡白而厚,制成梗绝少。入汤色柔白如玉露,味甘,芳香藏味中,空濛秋水,啜之愈出,致在有无之外"。陈贞慧《秋园杂佩》评岕茶道:"色香味三淡,初得口泊如耳;有间,甘入喉,静入心脾;有间,清入骨。嗟乎!淡者,道也。"

龙井茶即今之西湖龙井,非宋代的径山龙井。明代始为上品,"真者,天池不能及也"。但"不过数十亩",余皆不及。李日华曰:"龙井味极腴厚,色如淡金,气亦沉寂,而嘴咽之久,鲜腴潮舌,又必借虎跑空寒熨齿之泉发之,然后饮者领隽永之滋,而无昏滞之恨耳。"

天目茶产于临安天目山,"为天池、龙井之次,亦佳品也"。

六安茶产于安徽霍山,"品亦精,入药最效"。许次纾《茶疏》称:"大江以北,则称六安,然六安乃其郡名,其实产霍山县之大蜀山也。茶生最多,名品亦振,河南、山陕人皆用之。"当时有诗称:"七碗清风自六安,每随佳兴入诗坛。纤芽出土春雷动,活水当炉夜雪残……"

以上诸品,可为明代散茶的代表。江南地区产茶兴盛,名品甚多;他处虽茶产很广,但名品有限。虽然由于明代江南人文兴盛,品饮论茶者多出江浙,但也有气候等自然条件的因素。如许次纾所说的"天下名山,必产灵草,江南地暖,故独宜茶"。亦如高濂所谓:"茶自浙以北皆较胜,惟闽广以南,不惟水不可轻饮,而茶亦宜慎。"

二

明人在继承前代劳动人民茶叶栽培知识的基础上，关于茶树生物学特征、茶叶品种及繁殖、施肥、耕治、修剪等的认识和技术实践都有了发展。

古人对茶树适宜的生态条件，首先是从其生长的土地条件来认识的。明人对宜茶土壤、地势、方位、日照以及湿润的气候和良好的排水条件论述较之唐宋更为全面。许次纾所说的"天下名山，必产灵草，江南地暖，故独宜茶"比较笼统。而程用宾《茶录》、罗廪《茶解》、熊明遇《罗岕茶疏》的记述较为详细。《茶录》认为："茶无异种，视产处为优劣。生于幽野，或出烂石，不俟灌培，至时自茂，此上种也；肥园沃土，锄溉以时，萌叶丰腴，香味充足，此中种也；树底林下，砾壤黄砂，斯所产者，其次第又次之。"名山幽境，空气新鲜，雾多温湿，多出好茶，天下名茶多出江南名山胜地，真品少而弥贵。《罗岕茶疏》认为："产茶处山之夕阳，胜于朝阳，庙后山西，向故称佳，总不如洞山南向，受阳光特专，称仙品。""茶产平地，受土气多，故其质浊。茗产于高山，浑是风露清虚之气，故为可尚。"《茶解》也说："茶地向南者为佳，向阴者遂劣。"有关的茶书、农书中还有关于茶地排水等方面的论述。这些茶树栽培的经验从今天的观点来看也是很有科学道理的。

关于茶树品种的繁殖和栽种，也有发展。除了传统的茶籽直播的有性繁殖法有所改进外，还产生了无性繁殖的栽培方法。《茶解》中有"每一坑下一掬，复以焦土，不宜太厚，次年分植"的记载，这显然是专辟苗圃、育苗移植的方法。另外，当时已有剪枝条扦压栽种的办法。李日华《六研斋二笔》记载："摄山栖霞寺有茶坪，茶生榛莽中，非经人剪植者。"也可反面说明"剪植"的方法在当时是很普遍的，这是茶叶栽培技术的一大进步。《茶解》中还记有茶籽水洗选种（即水选法）及保藏的方法："秋社后，摘茶子，水浮取沉者，略晒取湿润，沙拌，藏竹篓中，勿令冻损，俟春旺时种之。"至于种茶的窠和穴播，下种密度，《农政全书》等文献均有介绍。

茶园管理技术是影响茶树生长和产量高低、质量优劣的重要因素。其中包括施肥、中耕除草、修剪、间作等。明代茶园施肥大体沿用唐宋时的方法，施加灰肥、人粪、蚕粪，增加有机质，并主张"茶生烂石"，调整土壤酸性。至于茶园耕作，《茶解》中提出了更为精细的要求："茶根土实，草木杂生而不茂。春时薙草，秋夏间锄掘三四遍，则次年抽茶更盛。""茶地觉力薄，当培以焦土，治焦土之法，下壅乱草，上复以土，用火烧过，每茶根傍掘一小坑，培一升许……晴昼锄过，可用米泔浇之。"将培土、铺草、施肥结合起来，大大提高了茶园管理技术。茶树修剪更新，前人未有重视，至明末清初始见记载，这也是茶叶生产技术的一大进步。《匡庐游录》载："山中无别产，衣食取办于茶。地又寒苦，茶树皆不过一尺，五六年后梗老无芽，则须伐去，俟其再叶。"《物理小识》亦载："树老则烧之，其根自发。"说明当时已较普遍地存在有刀刈、火烧更新茶树的方法。至于园田间作，《茶解》认为："茶固不宜加恶木，惟桂、梅、辛夷、玉兰、玫瑰、苍松、翠竹与之间植，足以蔽覆霜雪，掩映秋阳，其下可植芬兰、幽菊清芬之物；最忌茶畦相通，不免秽污渗流，浑厥清真。"这些论述都是很有科学道理的，既可促进生态平衡和水土保持，更可促进茶树生长，增加生产收入，多为今日借鉴和改进采用。

三

制茶技术的划时代变革和茶类的空前发展是明代茶叶生产发展最突出的特征。

明人十分讲究采茶的标准、采摘季节和时间、采摘的具体方法等。屠隆《考槃馀事》认为：采茶"不必太细，细则芽初萌而味欠足；不必太青，青则茶已老而味欠嫩。须在谷雨前后，觅成梗带叶微绿色而团且厚者为上。更须天色晴朗，采之方妙。若闽广岭南，多瘴疠之气，必须日出山霁，雾障岚气收净,采之可也,谷雨日晴明采者,能除痰嗽,疗百疾"。《茶笺》曰:"谷雨前精神未足,夏后则梗叶太粗,然以细嫩惟妙。"罗廪《茶解》曰:"雨中采摘则茶不香……采必期于谷雨者,以太早则气未足,稍迟则气散。"且提出采制之时,"最忌手汗膻气、口臭多涕不洁之人及月信妇人;又忌酒气,盖茶酒性不相入"。高濂《遵生八笺》也认为采茶以谷雨前后为佳,粗细皆可用;主张一旗一枪,即一叶一芽为好。许次纾《茶疏》曰:"清明谷雨,摘之候也。清明太早,立夏太迟,谷雨前后,其时适中。若肯再迟一二日,待其气力完足,香烈尤倍。"岕茶因地稍寒,采自正夏。另外还有采秋茶者,七八月重摘一番,"谓之早春,其品甚佳"。

明代制茶技术的变革,主要表现在制作的第一道工序由蒸青转变为炒青,这是制茶技术史上的一次划时代变革,对于茶叶生产的发展、茶类的全面兴起以及保持茶质色香味等都有积极意义。

许次纾《茶疏》记炒法制茶过程最详。他写道:"生茶初摘,香气未透,必借火力,以发其香。然性不耐劳,炒不宜久。多取入铛,则手力不匀。久于铛中,过熟而香散矣。甚且苦焦,不堪烹点。"炒茶之工具,最嫌新铁,铁腥一入,不复有香。炒茶特别忌讳油腻,其害更甚于铁。因此先取一铛,先专用于炊饮,不得作他用,以免杂入他味。炒茶用薪,"仅可树枝,不用干叶,干则火力猛攻,叶则易焰易灭",加热不稳定。"铛必磨莹",旋摘旋炒。一铛仅容四两,先用文火焙软,次用武火催之。手指要戴上木套,称"木指",炒时用以"急急抄转",以半熟为度,待香气微发,"是其候矣"。这时"急用小扇钞置被笼,纯棉太纸衬底燥焙,积多候冷,入瓶收藏。"炒速而迟焙,燥者湿者不可相混,以免减其香气。

其他茶书记载略同,可以互相补充。张源《茶录》曰:"造茶,新采拣去老叶及梗枝碎屑,锅广二尺四寸,将茶一斤焙之。候锅极热,始下茶急炒,火不可缓,待熟方退火。"闻龙《茶笺》也记载茶初采摘,要除去枝梗老叶,唯取新叶,又须"去尖与柄"。炒时须一人从旁扇之,以去热气,否则色黄,香气俱散。炒出后,置瓮盘中,仍须急扇,令热气消退,以手揉之，使其津上浮，烹点时香味易出；揉后再入铛略炒，以文火焙干收藏。屠隆则认为："茶采时，先自带锅灶入山，别租一室，则茶工之尤良者，倍其雇值，戒其搓摩，勿使生硬，勿令过焦，细工炒燥，扇冷方贮藏瓮中。"

明人对于这种炒青制茶方法，还常用事物生成和发展的抑扬、张弛、文武等辩证关系加以说明。明初学者朱升的《茗理》一诗并序，即极富哲理，诗云："一抑重教又一扬，能从草质发花香。神奇共诧天工妙，易简无令物性伤。"序曰："茗之带草气者，茗之气质之性也；茗之带花香者，茗之天理之性也。治之者贵除其草气，发其花香，法在抑之扬之之间而已。抑之则实，实则热，热则柔，柔则草气渐除。然恐花香因而太泄也，于是复扬之。迭抑迭扬，草气消融，花香氤氲，茗之气质变化，天理浑然之时也。"

明代制茶虽遍行炒法，但仍有微蒸、日晒者。吴栻《武夷杂记》就记载武夷茶的制作是晒、炒、焙三法俱备。著名的罗岕茶也有蒸焙之法。《茶疏》载："岕之茶不炒，甑中蒸熟，然后烘焙。缘其摘迟，枝叶微老，炒亦不能使软，徒枯碎耳。"另外，明人十分推重日晒茶，即将新采茶叶放在太阳下曝晒，自然挥发水分，直接烹饮。屠隆说："以日晒者，青翠香洁，胜于火炒。"田艺蘅也认为生晒者惟上，以更近自然。"生晒茶瀹之瓯中，则旗枪舒畅，清翠鲜明，尤为可爱。"

明朝不仅是饼茶、散茶主次地位转化的时期，而且因此开创了散茶生产技术全面发展的全盛时代，我国茶类生产得到空前繁荣。除绿茶外，被誉为"中国传统农业生产技术瑰宝"的六大茶类中，绝大多数都兴起于明清时代尤其是明代。此外，花茶也在明代兴盛，从而开创了人们品茶生活的又一新天地。

黄茶的起源，有两种类型。一是茶叶自然发黄，早在7世纪时已享盛名的寿州黄芽即此，然而，真正在炒制过程中闷黄，还是起源于炒青制茶普及后的明代。许次纾《茶疏》记载：霍山之大蜀山所产六安茶，"不善制造，就食铛积薪炒焙，未及出釜，业已焦枯。兼以竹造巨笥乘热便贮，虽有绿枝紫笋，辄就萎黄，仅供下食，奚堪品斗"。虽意在批评制作不精，但现在霍山黄大芽的制法正来源于此，加以改进而发展成为名品。另据《实录》与《会典》记载，隆庆五年（1571），买茶中马，就有"真细好茶毋分黑黄，一例蒸晒"的说法，亦可见当时有黄茶，且并非制作不精的下品。

黑茶起源亦有两种类型。一为宋代川茶，蒸制为团块便于长途运销于边地，因沿途"湿堆作用"自然变黑。二是明代中后期崛起的湖茶，特别是安化黑毛茶，经揉捻后渥堆一段时间，叶色变成褐绿带黑，然后烘干而成，这标志着黑茶加工技术的正式形成。

白茶在宋代就很有名，但白茶加工技术的正式形成约在清代前期。

青茶又称为乌龙茶，也是在明代起源于武夷山区。青茶介于红绿茶之间，"不管以地名或茶树名，乌龙茶是沿袭武夷岩茶的制法，由采制到焙制方法完全与武夷岩茶相同"。[①] 明代崇安令引进松萝制法，仍然茶色紫赤，与北宋北苑贡茶色相仿。说明宋代漫火养成的"紫"和"青黑"的贡茶，不管当时是否意识到，实际已带有发酵和半发酵性质，可视为红茶和乌龙茶的技术渊源，明初随贡茶废饼改芽，作为散茶之一的红茶、乌龙茶，也就从原来的团饼中脱胎出来而形成新的茶类。

红茶，是经过发酵制成的，在绿茶的晒青和黑茶、白茶的基础上发展而来。红茶又分为小种红茶、工夫红茶和碎红茶。小种红茶起源于晚明，工夫红茶也起源于明末清初。

以花入茶，在唐代被认为是煞风景的事。但唐宋文人对花啜茶的事例，见诸诗文，还是不少的。而真正地制作花茶，为时要晚得多。过去很多人认为花茶制作起自宋代，但恐难置信。一则当时虽常有以花香益茶香，或以清香之物佐饮，但均非以花制茶。像蔡襄《茶录》等书所记载贡茶中放入龙脑等名贵香料，因有香茶之称；黄庭坚《煎茶赋》所咏"佐以草石之良"，

---

① 庄晚芳：《茶史散论》，第105页。，北京：科学出版社，1989年

诸如胡桃、松实、莼摩、鸭脚、勃贺、蘼芜、水苏、甘菊等。二则论者多引南宋人赵希鹄《调燮类编》以为主要史料依据，其实该书记载虽详尽，却非宋人所作，书中所引有元初马端临《文献通考》和明人高濂《遵生八笺》等书，成书早不过明代，根本无法证明南宋已有花茶生产。

明人《云林遗事》中记有"莲花茶"的制作方法："就池沼中，早饮前日初出时，择取莲花蕊略破者，以手损拨开，入茶满其中，用麻丝缚扎定，经一宿，明早连花摘之，取茶纸包晒，如此三次，锡罐盛，扎口收藏。"这可以说是标准的花茶制法之始了。云林即元代著名画家倪瓒，可证此法的起源早不过元代。此后，明代茶书中记述花茶者甚多。顾元庆《茶谱》除记载莲花茶、橙茶外，又说："木樨、茉莉、玫瑰、蔷薇、兰蕙、橘花、栀子、木香、梅花，皆可作茶。诸花开时，摘其半含半放蕊之香气全者。量其茶叶多少，摘花为茶。花多则太香，而脱茶韵，花少则不香，而不尽美。三停茶叶一停花始称。假如木樨花，须去其枝蒂及尘垢虫蚁，用磁罐一层茶一层花，投间至满。纸箬系固，入锅重汤煮之，取出待冷，用纸封裹，置火上焙干收用。诸花仿此。"屠隆《考槃馀事》记载诸花茶略同，并说："以上俱平等细茶，拌之可也，茗花入茶，本色香味尤嘉。"他还详细记载了根据茉莉花茶的窨制原理反制花水的方法："以熟水半杯放冷，铺竹纸一层，上穿数孔，晚时采初开茉莉花，缀于孔内，上用纸封，不令泄气，明晨取花簪之水，香可点茶。"颇富情趣。

大文学家、画家徐渭自制花茶的方法很有特点，"取梅、兰、桂、菊、莲、茉莉、玫瑰、蔷薇之属，杂入茗中，盛锡瓶内，隔水煮之，一沸即起"。是取众花之芳香熏制花茶，与上述单一型的花茶不同。

以花入茶，窨制花茶，为饮茶生活增添了新的内容，为茶文化增添了新的情趣，清代以后，花茶生产快速发展，至今在饮茶中仍占有重要一席。

（本文原载《殷都学刊》2000年第2期）

明代的贡茶制度及其社会影响

贡茶制度是明代茶法的一个重要组成部分。诚如王源所言:"明茶法有三,曰商茶,曰官茶,曰贡茶。商茶输课给引略如盐制,官茶贮边易马若征课钞,贡茶则上贡同也。"① 而从实质上讲,贡茶又是土贡制度的重要内容之一。然对此学术界尚无人专门论述,本文仅就此一课题试作初步探索。

一、贡茶源流

任土作贡,简称土贡,明称岁办,是我国历代统治阶级实行的一项经济政策。其实质是赤裸裸地掠夺地方特产以满足统治者的奢侈欲望,同时,它把本可以作为商品而生产和贩销的大量产品超越商业程序,以贡献方式直接向地方征索,从而大大缩小了商品贸易的范围,因而从一定意义上说,土贡也是一种抑商政策。

---

① 王源:《学庵类稿·明史食货志·茶法》,《古今图书集成·食货典·茶部》。

土贡制度起源很早。《周礼·太宰》即将土贡分作祀贡、嫔贡、器贡、币贡、材贡、货贡、服贡、斿贡、物贡九类，而其中是否有茶，尚不得而知。然检《华阳国志》："武王既克殷，以其宗姬于巴，爵之以子……丹、漆、茶、蜜……皆纳贡之……园有芳蒻、香茗……"① 可知周初巴地已有茶园并贡茶于周廷。此后有关贡茶的记载零星可见。晋温峤镇守武昌时，曾上表"贡茶千斤，茗三百斤"。② 南朝刘宋的山谦之《吴兴记》载有"乌程县西二十里有温山，出御荈"。③ 但总的来看，唐代以前贡茶尚未制度化，至少可以说制度还很不完备。当然也由于现存文献的不足，无从考得其详。

随着唐代茶叶生产的空前发展及饮茶之风的普及，贡茶制度便日臻完备，贡额亦愈来愈重。当时主要贡茶区遍及五道十七州府，诸名茶产地皆设茶贡院，监督茶户采制加工，并通过驿传飞速送献京师。如四川蒙山茶"每岁贡茶为蜀之最"。④ 湖州紫笋茶贡额最多，"岁造一万八千斤"，"役工三万人，累月方毕"。⑤ 诗人李郢有《茶山贡焙歌》一首，生动地反映了贡茶的状况："凌烟触露不停采，官家赤印连帖催……茶成拜表贡天子，万人争喊春山催；驿骑鞭声砉流电，半夜驱夫谁复见。十日王程四千里，至时须及清明宴。"⑥ 五代时，贡茶之法沿袭未绝，楚马殷曾向后梁贡茶二十五万斤。南唐还在福建建安的北苑首建官园、官焙，"岁率六县民采造"，"初造研膏，继造腊面，既又制其佳者号曰京铤"。⑦

宋代贡茶主要取自北苑官焙，且茶品、形制极其精致，数量亦很大。据《福建通志》引《北苑修贡录》以及熊蕃《宣和北苑贡茶录》的记载，贡茶十有二纲，分三等四十一目，岁贡至四万七千一百斤。庆历中，蔡

---

① 《华阳国志》卷一《巴志》。
② 顾炎武：《日知录》卷七《茶》。
③ 陆羽：《茶经》卷下《七之事》。
④ 《元和郡县志》卷三十二。
⑤ 《元和郡县志》卷二十五。
⑥ 《全唐诗》卷五百九十。
⑦ 熊蕃：《宣和北苑贡茶录》。

襄创制大小龙凤团饼，遂为定式，其形制多样，饰面各异，龙腾凤翔，栩栩如生；故有"一朝团饼成，价与黄金逞""金易得，而龙饼不易得"的说法，从而使团饼茶制作技术达到了炉火纯青的境地。

明朝贡茶之法正是从唐宋贡茶制度发展而来，同时又由于茶叶经济的发展及饮茶风俗的变化，而进行了较大的变通，呈现出鲜明的时代特征。

二、明代贡茶之法

明朝建立之初，即行贡茶之法。邱濬说："我太祖于国初定诸州所贡之额。"[①]所知者，如吴元年"宣州贡新茶"，不久诏建宁贡茶。洪武二十五年，建宁贡品茶一千六百余斤。[②]此后，对贡茶制度不断进行调整和改革，使之呈现出如下特点：

第一，宋朝贡茶基本上全部采自北苑，而明朝贡茶虽仍以建茶为多，但贡茶范围远远超过前代。依弘治十三年（1500）例，天下贡茶岁额四千零二十二斤，主要从福建、浙江、南直隶、江西、湖广五省采供。（见附表）而根据《古今图书集成·食货典·贡献部汇考》等书记载，河南、陕西、四川、贵州、广东、广西等布政司也曾有芽茶上供。可见，明代产茶诸省均实行过贡茶制度，从数量上看，反而大大少于宋朝。若按《宣和北苑贡茶录》所载数量，则不足十分之一。而要按《建炎以来朝野杂记二十一万六千斤的说法，则相差更远，不足五十分之一。贡茶范围扩大而数量反而减少，其原因何在？这主要与贡茶体制有关。宋朝岁贡皆采自北苑官园官焙，产量与贡额、贡例和实际贡量基本相符，而明朝岁贡则采取间接控制的形式，通过地方官督责各地茶户采纳，贡茶则例与实贡数量相去甚远。如宣德中常州府宜兴县旧额一百斤，但后增至五百斤，

---

① 邱濬：《大学衍义补》卷二十九《山泽之利下》。
② 《续文献通考》卷二十九《土贡二》。

不久竟达二十九万斤，增贡的数量十分惊人。[①] 因此，明朝贡茶岁额则例虽然很低，但实际执行的数量当远过唐宋。此外，这与贡茶品类的变化（由团饼而芽茶）等也不无关系。

第二，宋朝贡茶初造研膏、蜡面京铤，后制龙凤团饼，最后以蔡襄所进大小龙团为定规。明初四方贡茶仍宋朝的形制，"必碾而揉之，压以银版，为大小龙团"。洪武二十四年（1391）九月庚子，"上以重劳民力，诏罢之"，令俱采芽茶以进。与龙团相比，既省碾造之劳，又"惟取初萌之精者"，使"真味毕现"。这一改变在饮茶史上具有划时代的意义，"遂开万古茗饮之宗"。[②] 按：古代饮茶方式的演变大致可分作三个阶段，即煎饮、点茶和冲泡，先是煮粥而饮，次则造以团饼，宋末以来，散茶渐渐兴起，尤其是民间"重散略饼"的倾向日益鲜明。明代贡茶的改制适应了这种趋势，对朝野饮茶方式的转变和散茶技术的发展起到了巨大的推动作用，开创了后来的开水冲泡饮法的先河和散茶（即叶茶）生产的全盛时代。弘治间，邱濬写道："今世惟闽广间用末茶，而叶茶之用遍于中国，而外夷亦然，世不复知有末茶矣。"[③] 叶茶的兴起也推动了黑茶、熏花茶、红茶、乌龙茶等茶类的迅速发展，因此明朝也成为我国制茶技术全面发展的时期。

第三，自明初贡茶改制后，各地贡献均为芽茶，但也有腊茶和叶茶。如《罪惟录》记载说：南直隶九府及四川一省岁贡腊茶十万三千五百七十八斤。嘉靖《延平府志》云：该府岁贡叶茶六百八十四斤。《明会典》亦载"福建等处解纳叶茶一万五千斤"。芽茶之中又以建宁之品为上，额亦最多，其品又分探春、先春、次春、紫笋四目，后又有荐新者，额至两千三百五十斤，若按"每鲜茶四斤焙作一斤"的比率，则

---

① 《明宣宗实录》卷八十一。
② 参见《明太祖实录》卷二百二，《余冬序录》卷五，《万历野获编》补遗卷一，《七修类稿》卷九等。
③ 邱濬：《大学衍义补》卷二十九《山泽之利下》。

需鲜茶近万斤，主要从建安、崇安两县采纳，占全国贡茶量的一半以上。建茶，在北宋时首称北苑；元明以来，武夷茶产量日盛并压倒北苑，"武夷之名甲于海内矣"。"其灵芽仙萼，香色尤清，为闽中第一"。①至明末清初，便"但知武夷而不知北苑"了。②故明代福建贡茶主要是武夷茶，然至嘉靖中，知府钱璞奏免解茶，将岁编茶夫银二百两造办解府，"御茶改贡延平"，因此谈迁也说："间有采办，皆延平而非武夷也。"

第四，明朝政府对贡茶的管理方式由宋代的直接控制为主转变为间接控制为主，除建宁"置茶户五百家"，免其徭役令专事采造外，其他地方基本上都无官园、官焙，而是在各地方官府的监督下听园户自行生产加工，按期解送京师。每年时至清明前后，各贡茶地方长吏便亲督茶户入山采摘先春芽茶，精心焙制加工；然后"每斤装成一袋，赢余二两以补绢袋纸包之数"。③经过加盖勘合印封，选差能干吏委一名，壮役若干，依规定期限解送南京礼部或京师光禄寺。因道里远近不同，分别限定解茶日期为二十五天至九十天不等。据弘治十三年定例，各处岁进芽茶"俱限谷雨前十日差解赴部，交光禄寺查收，违限一月以上送问，虽有公文不与准理"。④至于所用黄绢、纸札、裁缝工食、水陆运费脚价、解员盘费等项银两，则于该辖区茶户中如数摊派，后带入条鞭征收。另外，明中叶以后，某些地区出现了征茶价银两买茶入贡的新形式。如慈溪县在明初时"广种茶园"，故每岁额贡两百六十斤，不以为累；后"地渐瘠，茶园渐乏，以迄于今（万历中），则根株尽绝，无复影响"，但贡例仍旧，岁不能缺，乃折征茶价银四十两（不久增至六十五两），往鄞县、定海、象山等处收买解京。⑤这种形式日益发展，甚至有持银于京师购买而解贡的。

第五，各地岁贡茶除一百二十斤留南京外，余皆解贮"掌祭享、宴劳、

---

① 徐㷆：《武夷茶考》。
② 谈迁：《枣林杂俎》，下册，第147页，《荣植·茶》。
③ 汪应轸：《分豁额外荐新芽茶疏》，《明经世文编》卷一百九十一。
④ 《明会典》卷一百十三《岁进》。
⑤ 顾言：《贡茶碑》，光绪《慈溪县志》卷十二。

酒醴、膳羞之事"的光禄寺。明光禄寺下设大官、珍馐、良醖、掌醢四署，贡茶属珍馐署管理，"凡福建等处解纳……叶茶千五百斤，先春芽茶三千七百七十八斤，收充供养膳羞茶饭等用"。①另据实录记载：隆庆元年（1567），内供库贮叶茶三万五千斤，芽茶四万五千九百斤。万历二年（1574），有芽茶四万零九十三斤，芽茶四万七千九百五十九斤。大体说来，上等探春、先春芽茶供皇室日用，余则供朝廷祭典、宴饮、赏赐等用。用于祭祀者，徐献忠《吴兴掌故集》记顾渚茶"岁供止三十二斤，清明年二月县官亲诣采进，送南京奉先殿焚香而已。"②用于洗涤器皿者，谈迁《枣林杂俎》言闽茶"即贡，亦备宫中浣濯瓶盏之需"。用于赏赐的范围广泛，包括王公、勋贵、臣僚等。如永乐四年，"遂命光禄寺赐百官茶"。③洪熙元年（1425）二月，赐赵王高煦茶三百斤。④而作为一种羁縻抚绥政策，对少数民族上层及进贡使者的赏赐更是经常性的活动，有关记载不胜枚举。总之，贡茶的使用基本上可归于两途：一是用于宫廷的日常生活于礼仪活动，二为赏赐。

贡茶，从某种意义上说也是茶税的一种特殊形式，是一种定额的实物税。明代贡茶从地域、数量、品类到采解、使用等环节相互关联，形成了一套比较系统的制度。虽然由于史料的分散与阙如，尚不足以描述这一制度的具体细节和施行的详细情况，但可以肯定地说明朝的贡茶之法已空前完备和成熟化。

三、明代贡茶的社会影响

作为一种地方特贡，贡茶之法不仅是封建统治阶级掠夺园户以满足

---

① 《明会典》卷二百十七。
② 徐献忠：《吴兴掌故集》卷十二《物产类》。
③ 《明太宗实录》卷五十二。
④ 《明仁宗实录》卷七上。

其物欲的一项经济政策,也是束缚和阻滞商品货币经济发展的制度,因此它具有明显的掠夺性和历史的反动性,造成了严重的社会影响。

贡茶制度在明初执行得还较为严明,"于时民取足于地之所产,官取盈于民之所供,百姓不以为病,而里胥不能为奸"。① 此后,事规不一,取供无度,弊孔日多。概括起来有此三端:

第一,额外征贡,巧取豪夺。贡茶岁额虽有定例,而官征绝不以此为限,几倍甚至几十倍地增加。从地域上说,前已谈及非止东南五省,五省之内亦不限于所载州县。从数量上说,更是惊人的增额。成化中,新定南京岁供芽茶五千斤,叶茶四千六百斤,分别于南直隶之池州府、徽州府、苏州府、滁州、广德州、徐州采进,数目远超贡额之上。最为典型的苛贡莫过于常州,宣德六年知府莫愚奏称:常州宜兴县旧额贡茶一百斤,后增至五百斤,不久竟然激增至二十九万斤,以致拖欠过多,朝廷差人追逼,民不堪命。宣宗知晓后诏谕道:"不意茶之害民如此,所欠者悉免追,今后岁办于二十九万斤减半征纳。"对此,《万历野获编》的作者沈德符无限感慨地写道:"时取二祖庙未远,且宣宗圣德,尚不免加旧额至数十倍,即云减半,为数亦不少矣。况后世但知增不知减耶?"② 这种无限制的加征是对茶农的残酷掠夺,严重摧残了茶叶生产和园户生计。

第二,层层贡献,百端苛求。每至茶熟季节,地方官府便"严切督责",追逼苛派,无有底至。上至亲王太监,下迄地方吏员皆巧立名目,科敛诛求。如六安,"有司包贡之余,例馈权贵与朝士之故旧者……而中官镇守者,私征倍于官贡,有司督责,头芽一斤至卖白金一两,山谷婆民有鬻产卖子女以买充者,官司视之漠然"。③ 在江西弋阳,"正德中,宁藩势张甚,每岁春,辄遣官校督芽茶,凌轹官吏,民苦之"。④ 在铅山,"……课额岁

---

① 顾言:《贡茶碑》,光绪《慈溪县志》卷十二。
② 沈德符:《万历野获编》卷一。
③ 陈霆:《两山墨谈》卷九。
④ 郑日奎:《游西阳山寺纪略》,乾隆《广信府志》卷二。

八斤耳，不为民厉。何时例忽起，每岁清明课茶时，除正供外，自监司以下逮丞尉皆有馈，谓之荐新，实则本府所产不能应，皆市之他郡以充之，民费金以数十计已苦之矣。何时例又变，每岁课茶时，除正供仍本色外，其他馈赠悉以银代之，于是民岁费金以百数十计。茶户或称贷偿，或且鬻妻子偿，甚有自颈沟渎间者。已而相率逃去，则科之合邑之粮里，费益不赀，害益深矣"。① 同样是在江西广信府，正德间同知曹琥上《请革芽茶疏》，痛陈贡茶之弊：

……臣查得本府额贡芽茶，岁不过二十斤，祖宗以来，圣贤相承，不闻以为不足，而益其常额。迩年以来，额贡之外，有宁王府之贡，有镇守太监之贡。是二贡者，有芽茶之征，有细茶之征。始于方春，迄于首夏，官校临门，急如星火，农夫蚕妇，各失其业，奔走山谷，以应诛求者，或相对而泣，或因怨而怨，殆有不可胜言者。如镇守太监之贡，岁办千有余斤，不知实贡朝廷者几何！今岁太监黎安行取回京，未及征派，而百姓相贺于道，则往岁之为民病，从可知已。臣姑未暇论矣。宁府正德十年之贡，取去芽茶一千二百斤，细茶六千斤，不知实贡朝廷者几何！臣亦不暇论矣。今日抚州守御千户所千户吴隆赍执牌面到府，内称舍人秦钦传奉令旨：去岁进贡不敷，要得加添数目等因在内。其令旨之有无，臣不得而知，若传奉之应否，臣不得不为之寒心也。

凡此自关国体，臣不敢过为之虑，乃若此贡之害，臣不容不为陛下悉数之：方春之时，正值耕蚕，而男妇废业，无以卒岁，此其为害一也；二麦未登，民勤于食，旦旦而促之，使不聊生，此其危害二也；及归之官，又拣择去取，十不中一，遂使射利之家，先期采集，坐索高价，芽茶一斤，卖银一两，犹恐不得，此其为害三也；亦或采取过时，括市殆尽，取无所应，计无所出，则又科敛财物，

---

① 、郑日奎：《游西阳山寺纪略》，乾隆《广信府志》卷二。

买求官校，百计营求，恐不免祸，此其为害四也；官校乘机私买货卖，遂使朝夕盐米之小民，相戒而不敢入市，此其为害五也。凡此五不韪者，皆切民之深患，致祸之本源，今若不言，后当有悔，臣又安得不为陛下悉数之。①

第三，解茶之吏营私舞弊，大施手脚。贡茶的解运是一项劳役。弘治末，马文升奏称："所过州县，动扰人夫百名。"而解茶之吏上下其手，影射蒙蔽，科敛渔猎，更使茶农受其害，"愁苦呻吟诉晓不休"。如浙江慈溪县，"……长吏旁午，案牍不能清理，至委派其事于解茶之吏，事权旁落，弊自丛生，故于征收暗置重秤，明索加耗，抑勒百端，洒派数倍。民有出力采之者，有出财以贸之者，而所采货又不足以给额外之诛求，至不得已而折干纳价，重敛脂膏，填充囊橐。及茶之将解，潜往鄞之天井山、象之朱溪各产茶地方轻价收买，复指烘焙之虚名而骗取工食柴炭银两，计侵渔干没已不下百余斤矣，且并其一分六厘之官价经年不给，即逾时而给又以低假成色掺和相欺，况旧价未领，新茶复征，疮痍未愈病痛复作，欲控无门，悲楚何极？"②对于解运吏员的所作所为，官府虽屡经查议，因掣肘难行，无法彻底革除这些积弊。

由上可见，明代贡茶之害可谓深且重矣。它严重地危及园户生计，阻碍了茶叶生产及农业生产的发展，当然也破坏了茶区社会的安定而带来了动荡。当时民间流传的《茶歌》唱道："茶兮尔何如，乃以尔故灾黎元。"正德末，浙江按察佥事韩邦奇曾在奏疏中载有一首《富春谣》："富阳江之鱼，富阳山之茶，鱼肥夺我子，茶香破我家。采茶妇，捕鱼夫，官府拷掠无完肤。昊天何不仁，此地亦何辜，鱼胡不生别县，茶胡不生别都，富阳山何日摧，富阳江何日枯，山摧茶亦死，江枯鱼始无。於戏！山难摧，江难枯，我民不可苏。"③这是土贡制度下茶农、渔夫悲怆的哀叹和呼

---

① 曹琥：《请革芽茶疏》，康熙《巢县志》卷十七《艺文志》。
② 顾言：《贡茶碑》，光绪《慈溪县志》卷十二。
③ 参见韩邦奇《苑洛集》卷十。又谈迁《枣林杂俎》下。

声,恰似一幅历史的图画,不难从中看到富阳地区劳动人民受土贡政策掠夺和剥削的悲惨境况。这也就不能不激起茶户的反抗斗争,他们或"相率逃去",或"拖欠不纳",以各种方式进行抗议,更有毁弃茶园以示反抗者,如在武夷山区,"新茶下崇安令例置诸贵人,黄冠苦于追呼,尽所种,武夷真茶久绝"[1]。罗廪《茶解》亦载:"盖古多园中植茶,沿至我朝,贡茶为累,茶园尽废,第取山中野茶,聊且塞责,而茶品遂不得与阳羡、天池相抗矣。"这也是茶农反剥削斗争的一种形式,也反映了贡茶制度对茶叶经济的危害。

从商品经济发展与社会形态进化的角度而论,封建政府把大量的包括茶叶在内的生产、生活必需品直接以土贡的形式掠夺了去,超越商品经济的渠道,大大缩小了商业交换的范畴,阻碍了国内市场结构的形成和扩大。这种超乎一切商品货币关系之上的长期、广泛、大规模的直接掠夺生产物的苛政,不仅对社会生产力的提高和人民生活的稳定起着巨大的破坏作用,而且对于封建社会晚期商品经济的发展与资本主义萌芽的产生和成长,无疑也是一种历史的反动。马克思曾经指出:"商品流通是资本的起点,商品生产和发达的商品流通即贸易,是资本产生的历史前提。"[2] "商人资本的存在和发展到一定的水平,本身就是资本主义生产方式发展的历史前提。"[3] 在明代,随着社会生产力的提高,封建社会内部的商品货币经济有了很大的发展,国内市场的扩大、大商业资本的出现及商品流通的繁荣、生产经营方式的某些变化,预示着新的生产关系的幼芽已在封建的土壤中萌动。可是高度发展的封建专制主义中央集权国家却力图运用自己的政权力量,通过包括贡茶在内的种种经济立法和制度强行抑商、限商,以维护其封建的自然经济基础。这又不能不说是中国封建社会结构解体缓慢而长期延续的原因之一。

---

[1] 谈迁:《枣林杂俎》下册,第146页,《荣植·茶》。
[2] 马克思:《资本论》第一卷,第167页,人民出版社,1975年。
[3] 马克思:《资本论》第三卷,第365页,人民出版社,1975年。

附表：明代各地岁供芽茶表

行省	贡额	明细	限期	备注
福建	2350 斤	建宁府建安县 1360 斤，内探春 27 斤，先春 634 斤，次春 262 斤，紫笋 227 斤，荐新 201 斤。崇安县 990 斤，内探春 32 斤，先春 380 斤，次春 150 斤，荐新 428 斤。	限 78 日	内 25 斤纳南京 《枣林杂俎》载为 941 斤，总数 2301 斤。
南直隶	500 斤	常州府宜兴县 100 斤； 庐州府六安州 300 斤； 广德州 75 斤，建平县 25 斤。	46 日 25 日 46 日	内 20 斤纳南京
浙江	550 斤	湖州府长兴县 30 斤；	55 日	纳南京，《枣林杂俎》载为 35 斤
		绍兴府嵊县 32 斤；	55 日	《枣林杂俎》载为 18 斤，另有会稽 30 斤
		温州府永嘉县 10 斤, 乐清 10 斤；	77 日	《瓯江逸志》载，尚有瑞安、平阳等县
		杭州府临安 20 斤，富阳 20 斤	52 日	
		宁波府慈溪 260 斤	61 日	
		处州府丽水 15 斤，缙云 6 斤，青田 6 斤，遂昌 6 斤	70 日	《枣林杂俎》载，丽水县 20 斤，无它县。
		金华府金华等县 22 斤	64 日	
		衢州府龙游等县 20 斤	67 日	
		台州府临海等县 15 斤	71 日	
		严州府建德 5 斤，淳安 4 斤，遂安 3 斤，寿昌 3 斤，桐庐 2 斤，分水 1 斤	58 日	《枣林杂俎》记载略异，不复举。
江西	450 斤	南昌府 75 斤 南康府 25 斤 赣州府 11 斤 袁州府 18 斤 临江府 47 斤 九江府 120 斤 瑞州府 30 斤 建昌府 23 斤 抚州府 24 斤 广信府 22 斤 吉安府 18 斤	51 日 51 日 83 日 79 日 65 日 55 日 64 日 75 日 73 日 71 日 75 日	

续表

江西	450 斤	饶州府 27 斤 南安府 10 斤	61 日 90 日	《续通考》作南新县
湖广	200 斤	武昌府兴国州 60 斤 岳州府临湘县 60 斤 宝庆府武冈州 24 斤,邵阳 20 斤,新化 18 斤 长沙府安化 22 斤,宁乡 20 斤,益阳 20 斤	54 日 71 日 59 日 81 日	《枣林杂俎》作湘阴

资料来源:《明会典》卷一百十三《岁进芽茶》,并参照《枣林杂俎》下册第147页《荣植·茶》,《续文献通考》卷二十九《土贡二》等。

(本文原载《郑州大学学报》1990年第3期)

曹琥及其《请革芽茶疏》考辨

贡茶是"任土作贡"政策的主要内容之一，也是历代茶法的重要组成部分。唐宋以降，贡例日备，贡品日精，贡额愈重，造成了严重的社会影响。明代贡茶之法，由于茶叶经济及饮茶风俗的变化，进行了较大的变通：贡茶地域有所扩大，贡额则有所减轻，贡茶形制也进行了划时代的变革，"令俱采芽茶以进"，既减轻了劳动强度，又推动了饮茶方式从饼茶向散茶的转变；贡茶的采制结纳方式也由官府直接管理转变为间接控制。但是行之既久，事规不一，取供无度，里胥为奸，弊孔日多，也不免导致了既深且重的社会危害。拙文《明代的贡茶制度及其社会影响》对此有较详细的论述，此不多赘。这里仅就明代茶史上的一篇重要文献——《请革芽茶疏》及其作者曹琥的生平事迹进行若干考辨，以就于茶史界同仁。

曹琥（1478—1517）字瑞卿，别号秀山，南直隶庐州府巢县人。弘治十八年（1505）进士，官至户部主事。正德七年（1512），御史周广弹劾奸臣钱宁被谪，曹琥上疏论救，得罪钱宁，被贬为寻甸通判，再迁广信同知，正德十二年（1517）擢巩昌知府，未任而病卒，年仅四十岁。

曹琥《请革芽茶疏》痛陈贡茶中层层苛派、科敛诛求之弊，指出贡茶的五大危害，"皆切民之深患，致祸之本源"，力请罢此贡献，以安民生，而行王道，堪称研究明代贡茶制度不可多得的珍贵文献。遗憾的是，学术界对此注意、研究得很不够。民国年间，胡山源先生编《古今茶事》，曾节录其文，然并未引起重视和引证。有关评述文字，迄今笔者仅见有李传轼发表于《茶业通报》1988年第1期的《〈请革芽茶疏〉简介》一文（以下简称"李文"）。该文对《请革芽茶疏》的内容进行了简略介绍；并言曹琥"生平不详""大约在正德十年至十三年（1515—1518）前后署理庐州知府"，其上疏请革芽茶之事是"安徽茶叶史上值得大书一笔的大事"，且引陈霆《两山墨谈》等书所载六安州贡茶史料进行佐证，认为疏中所言乃南直隶庐州府之事。根据笔者所掌握的有关史料，"李文"的介绍存在不少疏漏和错误，除疏文内容外，几乎没有多少可取之处，尤其是将此举作为安徽茶业史上的大事而大书特书更是错上加错。为弄清历史真相，本着自由讨论的原则，爰就所见史料，对曹琥生平事迹及其《请革芽茶疏》进行考证和辨析。

为论述方便，先将奏疏全文照录于此：

> 为节贡献以苏民困事：
>
> 臣闻天之生物，本以养人，未闻以其所养人者害人也。历观古昔帝王，忍嗜欲，节贡献，或罢或却，诏戒丁宁，盖不欲以一人之奉，而困天下之民；以养人之物，而贻害人之患。此所以泽及生民，法垂后世，而王道成矣。
>
> 臣查得本府额贡芽茶，岁不过二十斤，祖宗以来，圣贤相承，不闻以为不足，而益其常额。迩年以来，额贡之外，有宁王府之贡，有镇守太监之贡。是二贡者，有芽茶之征，有细茶之征。始于方春，迄于首夏，官校临门，急如星火，农夫蚕妇，各失其业，奔走山谷，以应诛求者，或相对而泣，或因怨而怒，殆有不可胜言者。如镇守太监之贡，岁办千有余斤，不知实贡朝廷者几何！今岁太监黎安行

取回京,未及征派,而百姓相贺于道,则往岁之为民病,从可知已。臣姑未暇论矣。宁府正德十年之贡,取去芽茶一千二百斤,细茶六千斤,不知实贡朝廷者几何!今岁之贡,取去芽茶一千斤,细茶八千斤,又不知实贡朝廷者几何!臣亦不暇论也。近日抚州守御千户所千户吴隆赟执牌面到府,内称舍人秦钦传奉令旨:去岁进贡不敷,要得加添数目等因在内。其令旨之有无,臣不得而知,若传奉之应否,臣不能不为之寒心也。

凡此自关国体,臣不敢过为之虑,乃若此贡之害,臣不容不为陛下悉数之:方春之时,正值耕蚕,而男妇废业,无以卒岁,此其为害一也;二麦未登,民艰于食,旦旦而促之,使不聊生,此其危害二也;及归之官,又拣择去取,十不中一,遂使射利之家,先期采集,坐索高价,芽茶一斤,卖银一两,犹恐不得,此其为害三也;亦或采取过时,括市殆尽,取无所应,计无所出,则又科敛财物,买求官校,百计营求,恐不免祸,此其为害四也;官校乘机私买货卖,遂使朝夕盐米之小民,相戒而不敢入市,此其为害五也。凡此五不题者,皆切民之深患,致祸之本源,今若不言,后当有悔,臣又安得不为陛下悉数之。

臣今窃禄署府,目观民患,苟有所虑,不敢不陈,伏望陛下扩天地生物之心,悯闾阎穷苦之状,特降纶音,罢此贡献,使方春之时,农蚕不至于失期,草木得全其生意,民物欣欣,颂声斯作,实一方万万年无疆之福也。诸福之臻,可致之祥,无不毕至,而王道终矣。区区犬马之心,管蠡之见,冒干天威,不胜战战栗之至!①

---

① 曹琥:《请革芽茶疏》,康熙《巢县志》卷十七《艺文志》。"疏"下原注:"邑进士,时为广信府同知"。而嘉庆《霍山县志》卷十三《艺文志》亦收有《请革芽茶疏》,不知何故,此亦为论者视为安徽六安茶事的原因。

一、关于曹琥生平

首先,曹琥的生平事迹在明代史书及明清方志中多有记载,班班可考,并非如《李文》所谓的"生平不详"。

关于曹琥的生平,除了《明武宗实录》卷九十一和谈迁《国榷》卷四十八等书的不完整记载外,在《明史》卷一百八十八、万斯同《明史稿》卷二百五十九、王鸿绪《明史稿》卷一百七十四、过庭训《本朝分省人物考》卷三十二,以及光绪《续修庐州府志》卷三十三、道光《重修巢县志》卷十二、雍正《重修江西通志》卷六十三、嘉靖《广信府志》卷八等史志文献中均有曹琥的简略传记。此外,明代著名学者焦竑《国朝献征录》还收录了正德时官户部尚书、嘉靖时为内阁首辅的江西广信府铅山县人费宏所撰的《巩昌府知府赠光禄寺卿曹公琥墓表》[①],于其家世、行迹、志节叙述颇详,评价甚高。

综合上述诸书记载,我们可以对曹琥的生平事迹获得一个比较清晰的认识:曹琥出身于一个官绅之家,其先祖曹贵随朱元璋起兵,累官至指挥佥事,祖父曹享,安邑知县,父曹广,虞城教谕,兄曹环,南安教谕。曹琥生于成化十四年(1478),自幼"颖敏异常",通经善文。弘治十四年(1501),兄弟二人同举乡试,十八年成进士,二十四岁便步入仕途,观政户部,犒军辽左,归授南京刑部主事。(按:《明史》谓南京工部主事,此据《墓表》。作者费宏乃广信人,且为其上司,所记当比较准确。)不久,丁父及继母汪氏之忧家居,终丧,改户部主事。正德七年(1512),御史周广上疏历数权奸钱宁的种种罪状,结果被贬为岭南驿官,朝中士大夫"畏之(钱宁)如虎",不仅不敢发其奸谋,还不顾公议,诋毁周广沽名钓誉。曹琥激于义愤,忍无可忍,"独直前论救",竟以朋比为罪,遭到廷杖,左迁河南府通判。钱宁犹不解恨,认为贬地太近,命下未及一日,

---

① 又见费宏:《费文献公摘稿》卷十九。

又改为云南寻甸军民府通判。周广曾赠诗云："独怜江上曹寻甸，分我忧君泪未干。"这是曹琥仕途的第一阶段，也就是朝官阶段。他"资禀刚毅，志行高洁"，"才可大用"，为官清正，敢言直谏，甚得朝野清议。

曹琥仕途的第二阶段，也就是担任地方官时期。正德七年谪任云南寻甸军民府通判之后，"寻量移黄州，未几升广信府同知"，后又以同知摄行府事。他在广信府任职较久，多有惠政，"尤拳拳民务是恤，便不便当行罢者，可专专之，不可则恳于当路，期必有济"。当时宁王朱宸濠及镇守中官借进献之名，征敛茶叶、葛布等地方特产，"符檄旁午"，民受其害，但上下敢怒而不敢言。曹琥不畏权势，上疏直言此非额课，抗拒不与，"民赖以苏"，"举郡邑循良第一"。当时正值他任期届满，赴京朝觐，遂有巩昌知府之命，时在正德十二年（1517）。就在他赴任途中，身患重病，回到家中，不幸英年早逝。曹琥一生以砥砺名节、崇尚忠义为本，正直清廉，身无长物，历事中外十余年，"无一陇之植，一瓦之覆"，死后赖庐州知府向文玺为之经理后事，乃克葬之世宗嘉靖初年，朝廷褒恤被宁王、钱宁及宦官迫害的大臣，巡按御史王仲修疏列曹琥之事迹节操，世宗下诏为之昭雪，追赠光禄卿。《谕祭曹光禄文》曰："惟嘉靖元年，岁在壬午，皇帝遣直隶庐州知府龙诰等祭于光禄寺卿曹琥曰：尔以英毅之资，明敏之质，贤科发迹，擢属郎曹。论救忠臣，横遭黜罚，终为沦落，赍恨而亡。新政之初，忠贤在念，特颁恤典赐尔，灵冥漠有知，尚克歆慰。"①

其次，关于曹琥署理庐州知府一事，恐为子虚乌有，乃《李文》的错误推断。

根据上文的考述，曹琥历官依次主要有南京刑部主事、户部主事、云南寻甸军民府通判、黄州通判、广信同知、巩昌知府，并未有庐州知府或庐州同知署理府事的记载。同时，我们查阅《庐州府志》卷二十三《职

---

① 道光《重修巢县志》卷十五《艺文》。

官表》，正德年间的知府分别为杨遂、徐钰、向文玺、龙诰；同知有成傅、杨誉、刘奎；通判有林镒、刘高、夏瑛、毛九思、李琇，根本没有曹琥的记录。况且，明代选官制度有回避的原则，如《明史》卷七十一《选举三》："自学官外，不得官本省。"曹琥是安徽庐州府巢县人，更不可能在本府做知府或同知。此外，根据嘉靖《广信府志》卷七《职官》的记载，曹琥当时正以同知摄行府事，根本不可能一身二任，这又是一个有力的反证。

总之，曹琥的生平行迹文献记载甚明，"署理庐州知府"之说必不可信，《李文》的说法显然有失疏漏和武断。

二、关于《请革芽茶疏》

《请革芽茶疏》于贡茶之害的揭露可谓深刻而全面，堪称研究土贡制度及其社会影响的一篇重要文献。唯"李文"以为疏中的"本府"系指南直隶庐州府，进而认为曹琥请革芽茶是安徽茶业史上的大事，这个结论显然是错误的。笔者认为，疏中所言乃江西广信府之事。理由如下：

第一，根据前面的考证，曹琥时任广信府同知，不可能同时署理庐州知府，故其疏中所称"本府"自然是广信而不可能会是庐州了，这是不言而喻的。

第二，根据有关曹琥的传记资料，均言其却贡献、革芽茶之事在广信府，而且因此而嘉惠一方，赢得了广大人民的赞誉和爱戴，政绩大著。如《明武宗实录》载："……后升广信同知，佐郡甚有声，时逆濠征茶，镇守中官取葛布，以入贡为名，郡受扰苦甚。琥请于上官，皆裁抑之，民少有所恃。琥才可大用，寻升守巩昌而死，知者惜之。"[①]《曹县志》亦言其"再迁广信同知……上疏请革芽茶，士民德之"。

[①]《明武宗实录》卷九十一。

第三，疏中言："臣查得本府额贡芽茶，岁不过二十斤。"按《明会典》《枣林杂俎》等书所载明代贡茶则例，广信府额贡二十二斤，基本一致，而庐州府六安州额贡三百斤，则相去甚远。"李文"还引用陈霆《两山墨谈》所记六安州征敛贡茶的情况加以佐证，更是牛头不对马嘴，南辕而北辙。从贡茶数额分析，疏中所论必不是庐州府，而于广信府则比较接近。

第四，疏中"宁王府之贡"为额外征敛贡茶的重要一项，而宁王的封地在江西南昌，派官校到江西各地征贡方物自在情理之中，而要派人到南直隶取督责征贡恐非情理，且有悖于明代的宗藩制度。宁王在正德年间十分猖獗，最终酿成叛乱。其派官校到广信府征派芽茶还可以找到其他史料的佐证。据《广信府志》卷二所载郑日奎《游西阳山寺纪略》一文："正德中，宁藩势张甚，每岁春，辄遣官校督芽茶，凌轹官吏，民苦之。"该文还记述了在广信府的弋阳县、铅山县等地岁额课茶之外，"自监司以下逮丞尉皆有馈，名曰荐新，实则本府所产不能应，皆市之他郡以充之，民费金以数十计，已苦之矣，何时例又变，每岁课茶时，除正供仍本色外，其他馈赠悉以银代之，于是民岁费金以百数十计。茶户或称贷偿，或且鬻妻子偿，甚有自颈沟渎间者，已而相率逃去，则科之合邑之粮里，费益不赀，害益深矣"。①与曹琥疏中所列举的五大害相比较，何其相似！

第五，疏中言："今岁太监黎安行取回京，未及征派，而百姓相贺于道。"按：当时黎安正是江西的镇守太监，正德十年（1515）十二月，由于勾结宁王朱宸濠诬陷淮王，并杖杀淮王长史庄典而被罢官，行取回京听候处置。② 这也可证明曹琥疏中所言乃江西广信府而非南直隶庐州府之事，同时也可以证明曹琥上疏的时间约在正德十一年（1516）。

综上所述，足以证明曹琥上疏请革芽茶之事发生在正德年间的江西广信府，与南直隶庐州府毫无关系。如果两地能够牵涉上一点关系的话，

---

① 郑日奎：《游西阳山寺纪略》，乾隆《广信府志》卷二。
② 《明武宗实录》卷一百三十三。

那便是此事的主角曹琥是庐州府巢县人，仅此而已。"李文"仅据此而作出前述推断，且把它作为安徽茶业史上的大事而大书特书，实在是不应有的失察。

（本文原载《河南师范大学学报》2000年第4期）

明代茶课制度述略

适应明代茶叶流通控制政策和茶马贸易的需要，明代官茶的征课继承宋代东南、四川二元化发展趋势，大体分为东南折征区和川陕本征区两大区域系统；但折征区也是逐渐形成的，本征区则亦有明显的改折化趋势，呈现出变革性、开放性的特征；又由于"以茶驭番"的需要，川陕茶区受到统治者的高度重视，史料载籍较多，制度详密，课额亦较重，是考察明代茶课制度的重要方面。

一、东南、川陕两大茶政体系的形成

基于茶树生长的环境要求，我国茶区大致分布在秦岭、淮河以南的丘陵和山区；而茶叶生产又是自西（南）而东（南）按地域传播和扩展的。根据中外学者的研究，茶业起源于我国西南地区，尽管对云南、四川、川鄂边区仍有争论，但这一点则是不成问题的。"唐以前茶惟贵蜀中所产"；"唐茶品虽多，亦以蜀茶为贵"。四川在唐代茶法形成以前一直是我国茶叶生产、焙制、饮用和贸易也即茶叶经济的中心。魏晋以降，江淮以南地区茶业逐渐兴起,而且发展很快,后来居上,尤其是制茶技术和茶叶质量日益改进,经唐而宋,随着全国经济重心的南移,茶叶经济重心也完成了东移的过程。唐代创行茶法,东南与四川一体,尚未有二元化迹象。及宋代东南一跃而为茶叶生产的中心,茶法亦以东南为重,交引、贴射、见钱、三说、卖引诸法主要在东南推行,而置四川于被遗忘的角落。川茶产量占全国一半以上,而征课仅作为农业赋税收入,不及东南十分之一。从而形成了"天下茶皆禁,唯川峡、广南听民自买卖,禁其出境"①的局面。嘉祐通商法施行后,尤其是熙宁间川茶禁榷易马及政和间江南实行卖引法后,又出现了"今天下茶法皆通商,而两川独行禁榷"②的局面,表明东南与四川两大茶政体系已经形成。

元代茶法继承了宋代引法的基本精神,但随着西部政局的变化、官方茶马贸易的废止,元朝统一江南后,川茶征课已无足轻重,因而茶法双轨制并不突出。明兴之初,百废待兴,为国用急需,乃整顿元末紊乱不堪的财政,籍户口,定赋役,立盐法,行屯制,并早在至正二十一年(1361)便以"榷茶之法,历代资之以充国用,今疆守日广,民物滋盛,懋迁颇众,而茶法未行",乃定江南茶法。③然主要还是关于商人运销的规定。洪武初,更兼统一的特殊社会环境,开展茶马贸易,以达到控制西北、孤立和打击蒙古残元势力,为统一创造条件,故又定川陕茶叶征课之例。同时,遣官至江西、湖广等产茶地方定例、验数、起科,很快在全国范围内建立起一整套官茶制度,确立了明朝茶法的基本格局。

明代茶叶生产的地域分布,较之前代有多扩展,除北直隶、山东、山西的生态环境不宜植茶外,南直隶及其他十一布政司均有生产。在秦淮以南辽阔的茶区内,有的是传统产区又有了新的发展,有的则是异军突起,后来居上,出现了名品纷呈的局面。但由于明朝茶叶经济政策的

---

① 《宋史》卷一百十三《食货下五·茶法》。
② 吕陶:《净德集》卷一。
③ 《明太祖实录》卷九。

侧重点不同，官茶的征课之法亦可分为两大体制不同的区域，即东南的折征区和川陕的本征区。正如邱濬所言："产茶之地，江南最多，今日皆无榷法，独于川陕禁法颇严，盖为市马故也。"① 概括说来，东南茶法是为封建国家土贡勒索以及赋役征收以充国用的需要，而川陕茶法则是出于易马和赏番的需要。由于出发点的不同，故征课体制也各异，东南地区的茶课并入两税，此外的余茶即可听商人请引以卖；而川陕则是实行计株征课的什一之税，而且明初还曾实行余茶官买的统购政策；只有在茶市废弛或库茶积滞等情况下才改征折色。以下就分别对这两个地区的茶课制度作些考述。

二、东南折征区的茶课制度

这一区域包括南直隶以及浙江、河南、广西、云南、贵州等布政司。诸产茶州县设茶课司，或以宣课司兼领。户部还时常派员"按视茶园之数"，据以定税则。茶课并入两税的夏税征收，初皆曾纳本色，但随着明代赋税的改征，课钞、钱或银两，与赋税一体起解，是政府财政收入的一个有机组成部分。现据《明会典》所载万历六年茶课数额列表如下：

南直隶	应天府江东瓜埠巡检司	钞 10 万贯
	苏州府	钞 2915 贯 150 文
	常州府	钞 4129 贯铜钱 8258 文
	镇江府	钞 1602 贯 620 文
	徽州府	钞 70568 贯 750 文
	广德州	钞 503280 贯 960 文
浙江		钞 2134 贯 20 文
河南		钞 1280 贯
广西		钞 1183 锭 15 贯 592 文
云南		银 17 两 3 钱 1 分 4 厘
贵州		钞 81 贯 371 文

这里需要有两点说明：

---

① 邱濬：《大学衍义补》卷二十九《山泽之利下》。

第一，上表所示为万历年间的茶课则例，而明代茶课的税额前后有所变化，其折色化亦有一个发展的过程。从地域上说，表中无福建、江西、湖广、广东征茶例，而嘉靖《延平府志》所载所属六县皆有课钞，如南平茶课钞 704 锭 200 文，茶引由钞 13 锭 3 贯，水碓磨课钞 85 锭 2 贯 230 文。嘉靖《池州府志》亦载有茶课 54182 斤，征本色。而几个布政司缘何后来无茶课，尚需进一步探讨。从数量上说亦有很大差距，如苏州府表中所示为钞 2915 贯有奇，而根据《枣林杂俎》等书记载，纳钱 3193000 有奇，而且"惟吴县、长洲有之"。又据弘治《徽州府志》载，夏税茶 30863 斤，其中官地茶 107 斤，民地茶 30756 斤，至万历《明会典》所载即为 77568 贯 250 文了。这类事例在地方文献中记载很多。再就折征而言，有一个较长时间的演变过程。明代田赋税课在初期多征本色，而随着商品经济的发展，日益走向折色化。茶课征收也大体符合这种潮流。如贵州茶课原征本色，至成化二年（1466）十一月始从巡抚李浩奏请，令"应输者俱收钞贯"。又如明初朱升在《送分宪张公序》中谈到徽州茶课问题时说："茗贡课株，十赋之一，而一株之额粗精二两……每百株赋其十株，责其纳茗二十两。殚其地之出以供其本色，已不堪矣；今又不收本色，以钱米代之。茗之粗者此时此土值米不及三升而令纳一斗，精者值米不及五六升而令纳米二斗，穷山荒疃采摘之家，虽竭其庐之人，亦不能应，此乃事之章章不可行者。"[①] 可见当地茶课纳计株征收本色，后又有折钱折米之事，表明茶课则例的不成熟性。这种现象是明初特殊社会条件下，政策尚不稳定的产物，当不是普遍现象。当然，也反映了当地官府对茶农的残酷剥削。

第二，从上表也可以看出，各省茶课均收钱钞，而云南独征银。这与明代云南特殊的货币制度及其丰富的银产有关。自战国末年海贝作为主币进入流通领域到明末清初的"废贝行钱"为止，云南一直以使用贝

---

① 朱升：《送分宪张公序》，《明经世文编》卷七。

币为主。故《滇云历年志》云:"终明之世也用𧴪。"谢肇淛《滇略》亦载:"交易用贝,俗称作𧴪,王租赋亦用之。"总之,明代云南盛行贝币而不用钱钞,无论民间交易、借贷、官府租税、商税、土司贡献甚至官吏俸给悉用贝,而云南茶课不用钱钞也就不难理解了。[①] 茶课又独以银征,乃是由于云南金银产量极为丰富所致。宋应星曾写道:"……然合八省(所生),不敌云南之半,故开矿煎银,唯滇中可永行也。"[②] 滇省银矿,诸府皆有,明初已经开采,"有金银之课",洪武十七年曾诏云南以金银代秋粮,即赋税折银之例。同时,随着明中叶以后商品货币经济成分的增长,白银用量的上升,统治阶级自然除直接征收银课外以其他税种改折征银,那么万历会典所载其时茶课征银也就是顺理成章的事了。

三、川陕本征区的茶课制度

四川和陕西邻近西北边陲,又是传统的产茶区,因而一向是古代西北边销茶的重要供应地。国家茶政亦最重川陕,自宋代开始川陕即与东南形成了两个不同的茶法体系。明代亦"惟以川陕茶课最重",建立了颇具特色的川陕茶课制度。洪武四年(1371)十二月,"户部言:陕西汉中府金州、石泉、汉阴、平利、西乡诸处茶园共四十五顷七十二亩,岁收茶八十六万四千五十八株,每十株官取其一,民所收茶,官给直买之……每五十斤为一包,二包为一引,令有司收贮,令于西番易马。"[③] 次年二月,又以"四川产巴茶凡四百七十七处,茶二百三十八万六千九百四十三株,茶户三百十五,宜依定制,每茶十株官取其一,征茶二两。"[④] 川陕茶课科则均为"十株抽一,征茶二两",各

---

① 参阅秦佩珩:《明代滇𧴪小录》,《明清社会经济史论稿》,第177页,郑州:中州古籍出版社,1984年。
② 宋应星:《天工开物》卷下《五金第十四》。
③ 《明太祖实录》卷七十。
④ 《明太祖实录》卷七十二。

产茶州县设茶课司，定额征税。而在碉门、永宁、筠连等处，其茶名剪刀粗叶，惟西番用之。为易马及赏番计，专设茶局以征其税，计有永宁茶局一，曰界首镇，岁收茶 188000 斤。雅州茶局一，曰碉门，岁收茶 411600 斤。成都茶局三，曰灌州，岁收茶 7430 斤；曰安州，岁收茶 13170 斤；曰筠连州，岁收茶 296280 斤。既收则征其什一于官。[①] 至于川陕岁课茶额，初四川 100 万斤，后来随着四川茶马贸易的基本停止以及茶运入陕的锐减，茶课亦递减为 843060 斤，不久又减半，大致保持在四五十万斤的水平；至万历中更减至 158858 斤（折色除外），主要从石泉、建始、长宁等县并建昌、天全、马蒙、镇雄、永宁、九姓土司办纳，贮本地官仓，或别立茶仓。洪武三十年，曾令于成都、重庆、保宁、播州置四茶仓，集中贮茶以备客商纳米中买及易马赏番之用。陕西茶课初为 26000 斤有奇，后来随着川茶的减少以及明代中叶汉中茶叶生产的发展而有所增加，万历中增至 51384 斤有奇。主要从汉中府所属的金州、紫阳、石泉、汉阴、西乡五州县办纳，各存本处衙门听候支用。明代川陕征课的大量本色茶叶是当时明朝政府"以茶驭番"的主要茶源，为当时西北茶马贸易的兴盛，进而为明初军事统一的完成及对西北各族的羁縻统治提供了优良的物质条件。

自永乐以后，川陕茶课陆续出现了折色化的趋势，尤其是成化总四川茶马贸易及运茶入陕基本停止后，川茶折色的比重日益上升，最后基本上达到全部折征。究其原因，一是茶禁转松，官方茶马交易江河日下，国家茶司、茶仓贮积大量茶叶，而"无马可中"。永乐七年，碉门茶马司用茶 83050 斤，仅易马 70 匹，又多瘦损。故陈茶积压至于湮烂腐朽，不得不改征折色。洪熙元年，成都茶仓陈茶腐朽而焚毁者多达 21 万余斤。二是由于天灾人祸，尤其是大兴土木，营建北京，四川"役民伐木，妨其采办"，加之运茶重役，致茶户"采纳不敷""茶株枯死"，茶叶无从征

[①] 《明太祖实录》卷七十七。

集,只得改征折色。永乐十年(1412),令安县茶课凡 73384 斤开始折钞。随后江安、什邡、播州、天全六番、筠连、高县、宜宾等处茶课亦相继折色,这些地方的茶课司、茶仓也陆续裁去。如正统九年(1444),以高县、筠连茶课"不堪易马,连年收积无用",裁去茶课司,改征折色,"其原收茶,每一百斤,折钞一贯"。① 但因茶叶销路疲滞,不易出卖,景泰中又下令"民欲纳茶,亦从其便"。弘治三年(1490),因川茶"宿逋难偿,而官茶陈积",将成化八年至弘治元年拖欠茶课 3186259 斤,每芽茶一年追银二分,叶茶一斤,追银一分,输于松潘关堡以充军储。次年十月,又议定川茶三分之一征收本色以备赏番,余每斤征银二分折给官军俸粮;后又减至芽茶一斤,折银一分五厘,叶茶一斤,折银一分。到了嘉靖初,四川巡抚王轨等的奏疏中已经有这样的说法:"至是俱收银两,备买茶赏番及买马之用。"② 可知四川茶课已经全部改折。四十一年,增设甘肃茶马司,始令四川保宁府茶课仍征本色以给之。隆庆二年,礼科给事中何起鸣以"输运甚艰"复奏请改行旧例,征收折色,"或解藩司为赏番之费,或解陕西备买马之用"。③ 经过这些反复,川茶征课仍然沿着折色化方向发展。

陕西茶课改折始于成化三年,时西北正值战事,茶市停顿,而陕西又岁饥待赈,御史项忠奏:"金州、西乡、石泉、汉阴四处,自宣德十年至今岁办茶课积有六十余万斤,岁久渰烂过半……令岁办者折收银两、丝绢等物……俟西番平定用茶之日,仍旧令民输办本色。"④ 其折征比例为粗茶百斤收银五钱,芽茶三十五斤亦量收五钱,无银收丝绢等物。这种折征是特殊环境下的权宜之法,两年后即恢复本色。此后折征、本征亦有反复。如万历十五年正月,因"转运艰辛弊窦,官民俱困,且茶商多有余积,课茶粗恶不堪",从巡茶御史祝大舟之请将汉中茶课 54000 斤

---

① 《明英宗实录》卷一百十六。
② 乾隆《四川通志》卷十五《茶法》。
③ 《明穆宗实录》卷二十三。
④ 《明宪宗实录》卷四十五。

俱改征折色，依四川茶课事例每斤征银 2 分，共银 1087 两有余，收贮汉中府库听解苑马寺买马支用，其原加派大户徭银、茶夫脚价悉免征派。[①] 二十九年，又因"今商绝迹，五司茶空"而复征本色，待日后茶积日广折色仍酌量议行。由此可见，陕西茶课改征折色很大程度上受灾荒、边患及茶叶积贮等情况所制约，尽管有所变革，但总的趋势仍以本征为主，改折只是权宜之法。这是因为，陕西是易马茶叶的主要供应地，与四川相比，转运较近便；在川茶停运后更占有举足轻重的地位，故要想维持茶马贸易及以茶赏番的进行，就必须保证汉中本色茶叶的供应源源不断，这就是陕西茶课本征、折征岁有反复但仍以本征为主的原因。

此外，明朝在川陕还曾实行茶课的蠲免政策，主要在成化以前。或以"民贫岁饥"，如永乐十年免通江县茶课 3704400 斤；或以茶户"人绝园荒"，如永乐四年除四川余庆、九姓等长官司、天全六番招讨司及雅州通江、荥经二县绝户茶课 377900 斤；或以茶户徭役沉重，"无力培植"，以致积欠茶课，如永乐十一年免什邡县五年至十年积逋茶课 160605 斤，宣德四年免江安县茶课 7700 余斤，成化七年免太平长官司旧逋茶课；或以"山深地瘠，茶多枯死"、"难以采办"，如宣德五年诏减天全六番岁办芽茶 2200 斤；或以茶课激增，"民实不堪"其累，无法完纳，如宣德十年除汉中金州增课积欠 164000 斤，万历六年免通江县新增茶课银 583 两有余，仍行各州县清理茶园均平茶课；亦有以特殊情况蠲免的，如宣德五年筠连知县蒋永亨言该县所收茶课为蛮民烧毁，乞蠲得允。景泰元年，筠连、永宁等处茶课被劫，有旨悉免之。这种蠲免政策对于赈恤茶农，安定茶区的经济和社会秩序具有一定的积极影响。当然，其实质在于通过振救饥荒，稍苏民困，使茶农得以维持其简单再生产的正常进行，不致脱离封建赋役剥削的轨道。

明代茶课制度中还有一个不可忽视的问题，即官地茶的课税。与明

[①] 《明神宗实录》卷一百八十二。

代官民田科则不同相类，茶课亦有民地茶和官地茶之区别。官地茶即明初的无主茶园由军士或民人承种所缴纳的官租茶。洪武四年，陕西"无主茶园以汉中府守城军士薅培，及时采取，以十分为率，官取其八，军收其二"。① 四川也是无主茶园令人薅种，以十分为率，官取其八。② 后官地茶园多役民培采而官收其课，因课额过重，佃民赔累，渐划入民地起科。宣德八年五月，"四川保宁府巴县奏：本县官地茶起科万二千四百余斤，承佃人户艰于办纳，乞如民地茶例……上以课重民何以堪，命依民地茶例征之"。③ 其他地区亦存在官地茶的问题，如弘治《徽州府志》就记载该府岁课官地茶 107 斤。

至此，我们对明代的茶叶征课制度进行了一番鸟瞰式的考察，尤其对川陕茶课着墨较多。我们认为，由于明朝茶政侧重点的不同，茶叶征课大体可分为东南折征区、川陕本征区两大区域系统；但折征区也是逐渐形成的，本征区则亦有明显的改折化趋势，呈现出变革性、开放性的特征；又由于"以茶驭番"的需要，川陕茶区受到统治者的高度重视，史料载籍较多，制度详密，课额亦较重，是考察明代茶课制度的重要方面。

茶课作为封建政府的财政来源之一，"至宋遂为国赋，额与盐等矣"。④ 元代更不断增引加课，肆意苛敛。明朝统治阶层虽然每视茶课为"裕国用"的重要源泉，但茶利收入在财政体系中已无足轻重，这与宋元两代汲汲于茶利征课相比，应该说是一个政策性转变。值得注意的是，茶法重心已由垄断茶利转化为垄断茶马贸易，川陕茶课作为茶马互市的主要货源，对于保证西北茶市贸易的稳定与繁荣具有决定性的意义，使明王朝得以"摘山之利而易充厩之良"，充实边备，抚制番夷。因而国家视之为军国要务，不仅确立了上述茶课制度，而且定期派员踏勘茶园，巡督

---

① 《明太祖实录》卷七十。
② 《明太祖实录》卷七十二。
③ 《明英宗实录》卷五。
④ 《元史》卷九十四《茶法》。

茶课。沉重的课税、严格的管理制度、残酷的茶禁、不时的增课加征置广大茶农于悲惨的境地，不可避免地摧残茶叶生产的发展，造成消极的社会影响。

（本文原载《茶业通报》1991年第2期）

明代引茶制度初论

"民资五谷以为食,所以下食者盐,而消食者茶也。"① 茶是我国人民不可缺少的生活必需品。但是随着茶业的发展和饮茶风尚的普及,中唐以降,茶叶被纳入了封建国家禁榷专卖的轨道,茶法也就应运而生了。经过宋元的发展,至明代渐臻完备,"凡中茶有引由,出茶地方有税,贮放有茶仓,巡茶有御史,分理有茶马司、茶课司,批验有批验所"②。明茶法有三,曰官茶、商茶、贡茶。仅就商茶之法(商专卖体制下的茶叶流通政策)而言,则又包括引茶和开中两种制度,而以引法为基本特征。关于开中茶法,笔者另有专论,这里仅就引茶制度的若干问题进行初步论述。

一、引茶制溯源

引茶制,即茶叶的引税制度,实质上就是以引法为基本特征,在封

---

① 邱濬:《大学衍义补》卷二十九《山泽之利下》。
② 《明会典》卷三十七《户部·课程六》。

建国家超经济强制下实行的商专卖的茶叶流通政策。所谓引法,即商人纳实物或银钱向官府取得一种引券凭证,支取或收购茶盐等专卖商品进行贩销的制度。引,宋代称交引,南宋章如愚《山堂考索》云:"入中刍粟于沿边,以券至京师江淮给茶盐,谓之交引。"① 宋代交引,有盐交引、茶交引、见钱交引、香药犀象交引、矾交引、铁交引等许多种类。据戴裔煊先生考证:交引来源于唐代的飞钱。② 但随着引法的发展,二者在实质和作用上又有差别,飞钱只具有汇票或转账支票的性质和作用,而交引则是一种国家特许的专卖商品贩销凭证,已经具有了商品流通许可证的性质。下面仅就引茶之法及其演变作一简略的追溯和考察。

唐代以还,东南地区茶叶经济迅速发展,与传统茶叶产区四川并驾齐驱,形成了两大中心,茶法体制也相应地出现了二元化趋向。北宋东南榷茶始于乾德二年,垄断程度较高,至嘉祐四年(1059)弛禁,实行通商,至北宋末又实行卖引法,终于确立了茶叶的商专卖制度。引茶之法亦源于乾德初:"国朝乾德二年,置榷货务,诸州民有茶,附折税外,官悉市之,许民于东京输金银钱帛,官给券就榷务以茶偿之。"③ 此后西北用兵,又募商人入粟麦材木于边郡而偿给引券,许就沿江榷务自请射茶。后来在沿边入中问题上官商矛盾不断加剧,围绕虚估问题屡更茶法,尽管李咨新法、三说法、四说法、贴射法、见钱法几经反复,引法仍是其基本程序之一。仁宗嘉祐四年,开放茶禁,实行通商法,"园户之种茶者,官收租钱;商贾之贩茶者,官收征算","不为民害者四十年"。至北宋末年,因为军费激增及商人偷税漏税等故又复行榷法。崇宁元年(1102),蔡京奏设六提举茶事司和四十处茶场,加强对茶叶流通的垄断控制,"茶利自一钱以上皆归京师"。四年,又行卖引法,政和二年又"大增损茶法",为例凡十八条,其主要内容是:官不置场收买,亦不定价,止许茶商赴

---

①③ 章如愚:《山堂考索》后集卷五十七,卷五十六《茶盐类》。
② 戴裔煊:《明代钞盐制度研究》,第90—94页,北京:中华书局,1981年。

官买引，就园户从便交易，依引内合贩之数，赴合同场秤发，转货各地。引分长短两种，长引纳钱一百贯（赴陕西加二十贯），照茶一百二十斤，可往他路贩销；短引纳钱二十贯，照茶二十五斤，只许在本路出卖；长短引分别限期一年、一季卖完，赴榷务告销。盛茶至笼蔀由官府统一制造，用火印薰记题号，听商人购买，定大小之式，严封印之法，经过地方严加盘查，不合者即以私茶论。至于四川茶法，初则听民自卖，禁其出境而已。熙宁间因熙河地区的军事需要，实行禁榷。至南宋初赵开在四川更革茶盐之法，才废除官买官卖，推行卖引法，至此引茶制度方基本稳定下来，在广大茶区普遍得到实施。南宋除新出现了一种食茶小引，并在宋金边界实行榷场贸易外，茶法没有多大变化。卖引法的实行在茶叶专卖制度史上具有重要的意义，标志着从官专卖（全面禁榷）到商专卖（官商分利的部分禁榷）的转变，从而成为后世茶叶专卖的基本形式。

元代随着统一自西向东推进，陆续榷四川、江南等地茶，实行引法。至元十三年（1276），立长短引之法。长引计茶一百二十斤，收钞五钱四分二厘八毫；短引计茶九十斤，纳钞四钱二分八毫。十七年，除长引专用短引。十八年，定贩茶批引条例。至元三十年，又改江南茶法，引之外又给茶由，以给卖零茶者，初每由照茶九斤，后自三斤至三十斤分作十等。从此引由并用成为定制。此外，还陆续设立批引局、茶由局、榷茶批验所等进行稽考。这两点是元代的创新。元代茶法始终以引法为基本原则，又无茶马之法，故四川与江南差别不大。但元朝统治者屡更引价，增加税课，造成了严重的社会影响。

经过宋元两代，引法已经发展成为茶叶流通的基本经济立法，从颁发引由、照茶支销到征取引税、批验稽考各个环节相互结合，日趋完善。明代引茶制度正是在此基础上发展而来的。

二、明代引茶制的一般运行程序

明代茶叶商专卖制早在明王朝建立之前就已付诸实施了。至正二十一年（1361）二月，岁在辛丑，朱元璋政权就"以榷茶之法，历代资之以充国用，今疆守日广，民物滋盛，懋迁颇众，而茶法未行"而议立茶法，着重确立了引茶制的基本原则，并严令产茶府州县各委官一员专理。① 明朝建国后，历朝递有损益，使这一制度更趋完备，形成了一整套周密的引茶之法。它通过印颁引由、纳钱请引、依引照茶、过关批验、赴司交税、贩毕销引等一系列环节束缚茶商的手脚，防止茶叶走私、漏税，限制自由贸易，从而保证国家对茶叶流通的控制。现依照其一般运行程序考述如下：

（一）请引与照茶

凡茶引由，初皆由户部印引局印发产茶诸州县。洪武十三年（1380）二月革除印引局，以照磨兼掌之。后都城北迁，鉴于产茶均在南方，乃将此职能交由南京户部就便管理。行之既久，地方州县多擅自印发，造成诸多混乱，故嘉靖二年（1523）三月户部重申："凡引，俱南京户部印发，郡县不得擅印，痛改私税，一归于批验茶引所、茶课司。"② 商人贩茶，必须到所在州县纳钱请引，方可出境贸易，初纳钱二百，给引一道，后改为纳钱千文，每引照茶一百斤，不及引者谓之畸零，别置由帖，由一道纳钱六百文，照茶六十斤。后来官府规定茶商皆于应天府、常州府宜兴县张渚、杭州府三个批验茶引所买引，因路途遥远，"于产茶地分远者数千里，近不下数百里，苦道远多费，而姓名贯址易为欺"；加上三地只管卖引，不行批验和销引，遂使旧引累催不完，影射私茶、冒名开报或"将引成千上万卖与嗜利之徒"，贩引牟利，所以成化中王恕奏请整顿引法，令各产茶州县斟酌该地每岁产量及合同引由数，预先具数差人赴户部关

---

① 《明太祖实录》卷九。
② 《明世宗实录》卷二十四。

领收贮，以招商中买；仍办验路引，果无欺诈伪骗，即将其人姓名贯址附簿，给引由票，贩毕销引；年终将卖过前引造册，将收过的纸钞解部，钞送库交收，纸存造引，仍具数领取次年引由；每引一道，中间夹纸一张，书写有关"园户卖茶与茶商兴贩茶货、造引给由与夫批验纳课等项"事例于上，以起到宣传引法和加强管理的作用。引由仍如明初例照茶一百斤、六十斤。① 从此，各批验所就只管对经过茶商验引截角，盘查私贩夹带，不再过问卖引之事了。这次改革大大严密了请引之法，为防止和杜绝商人欺隐作弊起到了一定作用。澄清了这一关键环节，商人就可依引赴产地买茶，再量地定程以卖，引茶之法的通行就可收到一半的效果。

（二）批验与纳课

批验是官府控制茶商、禁绝私贩夹带的重要环节。早在辛丑茶法初立时，就"于宁安府及溧水州置茶局，批验引由，称较茶货，茶引不相当而羡余者即为私茶，并听执问"。后各关津要害均设批验茶引所或茶盐批验所，先后可以考见的有：陕西高桥火钻峪、山西平阳太阳津（后移豆津）、应天府、常州府宜兴县张渚、杭州府、仪真、夔州巫山、重庆江北嘴、嘉定州黑水尾、泸州小市坝、叙南、马湖、江口、岳州府城陵、临湘县、江西湖口、徽州梅口、太平采石、应天府溧水州、顺天府、武昌金口、西安、凤翔等，后陆续裁革，正统五年（1440）曾令"各布政司州县，批验茶引所无茶课者俱裁之"。至万历中，又裁汰茶引所官吏。除前五个外，其余都被革去，其职能主要由巡检司或州县委官专理。批验，主要就是检查引由与茶货是否相符，然后将引由截角放行，以便禁绝冒支、影射，严缉夹带私茶；年终将批验过客商姓名贯址并印有数目及盘获私茶缘由造册交地方官府转达户部稽考备案。除对僭越私贩、茶引相离或有余茶、伪造假茶或茶引以及私茶挑担驮载者、引领之牙行、停藏之家等依律重治外，批验十分严密，特别是在川藏、川陕边界的所谓"私茶渊薮"的地区更是

---

① 王恕：《申明茶法奏状》，《明经世文编》卷三十九。

层层把关，严加稽查。如四川之茶，自巴州、通江、南江等处买者，卖于松潘与腹里地方，称为腹引；自巫山、建始等处买者，卖于黎雅、乌思藏地方，称为边引。腹引经本州县截一角，至江油听茶法道委官盘验截一角，松潘截一角，然后发卖；边引在夔州府截一角，嘉定州截一角，雅州截一角，碉门茶马司盘验，泸州盘验，泊于河下听茶法道委官盘验称掣，至黎州截一角，然后才能发卖。① 后来弊窦渐萌，"州县私票公行……奸人利其价少，致正引不行……有引者日弱日减，无引者日强日增"。"本地神棍，上蔽官府，下挟孤商，兼以地方官不自振刷，辄为私税所濡，不能弊绝风清。"② 嘉靖三十一年（1552），令凡商人报中川引，茶法道取其年甲、籍贯并文引字号一样关帖六本，印钤关送重夔等道，帖下各地方委官收掌，候商至日，查审相同，如数验放，各将截角茶引类缴各道，查明即转茶法道验，如或缴到截角不及数并盘放不及时者，听茶法道举正，依律查究。天启中，四川巡抚都御史尹同皋亦奏准于各产茶州县置六循环簿，以便稽察。

《明史·食货志》载："凡商税，三十而取一，过者以违令论。"这是明代的商课通则。茶商请引贩茶，亦必须赴卖茶地方宣课司依三十抽一之例，芽茶叶茶各验价纳课，这是国家与商人在茶叶贸易利润上的再分配。此外，前面已经谈到，茶商为取得茶叶贸易经营权，还要纳钱、钞或银以取得引由，这里的茶引由价也是一种变相的商课，可称作引税。明代引税前后有所变化，初茶引一道，纳钱二百文，按时价约合银二钱。后增至千文，由六百文。继而又改纳钞一贯，其中应考虑宝钞贬值的因素。中叶以后，多改纳银两，如嘉靖五年重定川茶引价："商贩货卖茶至百斤以上，俱赴管茶官处报中引目一道，每年课程十分收一，凡中芽茶每引定价三钱，叶茶每引定价二钱……其腹里产茶地方，凡茶不上百斤，俱赴本州县报数，每十斤上银一分，给票照卖，立限完缴。"③ 隆庆三年（1569），

---

① 姜宝：《茶法议》，《明经世文编》卷三百八十三。
② 乾隆《四川通志》卷十五《茶法》。
③ 王圻：《续文献通考》卷二十六《征榷五》。

四川收茶引税银 14367 两。相对来说，明代商课、引税较之宋元时期已经降低不少，这与贡额、茶课数目锐减相一致，茶利收入在国家财政中所占比重已经无法与盐利同日而语了。这与宋元时代汲汲于增课加价相较，可以说是一个政策性转变。

（三）贩毕销引

为了防止茶商以批验截角至旧引影射照茶，私贩贸易，必须建立严格的销引制度。辛丑初立茶法就规定："卖茶毕，即以原给引由赴所在官司投缴，府州县各委官一员掌之，若以退引照茶者，以私茶论。"但由于批验不置簿籍，易于冒滥，遂致"各处茶商人等，多将旧引影射私茶，不行销缴"；"退引累催不缴，为影射茶"；"批验所又不如法批验，而夹带者众"。景泰五年（1454），又重申茶引截角缴销之令，规定茶商买茶毕，由所在官府将所收缴残引封送各该批验所汇解户部查销，有过期不缴者，批验所每季查出商名贯址引由数目开报上司，转各该巡抚、监察御史、按察司提问追缴，并行文各府州县查勘论处。成化中，又出榜晓谕：限三月之内赴官销引，以后贩茶完毕即赴住卖所在官司告销，封送原引衙门通类解部查销。有停藏旧引、兴贩私茶者，听有司军卫拿问，依律治罪。至隆庆五年，更进一步制定了销引迟速赏罚例：在商人茶引内注明，一年完者厚赏；二年量赏；三年免究；四年问罪，附茶一半入官；五年问罪，附茶尽数入官，不准再报；六年即系老引，兴贩者问罪，发遣充军。①尽管由于当时旧引问题严重，销引期限有所延长，但作为法令确定下来，对于茶商的舞弊和走私毕竟起到了一定的遏制作用。

三、川陕引法的特殊性

自先秦以降，四川就一直是我国茶叶经济的中心，加之唐宋以后西

---

① 褚铁：《条议茶马事宜疏》，《明经世文编》卷三百八十六。

北茶马贸易的兴起，川茶成为历代封建王朝茶法控制的重点；陕西茶仅产于汉中一府，但因邻近西北边陲，故川陕引法亦有其特殊之处。因而在论述了明代引茶制度的一般原则之后，还需对川茶引法的变化、引岸制的形成及其特点、陕西引茶之法作些交代，以便对明代引茶制度有个整体的认识。

辛丑茶法确定了商专卖的基本原则，但主要行之东南。洪武初，尽榷川陕茶以易边马，对茶叶流通控制颇严。然洪武五年亦曾令碉门、永宁、筠连等地茶商可以自由贸易，其民所收茶亦可依江南茶法，于所在官司给引兴贩。大体说来，明代前期除个别特殊时期外，基本上是实行商专卖的引茶制。但私贩通番及私税之弊非常严重，于是随着嘉靖元年重申引票统一印发、郡县不得擅印、痛革私贩，一种更为严密的引法形式——引岸制度逐渐在四川形成：官府规定各销售地区的茶引数，商人请引后从采购茶叶到贩销口岸及路线均有规定，不得越岸和中途发卖，通过引目数量及其地区分配严格控制茶叶流通的数额和渠道。这成为此后一直到民国年间川茶商专卖的定制。

从现存文献来看，关于川茶引岸制的最早记载是嘉靖三十一年四川抚按官关于茶政三事的题奏："年例茶引五万道，额派黎雅一万，松潘二千，余皆行之腹里。今黎雅、松潘兴贩浮于引目，而腹里引目常积于无用。请断自今年，分腹里茶引于黎、松二所，各视其原数倍之。"① 从中可见，川茶引岸制的出现必在此前。原来的引目地区分配很不合理，致使"在边者少而易行，在内者多而常滞"，至此方进行第一次引目的调整，增边引至24000道，减腹引至26000道，腹引由76%降至52%。但仍未能彻底扭转局面，边少腹多的矛盾依然存在，且边引不足，"各商私贩反多，亏损国家官税"，通番贸易，危及马政边防。况嘉靖四十三年御史潘一桂又请减商茶，并言："松潘于洮、河近，私茶往往阑出。宜停松潘引

---

① 《明世宗实录》卷三百八十三。

目，申严入番之禁。"得到批准，从而使这一矛盾愈加突出。① 隆庆三年，不得不再次调整引目，将五万引裁去12000引，黎雅边引增至3万，松潘引边茶市场销量有限，且欲控制茶叶走私，仍恢复4000引，腹引仅存4000引，以缓和内地茶引的壅滞现象。经过这次调整，边引占川茶引数的89%，基本符合川茶边腹市场的实际情况；且又将边引税银量加一钱，从而使"税银已克旧额，而边腹相安矣"。这样，既解决了边少腹多的矛盾，又在引目减少的情况下，使税课仍有所增加，岁得茶引税14000余两，"解部济边"。从此，川茶引岸制度基本完善并稳定下来，官府通过控制边腹茶叶市场和协调官商矛盾，对川茶的流通的控制得以实现。

川茶引岸制的基本特点就是依照茶叶的品质、制法及传统产销关系的不同确定其不同的销售对象和范围，划分为黎雅、松潘两个边引，川省内地腹引三个引岸区。前引姜宝《茶法议》将松潘列入腹引，当非一般情况。

边茶又称"刀子茶""剪刀粗叶"，主要产自碉门、永宁、筠连等地，产量较高，且适宜于西北游牧民族的需要，故"惟西番用之"。黎雅、碉门一带是边茶的主要市场，主要销往朵甘、乌思藏，因该区域藏民饮食乳酪、肉类，且"颇富侈"，故茶叶需求量大。边茶的另一市场是松潘地区，主要销往若尔盖草原（今阿坝）及青海等地。由于邻近洮、河茶马司，官府控制较严，且当地商品交换不够发达，这一市场销路颇滞，潜力不大，不占主要地位，引目分配亦较少。

腹茶又称"细茶""芽茶"，产于四川腹地诸州县。腹茶市场遍布各地，较为分散，多为自产自销，或在地方区域市场上贸易。成都、重庆是两个相对集中的市场。兼之"腹地有茶，汉人或可无茶"，故腹茶市场销量有限，利亦不厚，所以腹引常滞，引额呈不断下降趋势。②

至于陕西茶禁之开，招商给引以卖，还是万历年间的事。出于西北

---

① 《明史》卷八十《食货四·茶法》。
② 参考贾大泉、陈一石：《四川茶业史》，第140—143页，成都：巴蜀书社，1989年。

茶马贸易的需要，"旧制内地于番邻者，禁食茶"；且陕西茶仅出自汉中一府，在川茶易马停止后，其有限的茶叶便成了官市贸易的重要来源，所以陕西茶禁尤严，自然谈不上引法的实施。嘉靖十五年，巡茶御史刘良卿疏言："禁内地之茶使无所于食……是陕西一省皆不得食茶矣。"然而"茶聚于茶司则通番之弊易滋，禁严于内郡则私贩之弊难究"。因此他建议通行内地之茶，除开中外，西安、凤翔等府量地分派，以时价招商，对半抽分，在所属州县贩卖；官茶及巡获私茶则给以印票设铺行发卖，价银呈巡茶御史衙门以备军储。① 这与弘治末杨一清的招商买运之法相似，与引茶之法尚有区别：招商者并未言及给引，而给票者乃是官办铺行，故只可以作为陕西引法的滥觞，况其实施程度及效果尚不可得而知。至万历十三年（1585），从巡茶御史董子行请，诏开西安、凤翔、汉中三府茶禁，招商给引，令其备价买茶，以十之三入官，余听自贸之民间。② 万历二十九年，陕西巡按御史李三才又请"多招引以裕茶本"，每岁招商报满五百引，遂为定例。③ 究其原因，一是当时官市贸易江河日下，茶叶积滞不行；二是三府并不直接邻番，腹里地方没有必要为渊驱鱼、为丛驱雀；三是"近年市马之茶取办于湖南，而川陕所产反谓之余茶，又可使之积于无用乎？"于是，引茶制度在这样的背景下也于明代后期在陕西地区得到实施，结束了这里开中之外不行引法的局面。

四、结语

明代引茶制度在宋代卖引法及元代引由和批验之法的基础上加以发展，形成了一整套完整而系统的商专卖茶叶流通体制；且基于国家茶政侧重点的不同，川陕引法具有其特殊性，尤其是川陕引岸制的形成和完善，

---

① 梁材：《议茶马事宜疏》，《明经世文编》卷一百六。
② 《明神宗实录》卷一百六十一。
③ 《明神宗实录》卷三百五十六。

对后世影响很大。作为明代商茶之法的主体形式,引茶制度在当时的茶业经济活动中扮演了重要的角色。

与任何制度和政策一样,明代引茶制度在其臻于完备的同时亦开始呈现出趋下之势。尤其是明代中后期,随着国力的转衰及商品货币经济的发展,国家不得不变通引法,创行开中,茶法体制趋于松弛和开放,对茶商的政策亦由控制转向利用,资本雄厚的大茶商在茶业经济活动中日益居于举足轻重的地位;加之吏治腐败,茶法管理体制的废弛和混乱,引法也受到很大破坏。其时,封建性的管理体制对广大中小商人控制过严,勒索过重,以致许多人为之裹足不前,不愿报中茶引,"几致绝迹",引法难以实行。其次,引法之坏"亦土商为之也",他们往往交结地方官府,私征引税,包揽引目,勒索客商,从而严重危及引茶制度的运行。再则,引法本身的日益混乱,自湖茶以引行,商人趋之若鹜,大大影响了川陕引茶的流通,"各商利于夹带,短贩得以盛行,甚至汉中、保宁仅止一二十引"①,而有司贪赃枉法,漫无稽考,"商人正引之外多给赏由票",得以肆行作弊,沮坏引制。引茶制度的混乱和废弛,大大加剧了茶法的衰微,从而引发茶政、马政、边政的连锁反应,日益动摇着明王朝的统治基础。

(本文原载《中州学刊》1991年第3期)

---

① 《明世宗实录》卷三百八。

明代茶叶开中制度试探

开中制度是明代的一项具有重要意义的财政经济政策,但论者往往局限于开中盐法的探讨。笔者不揣浅陋,试就茶叶开中制度即开中茶法略陈管见,以待方家赐正。

一

开中制度起源于北宋的"入中""折中"。宋初为北伐用兵需要,招募商人入纳粮草于指定的沿边地点,给予钞引,使至京师或他处支取现钱、金银以及盐、茶、香药、矾、铁等专卖物品,称为"入中",也就是依靠商人这支重要的社会力量,组织大规模的民间运输,以保证边防军事供应。此后,围绕"虚估"问题,其法屡变,但总的来说,入中者队伍日益扩大,入中地域渐趋广阔,入中物品亦更加繁多,入中成为北宋一代规模庞大的一种经济活动,对当时的政治军事和社会经济产生了深刻的影响。①

---

① 参见戴裔煊:《宋代钞盐制度研究》,北京:中华书局,1981年;胡建华:《北宋入中初探》,河南大学硕士学位论文,后刊《中国经济史研究》1989年第2期。

明承宋制，开中制度更趋稳定、系统和完善，成为商人以力役和实物（主要是粮食）形式向政府换取专卖品的专卖特权的一种招商代销制度。当然，开中的主要支偿物是盐，故《明史·食货四·盐法》写道："召商输粮而与之盐，谓之开中。"但这一概括并不准确，明代茶叶的开中制度也是当时不可忽视的客观存在。正如万历年间的户部尚书赵世卿所说："陕西向有开中茶引，或以济粮草，或以拯荒民，或以抵卫官之俸，后因碍于茶法，准题不行，惟遇年荒有警，暂一举之。"① 他肯定了茶叶开中制度的存在及其基本实施状况，但对开中茶法的描述尚不够全面，不足以准确地反映明代茶叶开中制度的历史面貌。

通过对明代茶法史料的初步检阅与整理，笔者认为，开中茶法大体可分作两种形式，一种形式与开中盐法相似，商人纳粮或其他实物于边郡或资实边饷军或行赈济，以换取茶引照茶转销，即买粮运边（或行商屯）—领引—支茶—贸易。在这里，茶叶是支偿物，开中的目的是利用茶叶专卖权与商人的力量进行实边和赈荒。这种方式不以货币为价值尺度，而以力役和实物剥削商人，体现了封建国家与商人之间的限制、利用关系。如洪武中多次开中川茶，听客商纳米中买。成化三年（1467），以陕西"岁饥待赈，复令商人纳粟中茶"。后茶叶的开中有至百万、数百万斤者。另一种形式是由茶商"报中"给引，于诸产茶地方收买茶斤，运赴指定的茶马司交割，按一定的比例分给茶叶，听其自由贸易，即报中—买茶运司—分茶自卖。在这里，茶叶既是入中物，又是支偿物，开中的目的是保证茶运畅通及西北茶马贸易的持续发展。这种形式的开中茶法的创行往往被认为是运茶方式的转变，因而不被列入开中的范畴。但笔者认为，开中与商运具有不可分割的辩证关系。首先二者是相互联系、相互依存的。开中本身就是以商人为中心的运输和贸易过程，因而开中方式的转化与运茶方式的变革必然是同步的。其次二者又有所区别。《续

---

① 赵世卿：《复兵科申饬边防事宜疏》，《明经世文编》卷四百十一。

文献通考》在谈到召商中茶和召商买运的不同时分析道：召商中茶是"纳银籴粮，是输银于茶司而给引卖茶也"；而召商买运则是"给银听其自运，则又运茶于茶司而给商价银矣"。①到后来运茶不给价银而按比例分茶自卖，二者的差别就更缩小了。我们只能把二者看作对一个问题从不同侧面的认识。这种形式的开中茶法始于弘治三年（1490），定例官四商六分利。弘治十七年杨一清改为官商对半，并量给附茶以为酬价，著为例。至万历中，陕西召商中茶则例提高到官三商七。可见开中制下封建国家对于茶商还是比较优惠的，实质上是给他们一定的利益，以便调动其积极性，把大量茶叶或粮料运往边卫或茶司，以便充实边备和博易番马。商人在开中制度下起到中间环节的关键作用，是一支重要的社会力量。

总之，开中茶法也是明代开中制度不可忽视的形式之一。它继承了宋代入中的基本精神和一般形式，并使开中的用途更广泛，方式更完备，而且适应西北茶马贸易的需要而创行了开中茶法的第二种形式，使茶叶开中制度作为一种独立的经济立法而存在，成为封建国家茶叶经济政策的重要内容。这就是我们对明代开中茶法的基本认识。

二

明代的茶叶开中制度可以追溯到洪武年间，三十年七月，置保宁、重庆、成都、播州四茶仓，"贮茶以待客商纳米中茶"。碉门、黎雅等地茶叶亦听商人纳米市易。后茶禁转严，国家实行统购政策，民不为便。长河西、鱼通、宁远等处军民宣慰司言："西番无他土产，唯以马易茶为业，近年禁约之，后生理甚难，乞仍开中，庶几民有所养，诏从之。"②可见开中茶法在一度停止后又恢复了。但是洪武、永乐时期召商开中主要在川边，而且从制度上看，这种"纳米中茶"并非完全意义上的开中，

---

① 《续文献通考》卷二十二《征榷考》。
② 《续文献通考》卷二十二《征榷考》。

只能作为一种最初形态。宣德十年(1435)的运茶支盐常被用作开中之例，但笔者认为严格说来这只是开中盐引的形式之一，亦可说是一种运茶方式。成化三年，令商人纳粟中茶，以赈饥荒，应该说是明代文献记载中茶叶开中制度的正式起点。此后续有发展，弘治元年，巡抚甘肃都御史罗明请于临洮、巩昌、平凉三府开中八十万斤，召商纳米以备边储，继而陕西巡抚萧祯亦请中茶备赈，俱得允准。茶叶开中制度已具相当之规模。

弘治三年，开创了第二种形式的茶叶开中制度。这年七月，御史李鸾奏准："于西宁、河州、洮州三茶马司召商中茶，每引不过百斤，每商不过三十引，官收其十之四，余者始令货卖，可得茶四十万斤，易马四千匹，数足而止。"① 这是明代茶法史上的一次重大变革。与此同时，第一种形式的开中即所谓粮茶事例也达到了空前的规模。七年，以西安等府岁歉，开中茶一百万斤（一作二百万斤）；次年，巡抚陈寿开中四百万斤，以资边储；不久布政使林元甫亦开中五百万斤，以"佐赈益饷"。仅此一年之间，陕西地区开中茶叶高达九百万斤。十四年，"以榆林、环庆、固原粮饷缺乏，将洮、河、西宁发卖茶斤量开四五百万斤，召商上纳价银类解边仓籴买粮料"。② 而根据实录记载：户部册报十三至十五年仅大同、宣府、延绥三镇开中过茶达九百万斤。可见弘治年间开中茶叶的数量之大、次数之多，这对缓解当时陕西的连年饥荒及充实边防起到了重要作用，被誉为"实边之常策"。弘治时期无疑是明代开中茶叶制度的高潮。③

然而，开中商茶无限制地扩大，不可避免地削弱官方对茶叶经济的垄断经营权，给作为"国家要务"的茶马交易带来消极的影响。商茶与私茶不啻是一对孪生兄弟，大规模的召商开中必然带来私贩和通番，同时大量的开中茶叶用于实边和赈济，不免影响官方茶市的茶叶供应，因而在朝廷上引起了争议。弘治十二年，御史王宪就请求禁商茶以通番马。

---

① 《明史》卷八十《食货四·茶法》。
② 王圻：《续文献通考》卷二十六《征榷四》。
③ 谷光隆：《明代马政之研究》，第 75—77 页，京都大学东洋史研究会，1972 年。

十五年，王绍又进一步奏"请自今停开中之例，严私贩之禁，仍以民间所纳并巡获私茶，与番马及时互市"。① 朝廷相继予以允准，于是开中制度出现了第一次波折。尽管如此，从主要方面来讲，开中制度对于充实边储，赈救灾民，减少军民运役之累，促进茶市的物资供应，以及繁荣商业贸易等都具有积极的作用，因而连极力主张停止粮茶事例的王宪也说："异时兵荒，当更图之。"据此可以初步推知，这次停止的仅是粮茶之例，至于弘治三年创行的第二种形式的开中茶法仍断续沿袭下来。

弘治十七年，主持茶政的都御史杨一清提议每岁于汉中召商运茶五六十万斤，以广价茶之积。他明确指出这与开中不同："开中商茶，其利在商，未免阻坏茶马；招商买茶，其利在官，专为易马之资。"② 但至正德元年，他又提议商人不愿领运费者，以半与商自贸，这实质上又是开中之制，从此官商对半分利遂成为开中定例。此外还规定每茶千斤附茶五十斤，备补正数不足，即数足亦给之，谓之酬劳。开中制经过一阵反复又渐次兴起。但正德年间茶法废弛，开中亦少行，多发库银买马或开中盐马。到正德末至嘉靖初，蒙古西入青海一带，边患未已，贡使不通，"诸番是以为虏破散，而茶马之数不登"③，茶市贸易大受影响。为了供应边储和复振茶市，自嘉靖中期着手整顿茶法，并在吸取弘治开中茶法的经验教训的基础上调整开中事例，从而掀起了明代茶叶开中制度的第二个发展高潮。

如果说明代茶叶开中的第一次高潮是第一种形式开中茶法的高潮，那么，第二次则是第二种形式开中的高潮。但这一时期的开中与弘治年间的开中商茶相比，已不可同日而语。这次开中茶法的调整主要围绕如下问题：既要使开中茶法得以恢复和扩大并趋于经常化；又要避免开中太滥，破坏茶法，对开中的数量加以适当的控制，从而在二者统一的基

---

① 《明孝宗实录》卷一百九十四。
② 杨一清：《为修复茶马旧制第二疏》，《明经世文编》卷一百十五。
③ 嘉靖《平凉府志》卷一。

础上使开中制度本身更进一步成熟和完备。早在嘉靖十三年，巡按御史刘希龙奏准："往年开中商茶岁才六十万斤，今增至百数十万斤，官茶阻滞，番马不来，规制渐坏。宜定为格，每岁召商报中限以八十万斤，除对半给商，其在官者岁以三十万斤易马，余悉积贮以备缓急。"① 不久，巡茶御史刘良卿整饬茶法，请"多开商茶"，岁额百万。后亦渐守八十万斤之制，加上汉中课茶、巡获私茶止九十余万斤，基本上成为此后维持开中规模的原则。嘉靖二十六年，以"全陕灾震，边饷告急"，"国用绌乏"，开中茶叶一百万斤纳边镇以佐兵饷，这是粮茶之例。但是由于茶禁松弛，私贩盛行，又边方多事，"虏警""番寇"之报一岁之中数十至；加之官豪势要往往顶番冒中，有司徇私舞弊，致使茶市贸易大受影响，大量的开中商茶集中在茶马司，壅滞不行，"茶多报少，徒滋商贩私易之弊"。嘉靖四十三年，御史潘一桂请减商引，"以后每年开茶，仍止五六十万斤，商人以一百五十人为止"。② 这对控制开中商茶的规模，对每况愈下、弊端丛集的茶马制度起到了一定的稳定作用。隆庆五年，巡按陕西御史褚鈇奏称："洮、河、西宁三茶司每年招番中马，俱委廉能有司，时有定期，马有定额。"而甘州司新设，乃依三司事例定以六月开中，由巡茶御史衙门会同地方有司、军卫进行管理，限二月通完。万历四年，又定洮州司五月，河州、甘州司六月，西宁司七月开中。另外，还对商人开中正茶、附茶、篦制等方面都予以详加条规，载入事例，以杜绝奸弊，保证开中商茶在一定的限度内畅流不断，从而使西北茶马贸易持续稳定和发展。③

但是，由于社会经济环境的变化，自万历以后，国家茶政日趋衰微，茶禁日弛，茶课改折，民间私市贸易兴起，使西北茶市贸易处于衰颓和迟滞状态；加之开中茶法限制严格、边将势要侵夺勒索，致使茶商为之裹足，形成"今商绝迹，五司茶空"的局面。即有茶商开中，亦往往是

---

① 《明世宗实录》卷一百六十四。
② 杨时乔：《马政记》卷十二。
③ 褚鈇：《条议茶马事宜疏》，《明经世文编》卷三百八十六。

"敝茗赢马约略充数",而以优质商茶"私易番马……茶司几于虚设",开中茶法已逐渐名存实亡了。尽管明朝政府也曾采取补救措施,如汉中茶课复征本色、酌行湖茶等,但积习因循,难以彻底剔除,根本无法挽回其趋下之势。随着国家茶业经济政策及西北茶马贸易的江河日下,茶叶开中制度亦不可复振而日趋消亡。清初,曾承袭明制,实行茶马互市政策,开中商茶之法一度恢复,但是随着社会经济的发展和具体历史环境的变迁,这一制度便与官方茶马贸易一起逐渐退出了茶业经济活动的舞台,成为历史的陈迹。

三

明代茶叶开中制度是在宋代"入中"的基础上加以改革而形成的,基于茶马贸易的需要,又出现了第二种形式,从而脱离开中制的范畴,在开中盐法趋于破坏的明代中后期,它却兴盛一时,并不断发展,成为一项不可忽视的茶业经济政策。这是中国古代茶法研究的一个重要课题。

作为封建国家的财政经济政策,开中茶法具有维护封建经济和稳定国家统治的重要功用。首先是赈济的作用,它通过赈救手段维持以自耕农为主体的封建社会再生产的正常运行,免遭自然灾害的摧残,尤其是对于陕西、甘肃、宁夏等地的赈济作用更为显著。其次是实边的作用,通过粮茶事例解决西北边防的兵饷问题,自洪武时就命"以茶给河州军","易粟充饷";弘治中更开中数百万斤于陕西三边以充实边储。这对于充实边备、加强西北军事防务具有重要意义。再则,作为西北茶马互市政策的一个组成部分,开中茶法的功用更为引人注目,它不仅减轻了劳动人民的夫役之累,而且成功地利用商人这支日益重要的社会力量解决了西北茶市的茶源问题,在明代中后期茶马贸易江河日下的形势下,为维持茶市贸易的不断发展进而加强对西北地区的控制创造了一定的条件。此外,商人在西北地区进行的大规模开中活动也必然在客观上沟通内地与边地的经济文化联系，促进西北地区的开发与发展。

　　从古代茶法发展演变的规律性而论，封建国家的茶叶流通政策必然由垄断、专卖趋于控制和利用茶商实行部分专卖，商人在整个茶业经济活动中日益起到举足轻重的作用。明朝正处于后一时期，国家对于茶商的控制和利用政策具体体现为引茶、开中两种制度。从实质上讲，开中制亦具有引茶制的基本特征，只是它的一种特殊而深化的形式，引茶制是明代商茶之法的基本原则，开中茶法则是将引法与荒政、边政及茶运、茶市结合起来，利用茶商达到控制茶叶流通的目的。纵观有明一代，明初国力强盛，封建经济的基础也较稳固，因而对茶叶流通以垄断和控制为主，茶法严苛，令行禁止，因而茶商活动余地很小，影响有限。随着国力转衰，茶法废弛，茶市萎缩，以及商品货币经济的发展，国家不得不变通引法，创行开中，对茶商的政策重心也转化为利用甚至依赖，开中茶法的实施过程便是其生动体现。当然，开中茶法的大规模实行也必然使"私贩难禁"，促进民间私市贸易的兴盛，削弱封建国家的贸易垄断和控制权；而随着社会经济的进步，作为独立经济活动的茶叶流通也必然要求摆脱政权的干预，按照其自身的运行规律自由发展，因此，封建国家茶叶流通政策的松弛和开放是不可避免的。

（本文原载《河南师范大学学报》1989 年第 4 期）

明代茶禁考析

自中唐以降，茶叶被纳入了封建禁榷制度的轨道，成为与盐、铁并重的专卖商品。而对茶叶生产和流通的垄断与对私茶贩销的禁治乃是封建国家茶业经济政策的两个不同侧面。因此对茶叶走私的禁治政策也即茶禁，便成为历代茶法的重要组成部分。私茶之禁与弛对于茶叶经济乃至整个社会都具有重大的影响。本文试就明代茶禁的背景、内容及其演变和影响作一初步探讨，以揭示它对维护国家茶业统制政策的作用及其最终走向废弛的不可避免性。

一

明代茶禁政策的制定和实施有其深刻的历史渊源和现实的社会背景。

首先，明代的茶禁政策是唐宋以来茶禁政策的历史延续与逻辑发展。重农抑商是历代封建王朝的基本经济政策之一，而禁榷制度则是它的一个重要支柱。禁榷制度把关乎国计民生最为重要的几种商品的经营权收归国有，实行专卖，"非独为利入也，将以建本抑末，离朋党，禁淫侈，绝并兼之路也"。① 此制可以追溯于周,而正式形成于汉代的"总一盐铁",后来禁榷范围不断扩大,至唐代始将茶叶也纳入了禁榷的范畴。这是因为,从唐代开始,茶叶生产出现了划时代的发展,"茶为食物,无异米盐",成了关系国计民生的基本生活品,所谓"内以给公上,外以羁诸番,国之所资,民恃为命"。② 这样,国家实行垄断性的茶业统制政策,既可坐收高利,又可"排富商大贾",抑制商品货币经济的发展,维护封建的自然经济基础;同时,随着茶马贸易的兴起,还可利用这一特殊的民族贸易形式推行其"以茶治边"的政策,达到充实边防、控制西北少数民族的政治目的。因此唐宋以来,历朝政府都极力施行茶叶的禁榷政策。

要保证国家对茶业经济的垄断,就必须运用国家权力制定和实施一系列的法令和政策,禁止和打击私茶的经营和运销,于是茶禁政策便应运而生了。早在中唐榷茶制度推行之初,就有规定:凡贩卖私茶三次,每次满三百斤,即处死刑;长途贩销无论多少,一律处死;受雇搬运私茶及介绍私贩的牙人、园户均依律论处。宋代茶法更严申私茶之禁,不许官商军民人等私相贸易,并派军巡缉、镇压"茶寇","凡结徒持杖贩易私茶,遇官司擒捕抵拒者皆死"。③ 这些法令的实行无疑在一定程度上为封建国家对茶叶经济的全面控制提供了保障,也成为明朝统治者制定政策的基本出发点和历史依据。

其次,明代特殊的社会环境是明代茶禁政策赖以产生的土壤,并赋予其时代的特征。明朝建国之初,天下未定,蒙古残元势力仍据北疆,西北诸番"尚多观望",而"南征北讨,兵力有余,惟以马为急",④ 因此明朝统治者汲取前代的经验,迅速建立了一套禁榷川陕茶叶、贮边易马的制度,除了"充裕国用"而外,更重要的便是企图以经济手段使边疆

---

① 桓宽:《盐铁论》卷上《复古第六》。
② 《宋会要辑稿》食货三一之一一。
③ 《宋史》卷一百八十三《食货志·茶上》。
④ 王世贞:《弇山堂别集》卷八十九《市马考》,北京:中华书局,1985年。

少数民族"俱效职方之贡",以达到控制西北、孤立和打击蒙古残元势力的政治目的;又可利用交换来的大量马匹促进统一大业的完成。而要保证以茶易马的顺利进行和持续发展,就必须严禁私易和通番,保障国家的贸易垄断权,因此茶禁政策具有重要的现实政治意义。但是封建国家的统治政策也不能摆脱社会发展规律的制约。自宋至明,随着商品经济的发展,国家对茶叶经济活动的控制有所松动,明代东南地区就"皆无榷法",商人请引纳税即可运销,"贩茶不拘地方","独于川陕茶禁颇严,盖为市马故也"。[①]也就是说,在商品经济的不断冲击下,明代封建国家已不可能从生产、分配、流通、消费各个环节对茶叶经济进行全面控制,也不能在全国范围内厉行茶禁,从而使茶禁政策呈现出这样的特点,即以川陕地区为重点,而以控制流通领域、保障茶马贸易为中心。

此外,明初严申茶禁的另一原因乃是私贩的猖獗。由于西北游牧民族对茶叶的依赖性很强,"宁可一日而无食,不可一日而无茶",所以茶叶贸易的利润很高。包汝楫《南中纪闻》记松潘卫:"属夷尽番僧……俗贵茶,中国携茶与之,即以金赠,虽一手掌茶,可博金一握。"这样茶利愈厚,就更诱使商人铤而走险,冲破国家的控制,违禁通番贸易。洪武十七年,一次在陕西都司所属的巴山等地就捕获私贩一百四十余人。三十年,贵为驸马都尉的欧阳伦竟伙同陕西地方官作案,"遣家人往来陕西贩茶出境",一次就索车五十辆搬运。[②]这样大量的私茶出关,使国家蒙受了巨大的经济政治损失。不仅使"马之入互市者少",而且使"番人悖信",边境不安,危及国家的统治。因此明太祖朱元璋呼吁:"贩鬻之禁,不可不严。"严刑峻法打击茶叶走私活动,以确保国家茶市贸易的垄断权。

---

① 邱濬:《大学衍义补》卷二十九《山泽之利下》。
② 《明太祖实录》卷二百五十三。

二

茶禁政策可以从两种涵义上来理解：狭义的茶禁仅指对商人运销私茶的禁止和惩治；广义的茶禁则包括对茶叶生产者、贸易者、管理者以及其他消费者有关活动加以禁绝，从各个经济环节保证国家的垄断经营。这里拟从广义上来开展论述。

第一，加强对园户的控制以杜绝私茶之源。园户是茶叶的生产者，除缴纳茶课外，尚有不少余茶，如果国家不加以控制，很容易转化为私茶。按弘治末年杨一清的推算，汉中茶"官课不过十之一二，其余俱为商贩私鬻之资"。因此禁止园户私鬻是茶禁的第一个关键环节。明初规定：民间蓄茶不得过一月之用，茶户私鬻者籍其园入官。如辛丑岁（1361）初定茶法："山园茶主将茶卖与无引由客兴贩者，初犯笞三十，仍追原价没官；再犯笞五十，三犯杖八十，倍追原价入官。"① 因此园户余茶只能卖给有引茶商。不久，又实行官买余茶的统购政策，洪武三十年禁茶榜文曰："本地茶园人家，除约量本家岁用外，其余尽数官为收买，若卖与人者，茶园入官。"② 后官买政策废止，仍严禁园户私自贩卖。

第二，加强对茶商活动的控制，严厉打击私贩通番，以杜绝私茶之流。这是茶禁的中心环节。太祖辛丑茶法规定："但犯私茶，与犯盐法一律治罪。如卖茶毕停藏原引不即缴纳，及将已批验截角退引入山影射照茶者，以私茶论。"私茶与私盐法同，罪至死。"伪造茶引者死，籍没家产，告捕者赏银二十两。"③ 及茶马贸易兴起，茶禁更严。洪武三十年诏令："贩茶人处斩，妻小入官。"永乐六年规定："凡以私茶等物出境私贩者，犯人与把关头目俱各凌迟处死，家迁化外，货物入官。"④ 后来禁网日疏，

---

① 《明太祖实录》卷九。
② 杨一清：《为修复茶马旧制以抚谕番夷安靖地方事》，《明经世文编》卷一百十五。
③ 《明太祖实录》卷九。
④ 王圻：《续文献通考》卷二十六《征榷五》。

治罪亦止于充军。成化十八年例：私茶有兴贩夹带至五百斤者押发充军。弘治末杨一清题准：有将私茶潜往边境兴贩交易及在腹里贩卖与进贡回还夷人者，不拘斤数，事发并知情歇家、牙保俱发南方烟瘴地面卫所永远充军。其在西宁、甘州、河州、洮州贩卖者，百斤以上发附近卫所充军，三百斤以上发边卫永远充军。若在内地兴贩仍照例五百斤以上发附近充军，止终本身。不及前数者，俱依律问罪，腹里夹号一月，边方两月，有力者纳米赎罪，无力解五百里外摆站守哨，但有逃回仍发遣充军。[①]这样，将通番与私贩、内地与边境、私茶的多与少分别量刑，使律例更为合理和周密。此后又续有补充和完善：嘉靖中，巡按御史张涣奏行伪茶之例，凡犯伪茶五百斤以上者，本商及转卖之人俱谪戍近卫，原系近卫者调边远，主家匿伪茶千斤者罪同。此外，还规定开中商人互相保结，若有私伪听其告发，通同妄保者一并治罪；有豪强茶徒雇觅十人以挑贩私茶者，以前例问发，若隐护首恶及妄指平人者，不分茶斤多少，问发烟瘴地面，在边者永远充军，在内者止终本身。为防止私茶通番，还严申贩马之禁。

第三，加强对边境走私的巡缉和稽查，并约束和惩治边关将吏纵放与私贩，以杜绝私茶通过边关流入番地，危及官方茶市贸易。私茶与茶市贸易是伴生的现象。因此早在茶马贸易开市之初，官府便严加巡察，以保证官市贸易的稳定与繁荣。洪武中，屡命陕西都司、右军都督府、兵部及秦、蜀王府派官军与松潘、黎雅、河洮及各入番关口巡禁把守；并且遣行人巡茶。茶马司及沿边卫所之巡督稽查更是分内之事。此后历朝无不加强巡视，或差御史，或派行人，兼敕地方兵备、边备诸道及府、州委官专掌其事。万历十六年，御史钟化民奏行分任责成之制以巡禁私贩："在陕者汉中府关南道臣督之，府佐一人专驻鱼渡坝查理；在川者保宁府所属川北道臣督之，府佐一人专驻鸡猴坝查理。各立哨官率州县官兵为

---

① 杨一清：《为修复茶马旧制以抚谕番夷安靖地方事》，《明经世文编》卷一百十五。

防守缉捕之政。"①

然政行在人,守边将吏执法犯法,成为私茶巡而不察、禁而不止的要因之一。巡茶御史杨一清曾经指出,茶法马政之弛坏,"非法之过,乃人之罪也"。私贩盛行,屡禁不止,可以说与"势要之人"、边关将吏有很大关系。早在明初,朱元璋就指出,私茶日炽、互市日弛的原因是"守边者不能御防,或滥交无度纵放私茶,或假朝廷之名横科名马",因此严申:"守把人员若不严守,纵放私茶出境,处以极刑,家迁化外。"②后茶禁渐宽,势要及射利之徒往往交通守备官吏私相贸易。成化中,严禁势要及官员之家报中茶叶及夹带贸易,违者重治。弘治年间规定:军官将吏纵容弟男子侄家人军伴等兴贩及守备、把关、巡捕等官知情故纵者各降一级,原卫所带俸差操,失察者照常发落;自行兴贩者发边卫,在西宁、甘州、洮州、河州、黎雅贩至三百斤以上发附近卫所充军;若参将抚夷等官本身并纵容弟男子侄军伴人等顶番冒中,调边卫带俸差操;医兽通事士民人等通同作弊者,枷号一月发落。③虽然治罪比明初有所减轻,但毕竟对遏制纵放兴贩之风起了一定作用。

第四,限制番族进贡人数,禁止进贡番僧夹带及沿途买贩私茶。明朝为抚绥番族,许其每岁遣使朝贡方物,赏赐茶叶及其他生活生产必需品,"由是诸僧及诸卫土官辐辏京师……岁一奉贡,优以宴赉"。④此后,进贡人数逐年增加。"初,番僧入贡不过三四十人,景泰渐增,至天顺遂至二三千人,前后络绎,赏赐不赀,所至骚动。"⑤这些番僧贡使除照例赏茶外,还沿途货买及夹带私茶。景泰四年,四川董卜韩宣慰司番僧市茶至万数千斤。成化二十年,大能仁寺法王自货茶叶二万余斤。这样数目庞大的茶叶,通过番僧之手流入西北游牧区,直接危及官方茶马互市,使

① 《明神宗实录》卷二百三。
② 《明太祖实录》卷二百五十一。
③ 《明会典》卷一百六十四《律例五·私茶》。
④ 《明史》卷三百三十《西域二》。
⑤ 叶向高:《西番考》,《明经世文编》卷四百六十一。

明朝政府不得不加以限制和禁止。

首先是限制贡使人数及市茶数额。明朝曾多次定例，较重要的两次分别在成化和隆庆年间。成化三年、六年，"计定贡期、人数及存留、起送之额"，后禁例渐弛，隆庆三年复定贡例加以禁限。以乌思藏为例，明初诸番族皆比岁或间岁入贡，成化中定三年一贡，各王每贡一百至一百五十人，后贡使人数剧增，隆庆三年定诸王各贡千人，内半全赏，半减赏，全赏内起送八人赴京，余留边上。洮、岷等处番族原一岁一贡，后改为二、三年一贡，大族起送四五人，小族一二人；留边听赏者大族不过十五人，小族不过七八人。番僧每寺许四五人，年终遇大节一次赴京朝贡方物。此外，为禁止夹带之风，限制赏茶之额。正统九年规定，安定等卫王五百斤，国师二百斤，徒众一百斤，著为令。①

其次是禁止番僧夹带私茶。乌思藏番僧入贡及该赏食茶于四川碉门茶马司支给；西宁、洮、河等处番族则于陕西拨给；严禁例外夹带和市茶。嘉靖三十一年，规定赐茶皆给以勘合照支，所过关隘比号验符，严加盘验；如有夹带，尽数没官，伴送人员等俱依律问罪；番僧援例请乞买茶者，一切据法通行禁革。与此相应，严禁内地商民将茶货卖于番僧贡使。景泰四年定制，私通番僧贸易茶货、铜铁磁锡器物及将子孙投作通事者，俱发边境充军。天顺年间亦禁军民、官员与番僧私易茶斤，把关官司严密搜检，有夹带者，通追入官。

通过以上对明代茶禁政策的掠影，总的来说，法令还是比较全面和周密的，从茶源、流通、出境等环节层层限制，节节把关，以期不遗利于番，影响茶市。与前代相比，茶禁政策已趋于系统、条理，臻于成熟和完备。

---

① 《明会典》卷一百八《礼部·朝贡四》。

三

自唐代实行茶叶专卖以至清代官市贸易的停止，私茶问题贯穿着封建国家茶叶垄断政策的始终。尽管历代政府都严申茶禁，禁网日密，但"茶禁愈严，而茶利愈厚"，巨额茶利诱使商民不断违禁走私；而一旦禁例稍开，更横行无忌，不断冲击着国家对茶叶流通的控制权，也使茶禁难于久守。明代茶禁政策就经历着一个由严密、封闭到废弛、开放的发展过程。

明初封建统治比较强盛，吏治清明，不仅茶禁政策制定得空前严密和完备，而且令行禁止，执行得也比较好。朱元璋非常重视茶马之政，"有以私茶出境者罪死，虽勋戚无贷"①。驸马都尉欧阳伦纵使家人兴贩茶货，且依势横暴，殴打有司，事发，被赐死，家人周保等伏诛，货物俱没入官。这样有法必依，执法必严，打击走私活动，从而使私茶运销有所收敛，保证了国家茶马贸易的畅通。此后国力转衰，茶禁松弛，私贩日趋活跃，加之吏治不整，弊端渐滋。一方面，禁令有所变化，减私贩通番之刑止于充军，使贩私之徒无所畏惮，"通番之人明知例犯该充军，乃互相嘻谓：无故亦要投军，有甚打紧"，以致兴贩者"横行恣肆，略不知惮，沿边镇店积聚如丘，外境夷方载行如蚁"。②另一方面，吏治腐败，有关官吏受贿作弊、无度纵放，甚至身自兴贩，并勾结权要之家兴贩牟利，从而使茶禁政策流于一纸空文。此外，朝廷赏赐番族所用茶叶的无限制激增，并允许番僧贡使私自市茶，不仅大大转移了正规互市的贸易量，而且自毁长城，破坏禁例。这样，渐渐积重难返。"法弛人玩，有禁茶之名，而无禁茶之实，商旅满于关隘，而茶船遍于江河……"③另外，还有一个值得注意的因素，即弘治以后实行大规模的商人开中运茶，国家再也无法

---

① 《明史》卷九十二《兵四》。
② 杨一清：《为修复茶马旧制以抚谕番夷安靖地方事》，《明经世文编》卷一百十五。
③ 王廷相：《呈盛都宪公抚蜀七事》，《明经世文编》卷一百四十九。

直接干预茶叶流通,因而也无法全面贯彻茶禁政策。因此,自嘉靖以后,明朝的茶禁也渐渐名存实亡了。

"各民族之间的相互关系取决于每一个民族的生产力、分工和内部交往的发展程度。"① 茶马贸易作为沟通汉族农业区与西北少数民族游牧区之间积极联系和往来的一种重要形式,是汉族与西北诸族的一种经济关系,它随内地与边区社会生产力特别是茶叶经济与畜牧经济的发展而出现,也必然随着这种发展的进一步深化而变革,必然为另一种经济交往形式所替代。而作为茶马贸易国家垄断权的法律保障的茶禁政策,也不可避免地要发生变化。随着商品货币经济成分的增长,物质利益原则在人类社会经济活动中愈来愈显得重要,这就要求打破官府的垄断局面,冲破茶禁之网的束缚,在价值规律的调节和制约之下,通过正常的商业贸易运行程序互通有无,自由流通,丰富和提高各族人民的社会生活和经济发展水平。因此,商品经济的发展是茶禁弛坏的内因,加上茶禁政策及封建制度本身无法摆脱的种种弊端,终于导致茶禁的削弱和衰微,终至废弛。

茶禁政策为保障封建国家对茶叶贸易的垄断经营而兴,在实施过程中特别是贯彻比较彻底的明初确实在一定程度上收到了预期的效果。它通过国家收买及禁止园户私鬻的政策杜绝私茶之源;通过控制和打击茶商走私活动疏通官茶的流通渠道;又通过严禁通番、禁治边将纵放、禁止番僧夹带及私买等政策使番族所需茶叶皆仰给于官府。总之,它通过对各个流通环节的控制保障官方茶马贸易的稳定和繁荣。这不仅在客观上进一步增进了番汉各族间的经济和政治联系,同时通过茶市贸易这一经济手段"系番人归向之心",加强对边疆地区的统治;"以摘山之利易充厩之良""以草木之叶易边场之用",加强西北边境防务和军队建设,对巩固明王朝的专制集权统治具有重要的意义。

---

① 《马克思恩格斯选集》卷一,第25页,人民出版社,1972年。

但是，以保证国家垄断、禁止私人贸易为核心的茶禁政策也必然产生消极的历史影响。首先是给川陕茶农及其他劳动人民生活造成很大危害。官府对园户征收重课，又不许自由出卖，强制压低茶价，使园户生计艰难，更无力葺理茶园，从而影响茶叶生产。"山人治茶，犹农人治菽粟，勤力经营，俯仰所资，今商茶之外严禁私茶，又以茶多阻滞，商人不得多中，则使小民终岁收获置于何地，而衣食之资取办于何所耶？"①同时，"禁内地之茶而无所于食"，给川陕人民生活带来很大影响；而官府茶司陈茶积滞浥烂，造成很大的社会浪费。其次对茶商来说，茶禁政策无疑是官府强加给他们的一大束缚，严密的禁例，沉重的税课，不时的科敛盘剥，使他们尤其是中小商人处境维艰，往往为之裹足不前，不愿报中，而甘愿铤而走险，进行私市贸易。而对于纳马市茶的西番各族来说，封建国家严禁茶叶自由流通而实行的垄断贸易政策，特别是明初的"马赋差发"，无异于对他们强制性的民族压迫和剥削；加之有关官吏营私舞弊，"累以敝茶给番族"或"假朝廷之名横科名马"，更给各游牧民族带来很大的危害。而这些，也成为导致茶禁政策最终走向废弛、开放的现实原因。

（本文原载《史学月刊》1991年第2期）

---

① 梁材：《议茶马事宜疏》，《明经世文编》卷一百六。

试论明代的"以茶治边"政策

"以茶治边"是我国古代封建王朝为加强对西北地区的统治,利用其茶叶经济垄断权对西北游牧民族实行的一项羁縻政策,是融茶法、马政、边政于一体的一种边疆经略政策。它随着唐宋时期茶法的形成、茶马互市的兴起而开始出现,至明代臻于完善;它以西北游牧民族生活必需的茶叶作为经济武器,通过垄断茶马市场、"以茶赏番"等手段,"俾仰给于我,而不能叛",成为"制西番以控北虏之上策",在中国古代经济史、民族史上都具有较大的影响。然迄今尚未见有专门研究,本文拟就此问题加以初步探讨,敬请指正。

一

茶叶,是中华民族贡献给人类的一种上好饮料,古往今来,芳留众口,香飘四海,"人人服之,永永不厌"。然而,在古代中国,其生产和运销却为官府所垄断,成为与盐铁并重的专卖商品,从而"以至细之物而寓莫大之用"。茶法即茶叶经济统制政策不仅是封建国家财政经济体系的支柱之一，而且逐步成为治边政策的重要环节，所谓"内充军实，外驭诸蕃，最为国家要务"①，"以是羁縻之，贤于数万师远矣"②。这种历史现象的形成，是有其前提条件和社会基础的。

"以茶治边"政策的经济前提是茶叶生产的发展和税茶、榷茶制度的实施。我国是茶的故乡，汉魏六朝以来，茶的栽培和饮用在西南、江南地区渐次普及，并开始传入北方。延及唐代，"茶道大行"，适宜茶树生长的秦岭淮河以南地区广泛种植，某些地方人民甚至"以种茶为业"，饮茶风尚流行朝野，茶叶贸易亦颇见兴隆，开创了我国茶史的新时代。随着茶叶发展，茶利大兴，唐王朝在贞元、太和年间相继以实行税茶和榷茶垄断茶利。此后历代奉行不衰，皆"榷之以为利"，茶禁日严，茶课日重，建立起一套相对完整的茶叶经济垄断体制。茶利不仅成为封建政府的一项重要的财政收入（北宋东南六路就曾高达五百多万贯），而且为官府实行垄断性贸易和"以茶治边"提供了物质条件。明立国前夕，就制定江南茶法，洪武初又定川陕茶课和互市贸易制度，仅四川定额茶课每年即达一百万斤，还实行官买余茶的统购政策，集中了大量的本色茶叶，从而为"以茶治边"政策的实施提供了极其丰富的茶源。

"以茶治边"政策的理论基础即所谓的"以茶驭番"论。这种论调是随着西北茶马互市的发展而出现的。北宋熙宁中，以经略熙河地区的需要而大开茶马贸易，这一理论就初见端倪。宋朝统治者夸大西北游牧民族对茶叶的依赖性，认为"夷人不可一日无茶以生"③，故视茶为"内以给公上，外以羁诸戎，国之所资，民恃为命"④的珍品，因而十分重视茶马之政，从茶叶等生活必需品的输出上钳制和稳定西北诸番，同时借以取得充足的马匹，以增强抗击对方的军力。但是宋代茶马互市政策的重心

---

① 褚袟：《条议茶马事宜疏》，《明经世文编》卷三百八十六。
② 朱健：《古今治平略·明朝榷茶》，载《古今图书集成·食货典·茶部》。
③ 《续文献通考》卷二十二《征榷四》。
④ 《宋会要辑稿·食货》三一之一一。

在易马,尚不在"驭番"。因为积弱积贫的宋王朝处于辽(后为金)、夏的军事威胁下,需马甚急,而互市可以减轻因经济拮据而带来的买马钱钞、绢帛之不足,故在茶马互市中均优给茶值以招番市马。"以茶驭番"论最具彻底性和典型性的要数明代。茶马互市和以茶"赏番""直与明朝相始终",这一政策的首要目的是"驭番",其次才是实边备、裕国用,所谓"固番人心,且以强中国";"虽所以供边军征战之用,实以系番人归向之心"。① 明太祖朱元璋就曾在谕旨中说:"夫物有至薄而用之则重者,茶是也。始于唐而盛于宋,至宋而其利博矣。前代非以此专利,盖制戎狄之道,当贱其所有而贵其所无耳。"同时强调其后行茶法"岂为利哉!制驭夷狄,不得不然也"。② 此后,这种"以茶驭番"论得到了广泛的运用和发挥,成为明王朝茶法马政的基本指导思想。嘉靖年间的巡茶御史刘良卿的一段话可以作为这一思想的最好注脚:"盖西陲之藩篱,莫切于诸番;诸番之饮食,莫切于吾茶,得之则生,不得则死。故严法以禁之,易马以酬之。禁之而使彼有所畏,酬之使彼有所慕。此所以制番人之死命,壮中国之藩篱,断匈奴之右臂者,其所系诚重且大,而非可以常法论也。"③

这一理论的重要依据在于西北游牧民族对茶叶的依赖性,即所谓"腥肉之食,非茶不消;青稞之热,非茶不解","一日无茶则滞,三日无茶则病"。诚然,茶叶是一种极好的饮品,具有消烦去腻、杀菌防疾、强身健体等特殊功效,因而与人类结下了不解之缘,成为日常社会生活的必需品,所谓"民资五谷以为食,所以下食者盐而消食者茶也"。随着西北边疆与内地交往的频繁,茶叶在唐代已经进入了游牧民族的帐篷,成为他们未可须臾或离的生活品。于是,像"番人嗜乳酪,不得则困以病""无茶则病且死""番人倚茶为命"之类的不免夸大之词便频频出现。由于西北地区的生态环境不宜植茶,只能依赖内地输入,因而茶叶便成了中原

---

① 梁材:《议茶马事宜疏》,《明经世文编》卷一百六。
② 《明太祖实录》卷二百十五。
③ 梁材:《议茶马事宜疏》,《明经世文编》卷一百六。

王朝"恃以制番"的特殊商品，加强对茶叶流通的垄断体制，通过茶马互市、以茶赏番等形式实行的"以茶治边"政策，以稳定和巩固对西北地区的统治，从而维护其中央集权专制。

当然，"各民族之间的相互关系取决于每一民族的生产力、分工和内部交往的发展程度"，内地农业区与西北游牧区之间随着社会经济的发展，也必然需要互通有无、调剂余缺，加强经济联系与交流。西北少数民族要引进内地的生活品，茶叶是其中的大宗；而内地也同样需要对方的畜产品，其中居于六畜之首，在军事、生产、交通等许多方面有着特殊功能的马更是核心产品。这样，自唐宋以降，茶马互市便应运而生了。然而，"暴力（即国家权力）也是一种经济力量"，"它们可以加速或延缓经济发展及其政治和法律的后果"。封建国家运用专制政权力量干预经济运行过程，给经济活动打上了超经济强制的烙印。茶马互市这一经济贸易活动同样不可避免地为封建王朝所垄断，日益偏离互通有无的纯粹商品贸易的经济轨道，成为封建政治和军事的附庸。至明代，在茶马贸易发展到高峰期的时候，"以茶驭番"论和"以茶治边"政策也得到空前的发展，达到登峰造极的地步。

"以茶治边"政策在明代得到空前发展和强制实施，具有典型性，究其原因：一是通过茶马互市控制西北，孤立和打击蒙古势力，解决统一战争的军马亟需，为统一创造条件；二是明代茶法的成熟化和系统化，作为封建上层建筑的组成部分，其机制日趋完善，维护封建统治的功能日益显著；三是明代茶马贸易制度的空前完备和互市的持续发展，为"以茶治边"政策的运行及其功能的发挥提供了可靠保证。

二

在中原汉族农业区与西北少数民族游牧区的经济文化交流史上，茶马互市占有十分重要的地位，对于西北边疆的开发，各族人民物质生活的丰富，民族关系的加强，以及多民族国家的形成和发展，都具有重要的意义。但与此同时，封建国家也日益加强对茶的控制和垄断，以实现其"以茶治边"的目的。这种倾向在明代尤为突出，从而使明代茶法和西北边政带上了显著的时代特征。

（一）从"以茶驭番"论出发制定其茶业经济政策，尤其是茶马互市政策

通过对明代茶法系统的考察和分析，笔者认为，明代茶法分类体制虽是贡茶、官茶、商茶三足鼎立，但从结构和内容上则必须包括茶马互市制度和茶禁政策而成为五个支系统。其中除贡茶制度具有相对独立性外，官茶和商茶之法虽较为复杂，但都是为了贮边易马、实边赏番和充裕国用；至于茶马互市则可以视为茶法的中心环节，是茶叶经济体制的基本目的所在，是国家垄断经营的实现，茶禁政策则是其政治和法律的保障，故其制度极为周密详备。因此，可以说明代茶法是以控制茶叶流通过程为重点，以保证国家垄断经营即官市贸易为中心的五个支系统相互关联的完整的政策实体。但明王朝制定和实施这项政策的基本指导思想和出发点是"以茶驭番""以茶治边"，茶法各项制度基本上都是围绕这一核心展开的，或者说不同程度的以此为转移。官茶的征课"惟以川陕为急"，"初皆本色，一以易马，一以赏番"；[①] 商茶的引税制、引岸制及开中制就更是如此了。总之，"以茶治边"是以茶马互市政策为中心环节的明代茶法的基本依据和出发点，以及利用茶叶来充实边备，制驭诸番，强化对西北地区的统治。正如明人黄瑜所说的"制西番以控北虏之良算也"[②]，亦如郎瑛所言："戎人得茶不能为我之害，中国得马实为我利之大。非惟马政军需之资，而驾驭西番不敢扰我边境矣。计之得者，孰过于此哉！"[③]

---

① 乾隆《四川通志》卷十五。
② 黄瑜：《双槐岁钞》卷五。
③ 郎瑛：《七修类稿》卷九《西茶易马考》。

（二）垄断茶马互市，控制西北番族

明王朝视茶马之政为"军国要务""西鄙重事"，逐步制定了一系列缜密的制度，建立了庞大的管理系统，进行茶叶的征课、贮积、搬运、互市等经济活动的组织管理，垄断茶市贸易，以保证"以茶治边"政策的运行。"凡中茶有引由，出茶地方有税，贮放有茶仓，巡茶有御史，分理有茶马司、茶课司，验茶有批验所。"[①] 自产至销，其制无不毕具。这些制度和相应的官僚系统一方面通过严格的稽查和管理保证将大量茶叶有效地控制在国家手中；另一方面通过茶叶经济立法作为惩治经济违法的法律依据，严厉打击私贩和通番，保证茶法组织管理职能的发挥。从组织管理体制来说，基本上又有两种类型：一种属于管理职能，如茶马司、茶课司、茶仓、茶运所及茶法道、各省府州县的专门官吏等；一种属于巡督稽查职能，如行人、御史、批验所等。这些机构与官员通过一系列的制度如课例、引法、贮运、装笼、勘合、互市等条例来发挥职能，实行茶叶的经济贸易垄断。从茶叶经济立法角度来说，从茶叶征课、折给、引由、开中到关运、易马、差官禁约都有详细规定，私茶之禁更在明朝法典中取得了一席之地。它通过一系列严厉地法令加强对园户的控制以杜绝私茶之源；加强对茶商活动的干预和控制，打击私贩通番，以杜绝私茶之流；加强对边境走私的巡缉和稽查，并约束和惩治守边将吏纵放或身自兴贩，以杜绝茶叶通过边关流入番地，危及茶市贸易；限制番族进贡人数，禁止番僧贡使夹带及沿途买贩私茶。这些经济立法与其组织管理系统相结合，形成了严密的茶法监督管理体制，成为茶马互市和"以茶治边"政策的可靠保障。

垄断茶马市场，实行强制性的互市政策，是"以茶治边"政策的重要表现形式，尤以明代前期的金牌信符勘合贸易制度最为典型。这是用行政和军事手段将茶马互市纳入封建贡赋的轨道，既具有定时、定地、

[①]《明会典》卷三十七《课程六·茶课》。

定价、定量的强制性特征，又具有计地计户出马的"马赋差发"性质，此制始于洪武初期，随着西北地区的平定渐次全面推行开来。其制以金牌四十一面，具体分配给河州必里卫二十九族二十一面，西宁之曲先、阿端、罕东、安定四卫及巴哇、申冲、申藏等族十六面，洮州大把藏、思曩日等族四面，每面分上下两号，"上号藏内府，下号降诸番。篆文曰'皇帝圣旨'，左曰'合当差发'，右曰'不信者斩'。"每三年一次合符贸易，并出动军队监督之，若有诈伪，"械至京，罪之"。① 从而使"茶法通行，而无阻滞之患，番马茂盛，岁至万余之多"，形成了所谓的"祖制良法"。但随着社会经济的发展、社会环境的变迁及国力的下降，这种强制性官市贸易政策日趋衰落，正统末年停止。而后历朝都力图恢复这种"旧制"，嘉靖三十年还部分地恢复勘合制，"比号纳马，酬以茶斤，如有背违，调军征剿"②。

实行垄断性茶马比价，推行贱马贵茶的不等价交换政策也是"以茶治边"政策的重要体现。洪武三十年，朱元璋就提出："盖制制戎狄之道，当贱其所有而贵其所无耳。"即通过官定比价推行不等价交换，以达到控制西北诸族，"以茶治边"的目的。"令茶价踊贵，番人受制，而良马将不可胜用"，这种贵茶贱马的互市政策成为明代奉行不移的祖宗旧制。从传统的茶马比价来看，宋代茶马互市之初，一匹马约当茶叶一百至二百斤，后马价日涨，至一匹良马约当名山茶三百五十斤。南宋时，马源危机，在西北地区每匹马"其价十驮"，也就是一千斤。明初雅州碉门茶马司"每勘中马一匹，给茶一千八百斤"，原因是此茶为剪刀粗叶，价格低廉；即使在陕西也大体不低于二百斤。可是在官方茶市却尽力压低马价，造成了茶马比价的严重失衡。如洪武二十二年黎雅一带市价：上马一百二十斤，中马七十斤，驹五十斤。另据《明太宗实录》追述："洪武中以茶

---

① 杨一清：《为修复茶马旧制以抚谕番夷安靖地方事》，《明经世文编》卷一百十五。
② 《明会典》卷一百五十三《马政四·收买》。

易马，上马给茶八十斤，中马六十斤，下马四十斤。"这大概是当时比较通行的价格。另外，在洪武二十六年曹国公李景隆所进行的勘合贸易中，每匹马价平均只当茶三十七斤。至弘治三年召商中茶时，定例每百斤易上马一匹，八十斤易中马一匹。其后，杨一清整顿茶马之政，每岁用茶五六十万斤，易马万匹，每匹马平均当茶五六十斤。可见，明朝运用强制征发的手段，违背经济规律，肆意扩大茶马比价的剪刀差，企图利用茶叶这种专卖品实行垄断性贸易，实行不等价交易，并以此控制西北诸番，从中获取巨大的政治经济利益。

同时，明朝统治者还将开闭茶市即开启或断绝边茶来源作为控制和羁縻游牧民族的手段之一。在他们看来，"严私贩之禁"，且垄断茶市，就可以达到"系其心而制其命"，"不抚自顺"的目的。故对忠心归向者厚赐食茶，广开贸易，对桀骜不驯者则关闭茶市，以示惩戒。遇有西北战事，则停止茶马互市，配合征讨镇抚诸番。嘉靖二十年至二十六年，蒙古入据河套，俺答汗曾四次请在西北开茶市，明朝皆"畏之不敢许"。万历初，俺答汗及其子宾兔、丙兔率众西行迎佛，掠西番，屡请于甘肃、西宁开茶市；其二子亦要求在河州、洮州开市。万历十五年，俺答汗第二次进入西海，仍是为了这个目的。这种请求引起明朝官员的纷纷反对，最后朝廷严申茶市之禁例，并谕"虏王速归原巢驻牧"，如"再索茶市，及马市亦停止之"。其原因很清楚，"西番以茶为命，国初于西宁、甘州、洮、河诸处立茶司，岁事招番中马，以羁縻之，且以制御北虏。若假马市以与虏人，我须以茶易虏之马，虏转以茶系番人心，各番所资以为命者既不在我，而其势不得不与虏合"，这样"番必转而从虏，贻患匪细"。① 从中不难看出，茶马互市的开置与否，对于明朝统治有着何等重要的意义。

（三）实行"以茶赏番"，怀柔西北诸族

如前所论，明王朝制定和实施茶法的目的，首要的一点便是加强对

---

① 《明神宗实录》卷七十四、卷六十七。

西北少数民族地区的联系与控制，因此每岁川陕征课官茶，贮边易马而外，基本上都用于赏赐西北诸族的上层及来往番僧贡使人等，这是"以茶治边"政策的另一侧面。如四川"茶课与税初皆本色，一以易马，一以赏番"。至明中叶四川运茶及易马停止，茶课改折征银之后，仍"备买茶赏番及买马之用"。①洪武中，西番诸族或有封谕、授职之事，或有朝贡使至，"必酬以茶货"。永乐四年，遣使封乌思藏巴里藏卜为灌顶国师、阐化王，赏赐甚厚，仅上等芽茶即达二百斤。正统九年，定西北诸番来贡赐茶之例：番王五百斤，国师二百斤，徒众一百斤，著为令，主要从陕西三大茶马司支给。天顺二年，定乌思藏地方该赏茶食于四川碉门茶马司支给，与陕西赏例略同。此后，为了笼络诸族上层，赏赐茶额多坏旧制，数量越来越大，以致茶源往往不继。如成化十八年，灵藏灌顶国师、赞善王帐下番僧章牙札巴等二百六十三人，札巴监咎等一百四十九人来朝，每人赏茶五十斤，共两万余斤，例取于陕西诸茶马司，然茶叶积存有限，乃令广积库茶价银买给之。二十一年，礼部奏称：四川起送乌思藏如来大宝法王、国师并牛耳寨寨官进贡、谢恩、招抚、袭替各项，共一千四百七十名，例赏食茶八万八千二百斤，足见赏番茶额之巨。武宗迷信方术，宠幸番僧，不仅许其额外带茶，而且开茶市禁例，许其沿途兴贩，更大量赏赐茶斤。正德十三年，赏西域番僧、喇嘛食茶达八万九千九百斤，且每人许夹带六百斤。这样大规模的赏赐茶叶和夹带私茶给茶法马政造成极其严重的影响。至嘉靖年间，仍申明旧制，赏番茶货必依例照支，给以勘合，所过关隘严加盘验，以革夹带私贩之弊，番僧贡使援引旧例请乞买茶者，一切据法通行禁革。尽管如此，作为明朝的既定国策，"以茶赏番"仍在原来的轨道上不断得到实施。

"以茶赏番"作为茶马互市的一种补充形式，也是明王朝对西北边疆游牧民族进行羁縻统治的基本国策，其目的在于对少数民族的僧俗上层

---

① 乾隆《四川通志》卷十五。

示怀柔之义,鼓远人之心,奖归向之诚,以经济手段安抚和制驭西北诸族,是"以茶治边"政策的重要组成部分。景泰中,边方多事,且"四川民力未舒",茶市贸易及赏番经年不行,灌顶国师、赞善王班旦坚刚等即扬言:"守护边方,盗贼宁息,屡遣人臣入贡求食茶,未蒙允赐……若允所求则朝贡护边,不允则为恶。"① 这一事例从反面说明赏番政策对抚驭诸番、安定边防的重要作用。但是赏赐太滥也可能助长夹带私贩,破坏官市贸易,有悖于"以茶治边"的初衷。因此,明王朝也屡申禁例,限制贡使人数和入境次数,规定赏茶数量,加强勘合稽察等。除成化、正德年间出现滥赐、例外赏茶及夹带之弊外,虽不免有流弊产生,但这一政策还是持续稳定的。"以茶赏番"对于西北边陲的安定和少数民族社会生活的丰富起着不可忽视的作用。这一政策加上"因其俗尚,用僧徒导化为善"的抚绥政策、以茶易马的互市政策,组成了明王朝在西北的经略政策的主体,进一步密切了内地与边疆的政治经济联系,对于巩固明朝在西北地区的统治,使"西陲晏然,终明世无番寇之患"发挥了重要功用。

三

"以茶治边"政策加强了中原汉族农业区与西北边疆游牧区各民族间的政治和经济联系,具有巩固和稳定统一的多民族封建国家中央集权统治的功能。明王朝"以茶驭番"的策略基本上是成功的。首先是在明初起到了争取和控制西北诸族、孤立和打击蒙古残元势力,促进和巩固统一事业的功用。同时,终明之世,除因吐鲁番入据哈密、蒙古势力几次进扰青海而造成的动乱之外,西北边疆基本上比较平静,各族人民友好相处,政治和经济关系大大加强了。正如明人所谓"西鄙稍息","数百年来,西陲绥辑,轶于前代"。② 纵观有明一代,这一政策实施较好的时候,

---

① 《明英宗实录》卷二百五十六。
② 杨一葵:《裔乘》卷三《西夷》。

西北边疆地区相对稳定；明朝统治者也往往把西边社会的局部动荡归因于茶马互市和羁縻政策的"禁网疏阔"、"处置失宜"。成化二年，巡抚甘肃右佥都御史徐廷章奏称："近年以来，革去西宁镇守之官，不与通货茶马，夷民无所拘束，往往越境抢劫，杀害官军。"① 从中不难看出这一政策的功用。此外，通过这一政策，不仅可以借以充实边储，加强边境防务的物资供应，而且可以获取大量战马，给军骑操，这对明代的军事建设具有重要的意义。总之，明王朝利用这一特殊手段，"羁縻戎心，充实边厩"，既利用内地的茶叶控驭西北诸族，又通过茶市获取边马强化其专权统治，所谓"资外国之马，以为边境济焉"。客观上，也在一定程度上进一步增强了各民族之间的相互联系和往还，促进了边疆的开发，维护了边疆社会的安定和多民族封建国家的统一、巩固和发展。

但是，这种运用专制权力对经济活动的垄断和干预而推行的治边政策，也必然有其消极的一面，从而造成严重的社会影响。首先，抑制了番汉各民族间的广泛的物资交流。一方面，除易马外，禁止其他边疆物品入关，"我国榷茶，本资易马"，"今惟易红缨杂物，使番夷坐收其利，岂所以制夷狄哉？"② 另一方面，禁止茶叶以外的生产和生活出关，明初甚至规定，有以缎匹、绢布、青纸、铁铜器及私茶等物出境者，"凌迟处死，家迁化外"；仅就茶叶而言，也是由官府垄断，严禁民市、私市，这样就大大地限制了内地与西北边疆物资交流的范围。其次，垄断性的茶马互市政策，不等价交换原则，尤其是明初的马赋差发，对西北诸族来说无疑是超经济的剥削，带有民族压迫的色彩。加上有司管理不善和营私舞弊，"官茶多粗恶"，"累以敝茶给番族"，或"假朝廷之名横科名马"，给西北人民带来了很大危害，遂使"番民怨怼"，不愿纳马中茶或"以羸马应"，而通过私市贸易获取食茶，这就不可避免地破坏官市贸易和"以茶治边"政策。此外，明王朝对茶叶生产和运销的干预和垄断，对园户、

---

① 《明宪宗实录》卷二十五。
② 《明太祖实录》卷二百五十。

茶商的严重束缚，也必然影响茶叶经济自身的正常发展。

尽管如此，总的来看明代的"以茶治边"政策本身还是值得肯定的，尤其是在政治上具有积极的意义。因此至清代仍被视为"实我秦陇三边之长计"，加以推行；尤其是茶马互市逐步废止以后，强制征发，否定纯商贸关系的官市贸易制度逐步为"两得其平，无失柔远之至意"的边茶供应政策所代替，边茶流通环境得到很大改善，明朝"以茶治边"政策的反面教训得到一定的汲取和克服。《清朝文献通考》对其民族贸易政策概括道："缘其职贡以通其货贿，立之期会以通其劳逸，宽减税额以丰其生息，厚其赏赉以作其忠诚。而又核验官符，讥禁内匦，弛张互用，畏慕滋深。"反映了这一政策的进步和发展。但清王朝仍着眼于治边，并曾实行封禁等政策，还具有"以茶治边"的性质。只有到了新中国成立后，民族关系得到了空前加强，人民政府实行"保证边销"的政策，才真正使茶叶从"政治商品"转变为民族团结交流的"友谊使者"，边茶流通终于走上了正常的发展轨道。

（《中国边疆史地研究导报》1990 年第 2 期）

论明代茶法的特点、功用及影响

茶法，也可称作茶叶经济立法或茶叶经济政策，是指我国历代封建政府为控制茶叶的生产与运销，加强对茶叶生产者、流通者、消费者的剥削以垄断茶利和"以茶治边"而实施的有关法令、政策和制度。大体包括茶叶的贡献、课税、禁榷以及茶马互市等方面的内容。我国古代茶法出现于茶叶经济大发展之后的唐代中后期，北宋以后茶法日详，在整个封建财政统制体系中日渐占据着重要的位置；至明代"其制尤密"，臻于完备，入清则因明旧制而酌行之，其后随着社会环境的转化而逐渐发展和变通，至鸦片战争后，"泰西诸国通商，茶务因之一变"，茶法被赋予了新的内容，其性质也发生了很大变化。我国古代茶法不仅是历代封建王朝的重要的财政经济政策之一，是禁榷制度进而也是抑商政策的一个重要支柱，而且还和唐宋以来诸王朝的军政（主要是马政）、边政相结合，通过茶马互市、以茶赏番等形式，"内充军资，外驭诸番"，形成了所谓的"以茶治边"政策，因此，我们说茶法在唐宋以后的封建财政经济史和民族关系史上都占有十分重要的地位。

鉴此，对于中国古代茶法的探索无疑是中国财政经济史研究的一个不容忽视的组成部分。但遗憾的是，我国学术界对此注意尚不够，垦拓亦不多，而自本世纪以来，具有细部研究传统的日本史学界却有不少人致力于这块园地的开拓，并取得了不少的成果。针对这种状况，在中外茶法研究成果的基础上，对中国古代茶法进行系统而深入的研讨是很有必要的。

处于封建社会晚期的明代，在封建社会史上是具有划时代意义的阶段，在茶法发展史上同样也是承前启后的关键时期。一方面，随着封建专制制度的空前发展，茶法也不例外地较之前代更趋于系统化和完备化；另一方面，社会生产力的进一步提高，商品货币经济的日趋活跃以及某些地区的部分行业中资本主义因素的萌芽，又都给茶法带上了鲜明的时代标识。所以，深入探讨明代的茶法，不仅可以此作为古代茶法的典型进行剖视，以窥见整部茶法史的精蕴，又可以从经济立法的角度认识封建社会晚期的财政经济政策及其时代特色。笔者曾对明代茶法的诸方面进行了比较系统的考察和分析，这里再在此基础上作一些综合研究，以揭示明代茶法系统的纵向演变及其整体特点，阐明其在当时环境下的社会作用与影响及其在整部茶法史中的历史位置，从而有利于加深对明代茶法的总体认识，为我国古代茶法的研究略尽绵力。

一、明代茶法的特点

明代茶法系统在体制结构上的严整性与成熟化，在发展运行上的变通性，及其纵向演变所呈现出的马鞍型发展曲线，是明代茶法的基本特点。

明朝处于中国封建社会后期，是继唐宋之后又一个强盛的封建王朝，专制主义中央集权得到进一步强化，封建的上层建筑高度发达和完备。与之相一致，明代茶法作为财政统制体系的一个组成部分，也日臻完备，茶法体制具有严整性和成熟化的特点。这一特点主要体现在以下三个方面：

第一，茶法体制的完备化和系统化。

古代茶法自唐代兴起后，自税茶而榷茶，从完全专卖到部分专卖，或言从官专卖到商专卖，经过晚唐、宋、元五六百年的演变，逐步由纷更而趋向稳固，由单一的法令发展为多元的政策体系，形成相对完整的体制结构，这就是明代茶法分类体制的确立和茶法内部结构的系统化。

茶法分类体制的确立。明代茶法明确分作贡茶、官茶、商茶三大系统。正如王源所说："明茶法有三，曰商茶，曰官茶，曰贡茶，商茶输课给引略如盐制，官茶贮边易马若征课钞，贡茶则上供同也。"[①] 这是唐宋以来茶法的重大发展。贡茶，明朝称作岁办，其渊源虽可追溯于先秦，但定制却大致在唐代茶法形成时期。自五代时南唐在福建建安北苑首建官园、官焙，"初造研膏，继造蜡面，既又制其佳者，号曰京铤"。宋承其制，贡茶由官方直接控制，主要取自北苑，后以蔡襄所创大小龙凤团饼为定式，茶品形制均极为精致。明初，太祖朱元璋适应"重散略饼"的发展趋势，罢饼茶之制，令俱采芽茶以进，并罢官园、官焙，将对贡茶的控制由直接改为间接方式，自贡品、形制到采办、解纳，贡例大备。茶税征课虽也起源于唐代，但在唐宋实行禁榷制度的情况下，要分清税与榷是困难的，况且茶法屡变，茶税制度亦不定型，至少说不够稳定。明太祖初定江南，就于至正二十一年诏定茶法，洪武初又定川陕征课则例，并遣官至各产茶地方定例、验数、起科，很快建立起一套茶课制度，形成了两个体制不同的区域，即东南的折征区和川陕本征区，折色纳入国家财政轨道，本色贮仓、运边以备易马。这里还涉及官茶与商茶的范围界定问题。二者都是明代出现的说法，其关系颇为复杂。由于文献记述的语焉不详，尚有不少混乱，有关论著也多有相互矛盾之处。经过对明代茶法史料的探索，笔者初步认为，综观有明一代茶法（明初略异），官茶指国家为充裕国课和贮边易马而从各产茶地方征收的本折各色茶课，官茶之

---

① 王源：《学庵类稿·明史食货志·茶法》，载《古今图书集成·食货典·茶部》。

法就是官茶的征课、贮积、搬运、赏番、易马诸方面的制度。而商茶则指商人合法经营和经办的茶叶，包括茶商依照引法所支取的茶叶以及封建国家召商开中的茶叶，大凡茶商在内地贩卖、运边易马、开中实边与赈济等都在此列。明代商茶之法集宋元引法之大成，严密引法以禁私贩，创行开中以运边易马或实边赈灾，以便控制和利用商人这一社会力量实现官府对茶叶流通的垄断经营，从而成为明代茶法的关键环节之一。总之，按经营方式将茶法明确而稳定地分作三个系统，在前代茶法的基础上形成严整的制度体系，表明随着封建经济的发展和专制主义集权统治的加强，作为其财政体系一个分支的茶法已由孤立、紊乱走向系统、条理，由变革、草创走向稳定、完备。

茶法系统内部结构的严密。明代茶法分类体制虽是三足鼎立，但从内容上则必须包括茶马贸易制度和茶禁政策而成为五个支系统，犹如人手的五指一样，互相配合，节节相扣，形成一个严密的整体。也正如拇指的相对独立一样，贡茶是与其他系统关系较为简单的一个，但其实质同样在于加强茶业的国家统制，抑制茶叶的商业流通。官茶与商茶的关系则比较复杂，但都是为了贮边易马、赏番、实边。至于茶马贸易制度则可以说是茶法的中心环节，是茶叶流通政策的基本目的所在，是国家茶叶垄断经营的实现。正因为如此，茶禁政策无异于茶马贸易政策的附属物，是其得以贯彻落实的制度和法律保障。因此，我们说明代茶法是以控制茶叶流通过程为重点，以保证国家的垄断经营即官市贸易为核心的五个支系统相互关联的完整的政策实体。

第二，茶业经济活动组织管理机制的完善。

"凡中茶有引由，出茶地方有税，贮放有茶仓，巡茶有御史，分理有茶马司、茶课司，验茶有批验所。"[1] 自产至销，其制无不毕具。一方面，通过一系列严格的稽查和管理机构与制度保证将大量的茶叶有效地控制

---

[1] 王圻:《续文献通考》卷二十六《征榷五》。

在国家手中,实现官方的垄断贸易;另一方面,通过茶叶经济立法作为惩治茶叶经济违法的法律依据,严厉打击私贩与通番,保证茶法组织管理职能的发挥。从组织管理体制来说,基本上又有两种类型:一种属管理职能,如各级的茶课司、茶法道及各省、府、州、县专门官员,特别是专门的茶仓、茶马司等;一种属巡视督察职能,如行人、茶马御史、批验茶引所等,这些机构与官员,又通过一系列则例如贡例、课例、引法、开中、贮积、搬运、装篦、勘合、互市等条例来发挥其职能,以便把分散在全国各地穷山绝壑、偏乡僻壤的大量本折茶课有效地集中起来,实行茶业的国家统制。从法律上讲,我国古代的"法"主要是刑事法和行政法,始终未形成独立的经济法体系,但由于经济活动的日益频繁,明律中已经有大量的经济法规,基本上归于《明会典》及《大明律》的"户律"中,茶叶经济立法同样由于茶事活动的发展在法典中取得了一席之地。从征课、折给、引由、开中到关运、易马、差官、禁约都有详密的规定。仅就禁约即所谓的茶禁政策而言,它通过一系列严厉的法令加强对园户的控制以杜绝私茶之源;加强对茶商活动的干预和控制,打击私贩通番,以杜绝私茶之流;加强对边境走私的巡缉和稽查,并约束和惩治守边将吏纵放或身自兴贩,以杜绝茶叶通过边关流入番地,危及茶市贸易;限制番族进贡人数,禁止番僧贡使夹带及沿途买贩私茶,可谓全面而周密。这些经济立法与茶法的组织管理系统相结合,形成了严密的茶法监督管理机制。

第三,明代茶法的成熟化。

如前所论,明代茶法不仅具有体制结构上的严整性和系统性,又有一个严密的监督管理机制与之相应,这表明古代茶法经过唐宋尤其是宋代的发展流变已经臻于完善。这里拟从另外一个侧面即从禁榷制度的发展规律看明代茶法的成熟化。

论说还得从抑商政策开始。在封建社会里,商人及商品货币经济的存在和一定程度的发展是普遍的现象。而"商人对于以前一切都停滞不变,可以说由于世袭而停滞不变的社会来说,是一个革命的要素……现在商人来到这个世界,他应当是这个世界发生变革的起点"。① 因此,商人及商品经济的存在和发展,对封建的自然经济必然是一种威胁,于是商人与封建政府的矛盾也贯穿封建经济发展的始终,抑商政策为历代封建王朝所奉行不移,然而商又不能全抑,任何社会都离不开商业和交换,而且随着社会经济的进步,商品货币经济愈来愈发展,显示着日益重要的作用,于是封建政府不得不采取限制、利用的手段,力图把商品经济纳入许可的范围之内,使之成为封建自然经济的附庸和补充,抑商政策也就不得不从完全的抑制、打击向着控制、干预和利用的方向发展。作为抑商政策主要支柱之一的禁榷制度,同样呈现出这样的演化轨迹。有人曾研究了食盐专卖及榷盐制度,认为由全面禁榷到部分专卖,由国家垄断向官商分利的原则发展,是禁榷制度的发展规律。② 就榷茶而论,在茶法初行的唐代,文宗太和中始行官制官销的榷法,"诏下,商人计鬻茶之资,不能当所榷之多。复以江淮间百姓茶园,官自造作,量给其值,分令使者主之"。甚至"使茶山之人,移树茶场,旧有贮积,皆使焚弃",导致"天下大怨",不得不变通茶法,实行民制、官收、商运、商销的局部专卖法。③宋初设立榷货务及十三山场,"一萌一蘖,尽搜其利",建立了一套完整的专卖制度,但几经变革,最后亦逐渐放宽,在流通领域实行部分通商的引法。伴随着社会的进步,控制和利用茶商实行部分专卖这一发展趋势和规律性日益显得重要和突出,也正是从这个侧面我们说明代茶法在协调财政关系及官商矛盾等方面具有灵活性和成熟性的特点。

明中叶的邱濬曾有一段议论:"本朝捐茶利于民,而不利其入,凡前代所谓榷务、贴射、交引、茶由诸种名色,今皆无之,惟于四川置茶马

---

① 马克思:《资本论》卷三,第 1019 页,人民出版社,1975 年。
② 鲍晓娜:《从唐代盐法的沿革论禁榷制度的发展规律》,《中国社会经济史研究》1982 年第 2 期。
③ 《册府元龟》卷五百十;《唐会要》卷八十七。参见陈衍德《唐代茶法略考》,《中国社会经济史研究》1987 年第 2 期。

司一,陕西置茶马司四,间于关津要害置数批验茶引所而已……其视前代夺民生日用之资,以为国家经费之用,岂不天渊哉?圣世仁民之泽大矣。"[1]虽所论出于对朱明王朝的歌功颂德,非尽符合实情,但至少反映了明代茶法垄断经营的有限性。尽管明初国家对茶叶经济的垄断统制很严,但与唐宋的全面禁榷已不可同日而语了。综观有明一代茶法,主要是通过岁贡与课赋形式控制茶叶生产与分配,通过官买民茶的统购政策(限于明初)、引法、开中、官市贸易等控制运销,并限制民间消费。在茶业统制的范围上是以控制流通领域、保证官市贸易为中心,这可视为明代茶法的根本意图。一方面限制茶叶的民间贸易,打击私贩和通番;另一方面运用政权力量极力保障关系"国家大经"的官市贸易的稳定与繁荣。在茶业统制的形式上主要是在流通中对商人茶业经济活动的控制和利用,而且随着国力消长与经济发展控制、利用政策的重心亦有所转移,前期以控制为主,国家垄断和干预较强烈,后期随着茶课折色、引法变通、开中创行等政策调整,政策重心转为利用和依赖,茶商在整个茶业经济活动中日益起到举足轻重的作用。这都是符合禁榷制度的发展规律的,表明了明代茶法的成熟化。

综合前论,无论从茶法的分类体制、茶法的内部结构、监督管理机制以及国家对茶叶经济的控制手段各个侧面来看,明代茶法都继承并发扬了前代茶法的传统,形成了茶法系统的严整结构;并且在发展运行中适应社会发展的要求加以变通,实现了从全面禁榷到控制流通领域为主,从官方对茶叶运销经营的垄断到限制和利用商人、官商分利的形式的转变。因此可以说明代茶法集前代茶法之大成,在中国古代茶法发展流变中具有划时代的意义。如果说唐代是中国茶政史上的第一个里程碑,标志着茶法的兴起;那么明代则堪称中国茶政史上的又一个里程碑,标志着茶法的完善和成熟。

---

[1] 邱濬:《大学衍义补》卷二十九《山泽之利下》。

如果说明代茶法的缜密和成熟是与高度发展的封建专制制度同步的话，那么明代社会经济形态的转化与变革的时代特点也必然给茶法打上应有的烙印，变通性不失为明代茶法的一大特点。嘉靖初曾任太仆卿的何孟春在《余冬序录》中写道："今（茶）法之行，非复国初，而所得之马岁益微矣。"① 明代史料中亦不乏"自宣德以后，祖制渐废"的记载，无论从茶法演变的整体趋向还是茶法各个分支系统的发展运行上看无不体系着变通的精神。

从宏观上讲，明代茶法经历着从严密、封闭向松弛、开放的转变轨迹。明初"禁严而令行"，国家不仅严密控制官课和商销，而且曾实行官买余茶政策，把大量本色茶叶集中在各级茶仓，以官运方式输边易马，以保证国家的茶叶垄断经营的实现。在管理上厉行茶禁，并令沿边卫所、右军都督府、秦蜀诸王府派兵巡禁私茶，"有以私茶出境者罪死，虽勋戚无贷"，②驸马都尉欧阳伦就是因为纵容家人兴贩茶货，在洪武三十年事发被赐死的。与西北游牧民族的茶马互市亦实行金牌信符的勘合制度，并用行政和军事的力量来保障这种强制性差发政策的实施。但自永乐、宣德之后，祖制渐废，加之边境多事，茶法日坏，"有禁茶之名，而无禁茶之实"，封建国家的茶叶经济垄断权受到日益严重的冲击而趋向削弱。成化、弘治以后，茶法日紊，开始了局部的变革，结果茶禁政策更加放宽，茶商取得了合法的运茶权和开中抽分权，加上川陕茶课的折征以及后来湖引的盛行与合法化，国家除了贡献、征课和征商之外，再也无法全面控制茶业经济活动，商人成为支配茶叶流通的重要力量。这是茶法制度史上具有划时代意义的变革。

如果我们再对明代茶法各个分支系统进行一番考察，对这一发展线索的认识便会更进一步。贡茶制在明代前期较为混乱，额外征贡等弊端屡见不鲜，自弘治十三年定例之后，尽管仍未改变弊端丛生的局面，但

---

① 何孟春：《余冬序录》卷五。
② 《明史》卷九十二《兵四》。

毕竟日趋稳定,这也是对明初制度的变通。官茶在东南,明初亦间征本色,后一律折入两税,川陕茶课初皆本色,永乐以后川茶改折,至成化年间川茶全部折征,易马停止。陕西汉中茶叶自成化三年后改折,屡经反复,亦向着折色化方向发展。官茶搬运方式亦从官运到招商演变。就商茶来说,引法的调整与开中抽分法的创行,使国家对茶事活动的垄断统制受到严重冲击。茶马贸易中官市贸易每况愈下,"仰望于商人",而以商人为中心的民间私市贸易则日趋兴盛,发挥着官方贸易所起不到的作用。茶禁政策亦有所放宽,"减通番之刑止于充军,使贩私之徒无所畏惮","通番之人明知事例该犯充军,乃互相嘻谓:无故亦要投军,有甚打紧"。[①] 另一方面,吏治腐败,有关官吏受贿作弊,无度纵放,甚至身自兴贩,从而使本已放松的茶禁政策也流于一纸空文,茶禁日趋开放。可见,变通性贯穿于明代茶法的各个分支系统,乃其一大特点。

明代茶法之所以呈现出变通性的特点,是与社会经济的发展及明朝国力的盛衰密切相关的。如前所述,自然经济与商品经济的矛盾是封建社会固有的矛盾之一,前者是封建制度赖以生存的基础,后者也是其不可缺少的调节,但随着商品经济的发展,商人和商品经济日益成为自然经济的异己力量,"商业对各种已有的,以不同形式主要生产使用价值的生产组织,都或多或少地起着解体的作用"[②],因此历代统治者都奉行抑商和禁榷政策。但历史发展到封建社会晚期的明代,随着社会生产力的提高和社会分工的扩大,社会经济商品化的比重已达一定高度,商人和商人资本的力量日渐增强,这就必然要求在上层建筑领域的改革,打破官府的层层束缚,取消有关贸易活动的繁法缛则,使流通领域成为他们自由驰骋的舞台,这是历史发展的进步要求。同时,作为暴力的国家政权固然对社会历史发展具有一定的促进和延缓作用,但毕竟不是决定因素,

---

① 杨一清:《为修复茶马旧制抚谕番夷以安靖地方事》,《明经世文编》卷一百十五。
② 马克思:《资本论》卷三,第370页,人民出版社,1975年。

因此当政权稳固、国力强盛时它可以加强对经济活动的干预和控制，而当国力转衰，尤其是当商品货币经济发展到一定限度，它又只能适应历史的要求而放松控制与垄断，从限制、打击商人最终走向利用、依赖商人。明代茶法的变通与开放，正是符合这一社会发展规律的。

最后，我们再看看明代茶法纵向演变的特点。在《略论明代茶马贸易的历史演变》①一文中，笔者曾将明代茶马贸易的历史演变分作发展、中衰、修复、再衰四个时期，这也大体可以用来描述明代茶法的流变轨迹，我们姑且称之为马鞍型发展曲线。这与上述两个特点是密切关联的，是二者相互作用的结果。明立国之初，由于建立和巩固封建专制统治的需要，茶芽的征课、禁榷、贸易政策迅速形成并付诸实施，而后政治清明，令行禁止，国力蒸蒸日上，从而使"茶法通行，而无阻滞之患；番马茂盛，岁至万余之多"②，茶法呈现出高度的严密性和完备化，形成了第一个发展高峰。此后国力下降，茶禁废弛，加之天灾频仍，不仅"茶产凋零"，而且"边方多事"，而茶法体制本身的弊端也日益暴露，"官不修职，民不守法"。自宣德末至成化初三十余年，茶法弛坏，弊端丛生。茶马贸易亦处于停滞状态，于是茶法不得不走上变通与改革的道路。废革茶仓、改折茶课、创行开中等措施尽管有其现实的合理性，但由于"私茶之禁不行，而召商报中之弊复有以启之"，仍不能对茶法马政的不景气境况有所匡救。在这种"茶法沮坏"、贸易"亏耗"的形势下，明孝宗于弘治十五年任命杨一清为右副都御史整顿茶马之政，以期"茶课充盈"，"马匹蕃息"，"以复国初之盛"。杨一清在"修复茶马旧制"的旗号下进行了大规模的整顿，从禁私、征课、运茶、开中以及巡察管理都"一新旧规"，尤其是变通了茶运制度和开中之法，最终认可了商人在茶业经济活动中的地位，这些多成为此后诸朝的"定例"。虽然杨一清的改革是在恢复祖制的口号下进行的，但时过境迁，不仅不能恢复明初的茶叶垄断统制，而且相反更使

---

① 郭孟良：《略论明代茶马贸易的历史演变》，《齐鲁学刊》1989年第6期。
② 梁材：《议茶马事宜疏》，《明经世文编》卷一百六。

国家对茶业经济活动的干预和垄断进一步削弱，茶法更趋向开放，故而尽管这次改革也曾使明代茶法马政出现了一度的黄金时代，可惜好景不长，正德以后便又陷入危机之中。此后，茶法积弊日重，而且蒙古的一支亦不剌、阿尔秃斯进入西北，大为西宁、洮、河之害，"诸番是以为虏破散"，"中国茶马之利，大为减矣"。尽管有不少大臣竭力革除积弊，仍不能改变其江河日下的颓势。

明代茶法所呈现出的这种马鞍型发展曲线，不仅与明朝政治军事统治状况密切相关，即与明朝国力的消长大体一致，更重要的是由社会经济发展的客观规律所决定的。首先，这种发展曲线是明代社会生产力的提高和商品经济的发展与明朝国力消长相互作用的结果。恩格斯指出："一切政府，甚至最专制的政府，归根到底都只不过是本国状况所产生的经济必然性的执行者。他们可以通过各种方式——好的、坏的或不好不坏的——来执行；它们可以加速或延缓经济发展及其政治和法律的结果，可是最终它们还是要遵循这种发展。"① 所以尽管明初统治者依靠政权的力量建立起相当完备的茶法垄断体制，但随着国力的日益衰微特别是社会发展"所产生的经济必然性"，国家已无力实施其茶业统制，而商品经济的成长又要求扩大市场范围，打破国家的控制和垄断，实行自由贸易，因而明代茶法也就不得不适应这种要求，逐步由禁榷走向开放，国家的垄断经营权日益削弱。其次，是由茶叶经济活动自身的客观规律所决定的，作为一个独立的经济活动部门，茶叶经济也有其自身的发展规律和管理规范，要求按照茶叶生产和流通的运行机制进行有效的管理，以获取最佳的经济效益，可是封建国家的垄断统制违背了这些规律和原则，扰乱了正常的经济运行程序，将这一独立的经济部门变为封建政治和军事的附庸，其生命力自然因没有深厚的土壤而变得异常脆弱，即使在政权干预下迅速兴盛，也不可避免地走向衰落。再次，封建社会自身难以避免

---

① 《马克思恩格斯选集》卷四，第495页，人民出版社，1975年。

的种种积弊加速了茶政的腐败。正如明人所说的,茶法衰败"非法之过,乃人之罪也",茶法管理的弊端丛集使茶法难于实施和维持,墨守成规,机构庞杂,营私舞弊,有司推诿纵放,土商猖狂无忌,私贩通番愈演愈烈,这样"番得茶,叛服自由,而将吏又以私马窜番马,冒支上茶,茶法、马政、边政于是俱坏矣"。①

二、明代茶法的功用及影响

明代茶法作为财政体系的一部分,不仅对维护封建自然经济和国家财政起着重要作用,而且被视为"国家要务",又与国家政治和军事密切关联,具有巩固和稳定统一多民族的封建国家统治的特殊功能。当然,从另一角度来讲,这种功用又具有消极的一面,且在其执行过程中也确实给社会造成过一定的消极影响。

明代茶法主要从两个方面发挥其维护封建经济基础的功用。首先是抑商,即抑制商业资本在茶叶流通领域的活动,从而抑制其对封建自然经济的分解作用。作为旧社会制度"变革的起点"的"革命因素"的商人和商业资本,"它的职能是专门对商品交换起中介作用",是自然经济的对立物,因此便成为封建王朝的抑制和打击对象。具体到茶叶经济领域就是实行茶叶禁榷制度。就明代茶法而言,抑商主要体现在限制茶叶流通,束缚和打击私人贸易,保证官市垄断贸易等方面。如通过茶叶的贡献、课税和官买等方式垄断茶源,限制茶叶流通的规模和范围,缩小茶商资本活动的市场,以各种禁令法规束缚茶商手脚,限制其活动能量,严厉打击和禁绝私人贸易,从而保证国家的垄断经营,保证官市贸易的稳定和繁荣。茶叶是商贾经营的大宗商品,明人张翰曾说:"余尝总揽市利,大都东南之利,莫大于罗绮绢纻,而三吴为最……西北之利,莫大于绒

---

① 《明史》卷八十《食货四·茶法》。

褐毡裘，而关中为最……然茶盐之利尤巨，非巨商贾不能任，第市法有禁，西北在茶，东南在盐……"[①] 明代茶法对茶叶流通的限制与垄断无疑会阻碍或延缓茶叶经济商品化的过程，从客观上起着阻滞商品货币经济的发展，阻碍资本主义萌芽的产生与成长，从而维护封建自然经济基础的作用。

其次是恤农，通过蠲免、赈济、开中实边等手段维持以自耕农为主体的封建社会再生产的正常运行，以免遭商品经济的分解和自然环境的摧残，从而维持自给自足的自然经济。明朝的茶课蠲免有以下几种情况：以"民贫岁饥"，如永乐十年免通江茶课3704400斤；以园户"人绝园荒"，如永乐四年除四川余庆、九姓等长官司，天全六番，雅州通江、荥经二县茶课377900斤；或以园户徭役沉重，"无力培植"，以致拖欠茶课者，如永乐十一年免什邡县五至十年茶课160605斤；另如宣德四年免江安，成化七年免太平长官司茶课等；或以"山深地瘠，茶多枯死，难以采办"；或以茶课激增，"民实不堪其累"，无法完纳，如宣德十年免汉中府金州增课积欠164000斤。另有以各种天灾人祸而实行蠲免者。可见明代茶课蠲免次数较多，数量亦很大。其实质在于通过赈救灾荒，稍苏民困，使园户得以维持其简单再生产，不致脱离封建赋役剥削的轨道。此外，四川茶课因"茶株枯死""采纳不敷""输运甚艰"等，改征折色，亦有同样的意义。更为重要的是，明朝实行茶叶开中制度，其形式之一便是招商人纳粮或实物于边郡，或行赈济，或资实边，数量相当可观。自成化三年，以陕西"岁饥待赈，复令商人纳粟中茶"之后，规模日益扩大，弘治元年巡抚甘肃都御史罗明于临洮、巩昌、平凉三府开中茶八十万斤，召商纳米以备边储，既而陕西巡抚萧祯亦请中茶备赈。七年，西安等地岁歉，开中茶一百万斤（一作二百万斤）。次年，巡抚陈寿、布政使林元甫共开中九百万斤，以"佐赈益饷"。弘治十四年，又于陕西三边开中四五百万斤，"召商上纳价银类解边仓籴买粮料"。另外，明朝在北边开

---

① 张翰：《松窗梦语》卷四《商贾纪》。

中实边的茶叶也达数百万斤。这对于缓解明代中叶的自然灾害及充实边防都起到了重要作用。总之，明代茶法的蠲免、折征、佐赈、实边功用，在一定程度上维护了封建生产方式的稳定。

作为封建国家的经济立法，茶法对于明朝的上层建筑更具有重要的意义。首先，它具有"裕国用"的财政收入职能。贡茶及本、折茶课、商课都是封建赋税的组成部分，成为"行政权力整个机构的生活源泉"之一。其次，从国家军政而言，茶法具有充实边备、加强军力的功用。一方面以开中茶叶充实边储，加强边境防务的物资供应。早在洪武初年，即令"以茶给河州军"，"易粟充饷"；后开中实边的茶叶更多，又粮茶之例、盐茶之例等，每年至百万斤之多，如弘治十四年因榆林、环庆、固原粮饷缺乏，将洮、河、西宁三司茶叶开中四万百万斤，解边易买粮料。更为重要的是通过茶马互市获取大量马匹，给军骑操。明初实行金牌信符的勘合贸易制度，规定三茶马司纳马13805匹，按三年一此贸易计，年均4600匹左右，后屡有增损，明末天启时达到每年一万余匹。这些马匹对明代的军事建设具有重要意义。杨廷和曾说过："我国家边守之务西北为重，而陕居其半，三边之用兵马为急，而马居其半，陕之马或取于监牧，或取于互市，而互市之利居其半。"① 西北茶市所易马匹主要供给明代边防重地甘肃、延绥、宁夏三边之用，对于加强和巩固明朝在西北的统治及北边社会的稳定起了重要作用。再次，明朝政府厉行茶法，控制茶马贸易的主要意图还在于羁縻诸番，安定西北边陲，即"虽所以供边军征战之用，实所以系番人归向之心"，因而茶马贸易被称为"制西番以控北虏之上策"。明朝政府通过茶叶的赏番和互市，利用西北游牧民族"不可一日无茶"的特殊生活习惯加强对西北地区的联系和控制。这一特殊手段不仅可以"摘山之利而易充厩之良"，"以草木之叶易边场之用"，内充军资，强化国家机器的职能，而且可以"羁縻戎心"，外驭诸番，利用内地

---

① 杨廷和：《赠都御史遂庵杨公序》，《明经世文编》卷一百二十一。

的茶叶强化其对西北地区的统治,即所谓"以茶治边"。正如明人郎瑛所言:"戎人得茶不能为我之害,中国得马实为我利之大,非惟马政军需之资,而驾驭西番不敢扰我边境矣。计之得者,孰过于此哉?"①事实上,明代茶法也确实起到了这样的作用,使"西陲晏然,终明世无番寇之患"。②"数百年来,西陲绥辑,轶于前代"。③这在客观上也进一步增强了番汉各族人民之间的政治经济联系,促进了边疆地区的开发,从而在一定程度上维护和促进了社会安定、民族团结以及多民族封建国家的统一、巩固和发展。

当然,在封建社会里,兴一利必增一弊,封建国家通过茶法实行对茶叶经济的垄断控制,给各阶层人们带来了很大的灾难,从而给明代茶叶经济的发展及人民生活的安定造成了严重的危害,因此我们说明代茶法的实施具有消极的社会影响。对于园户来说,官府征收重课,强敛贡茶,又严格限制私卖,强制压低茶价,不仅使园户生计艰难,无力葺理茶园,从而摧残茶叶生产。正如梁材所说:"山人治茶,犹农之治菽粟,勤力经理,俯仰所资,今商茶之外严禁私卖,又以茶多阻滞,商人不得多中,则使小民终岁收获置于何地,而衣食之资取办于何所耶?"④在汉中西乡县,"比以加赋,其民昼夜治茶不休,男废耕,女废织,而莫之能办也。于是有逋户焉"。⑤四川什邡等地更以徭役沉重,茶园荒废,"蕞尔小邑,亏以万计"。同时"禁内郡之茶而无所于食",给社会各阶层人民生活都带来了很大影响;而官库茶司陈茶积滞浥烂,则又造成了极大的社会浪费,这种矛盾的现象就是封建茶法体制带来的不良后果。对茶商而言,严密的禁例、沉重的课税、不时的科敛盘剥,茶法不啻是官府强加给他们的一种束缚。加之路途险远,使他们尤其是中小商人往往为之裹足,不愿报中,

---

① 郎瑛:《七修类稿》卷九《西茶易马考》。
② 《明史》卷三百三十一《西域三》。
③ 杨一葵:《裔乘》卷三《西夷》。
④ 梁材:《议茶马事宜疏》,《明经世文编》卷一百六。
⑤ 何景明:《雍大记》卷七,三秦出版社校注本,2010年。

而甘愿铤而走险，进行私市贸易，从而成为民间私人茶叶贸易的中坚力量。他们中的巨商大贾则利用自己取得的运茶及开中抽分之权，沿途作弊，囤积"佳茶"，从而使"良马尽入商贾之手"，而串通有司，以"敝茗赢马"应付差事，从而也导致了官方茶马互市的衰落及茶禁政策的名存实亡，加速了茶法的废弛。对于西北边疆的游牧民族来说，"以其腥肉之食，非茶不消，青稞之热，非茶不解"，而"倚茶为命"，明朝政府正是利用这一特点"严法以禁之，易马以酬之"，实行带有强制性的不等价贸易政策，尤其是明初的"马赋差发"，无疑是对他们的经济剥削，带有民族压迫的色彩。加上茶马官吏的营私舞弊，"累以敝茶给番族"或"假朝廷之名横科名马"，这都必然给西北游牧各族带来很大的危害。为取得食茶，他们多通过私市与内地商人贸易，而不愿纳马中茶，或"以赢马应"，所以这些都在一定程度上破坏了明代社会的安定和经济的发展，也不可避免地导致明代茶法的变通和废弛，导致明代茶业统制政策的松动和开放。

　　以上是明代茶法的社会功用与社会影响，接着再谈谈它的历史影响问题。明代茶法不仅集唐宋以来茶法之大成，加以发展和变通，形成了相当完备的政策体系，而且直接影响到清代前期的茶业经济政策。正如清朝上层建筑领域其他方面的"法明政策"一样，清代茶法亦由明代茶法因革而来，大体皆依明例酌定或照旧册而行，具有鲜明的因袭性。在茶法分类体制上仍分作三大系统，官茶"储边易马"，商茶"给引征课"，贡茶"则上用也"。同时，"沿明制"设立西宁、洮州、河州、庄浪、甘州五茶马司，与西北游牧民族进行茶马交易。早在入关之初，天下未定的顺治二年三月，即诏"西番都指挥、宣慰、招讨等司，万户、千户等官旧例应于洮、河、西宁等处各茶马司通货贸易者，准照旧贸易"。① 仍设批验茶引所进行督查，商人开中运茶在接受批验后，再由"潼关、汉中二处盘查，运至巩昌，再经通判察验"，然后分赴各茶马司交纳，"仍

---

① 《清世祖实录》卷十五。

秤挈以防其轻短，煎熬以辨其伪"；在陕西设巡视茶马御史，并增置通事、笔帖式等官以督理和参赞茶马事务；申明茶禁，近番关隘拨官军巡守，打击私贩和通番，以保证国家的茶叶经济统制权和茶马贸易的实现。就具体的茶政管理制度而言，清代茶法也基本上是承明旧制，无论是贡茶则例、征课之法，还是商茶的引由之制与开中抽分之例以及商人附茶的规定，莫不如此。只是到了康熙中叶之后，随着社会环境的变化，茶马贸易已不再适应新的社会条件的要求，逐渐从历史舞台上消逝，封建国家对茶叶流通的控制经营权失去了支点和实现的途径，茶法体制才发生了较大的变化。总之，我们认为明代茶法在我国古代茶法的流变史上占据着承前启后、继往开来的重要地位，具有里程碑式的意义。

（本文原载《中国社会经济史研究》1992 年第 3 期）

宋代茶马贸易述论

"蝴蝶双双入菜花，日长无客到田家。鸡飞过篱犬吠窦，知有行商来买茶。"南宋诗人范成大的这首《春日田园杂兴》，为我们摄取了一幅茶商下乡收茶的画面。而诗人陆游的《兰亭道上》诗中的"兰亭步口水为天，茶市纷纷趁雨前"，则描写了兰亭之北的茶商会集之市。茶商茶市入诗来，表明了茶叶贸易的发达。

随着茶叶生产和饮茶风气的发展以及商品经济的活跃，宋代茶叶流通也空前兴盛。当时，茶叶销售遍及南北各地，大中城市中茶坊林立，甚至小市上也有茶坊、茶铺，在茶叶运输线上还兴起了若干商业性都市。值得注意的是，"蜀中旧使交子，唯有茶山交易最为浩瀚"，最早的纸币出现于产茶最多的地区，而且关系如此密切。宋代茶叶大都实行专卖，茶商持引贩茶，转销各地，获利甚厚；而且茶商势力深入封建政权内部，与官争利，导致茶法屡变，影响深广；至于中小商贩的走私贸易以及茶贩的起义在宋代也十分普遍。总之，茶叶流通与茶叶商贾在整个社会经济与政治生活中都占据了一定的地位，成为商业发展史上值得注意的现象。

黄庭坚诗云："陇上千山汉节回，扫除民蝨不为灾。蜀茶总入诸番市，胡马常从万里来。"宋朝与周边政权及少数民族的茶叶贸易也非常普遍，如宋辽、宋金的榷场贸易以及西北地区的茶马贸易。其中，尤其以茶马贸易规模最大，影响最巨，最为典型。这里不拟对宋代的茶叶流通作全面评说，仅对宋代的茶马贸易进行一番比较仔细的考察。

一、茶马贸易制度的确立

饮茶风气自唐代传入西北游牧民族的篷帐之后，这种消食去腻、止渴解酒、提神益思的康乐饮料便大受以肉食乳酪为生的牧民们的欢迎，到宋代已是"夷人不可一日无茶以生""旦暮不可暂缺"了，上至贵族，下到庶民，很快品饮成风。然而，西北地区的自然环境不宜植茶，他们只有通过朝贡、贸易向中原地区获取茶叶。另一方面，西北地区高寒草原盛产良马，在科技和交通落后的古代，马是征战和运载的绝好工具，一直是中原王朝征发购求的对象。因此，作为中原农业区和西北游牧区的大宗商品的茶和马，两相需求，其流通交换便应运而生，而且很快成为汉族同游牧民族之间经济交流的主要形式之一，并维持长达千年之久。

茶马贸易起源于唐代中期。当时，"回鹘入朝，大驱名马，市茶而归"。但当时尚处于开创阶段，买马以用绢为主，茶马互市在民族经济文化交流中还不占重要地位。这种互市贸易的制度化，还是在北宋神宗熙宁年间确立的。

北宋与辽、夏分立对峙，战马来源十分贫乏，而西、北和战又是关乎国家安危存亡的始终大计，所以宋朝统治者十分重视马政，"岁于边郡市马"，在北、西各军州设买马场，"皆置务，遣官以主之"，成为定制；同时还有一种招马制度，每岁皆给以空名敕书，委沿边长吏差牙校入蕃招买，给路券送至京师，至则估马司定其价。仁宗时所定买马额高达29585匹。但是宋初四川不行榷法，东南茶或官卖以实州县，或沿边入中粮草，用于易马的比例很小，而买马物资则以铜钱和布帛等为主，也就是说当时所实行的是铜钱、绢帛以及茶叶等物兼行的易马之法。

但是，这种易马办法存在很多问题。用铜钱买马根本承担不起，而且钱币外流易导致钱荒；更重要的是"戎人得钱，悉销铸为器，郡国岁铸钱不能充其用"，在经济上、军事上都会带来很大危害。用绢买马亦有入不敷出之患。这种买马办法不仅不能满足宋朝对战马的需求，也不能满足西北少数民族日益增长的茶叶需求，因此调整政策，在互通有无、调剂余缺的原则基础上重建茶马贸易制度便显得十分必要了。而茶叶正适应这种形势要求，不仅来源充足，而且备受西北吐蕃等族的欢迎，颇可获利，宋初就有茶商"转致于西北，以致散于夷狄，其利又特厚"，为宋朝统治者提供了经验和启示，只有垄断西北茶利，以其所需，换其所有，才能达到保证马源、抚制诸番的目的，于是茶马贸易制度便应运而生了。

宋代易马主要在陕甘地区，博马茶也就近取于川蜀。蜀茶最早用于陕西买马始于英宗治平元年（1064），当时陕西买马官薛向奏请于原、渭、德顺军三处买马场以盐钞买马，卖马番客执盐钞赴秦州买马司换取蜀茶而归。这可视为宋朝茶马之政的滥觞。神宗熙宁初年，河南盐牧使吕希道建议四川上供银买蜀茶运往陕西交易番马，这是蜀茶直接买马之始。而真正确立茶马贸易制度，还在熙宁七年（1074）。当时熙河路经略使王韶看到"西人颇以善马至边，其所嗜惟茶，而乏茶为市，请趋买茶司买之"，舍有余而易不足，是经营熙河、充实边防的好办法。于是朝廷命三司干当公事李杞等人前往成都府办理运茶买马事宜。十月，李杞等奏请于雅州名山县、蜀州永康县、邛州、洋州、兴元府等地置场买茶，熙、河、秦州等地易马，得到朝廷批准，并设提举成都府利州秦凤熙河等路茶场司于成都府,管理川茶的征购、搬运与销售易马之事。与此同时，罢原、渭、德顺军三场买马，置熙、河、岷州、通远军、宁河寨、永宁寨六场买马，并置提举熙河路买马司于熙州，管理买马之事。九年，又下令禁止商茶通行买马，川茶全部实行官专卖，茶利统由茶场司垄断，从此，绢帛、金银、钱币、茶货兼行的买马制度正式转变为官营的茶马互市，西北茶马贸易制度宣告确立。

二、茶马贸易组织管理的调整与完善

茶马贸易，作为中原地区与西北少数民族之间的一项大规模的官方贸易活动，要保证其持续稳定和发展繁荣，必须有一整套与之相适应的组织和管理机构、管理制度和互市原则，而这些都需要在贸易活动过程中不断调整和完善。而宋王朝在这方面的举措应该说是相当成功的。

榷禁蜀茶，保证易马茶源。宋初茶叶专卖主要行于东南，官府在淮南建十三山场，收园户租，并将余茶全部官买，京师及沿江集散地设六榷货务，产茶区设市，交榷货务实行专卖。而四川在北宋中叶以前则允许自由买卖，只征收茶课和商税。神宗熙宁年间对熙河用兵和熙河路的设置，不仅给北宋王朝增加了一笔庞大的财政支出，而且使本来已经很紧张的战马需求更加急迫。而四川茶产兴盛，道路近便，榷禁川茶助饷易马乃两便之策，于是"天下茶皆通商，而川茶独禁"，逐步建立起一套榷茶制度和办法。榷茶收入不断增加，从熙宁七年的30万贯，到元丰年间高达"岁献二百万贯之数"，政和三年更增加到3711172贯，从而使川茶成为"熙河一路经费所仰"，对解决国家财政开支和军费供应发挥了重要作用。同时，还采取各种措施加强官买官卖，惩治私贩，使得官府榷茶场贮积了大量的本色茶叶，用于博易番马。在产茶地区，就近设置买茶场，仅成都府路的八州就设置了24个买茶场，按照市价尽数收买园户的茶叶。"茶场所在，州委都监，县委令、佐兼监"，地方行政正副首脑直接管理榷茶事务，并以此作为奖惩原则；各茶场设监官、专典、库秤、牙人等，办理买茶征税的事务，各人按照定额买茶，岁终评审，有详细的超额、亏额奖惩条例。茶商购买茶叶必须到茶场进行交易，园户则必须将全部产品卖给茶场，茶商与园户私相交易，或官商军民人等私贩通番，许人告捕，治以重罪。熙宁九年，根据刘佐奏请，对"陕西客人兴贩解盐入川买茶，于陕西州军发卖"加以制止。哲宗时为保证川茶通行，还"禁东南茶入陕西"。另外，因雅州名山茶品质优良，产量亦大，"最为羌人贵重"，还下诏："雅州名山茶专用博马，候年额数足，方许杂卖。"所有这些措施，都大大加强了国家对川茶的控制，从而为茶马贸易的发展繁荣提供了物质保障。

设置管理机构，调整茶马司内部矛盾。熙宁七年初榷川茶，设置提举成都府路茶场司、熙河路买马司，分别办理榷茶买马事宜，但双方互不统属，各行其是，存在着很多矛盾。先是，二司均隶属于提举市易司，机构设置不当，三方事权轻重不一，相互扯皮，朝廷只得罢除市易司。茶马司与市易司的矛盾解决了，内部矛盾又尖锐起来，买茶易马一事分掌两司，茶司为多得茶利，不断提高茶价；买马司为充实军马，又要求压低茶价以招徕番马，为此互相掣肘，争讼不已。另外，还存在一茶两用的现象。朝廷为平息矛盾，调解纷争，采取了不少措施，如前述的名山茶专用博马；根据茶马交易的季节性变化调整买马数额；令茶司及时供应茶叶，改变过去茶马对交法，买马司可于次季还足茶价等，但根本问题还在于茶马二司的事权统一，于是哲宗时将二司事务合并管理，由茶司兼管马司，任命黄廉为都大提举成都利州等路茶场司兼提举陕西买马，此后沿袭下来，多由一人主管，从而解决了茶马二司之间的矛盾。

《宋史·职官志》记载："都大提举茶马司掌榷茶之利，以佐邦用，凡市马于四夷，率以茶易。"茶马司下辖的机构有四川茶区的买茶场，熙秦地区的买茶场和买马场。买茶场已见前述。卖茶场，据宋代文献记载，仅熙宁七年到元丰八年间就有332个，现在可以考知的约50个。买马场，熙宁八年始置六场，此后陆续增设，遍及熙河秦凤等地，成为宋朝军马的主要来源地。另外，四川地区也设置有许多买马场。这些机构的设置和调整，对于保证茶马贸易的顺利进行和进一步发展起到了重要的促进作用。

川茶搬运制度的调整。元丰七年（1084），监察御史张汝贤说："博马之利实仰于茶，而茶司运致茶货，自秦陇以西，惟以雇脚为患，不以出卖不行为患。"① 川茶经过号称天险的蜀道，从成都府、利州、兴州入陕，再经凤州转运至熙、秦地区，沿途运输运役沉重，费资浩大，成为关系茶马贸易兴衰的关键问题。苏辙《论蜀茶五害状》中有具体生动的描写："蜀道行于山溪之间，最号险恶，搬茶至陕西，人力最苦。元丰之初，以成都府路厢军数百人帖铺搬运，不一二年，死亡略尽。茶官遂令州县和雇人夫，和雇不行，即差税户，其为骚扰，不可胜言。后遂添置茶铺，十五里辄立一铺，招兵五十人，起屋六十间，破官钱一百五十六贯，益以民力，仅乃得成，今置百余铺矣。若二百余铺皆成，则是添兵万人，岁费衣粮二十万贯……茶递一人搬运四驮，计四百斤……往还山行六十里，稍遇泥潦，人力不支，逃匿求死……沿途号为纳命。"② 在这种沉重的劳役下，茶铺"卒亡马死相寻"，导致"茶运不逮，靡费步乘，堆积日久，风雨损烂，弃置道左，同于粪壤"，亟待进行调整和改革。元祐以后，开始对川茶搬运制度进行改革，于成都府设排岸司，兴州长举县设装卸库，凤州、绵州、利州、兴元府等地及所属州县设转搬库，负责储藏和批发，实行支运；并改革转运及签军募役的具体办法，使川茶搬运问题得到大大改善。

确定茶马比价的原则。茶马比价是茶马贸易活动中的一个关键环节，对贸易双方的利益进而对交易的成败及其可持续性都有重要的影响。茶马比价随着供求关系等因素的变化而一直处于变动之中，朝廷为保障茶马贸易的发展，确定了"随市增减，价例不定"的灵活原则，符合商品流通的客观要求，具有积极的意义。元丰年间，茶马来源充裕，每驮百斤茶价约约25至30贯，可易马1匹。随后川茶价格下跌，到宋徽宗时，平均两驮半茶叶方可易马一匹。根据崇宁四年（1105）公布的茶马比价，

---

① 《宋会要辑稿》职官四三之六六。
② 苏辙：《栾城集》卷三十四《论蜀茶五害状》，上海：上海古籍出版社，1987年。

名山茶每驮78贯533文；四色纲茶的瑞金芽129贯413文，洋州茶70贯533文，万春茶87贯36文，基本上增长了3倍。马价则分为九等，良马三等，纲马六等，良马上等每匹折茶250斤，中等220斤余，下等220斤。纲马六等每匹分别折茶176斤、169斤、164斤、154斤、149斤、132斤。茶马比价的确定有助于茶马贸易的稳定发展。南宋时期，马源减少，川茶实行卖引法，失去了垄断控制，于是茶马比价出现较大波动，"宕昌四尺四寸下驷一匹，其价率用十驮茶"，马价上涨十倍之多。

规定茶马贸易年额。熙宁七年，李杞定陕西买马数额15000匹。元丰年间，确定20000匹之制。元祐年间，黄廉定额18000匹，宋徽宗又恢复20000匹的旧规。至于茶叶数额，元丰初，定博马茶额20000驮，后增至40000驮，徽宗时甚至增加到50000驮。按照元丰四年所定陕西诸路买马茶额，秦州6500驮，熙州10900驮，岷州4000驮，通远军7600驮，永宁寨6000驮，河州1500驮，合计36500驮。尽管随着茶马比价的波动，博马及博马茶额有所变化，但茶马贸易年额的规定，还是有利于控制贸易规模和维持市场繁荣的，同时也表明这种官方互市贸易的制度化。

总之，宋代茶马贸易的组织管理制度在茶马交易的实践过程中逐步得到调适和变通，已经达到相当严密的程度，这无疑会反过来对茶马贸易活动产生积极的影响，促进中原与西北地区的经济交流，并为后世茶马贸易提供有益的借鉴。

三、茶马贸易的演变

宋代的茶马贸易，自熙宁七年大规模展开之后，封建官府非常重视，采取一系列政策和管理措施，保证茶源，招抚番族，加强互市贸易。经过宋神宗、宋哲宗、宋徽宗三朝的刻意经营，革弊兴举，贸易额不断扩大，在当时社会政治和经济生活中产生了很大影响。北宋末年，国事日非，茶马之制亦每况愈下。南渡后，陕西、熙河地区相继丧失，"凡战马，悉仰秦、川、广三边焉"，且废川茶榷禁，尽管朝廷出于军事需要很重视茶马之政，但茶马贸易依然走向衰落而不能复振。

《宋史·兵志》记载："市马分为二：其一曰战马，生于西陲，良健可备行阵，今宕昌、峰贴峡、文州所产是也；其二曰羁縻马，产西南诸蛮，短小不及格，今黎、叙等五州所产是也。"前者主要是为了保证军事和边防需要，后者则主要是为了安抚少数民族，加强对西南地区的羁縻统治。这里着重谈论西北地区的战马市场。

"秦州接连熙、河州及青唐羌界，乃自古产良马之地。宋朝以茶易马，于秦州置提举茶马司，凡中国战马，皆自此路得之。"①也就是说宋代以茶易马，马的来源主要是今甘肃、青海地区的吐蕃等族，这里物产丰饶，马羊成群；而这些游牧民族"食肉饮酪，故贵茶"，甚至"恃茶为命"，这样两相需求，互通有无，为茶马互市奠定了坚实的客观社会经济基础；加上主观条件具备，"可以加速和延缓经济发展及其政治和法律的结果"的专制政府高度重视，采取有效措施优待番族，促进交易，简化手续，给以便利，使得宋代的茶马贸易从一开始就很快繁荣起来，每年市马至一二万匹。后来黄廉、程之邵等相继主持茶马之政，使茶马互市持续发展。元祐年间程之邵主管"秦蜀茶马公事，革黎州买马之弊，岁以中秋为市，市四月止，以羡茶入熙、秦易战骑，得良马益多"。元符年间他再度主持茶马，每年"市马至万匹，得茶课四百万缗"，不仅有效保证了战马的供给，而且为政府财政增加了一大笔收入，从而使茶马司为世所重，有"富甲天下"之说，茶马官员也成了手握重权、地位显赫的人物。这里把北宋时期茶马贸易的市马数额列表如下，以便了解其发展轨迹：

北宋时期茶马贸易市马表

年代	易马数量	资料来源
熙宁十年（1077）	实买1500匹	《宋会要辑稿·职官》四三之六七

---

① 刘挚：《忠肃集》卷八《燕魏杂记》。

续表

元丰元年（1078）	实买 1500 匹	《宋会要辑稿·职官》四三之六七
元丰三年（1080）	实买 1500 匹	《宋会要辑稿·职官》四三之六七
元丰四年（1081）	岁额 20000 匹	《宋会要辑稿·职官》四三之六八
元丰五年（1082）	实买 14700 匹	《宋会要辑稿·职官》四三之六八
元丰六年（1083）	实买 16100 匹	《宋会要辑稿·职官》四三之六八
元丰七年（1084）	实买 12000 匹	《宋会要辑稿·职官》四三之六八
元祐元年（1086）	岁额 1800 匹	《续资治通鉴长编》卷三八一
元符末年（1100）	实买 10000 匹	《宋史》卷三五三
崇宁四年（1105）	实买 20000 匹	《宋会要辑稿·兵》二四之二八
大观二年（1108）	岁额 20000 匹	《宋会要辑稿·职官》四三之九二
宣和三年（1121）	实买 22834 匹	《宋会要辑稿·职官》四三之一○一
宣和五年（1123）	实买 21940 匹	《宋会要辑稿·职官》四三之一○二

　　从表中可见，北宋以茶易马数额大致在一二万匹之间，相对比较稳定，足见当时互市之兴盛。与其后的明清茶马贸易相比，其易马数额也可以说是空前绝后的。

　　宋室南渡后，形势发生了极大变化，茶马贸易得以进行的马源、茶利都成了问题。建炎四年富平战败后，陕西地区、熙河地区相继丧失，战马的主要来源断绝了。绍兴三年，节制阶州、文州军马吴璘"始以茶防招致小蕃三十八族，以马来市，西马复通"。次年，统制熙秦两路军马关师古以战马缺乏，请求支拨川茶，于洮、岷博马，朝廷始命四川宣抚司支茶易马，恢复了秦州茶马司的互市贸易，但是已仅仅局限于西和州的宕昌寨、阶州的峰贴峡买马场了，规模已非昔日可比。加上这时的茶叶价格相比北宋陕西茶价已经日落千丈，"宕昌之茶贱如泥土"，从而使得茶马贸易难以进行，茶马司不得不以银、绢买马，"银宝多出外界，甚非中国之利"，"马政之弊不可悉数"。

　　与此相关的是川茶垄断控制权的丧失，使茶马贸易失去了茶源保障。建炎元年，成都府路转运判官赵开上言茶马五害，奏请罢除川茶榷禁，实行商专卖的卖引法。虽然是变茶息为茶税，朝廷茶利没受什么损失，但国家对于川茶的控制却大大松弛了，这不能不说是导致南宋茶马贸易衰落的一个重要原因。

南宋秦州地区茶马贸易市马表

年代	易马数量	资料来源
建炎三年（1130）	实买 20000 匹	《宋史》卷三七四
绍兴十五年（1145）	实买 3800 匹	《建炎以来系年要录》卷一五四
绍兴二十七年（1157）	实买 4100 匹	《宋会要辑稿·职官》四三之一〇九
乾道元年（1165）	实买 4150 匹	《宋会要辑稿·职官》四三之一一〇
乾道八年（1172）	岁额近万匹	《宋会要辑稿·兵》二三之九
乾道年间（1165—1173）	岁额 5900 匹	《建炎以来朝野杂记》
庆元年间（1195—1200）	岁额 6120 匹	《文献通考》卷六二
嘉泰末年（1204）	岁额 7798 匹	《文献通考》卷六三

除了陕西沦丧之前的建炎三年易马 20000 匹外，整个南宋时期每年市马数额已经下降到了 5000 匹左右。为了弥补战马的不足，南宋积极在四川、广西等地购买羁縻马以应急需，数量甚至超过秦州购买的马匹，南宋利用其中部分较好的羁縻马供应川陕驻军、江上及京师诸军，成为南宋王朝军马的主要来源之一。

四、茶马贸易的意义

作为中原汉族农业区与西北少数民族游牧区之间经济交往的一种重要形式，茶马贸易在客观上符合蕃汉各族人民的共同利益，因而世代相袭，存在了千年之久。在长期的发展过程中，对于促进统一的多民族封建国家的发展和稳定，对于加强内地和西部边疆的友好往来和经济交流，丰富和发展各民族人民的经济和社会生活，都具有积极的意义。

在经济方面，茶马贸易推动了汉族农业区与西北、西南各兄弟民族之间的经济交流和发展，丰富了边疆各族人民的物质生活，从而也有利于边疆地区的开发建设。茶与马在农牧两大经济部门中都占有很重要的地位。长期的大宗贸易必然刺激商业性农业和畜牧业经济的进步。马有销路，茶有来源，既促进了游牧经济的发展，也改善了游牧民族的日常生活；而茶马贸易也打开了蜀茶的销路，激发四川茶叶生产的持续增长，产量居于全国首位。这样互通有无，调剂余缺，丰富了各族人民的经济和社会生活,促进了社会生产力的发展。值得注意的是,伴随着茶马互市,也带动了其他生产、生活必需品的商品流通。各少数民族组成的庞大的互市通商队伍,带着马匹及其他畜牧产品,交换茶叶及其他绢、绵、布、盐等生活用品,这种交流和互市持续频繁进行,像一根经济纽带把蕃汉各族人民联系到了一起,从而成为社会尤其是边疆社会进步的巨大推动力,特别是生产工具和技术、科学文化的传播与渗透,对于加速边疆地区的经济开发、社会进步,加快封建化的进程都有不可忽视的作用。

在军事方面,茶马贸易使宋朝军队有了战马的来源,从而为加强军事防务,在与辽、夏、金对峙的局面中得以保持稳定和发展起到了极其重要的作用。在古代社会,"国之大事在戎,戎之大事在马",充足的战马是获得军事胜利从而决定国家兴亡的关键因素之一。两宋时期,北方和西北方面始终面临着威胁,这一问题更加突出。北宋战马专仰熙河地区,每年一二万匹战马补充进来;南宋战马来自川、秦、广三边特别是川、秦地区,大约一万匹战马和羁縻马成为军马的主要来源。因此,有学者指出:"没有川茶同川、陕、甘、青等地少数民族进行的茶马贸易,也就没有宋朝的战马。没有战马,宋朝就在军事上丧失了同西夏、辽、金、元政权抗衡的力量。"[①]

在政治方面,茶马贸易在一定程度上维护和加强了社会安定、民族团结和多民族封建国家的统一、巩固和发展,从而成为维系中华民族共同体的一根重要纽带。茶马贸易的实施,封建王朝的主观愿望是"内充军力,外驭诸番",但从根本上说是各族人民的客观需要和政治经济愿望所决定的,然后通过频繁而持续的互市活动,各族人民在经济文化上融为一体,"番夷仰我之心重",进而在政治上达到统一,在客观上成为历朝统治者对周边少数民族实行羁縻统治的手段。宋代茶马贸易主要在熙秦地区和四川地区,在西北地区的吐蕃等族通过茶马贸易的经济交流,

---

① 贾大泉、陈一石:《四川茶业史》,第92页,成都:巴蜀书社,1989年。

很快接受和承认宋朝在这个地区的统治，并共同抵御西夏的进攻，从而维持了宋朝在这个地区的稳定的政治局面。四川地区的羁縻马交易本来就是为安抚西南少数民族，保持边境安宁。正如南宋袁抗所言："朝廷与蛮夷互市，非所以取其利也。今山前后五部落仰此为衣食，一旦失利侵侮，不知费直几马也。"①宋朝在这里进行茶马交易，同时设置羁縻州，封赏其首领，允许其朝贡，这些措施相互为用，从而使"边民不识兵革，垂二百年"，"素效顺，捍御边陲"，各族人民和谐相处，社会安定，经济文化得以发展，也使宋朝有了一个稳定的后方。南宋孝宗时，黎州青唐羌因宋朝一度中断茶马贸易，遂聚众扰边，以武力要求恢复互市贸易。就连与北宋对峙的西夏，因元昊侵扰宋境，断绝经济交往，西夏人民得不到茶叶供应，激起不满，编成歌谣道："食无茶，衣帛贵……"最终迫使元昊与宋朝议和，引进茶叶。这两则故事生动地反映了广大人民渴望和睦相处和互通贸易的强烈愿望，深刻地说明了茶马贸易对宋代西北少数民族的发展和民族融合、封建国家的统一和巩固具有何等重要的意义。因此，茶马贸易被后来的封建统治者奉为"制西番以控北虏之上策""实我秦陇三边之长计"。从这个意义上讲，从宋代正式形成的茶马互市制度对于我们今天统一的多民族国家的形成和发展是有其独特贡献的。

（本文原载《河南商业高等专科学校学报》2000 年第 4 期）

---

① 《宋史》卷三〇一《袁抗传》。

明代茶马贸易的展开及其管理制度

我国古代的茶马贸易，源于唐，成于宋，而盛于明。明代的茶马贸易制度详备，互市繁荣，持续始终，成为制番、实边、裕国至"国家大经"、"制西番以控北虏之上策"；同时，随着国力的转衰和社会商品经济的发展，具有变通与开放的历史趋势和时代特征。因此，在古代西北茶马贸易史上，明代具有划时代的典型意义。

一、明代茶马贸易的展开

明代茶马贸易是唐宋以来茶马互市的历史延续。茶马贸易是指居住在西北地区的藏族等游牧民族用马匹同中原地区交换茶叶的一种较大规模的贸易活动。作为联系中原汉族农业区与西北边疆游牧区的一条重要的经济纽带，它起源于茶叶经济大发展之后的晚唐时期。由于"茶道大行"，茶利大兴，茶叶经济被纳入了封建赋税和禁榷的轨道。封建国家对茶叶这种"不可一日以无"的生活必需品的垄断经营，其初旨仅限于"充裕国用"的财经方面；后来才与军政及边防联系起来，利用西北游牧民族"腥肉之食,非茶不消;青稞之热,非茶不解"而视茶为命的生活特点,实行茶马交易,以充实军力,加强边疆统治。从历史记载来看,茶马贸易最初出现于唐德宗贞元末年,时"回纥入朝,大驱名马,市茶而归"。但尚未形成定制,具有偶然性。北宋初年亦行榷茶,熙宁年间始大规模运边易马,并置都大提举茶马司专理其事,形成了较为切实可行的茶叶专卖及搬运制度,并制定贸易年额和茶马比价,严禁私贩,以保证茶马交易的稳定发展和垄断统制。经过神宗、哲宗两朝的刻意经营,建立起较为完备的茶马贸易制度,从而标志着我国历史上茶马互市政策的正式确立。蒙古族所建的元朝实现了空前而短暂的大统一,把包括西藏、漠北、辽东在内的广袤版图置于直接统治之下。元朝亦曾榷茶专卖,但由于控制着充足的马源,没有以茶易马的必要。至明初始承唐宋遗制,将茶法与军政、边政有机结合起来,在从川西、朵甘、乌思藏一直向北至哈密、吐鲁番,以洮州、河州、西宁为中心的广大区域内开展茶马贸易,将这一制度推向空前完备的境地,成为"内充军实、外驭诸蕃"的"军国要务"、"西鄙重事",并持续发展,"直与明朝相始终",从而使明代成为古代茶马贸易的高峰期。

　　明初茶马贸易迅速兴起与繁荣还有其特殊的社会环境。除了以榷茶和易马增加财政收入以"充裕国用"而外,主要是企图利用这一经济手段"因其利而利之",交易番马,加强军事力量,并以此羁縻之法达到控制西北、孤立和打击蒙古残元势力的目的,为统一大业的完成与巩固创造条件。当时天下未定,西北地区的藏族及其他少数民族"尚多观望",残元势力据于北部边疆,于是明朝统治者制定了西抚番夷、北御蒙古的战略决策,对西北各游牧民族的上层大加笼络,遣使抚谕,厚加赏赉;设立卫所,"皆命其酋长为之";并"因其俗尚,用僧徒导化为善",大封国师、法王、禅师;还通过朝贡、赏赐、互市等方式加强经济联系,使"彼势既分，又动于利，不敢为恶"。①而其中的茶马贸易无疑是"最为得策"的，一方面，它可以利用游牧民族对茶叶"不可须臾或离"的生活特点，达到控制西北地区的目的，如刘良卿所说："国家设立三茶马司收茶易马，虽所以供边军征战之用，实以系番人归向之心"。"故严法以禁之，易马以酬之，禁之使彼有所畏，酬之使彼有所慕。所以制番人之死命，壮中国之藩篱，断匈奴之右臂者，其所系诚重且大，而非可以常法论也。"②另一方面，通过茶马贸易，"摘山之利而易充厩之良"，以所交换的大批茶马供应征战急需，加强抗击蒙古、统一中国的军事力量。"高皇帝时，南征北讨，兵力有余，惟以马为急，故分遣使臣，以财货于四夷市马。"③早在至正二十一年（1361），吴政权便行茶法；明朝建立后，又榷川陕之茶，"贮边易马"。可见，茶马贸易是裕财、实军、制夷一举三得的方式，是"固番人心，且以强中国"的一本数利的经济政策，故明人每每称道"以是羁縻之，贤于数万师远矣"。正是基于茶马贸易的这些特殊作用及明初特定的社会历史环境，明代的茶马贸易迅速兴起了。

总之，明代茶马贸易是适应当时的社会历史环境、继承唐宋旧制、由封建国家运用政权力量迅速建立和发展起来的，无论是贸易制度，还是互市本身都达到了空前的水平。但是随着明中叶以后国力的转衰及商品货币经济的发展，这种作为封建政治和军事附庸的官市贸易形式也必然走向萎缩，而代之以民间自由贸易的滋长与繁兴，这又是明代茶马贸易发展与变革的又一侧影。

二、博马茶的来源

茶、马是茶马贸易的核心商品，在农牧两大经济部类中占有极其重

---

① 《明史》卷三百三《西域二》。
② 《明经世文编》卷一百八。
③ 王世贞：《弇山堂别集》卷八十九《市马考》，北京：中华书局，1985年。

要的地位。要维持这种贸易的持续稳定和兴隆,源源不断的茶、马供应是必要的前提条件,那么对茶源和马源的控制就成为不可忽视的问题。因此在论述茶马贸易制度之前,有必要对此加以说明。

茶马贸易的马源可以依据纳马番族的分布地域来说明。《明史·食货四》:"自碉门、黎、雅抵朵甘、乌思藏,行茶之地五千余里,山后归德诸州,西方各部落,无不以马售者。"大致包括今天的西藏、青海、四川、甘肃和新疆的一部分。这里是藏、蒙、回、撒拉等游牧民族的聚居区,盛产名马,且"产马多而驯良",一直是我国马匹的主要产地,从而为茶马互市提供了充足的良马来源。对此本文不拟多述,下面着重谈谈博马茶的来源及相关问题。

首先是川陕官茶。

纵观有明一代茶法,我认为从广义上讲,官茶就是指国家为充裕国课和贮边易马而从各产茶地方征收的本折各色茶课,狭义上讲则专指川陕本色茶课。这是明代前期茶马贸易的主要茶源。

四川和陕西邻近西北边陲,又是传统的产茶区,因此一向是古代西北边销茶的重要供应地。国家茶政亦最重川陕,自宋代始川陕与东南即形成了两个不同的茶法体制,明代亦"惟川陕茶课最重",建国之初便建立了茶课制度。洪武四年(1371)十二月,户部定陕西汉中茶课,"每十株官取其一,民所收茶官给直买之……每五十斤为一包,二包为一引,令有司收贮,令于西番易马"。① 次年二月,又依此例定四川茶课科则。至于官地茶即明初的无主茶园由军士或民人承种者,则"以十分为率,官取其八"。② 每年茶课总额,四川 100 万斤,陕西 26826 斤。同时严禁内地茶叶流通,并实行"民有余茶,官买之"的统购政策,从而为官府贮积了大量的茶叶,以便交易番马。洪武二十二年,仅天全六番及碉门茶课司所贮茶竟达 250 余万斤。这就为茶马贸易提供了十分充足的茶源,

---

① 《明太祖实录》卷七十。
② 《明太祖实录》卷七十。

从而为互市的繁荣及对西北游牧民族的羁縻统治提供了物质基础。

明初川陕所征官茶皆"令有司收贮",各产茶府、州、县、卫所、土司等均贮本地官库,或别立茶仓。当然,碉门等地的茶课司、茶马司也是官茶的主要贮积地。但是由于官茶贮积得越来越多,问题便产生了:各府、州、县、卫所分散贮存不仅不便于茶的运输,亦不利于茶的集中和保藏,这就必然导致贮茶制度的改革。洪武三十年七月,命户部"于成都、重庆、保宁三府及播州宣慰司置茶仓四所,贮茶以待客商纳米中买及与西番商人易马"。① 仓设仓正、仓副及仓吏数人。次年,又诏四川布政司移文天全六番岁征茶课仍输碉门茶马司,其余各地茶课就近送新仓收贮。至于陕西,茶叶主要产自汉中一府,俱贮府库以备定期运往秦州进而交付三茶马司。这样官茶贮积的制度化,并设官专理,有利于结合茶叶自身的特点集中收贮,从而为官茶转运易马、赏番提供了便利条件和质量保障。

历代茶马贸易均赖川陕官茶,然川陕甘青一带崇山峻岭,道里险远,茶叶从各地茶仓至茶马司的输运便成为突出的问题。明朝政府汲取前代的经验教训,实行官运法,由官方佥派军民充役运茶,以加强对茶运的直接控制。弘治年间的茶马御史杨一清曾追述洪武、永乐年间运茶旧例道:"三年一次番人该纳差发马一万四千五十一匹,价茶先期于四川保宁等府约运一百万斤,赴西宁等茶马司收贮……合用运茶军夫,四川、陕西都布二司各委堂上官管运,四川军民运赴陕西接界去处交与陕西军夫,转运各茶马司交收。户部请旨于京堂上官内点差两员,赍敕前来会同陕西守镇官员整理。"② 这是在京官和地方官府的管理监督之下实行的支运方式。为了便利茶运,还在巩昌府骆驼巷梢子堡、高桥火钻峪、临洮府伏羌、宁远设置四个茶运所,设官专理,每处茶夫100名,承担从巩昌府到各茶马司之间的茶货搬运。这是明初以官运为主的时期。由于茶源充

---

① 《明太祖实录》卷二百五十四。
② 《明经世文编》卷一百十五。

足，运茶及时，促进了茶马互市的繁荣。自宣德以后，进入了官运、商运并存和消长的过渡时期，官运不济和私贩盛行给茶市贸易带来严重后果，因而逐步向商运法过渡。至弘治三年（1490）实行大规模招商中茶，从而使"官运变为商运矣"，即利用商人的力量来维持茶市的稳定，但同时商运制度的确立也标志着官府对茶叶流通控制的削弱。

实际上，正是同茶运方式演化的轨迹基本一致，私茶日盛，官市贸易日衰，茶课改折，茶仓裁革，后来茶运所也被革去。自中叶起四川茶运基本停止，易马"止取汉中等处民茶及巡获私茶以充用"，尽管当时汉中茶叶生产发展很快，茶课倍增，但仍远不足易马之用，太仆寺银两有很大部分用于买马，这与明初的茶马贸易已不可同日而语了。至万历中，陕西茶禁亦开，茶课改折，尽管不久复征本色，但博马茶已主要靠商茶和私茶了。

其次是商茶、私茶和湖茶。

商茶，指由商人合法经营和经办的茶叶，包括茶商依照引法所支取的茶叶以及封建国家召商开中的抽分茶叶，这也是博马茶的一个重要来源。《明史·食货志》即载："有官茶、商茶，皆储边易马。"尤其是明代中叶商运法和开中制创行以后，商茶在茶马贸易中更占有举足轻重的地位。每岁召商报中，运至茶马司或四六，或对半分配，除给商自卖部分外，余贮司以待易马。如弘治三年御史李鸾奏请开中商茶104万斤，官收其十之四，得茶40万斤，易马4000匹。后来茶马御史杨一清召商买运，岁得茶五六十万斤，易马万匹。自官茶逐步改折后，商茶便成为交易番马的主要茶源。开中商茶是维持明中后期茶马互市的局面而不致迅速衰败不可缺少的重要前提。

私茶，有明一代厉行私茶之禁，凡犯者治以重律，货物入官，这部分捕获私茶一般都用于易换番马，是茶马互市的茶源之一。王廷相在《呈盛都宪公抚蜀七事》中谈到嘉靖年间的私茶之盛："商旅满于关隘，而茶船遍于江河，权要之人每私主之以图利。迩者巡按卢公稍一盘诘即得十数余万,则平日可知也。"① 巡获私茶解司易马。嘉靖中,汉中仅岁用搬运私茶脚价即达60两,若依课茶运价推算,每年汉中解边私茶在5000斤以上。万历十五年,巡茶御史祝大舟称陕西年例私茶马140匹,那么岁解私茶也有10000余斤。总之,在明代中后期茶马交易不够景气的情况下,入官私茶也是支撑茶市局面的力量之一。当然,由于茶禁松弛,巡获私茶较之大量的走私茶叶不过沧海一粟而已。

湖茶,即湖广地区所产的茶叶。从经营形式来讲,易马茶可分为官方控制的官茶、召商买运的商茶和入官的私茶;而从地域上讲,则又有川茶、汉茶和湖茶之分。由于湖茶的情况比较特殊,故专门论列。湖茶在明中叶以后逐渐发展崛起,且以其产量丰富、价格低平、味苦醇厚、酥酪相宜等优长具有很大的竞争力,颇得茶商和西北游牧民族的青睐。而且当时"汉中、保宁不尽产茶,而西、紫、通、巴仅足小引食用"②,故湖茶充滞流通领域,以致"市马之茶取办于湖南,而川陕之茶反成为余茶"。③ 这样不仅与祖制相违,更重要的是湖茶大行也助长了私贩和假茶之弊,从而在朝廷上引起了广泛争议。最后在万历二十五年(1597)折中其议,准以汉引为主,湖引辅之,从此湖茶通行更具有合法性,成为茶马互市中不可忽视的茶源之一,一直到清初仍然酌量趱运湖茶,以为"裕国苏商之至计"。

三、茶马贸易的组织与管理制度

明朝政府非常重视茶马之政,每视为"国家要务""西鄙重事"。为了保证茶马流通无阻,互市稳定繁盛,确立和实施了一系列组织和管理制度。其中如茶叶征课、贮积和搬运、勘合贸易、召商开中等我们已在

---

① 《明经世文编》卷一百四十九。
② 《明神宗实录》卷三百八。
③ 《明神宗实录》卷一百六十一。

另文中论及，此处仅就以下几个问题略作考述：

一是茶马司制度。

茶马司是专门管理茶马贸易的机构。宋代曾置都大提举茶马司专理榷茶易马之事，官品甚高。明代更加强了茶马司制度。《明史·职官志》记载："茶马司，大使一人，副使一人，掌市马之事。洪武中，置洮州、秦州、河州三茶马司，设司令、司丞。十五年改设大使、副使各一人，寻罢洮州茶马司，以河州司兼领之，三十年改秦州茶马司为西宁茶马司。又洪武中，置四川永宁茶马司，后革，复置雅州碉门茶马司。"而综合诸书所载，陕西尚有甘州（一作甘肃）茶马司、岷州茶马司和庄浪茶马司。诸司置废情况：洪武五年二月置秦州（今天水）司，不久置洮州（今临潭）司，七年十月置河州（今临夏）司，十六年七月罢洮州司而以河州司兼领。八月置永宁（今叙永）司，十五年正月罢之，寻置碉门（今荥经）司。三十年，从长兴侯耿炳文请改秦州司为西宁司，迁其治于西宁卫地，以便西番诸族就近纳马互市。永乐九年（1411），复置洮州司，十一年五月又设甘肃茶马司于陕西行都司地，正统七年以马不敷额，官茶积滞而裁革。至嘉靖四十二年复设甘州司，以便招易番马给边。万历二十九年，陕西巡按御史毕三才奏复汉中课茶时道："西宁、河、洮、岷、甘、庄浪六茶司，共易马九千六百匹，著为令。"可见又有岷州、庄浪茶马司。同年，兵部复诸司易马之数：西宁3200匹，河州3040匹，洮州1800匹，岷州160匹，甘州1000匹，庄浪800匹。可知岷州、庄浪二司规模较小，在茶马交易中持续时间不长，影响与作用有限。尤其是岷州最小，而且多与洮州合称洮岷，故在明代奏疏及清代文献、方志中多记载为"五司"，如毕三才所谓"商人绝迹，五司茶空"，王家彦所谓"五司所积之茶，易马赏番"。[①]
在上述茶马司中，西宁、洮、河、碉门四司持续时间较长，在贸易过程中占有重要地位。茶马司的官品起初较高，司令、司丞分别为正六、七品；

---

① 谷光隆：《明代马政的研究》，第90页注4，京都大学东洋史研究会，1972年。

洪武十五年改设大使、副使，降为正、从九品。其主要职责是收贮内地运来的官、商茶叶，定期招番互市，严禁通番私易，以保证官市贸易的正常发展，并将每年所用茶及所易马数册报朝廷，马匹依例分于边卫骑操或发苑马寺牧养。

二是巡视监察制度。

派遣专门官员巡禁私茶、督理茶马，是明代茶马制度的一项创新。洪武五年，置四川等处茶盐转运司于成都，旋罢。时遣内官朝臣携茶货入番市易，加强对茶马互市的强制性统治；并屡诏五军都督府、兵部、王府发军守关，加强禁约。洪武三十年，令自三月到九月差行人四员于陕西河洮、四川黎雅等地省谕把关头目，禁绝私贩出境，半年之内，共派24员。永乐中改为月遣行人巡视，往来旁午于道。至宣德末年乃定"三月遣行人一次，庶免沿途供费"。景泰初，以川陕兵荒相仍，停止运茶易马，同时罢行人巡察之制，令布政司委官往来禁约。自此洪武以来的行人制度基本结束。而且由于茶马贸易重心的转移，四川、陕西的茶政巡察制度具有不同的内容和特点。

在陕西，巡察制度日益加强、完善和稳定。成化三年（1467），以"行人职卑言轻，势难禁制"，遣御史一员于陕西巡茶，岁一更代。后或御史，或行人，或抚按官例有反复，至十四年御史巡茶制度基本稳定下来。后将茶马司官吏的考核也置于巡茶御史的职权范围之内。弘治十六年，取回巡茶御史，凡一应茶法悉听马政御史兼理。次年又令陕西按察司每年选宪臣一员驻临洮府巡禁私茶，一年满日择一员交代；并将四川夔州、东乡、保宁、利州等靠近陕西边境地区亦归督理马政御史管辖。正德二年（1507），杨一清奏准以巡茶御史兼理马政茶法二事，三岁更代，著为永例，最终确立了御史巡督茶马制度，成为明朝中后期及清代前期相沿不革的定规。

至于四川巡茶之制，在景泰、天顺间仍差行人如故。此后不断变更而趋削弱。成化七年，罢差行人而令按察司分巡官往来禁约。弘治末将川陕边界划归巡茶御史管理，而其他地区如松潘、黎雅则由巡抚稽察。嘉靖四年，茶法归水利佥事代管，而令重夔、南安绵、建昌松潘诸兵备道分别职守，委官管理。后又曾将驿传、茶法、水利合为一道；复将屯盐、茶法、水利、驿传四者合为一佥事，统归清军副使管理。这是由于四川茶法在国家政治经济中的地位日趋下降，其管理制度也逐渐削弱和降格。

三是确定茶马比价。

茶马比价是贸易双方经济利益的体现，其增减波动是受价值规律制约的。但封建国家控制的官市贸易往往由官方规定比价。虽然这些价格并非完全与市场供求关系相符，带有不等价贸易性质，但它毕竟具有稳定市场的作用，也表明贸易的制度化。

茶马价格受市场供求影响，也就是说私茶之禁与弛将予以深刻的影响。如洪武中易马一匹，官价最高也不超过120斤。而永乐初，私茶多而禁弛，碉门茶马司用茶80000余斤，仅易马70匹。同时，茶马比价还受到互市地点、官府控制的强弱程度以及其他因素的制约。明代前期茶马比价变动比较频繁，如洪武十五年定永宁司互市比价依河州例为：上马40斤，中马30斤，下马20斤，这是文献记载中官定的最低价，可能是出于马源充足。不久，定乌撒、乌蒙、东川、芒部市价：一匹马给布30匹，或茶百斤。二十二年，严州卫奏定黎雅一带市价：上马120斤，中马70斤，驹50斤。而后贸易实行强制性差发，压低马价，于是曹国公李景隆以茶50万斤易马1300余匹，每匹马约用茶40斤。而根据《明太宗实录》的追述："洪武中以茶易马，上马给八十斤，中马六十斤，下马四十斤。"① 这大概是洪武时期比较通行的比价。永乐初，"递增其数"，却使茶马交易遭受很大损失，乃"严边关茶禁"，并将茶马比价重新官定，有所降低。八年，河州卫之例为：上马60斤，中马40斤，下马递减之。此后有关记载不多，仅弘治三年招商运茶至茶马司，每百斤易上马一匹，

---

① 《明太宗实录》卷六十一。

八十易中马一匹。后杨一清修复茶马旧制，每岁用茶五六十万斤，易马万匹，每马平均需茶五六十斤。平允的茶马比价是保证茶马贸易稳定发展的一个重要经济杠杆，若压低马价，实行不等价交换的民族剥削政策，自然会使"番人抱怨"，不来纳马；而压低茶价，优厚番商，同样会使"奸人利其厚利"，破坏茶法。

四是规定贸易年额。

与制定茶马比价一样，这也是官府维持和控制茶马互市发展规模的又一措施。洪武中实行金牌信符的勘合贸易制度，规定洮州纳马3050匹，河州7750匹，西宁3050匹，总计三年一次征发茶马13805匹，每年平均在4600匹左右。诸书记载各异，但大都在14000匹左右。这大致是洪武至正统间茶马贸易的年额。自正统末金牌废弛，茶马贸易基本停滞了20年。后来互市复开，亦因成化、弘治间赈饥实边，影响了贸易的茶源。弘治三年，岁易马4000匹，旋即转衰。至杨一清改革，四年易马19077匹，每年平均4769匹，比之明初"似过其数"。而正德初御史翟唐"一年之间所收茶至七万八千二百余斤，所易马至九千余匹"。① 此后至嘉靖初，由于茶法变化和蒙古入侵西边，影响了茶市的正常活动。十三年，定开中八十万斤之例，加上课茶、私茶约九十万斤，这样官商对分，以茶百斤易马一匹计算，亦可得马4500匹左右。嘉靖中期以后，开中额又增，商茶壅滞，乃压缩开中之数为五六十万斤。新建甘州茶马司定额800斤。而隆庆五年褚袄奏："洮、河、西宁、甘州四茶司，每年番族共纳马六千五百匹。"② 此例直至万历中仍相沿不革。二十九年："部议：西宁、河、洮、岷、甘、庄浪六茶司，共易马九千六百匹，著为令。"③ 天启时，又加额2400匹，共计12000匹，与此大体相合。这时茶马定额的增加可能是由于当时东西边境大规模战事迭起，而内地种马变卖，马源枯竭，

---

① 《明武宗实录》卷四十五。
② 《续文献通考》卷二十二。
③ 《明史》卷八十《食货四·茶法》。

因此就力图扩大和加强马市贸易,但实际上已很难如数完成。

五是严密笼制。

官茶经过蒸晒,都用统一的笼篓封装,茶叶数量及招番易马多以此计算,因此作为量茶单位和盛茶之具的笼的规制也在流通过程中起着一定的作用。宋代就加强对"盛茶笼篰"的管理,统一规式,遣官专理,严禁使用私笼或擅拆封印,违者杖一百或八十,货物入官。明承其旧,茶马贸易中仍以笼为量,但初期笼制不一,正德十年,巡茶御史王汝舟奏称:"番人市茶不辨权衡,止用笼中马,笼大则官亏其价,小则商病其繁。"乃约为中制,每千斤为330笼,每笼六斤四两,正茶三斤,笼重三斤四两。① 不久,御史樊绳祖以笼绳仅一斤,羡余茶二斤,尽入侵渔,乃令计笼扣报。嘉靖三年(1524),御史陈讲又以商茶低伪,乃分茶为上中二品,上三中七,印烙笼上,书商名以考之。这样茶笼之制基本完备,对于茶叶的商业流通尤其是茶马贸易具有重要的意义。

六是严禁私茶。

对茶叶生产与流通的垄断经营和对私茶的禁止是封建国家茶业经济政策的两个方面,因此茶禁政策是历代茶法的一个重要组成部分。早在唐代就有规定:凡贩卖私茶三次,每次满300斤,即处死刑;长途贩销不论多少,一律处死;受雇搬运私茶及介绍私贩的牙人、园户私卖均酌情处置。宋代更严申茶禁,并派军队巡缉、镇压"茶寇"。明承唐宋旧制而有所损益,在东南地区"皆无榷法",商人请引纳税即可运销,"贩茶不拘地方","独于川陕茶禁颇严,盖为市马故也"。

明代的茶禁政策,从广义上讲包括对茶叶生产者、贸易者、管理者及其他消费者茶业经济活动的限制和禁绝。大体包括以下四个方面:一是加强对园户的控制以杜绝私茶之源。明初规定,民间蓄茶不得过一月之用,茶户私鬻者籍其园入官,并且"初犯笞三十,仍追原价没官,再

---

① 《续文献通考》卷二十二。

犯笞五十,三犯杖八十,倍追原价入官"。① 二是加强对茶商活动的控制,严厉打击私贩通番,以杜绝私茶之流。这是茶禁的中心环节。明初规定私茶罪同私盐,即死刑;"伪造茶引者死,籍没家产,告捕人赏银二十两"。② 后来陆续下令,"贩茶人处斩,妻小入官""凌迟处死,家迁化外,货物入官"。③ 至成化十八年定例,茶禁渐宽,治罪止于充军。三是加强对边境走私的巡缉和稽察,并禁止和惩治守边将吏纵放或私贩,以杜绝茶叶通过边关流入番地,危及茶市贸易。明初屡派官军巡禁私茶,而松潘、黎雅、河州、洮州等边卫及入番关口的巡督稽查更是分内的事。此外,还严格规定:"守把人员若不严守,纵放私茶出境,处以极刑,家迁化外。"④ 这对遏制私茶通番之风起了一定作用。四是限制番族进贡人数,禁止进贡番僧贡使夹带及沿途买贩私茶。可见,明代茶禁政策集前代之大成,已经达到相当周密和完善的地步,并形成了它以川陕地区为重点,以保证茶马贸易为目的的时代特色。从茶源、流通、出境等环节层层限制,节节把关,以期不遗利于番,影响茶市,在一定程度上保障了国家对茶叶经济的垄断经营权和官方茶市贸易的稳定与繁荣。

至此,我们对明朝政府的茶马贸易管理制度作了一番概略性考察,认为明朝从设官司理巡察到制订市易则例都本着杜绝私弊、稳定市场的原则进行干预和调剂,尽管由于文献记述的简略或歧异互见,尚不能考证如期望然,但从中亦不难看出明代统治者对茶马之政的重视及茶市贸易制度的严密化。这无疑会对茶马贸易活动产生积极的影响。

(本文原载《汉中师院学报》1991年第1期)

---

① 《明太祖实录》卷九。
② 《明太祖实录》卷九。
③ 王圻:《续文献通考》卷二十六。
④ 《明太祖实录》卷二百五十一。

略论明代茶马贸易的历史演变

明承唐宋旧制,并适应明初统一事业的需要,在西北地区迅速开展了较大规模的茶马贸易活动,并以此作为有明一代的始终国策,确立了空前完备的茶马贸易制度,而且不时整顿和变通,以期通过这一特殊的手段,达到"羁縻戎心,充实边厩"的目的,即企图通过内地的茶叶控制边区,而通过边马来强化对内地的统治。正如张翰所谓:"北虏有马市,东夷有市舶,而西番亦有茶市,皆以通华夷之情,懋迁有无,收商贾之利,减戍守之费,以夷所欲售易中国所欲得,法无良于此者。"①

纵观明代茶马贸易发展演变的全过程及其特点,大致可以分作如下四个时期:第一个时期从洪武初年至正统十四年金牌信符制度废弛为止,是茶马贸易迅速兴起和繁荣时期,其特点是具有较强的官方强制性质;第二个时期自景泰初年至弘治年间,是茶马贸易中衰和式微期;第三个时期自弘治末至正德初,是短暂的调整改革期;第四个时期自正德中至明末,是再度衰落期,官市贸易虽几经调整,仍无法改变其江河日下的趋势。

---

① 张翰:《松窗梦语》卷三《西番纪》。

发展期（1372—1449）

明代茶马贸易肇始于洪武五年，尽管四年已课陕西茶，令官贮以易番马，但只能说是茶马贸易的准备工作之一。至五年二月，"诏有司定税额，设茶马司于秦、洮、河诸州，自碉门、黎雅抵朵甘、乌思藏行茶之地凡五千余里，于是西方诸部落之市马者悉至"。① 从此以迄正统末年土木之变发生，北方局势持续动荡，"以番人被北虏侵掠，迁徙内地，金牌散失，诏止金牌不给，听番族以马贡"。② 这是官府控制的贸易时期。因为以推行强制性差发的金牌信符制度为主要形式，故亦可称为金牌制时期。

明朝建立之初，群雄割据的局面尚未结束，军事斗争方兴未艾，茶马互市与其说是为增加财政收入而兴，毋宁说是统一战争的急需。为此明初统治者便运用国家政权力量，促使这一经济贸易形式迅速兴盛起来。当时不仅以茶货易马，且利用其他物品如罗绮绫帛（布）、盐、银、青纸、钞等交易马匹，就地域而言亦可谓四面八方，绝不限于西北茶马司。如"纳溪、白渡、顺龙盐马司、洮州卫以盐，庆元裕民司以银、盐，四川松、威、茂三卫以茶、姜、布、纸，叙南、贵州、乌撒、宁川、毕节等卫各市马，又遣使市之琉球、高丽、漠北"。③ 再加上朝贡、孳牧等方式，政府每年得到大量的马匹以供军士骑操征战；并通过茶马互市这一特殊的民族贸易形式加强内地与边疆的经济政治联系，为明朝的统一和巩固创造了条件。

作为明代前期茶马贸易主要形式的金牌信符制度，或称之"马赋差发"，实质上就是披着商业贸易外衣的一种带有强制性的贡赋征发，所谓

---

① 夏燮：《明通鉴》卷四。
② 何乔远：《名山藏》卷五十四《茶马记》。
③ 王源：《学庵类稿·明史食货志·茶法》，见《古今图书集成·经济汇编·食货典·茶部》。

"至我朝纳马谓之差发，如田之有赋，身之有庸，必不可少。彼既纳马而酬以茶斤，我体既尊，彼欲亦遂，较之前代曰互市，曰交易，轻重得失，较然可知"。①但是因为边疆与内地事体不一，封建国家不能直接统治而代之以羁縻政策，马赋差发这一形式与内地赋役也不像杨一清所说的那样完全相同，其差别在于这种"贡赋"是有代价的，即所谓"以马为科差，以茶为酬价"，"茶是本，马是利"，因此我们说这是明朝独创的一种中央政府与边疆地方之间的特殊贸易形式，是封建贡赋在边疆游牧民族地区的变种，是强制性的茶马贸易政策。

（一）金牌信符的勘合制度

金牌原是用于调兵的信符，由"铜涂金为之，长一尺，阔三寸"，是军权的象征。明代金牌之制始于洪武四年，不久就用于勘合贸易。《明史·舆服四》记载："洪武四年始用金牌……尝遣官赍金牌信符诣西番，以茶易马，其牌四十一，上号藏内府，下号降各番，篆文曰'皇帝圣旨'，左曰'合当差发'，右曰'不信者斩'。二十二年，又颁西番金牌信符，其后番官款塞，皆赍原降符牌而至。"每三年一次，"差在京官，选调边军，赍捧金牌信符，往附近各番，招番合符，征纳马匹，酬以茶斤"。关于明初颁发金牌的面数，史料记载不甚一致，比较可靠的数字是四十一面，具体分配为：河州必里卫二十九族二十一面，西宁曲先、阿端、罕东、安定四卫及八哇、申冲、申藏等族十六面，洮州火把藏、思曩日等族四面。但魏焕《巡边总论》及郎瑛《七修类稿》则记总数为四十三，其中洮州地区金牌六面。因这一说法尚无更多的史料佐证，且杨一清曾亲赴西番作过详细考察，他的说法是较有说服力的。另据崇祯十三年兵科都给事中张缙彦奏称："然臣科见贮二面，十二年二月内曾恭进御览，验其字号，一则信字七十三号，一则信字九十号，可见初制主于尽罗诸番，原不止于四十一面也。"②由于

---

① 杨一清：《为修复茶马旧制以抚谕番夷安靖地方事》《明经世文编》卷一百十五。
② 张缙彦：《菉居封事》卷二《马政疏第四》，郑州：中州古籍出版社，1987。

是孤证，尚无法作进一步的阐释。

金牌勘合贸易采取合符交换形式，并以军事力量来保障这种强制征发的实现。这种"差发"的强制性不仅具有定时、定量、定价的特征，而且具有计地计产出马的性质。《甘肃通志稿·军政五》记载："敕西番以马为主赋，定计地贡马法。"叶向高《四夷考》更明确地指出："令番人计产出马，名曰差发。"明太祖朱元璋在几道诏书中将这种差发制讲得颇为具体，洪武十三年二月初定洮州，谕曹国公李文忠和西平侯沐英道："彼中人户多养马匹，务要收拾干净，不可令人作弊，其十八族地方亦养马多……见一户出一马，少有不从，致之严令或迁离本土。"十年六月，谕罕东、毕里等卫："今便差人将俺的言语去开与西番知道，若将合纳的差发认了送来时，便不征他，若不差人将差发来阿，俺着人马往那里行也者。"① 十六年正月，敕松州卫指挥佥事耿忠："西番之民归附已久，而未尝责贡赋。闻其地多马，宜计其地之多寡以出赋，如三千户则三户出马一匹，四千户则四户出马一匹……定为常赋。"② 可见征纳茶马是加强对西北地区的控制以保证军马供应，用行政和军事的力量强制把茶马互市纳入封建贡赋的轨道。

金牌勘合制度从金牌规式、面数分配、定时、定量、定价的合符征发，强行按户佥马等方面都反映出明初统治者对互市贸易垄断控制的进一步加强，从而成为当时特殊历史环境中产生的一项经济政策和民族政策。

（二）金牌勘合贸易的兴衰

金牌制在其半个多世纪的实施过程中，经历着一个由兴起到盛隆，再到时兴时罢、日益衰颓这样一个发展曲线。关于金牌制始行的时间，史籍中有洪武初、洪武中、洪武五年、洪武二十五年、洪武二十六年、洪武三十年等说法，当今学者也有过考证和争论，洪武五年说的依据尚

---

① 《明太祖御制文集》卷九、卷一。
② 王世贞：《弇山堂别集》卷八十九《市马考》。

不足以支撑，而以洪武二十六年说较为妥当。① 由于明朝对西北的平定经历了一个较长的时间，茶马金牌也随着统治地域的增大而逐渐遍及西北各个少数民族地区。洪武二十六年二月，"遣使往西凉、永昌、甘肃、山丹、西宁、临洮、河州、洮州、岷州、巩昌缘边诸番，颁给金牌信符"。② 三十年，为边境地方番族互市之便，将秦州茶马司移至西宁，"降金牌十六面，给曲先、阿端、罕东、安定四卫，巴哇、申冲等一十三族，纳差发马"。③ 至此，标志着金牌制的全面推行，茶马贸易也空前繁荣。永乐十四年，停止茶马金牌。宣德十年，复给之。然勘合贸易已逐渐转衰，至正统十四年终废。以后，除嘉靖三十年御史刘崙、总督尚书王以旂奏行的变相勘合制外，尽管历朝大臣都呼吁"复金牌旧制"，但终明之世永未复行。清顺治二年，清朝参酌明制定茶马之例，"若金牌一项，系明初事例，永乐十四年已经停止，我朝定鼎，各番慕义驰贡，金牌可以不用"。④ 于是金牌制度最后寿终正寝。

洪武中期，金牌制实行范围有限，在茶马贸易中尚不占绝对统治地位。官营互市以及各种形式的收买夷马之法同时并存，从而使茶马贸易迅速兴起。一方面在川陕实行国家统购政策，广积官茶；另一方面面对少数民族多方诏谕抚绥，除定期纳马互市外，听其自由纳马来市，并常派官员赴边收买。在这种背景之下，茶马互市相对来说比较盛隆。如洪武十三年，仅河州一地就以茶易马2050匹；十八年，四川、贵州共易马至11600匹。现将洪武九年至十八年各地易马情况列表如下。（见下页）洪武十九年前后，强制性征发政策在茶马贸易中升居主导地位。明朝经常派遣内使、朝臣入番征纳茶马。十九年，遣行人冀忠往陕西市马2807匹。

---

① 左书谔、解秀芬：《金牌制考略》，《民族研究》1987年第4期；陈一石：《有关金牌制的几个问题》，《民族研究》1990年第1期；谢玉杰：《金牌信符制考释》，《甘肃民族研究》1988年第1期。
② 《明太祖实录》卷二百二十五。
③ 《肃州新志》卷八《艺文志·马政记》。
④ 《清朝文献通考》卷三十《征榷五》。

洪武九年至十八年各地易马情况统计

时间 地区	九年	十一年	十二年	十三年	十四年	十五年	十七年	十八年
地区	秦州、河州、庆远裕民司、顺龙盐马司	罕东卫	秦州、河州、庆远裕民司	河州	秦州、河州	秦、洮、河州及庆远裕民司、广东、四川	秦州、河州、贵州、四川碉门	四川、贵州
易马数	171＋294＋403	469	1691＋192	2050	181	585＋565	560＋400＋596	11600

二十五年,遣太监而聂、度童当往谕西番,运茶易马340匹。三十一年二月,曹国公李景隆往西番易马还,用茶五十余万斤,得马13518匹。这期间金牌勘合贸易制度日趋完备,《明史》载:"三岁一遣官合符,其通道有二,一出河州,一出碉门,运茶50余万斤,获马万三千八百匹。太祖之驭番如此。"同时制定茶马比价,建立巡察制度,以保障这种征纳政策的施行,使明代茶马贸易达到了第一个发展高潮。正如后来杨一清所追述的:"茶法通行,而无阻滞之患,番马茂盛,岁至万余之多。"永乐以后,茶禁渐弛,有司又乘机营私舞弊,"多用恶谬茶欺之",加之边方多患,使马赋差发蒙受很大影响,金牌制一度废止,但仍持续相沿,永乐八年仅河州卫即纳马7714匹。宣德年间重新开禁后,为抵制私贩,相应提高马价,西宁、河、洮等卫所属番族输马13000余匹,赏给价茶1097000余斤。正统九年,三卫番族例纳差发马14050余匹,运四川茶叶843060斤,以偿其价。十二年,又以茶125430斤征纳西宁等处番马2946匹。此后,由于蒙古瓦剌南侵,西北地区战事频繁,各卫所属番族备受侵扰,金牌散失殆尽。这一制度便不得不退出历史舞台,为互市贸易形式所代替,官府对茶叶贸易的控制也大大削弱了。

（三）金牌废弛及不能复行的原因分析

明初以金牌信符的勘合贸易为主导形式的强制性征纳政策，为茶马贸易带来了一定的繁荣气象，从而为国家的统一和巩固起到了促进作用，被目为"祖制良法"。但在其走向完善和兴盛的顶峰的同时亦开始走下坡路，推行半个多世纪以后便一蹶而不振，成为历史的陈迹。此后，历朝大臣不断呼吁请求修复旧制，以便恢复昔日的盛况，使军马充实而藩篱永固。如成化中的邱濬，弘治时的李东阳、杨一清，以及嘉靖时的刘崙、王以旂，崇祯朝的王家彦等，他们都认为明中期以后茶马贸易的中落是金牌制度废弛所导致的后果，因而主张："为今之计，必复金牌之制，遏常例之索，增良马之价，严恶茶之诛而后可。"① 相应地把金牌制看作是复兴茶马贸易的灵丹妙药。然而时过境迁，昔日的社会历史环境早已无法挽回，社会经济的进步亦不允许封建国家对流通领域实行全面垄断统制。综合起来，金牌制度废弛及不能复行的原因有：

第一，宣德、正统以后，不仅川陕一带天灾频仍，而且北边连岁不宁。尤其是瓦剌强盛后，也先四处征讨，几乎控制了西北地区，以至于西北地区社会动荡，战事不断，茶马互市无法正常进行。16世纪，蒙古一部入据青海地区近一个世纪，给茶市贸易带来巨大影响，"自青海为寇所据，番不堪剽夺……而中国市马亦鲜至，盖已失捍外卫内之初意矣"。② 嘉靖三十年户部在复议勘合制时，亦奏称："其后西海为虏所据，套虏又岁加侵掠，诸番金牌散失，渐复迁徙内地，密迩三卫，遂不复有赍符比号之事，今番族变诈不常，北虏抄掠不已。时脱给而再来，失而又给，而又失之。"③ 这样不安定的社会环境使金牌制根本无法实行。

第二，茶马贸易管理的混乱及弊端丛集，也使这种征发形式难于维持。私贩愈演愈烈，土商猖炽无忌，有司推诿，营私舞弊，这些陋规积弊必

---

① 朱朝瑛：《曇庵杂述》卷下，四库全书存目丛书子部第19册。
② 《明史》卷三百三十《西域二》。
③ 《明世宗实录》卷三百六十九。

然不能适应经济活动本身的发展规律，并日益削弱官市贸易。

第三，从社会经济发展的趋势而言，国家政权可以利用其暴力手段加速和延缓社会经济发展，但最终还要适应这种发展以适应其历史的必然性。金牌勘合贸易制是由官府控制的在不等价交换基础上的强制征发，把具有独立性的经济活动变成封建政治和军事的附庸形式，这种高度的垄断是违背商品流通的运行规律的，其生命力自然因没有深厚的土壤而变得异常脆弱。随着国家政权干预力的下降及经济发展对商业自由流通的要求日益迫切，其走向衰落和不能复行都是不可避免的。

中衰期（1450—1502）

金牌制废弃之后，茶马贸易又回复到明初曾经实行过的互市贸易形式。但是由于各种社会条件的制约，茶马贸易趋于萎缩，法弛人玩，"私贩盛行，虽有抚谕巡察之官，卒莫之能禁，坐失茶马之利垂六十年"。①

首先是四川运茶及贸易的基本停止。明初，四川不仅是易马茶的主要供应地，而且是茶马贸易的主要区域。但自永乐以后，"番马悉由陕西道，川茶多浥烂"，于是川茶陆续折色。同时，宣德、正统以来四川"兵荒相仍""民力多困"，加之"边报未宁"，卫所兵丁无力从事茶运。正统末，就因此减半运茶。景泰二年，全部停止。茶马贸易的重心便转移到西北三大茶马司，易马茶叶也主要从陕西茶课及沿边巡获私茶中支用，"以此易马多不过数百匹，至千匹而止"。"至成化中，议者以马至用急于三边，而川马远不可至。茶之利分于川蜀，而洮、河所利则微，故川中茶马停止，而独行于河州，是以川茶惟严禁约，而诸番无以仰给矣。"② 四川运茶及茶马贸易的停止，使茶马互市的规模大为缩减，从而转入中衰时期。

私贩横行、流弊丛生也是导致茶马互市中衰的重要因素。由于私茶

---

① 张萱：《西园闻见录》卷七十二。
② 《明经世文编》卷一百四十九。

之禁不严而贩私之罪由极刑减为充军，以致兴贩者"横行恣肆，略不知悛，沿边镇店积聚如丘，外境夷方载行如蚁"。尤其是邻近少数民族地区的土民勾结内地茶商，深入番境进行交易，以致"各省军民留聚巨万，通番买马"。而作为私茶渊薮的保宁、汉中等地更为严重，汉中一府岁课不及三万，而"商贩私鬻者至百余万以为常"。而边镇将吏或收受贿赂，纵容私贩，或利用职权以劣充优，兴贩牟利，或"纵容其子孙冒中及将茶斤辗转兴贩"，更有甚者，"近年边臣多使人劫诱到营，折阅物价，以贱易贵，致使番人衔怨，甚至以刀自刎，殊失柔远之道"。① 再则，权要之家违禁贩茶，破坏茶政。成化三年，右副都御史项忠奏："今势家及射利之徒往往交通守备官私贩入番，于是茶马之政遂坏。"② 二十一年大赦诏中也说："茶盐之利，国之所资。近年以来召商不肯上中，皆因势要之人搀支搀卖及夹带私贩，侵夺其利。"③ 此外，赏赐番僧贡使使用茶量的激增，并允许其私自货茶，也大大转移了正规互市的贸易量，使本已萧条的茶马交易遭受巨大影响。

"自正统十四年，北夷寇陕，土鞑被掠，边方多事，军夫不充，止将汉中府岁办之数并巡获私茶，不过四五万斤以易马，其于远地一切停止。"④ 而根据成化三年项忠所奏，宣德十年至此三十二年间课额八十五万余斤，而积滞腐朽者六十余万斤，可知贸易量极小。故右佥都御史徐廷章曾说："本朝旧有茶马之利，后暂停止。"这就造成了北方及西北诸边"缺马数多"，不得不发内帑银买马给边，而大同、宣府等地则开中河东池盐招商中买转纳。成化六年，始将陕西茶课复征本色，运边易马。七年五月，宪宗诏敕陕西巡抚等会同镇守太监梅思计议恢复四川茶运："将保宁等府岁办茶课依元年原定则例，该茶八十四万三千六十斤，设法陆续起解各司。"⑤

① 《明宪宗实录》卷一百三十一。
② 《明宪宗实录》卷四十五。
③ 《明宪宗实录》卷二百六十。
④ 郎瑛：《七修类稿》卷九。
⑤ 《皇明诏令》卷十六。

从此停滞了二十年的茶市贸易复开，但未见有多大起色。弘治三年七月，李鸾奏准召商中茶，以便借商人之力运茶于茶马司，复兴官市贸易，岁得茶四十万斤，易马四千匹。从此明代茶马贸易制度始为之一变。但由于宿弊未除，"私茶之禁不行，而召商报中之弊复有以坏之"。另一方面，弘治年间内外空虚，而陕西等处又饥馑连年，开中茶叶很大部分用于实边、充饷和赈济，仅弘治十四年开中茶叶高达九百万斤之多，严重影响了茶市贸易的茶源供应。"初自弘治十年至十五年间，止易马五千四十三匹，而边马不足，边军困于买马。"① 看来明朝的茶马制度至此已经积重难返，处于废弛不举的状态，亟待一场全面的整顿和改革。

短暂的修复期（1503—1508）

弘治十五年冬，由于兵部尚书刘大夏的推荐，原南京太常寺卿杨一清出任都察院右副都御史督理陕西马政，受命于危难之际，开始实现其"修复茶马旧制"的宏愿。短短四五年间，使明代茶法马政一改旧观，呈现出一派繁盛气象。

杨一清（1454—1530），字应宁，丹徒人，成化八年进士，历任中书舍人、陕西按察佥事、太常寺少卿、南京太常寺卿等职。他"明习故典，谙练机宜"，在"马政大坏"、茶马贸易"久而寝弛，奸人多挟私茶阑出为利，番马不时至"的严峻形势下，受命整顿茶马之法。孝宗谕曰："尔需一新旧规，务令茶课充盈，私贩息绝，番人乐归，官市番马充实厩牧。"嘱他"须不惮勤劳，悉心经理，务俾马匹蕃息，边方足用，以复国初之盛，以济戎务之急"，并赐他便宜行事之权，"凡牧马易马事，利有当兴，弊有当革，敕内该载未尽者，悉听尔便宜区处"。② 正德元年又将巡茶御史召回，茶法马政悉听杨一清专理，各衙门官员不得干预，都、布、按三司以下悉

---

① 蔡方炳：《历代马政记》。
② 《明孝宗实录》卷一百九十四。

听节制委用。同时，他还得到了朝臣刘大夏、徐蕃、夏遂等的支持。这样的环境无疑对杨一清的改革是有利的。他也的确未负重望，在深入西北地区考察了茶马贸易的历史和现状后，提出了一系列有效的改革措施。

第一，恢复金牌信符制度。杨一清认为，金牌制度是保障贸易繁荣的根本所在，不仅可绝私茶之弊，且可副番人之望。因此提出仿照明初事例，严禁私贩，广积官茶；将各番土官袭替原职以为统领；以弘治二十年为招番之期，朝廷遣使捧上号金牌入番调取下号，合符交易。以后三年举行一次，中间两年有愿纳马换茶者听。敢有不遵约束者，量调官兵问罪诛剿，以保证茶马贸易的正常进行。

第二，加强巡禁私茶制度。杨一清认为，要在"东自潼关，西极甘肃，南抵汉中，绵亘数千里"的地面巡禁私茶，必须专官专理。他自择有风力才干一员，常驻临洮府，往来巡抚，"以痛革通番积弊"。正德初，在他的请求下，改设巡茶御史兼理茶法马政二事，以便统一经划，不致相互推诿掣肘。同时，他主张恢复明初"严惩私贩"的方针，对于私茶及通番处以重罪，但又要根据具体情况区别对待，"腹里之与各边，事体有异，而贩茶之与通番，情罪或殊"，因此在具体量刑标准上有所不同。[①] 此外，边官将吏纵容兄弟子侄伴当兴贩及守备、把关巡捕知情故纵者，均降级原卫带俸差操，有赃者从重论处；失察者亦照常发落；若自出资兴贩及通番者，发边卫充军。

第三，整顿茶课、茶运制度，以广价茶之积。确保茶课充裕和茶运畅通是广积官茶、招易番马的两个前提。首先是整顿茶课制度。成化以来，汉中茶园得到迅速发展，"开垦日繁，栽种日盛……有一家茶园三五日程历不遍者"，因此出现了产多课少、茶课不均的现象。杨一清于是本着"有益于官，不病于民"的原则，委派都、布、按三司督同汉中府掌印官"遍历园山界畔，再行踏勘丈量，斟酌地里远近，佃户多寡……备开旧管新收，

---

① 详见拙文：《明代茶禁考析》，《史学月刊》1991年第2期。

开除实在数目,专册奏缴,永为遵行"。① 于是正德元年议准,汉中所属旧额茶课外,新增 24164 斤,俱照数办纳,共 51000 余斤。其次是实行商运制度。按照杨一清的估算,汉中岁产茶斤百数十万,"官课岁用不过十之一二",为不致于遗商贩私鬻之资,又不致失小民之业。他曾试行委官买茶易马之法,但佥派军民搬运,不胜其扰。乃奏定:自弘治十八年始,招谕山陕富商收买官茶五六十万斤,每千斤给价银五十两,每商不超过一万斤,自雇脚力运至茶司,官给价银以偿之。后又奏准:不愿领价者,以茶一半给商自卖,一半贮司易马。这样,"不伤府库之财,不失商民之业,而我可以坐收茶马之利",可谓长久利便之策。

杨一清的改革方略除了恢复金牌之制外都付诸实施,且取得了显著成效。正德二年,他在一道奏疏中总结道:"臣严禁私贩,广积官茶,申明旧制,招调番人共易儿骟骡马一万九千七十七匹,计今三茶马司处置见蓄茶四十五万余斤,足充二年易马之用,是于三边岁给战马不为无补。"② 次年,三茶马司共收茶 782000 斤,易马 9000 余匹。同时,马政也大为改善,正如杨一清《为总奏修理马政疏》所说:"今草场地复,牧军数增,城堡相望,苑厩罗列。挚牧之规,稽考之法,粗皆就绪。"③ 可以说是明中叶茶法马政的黄金时代。可惜这一局面没能维持多久,刘大夏、杨一清相继被贬,官去政隳,其所定制也"未几复废"。

再度衰落期(1509—1644)

自弘治初招商开中之后,封建国家对茶市贸易的垄断经营受到严重冲击;而杨一清实行的招商运茶制度则又使茶运事务正式由官营改作商营,官府对茶马贸易的统制和干预进一步削弱了。正如明人乔世宁说的:

---

① 《明经世文编》卷一百十五。
② 《明武宗实录》卷二十四。
③ 《明经世文编》卷一百十五。

"蕃人以茶为命，中国以茶易马，非徒资战用，且以制其死命也。国初立金牌之制，名曰差发马，所以尊朝廷体统最善也。乃后蕃族日有变易，金牌之制难据矣。于是有轮年招易之规。招易者，即互市之遗意也。此于体统已失矣。顾自正德后，废给银之令，行抽分之法，于是官商皆得易马，而善马尽易于商茶矣。"① 从此，官市贸易每况愈下，虽屡经调整，仍无法改变其衰颓之势；而民间私市贸易则大为盛行，具有旺盛的生命力和蒸蒸日上的势头。

（一）官方茶马贸易的衰落

这一时期的官市贸易仍是以商运和开中的形式出现的。由于政府干预和控制的削弱，商茶通行，私贩兴盛，加之"武宗宠番僧，许西域人例外带私茶，于是差发遂坏"。② 故从正德中至嘉靖十一年左右的二十余年茶马贸易一直处于低潮，"祖宗旧制既更，而且近年以来往往求增额外之数，以致番夷过期不至，而马逾年不完"。③ 茶禁日弛，马政日坏，边方亦多事矣。值得注意的是，茶马贸易衰敝的一个重要因素是这期间蒙古部的一支亦不剌、阿尔秃斯因内乱而拥众西奔，进驻青海一带，"大肆焚掠"，大为西宁、洮、河之害，以致"虏警""番寇"之报一岁之中数十至，于是"番人渐以南徙，中国茶马之利，大为减矣"。④《平凉府志》亦载："曩者，虏之叛臣入西海，边臣实守陋，不为抚御之策，诸番是以为虏破散，而茶马之数不登。"⑤ 这样，在内外各种因素的制约下，茶市贸易近于废弛，从而造成边马严重不足的局面。明朝政府不得不动用太仆寺马价银、内帑银及开中茶引、盐引以买马备边。正德九年，一次发马价银 225000 两；十六年，又发太仆银 60000 两。嘉靖元年召商中盐马以分派三边之用。四年，又发太仆寺马价银 12260 两并陕西苑马寺马价银

---

① 乔世宁：《丘隅意见》，丛书集成初编本。
② 《明史》卷八十《食货四·茶法》。
③ 杨时乔：《马政记》卷十二，玄览堂丛书本。
④ 劳堪：《国朝宪章类编》卷二十七《陕西三边》。
⑤ 嘉靖《平凉府志》卷一《官师·苑马寺》。

27739两买马以给三边之用。六年,又调整太仆寺马课本折则例,以利于课马及买马输边。另一方面,茶市衰落也加剧了边疆地区的动荡局势,诚如嘉靖九年兵部所奏:"往者有通商互市之令……今禁网疏阔,奸商私市。彼皆取足贾竖而不烦仰给于官,加以平时处置失宜,故乘边备久弛之日,逞忿而起。"[①]而反过来讲,边境多事,"战马日渐消耗",也严重削弱了边防力量,影响了沿边互市贸易。

  鉴于这种情况,明朝政府开始对茶马制度进行整顿和变通,以期兴利除弊,增加边马供应。茶法的调整大致沿着两个方向进展。第一方面,是加强茶禁,继续完善开中贸易制度。嘉靖十二年,陕西巡按御史郭圻奏:"西宁、洮、河三茶马司积茶至二十九万一千五百十五篦,散块私茶亦十余万斤。徽、阶二州,西安等卫积贮尤多,宜令兵备、边备等官,不拘年例之数,设法多易马匹,以备征战。"[②]并加强巡查,整顿茶马司,严密验收、贮藏、招番市易的管理和稽考。次年,刘希龙奏开茶八十万斤,除给商外,以三十万斤易马,余贮司备用。十五年,御史刘良卿议处茶马事宜,提出量积边茶以防私通,茶司积贮止留两年之用,开中不宜太滥,以免商茶数多,妨碍茶马互市;严通番之刑以杜轻玩,各通番道路责分巡道严加巡守,私贩、通番及守官不觉察者处以极刑,边备、分巡等道若有私通者,或斩或黜不得论赎;相应地,还严贩马之禁,以便招易番马。这些措施收到了一定的效果,"于是茶法稍饬矣"。但是,开中茶马仍不溥用,屡以马价银、库银买马输边。十九年,发太仆银四十万往直隶、山陕市马以待用,而且"招商者率粗恶",以致"良马不至",三司积涸茶叶至十数万斤。于是陕西巡抚张涣、胡彦先后申冒中之禁,重假茶之罪,并将不堪易马之茶减价折作银两分赏各边。二十八年,御史刘崙请复金牌勘合之制,"族大马蕃者给金牌,族小马少者给勘合"。三十年,总督王以旂复请之,兵部议:"诚严私贩之禁,则不抚自顺,虽不给金牌,马

---

① 《明世宗实录》卷一百十。
② 《明世宗实录》卷一百四十七。

可集也。若私贩盛行，则在我无以系其心而制其命，虽给金牌，马亦不至。"且"北虏抄掠不已"，旋给旋失，乃免给金牌，止与勘合。每岁以是为验，招番纳马中茶，限制私易。① 至于开中制度，则规定市期，调整引目，限制商茶，不断加以变通。嘉靖三十六年，开中正额茶课九十万斤易马，另开中百万招纳边镇，以备军饷。四十二年复设甘州茶马司，以便扩大互市规模。隆庆五年，共易马 6370 匹，三司存茶尚有 80 万斤。此后易马大体在招 6000 匹左右。至万历二十九年御史毕三才奏定六茶马司贸易年额 9600 匹。天启元年，彭际遇又议于洮、河、西、庄四司增中茶马 2400 匹。崇祯元年，"每岁茶马给边给苑外，额中京马一千五百匹，五司所积之茶，易马赏番，岁额二十万篦。"② 万历中叶以后，由于边境战事频繁，战马需求日增，乃增定贸易年额，增设互市地点，岷州、庄浪二茶马司就建于此时。但是由于茶法日紊，又值"军兴方亟""茶商裹足，敝茗赢马约略充数"，茶市贸易的衰颓及边马不足的趋势依然难以振救。

另一方面，茶马贸易政策不能不适应"经济必然性"而有所放松，逐渐趋于开放。嘉靖十五年，刘良卿就请通行内地之茶，将陕西之茶依照抽分之法，定价给商自卖，"如此则非惟私贩者无所利而自息，将来茶价充溢，军储可免匮乏之忧矣"。③ 三十年二月，御史梁汝魁奏开茶马之禁，"民商得相买卖，每马一匹官税钱银三钱，以寓稽察之意"。④ 万历十三年，又开放汉中茶禁，招商开中，不久汉茶改折，更为商茶经营创造了条件。而湖茶流通的合法化，与上述措施一起促进了商茶流通范围的扩大和以商人为中心的贸易形式的发展。至此，不仅官市贸易要依赖商人的茶叶经营活动，商人自身的茶叶贸易也取得了一定的合法地位而日趋兴盛起来。

---

① 《明世宗实录》卷三百六十九。
② 《续文献通考》卷二十二《征榷五》。
③ 梁材：《议茶马事宜疏》，《明经世文编》卷一百六。
④ 《明世宗实录》卷四百五十六。

（二）民间私市贸易的兴起

从商业经济史的角度来看，商品经济的发展必然要求打破国家的垄断而实行自由流通；加上明代中后期国力中落，法纪凌夷，招商开中与买运制度更从根本上动摇了国家的茶马贸易垄断权。于是在官市日趋衰微之时，民间私市贸易逐渐活跃起来。

嘉靖初年，王廷相就指出："近年以来，法弛人玩，虽有禁茶之名，而无禁茶之实。商旅满于关隘，而茶船遍于江河，权要之人每私主之以图利……夫茶可以利朝廷也，今利归私门矣；可制诸番之命也，今仰望于商人矣。"① 以商人为中心的私市贸易成为明后期茶马贸易的主要形式。而他们是否报中又是官市贸易得以举行的前提条件，商人在茶市贸易中起着越来越重要的作用。至万历中，"今之茶，什五为奸商驵狯私通贸易，而所得之马又多病残疾，不堪骑乘者，直与之耳，非市也"。② 天启初，更是"良马尽入商贩之手"，这样"番得茶，叛服自由，而将吏又以私马窜番马，冒支上茶，茶法、马政、边政于是俱坏矣"。③

民间私市贸易大约有以下四种情况：第一，番汉商人之间的"通番贸易"。内地茶商通过报中运茶得到大量酬茶，且沿途作弊，囤积大量"佳茶"，或贿赂边将与番人交易，或待禁法稍弛即深入番区交易，这样既受到番族欢迎，又获茶马之利，削弱了官市。而番商也多深入内地交换茶货，如藏族商人就常赴打箭炉等地"专务货贩碉门乌茶、蜀之细布"。第二，边境地区各族军民的贸易往来。早在洪武年间，"陕西各处军民往往过河贩鬻马匹"。至嘉靖中，"私贩茶户每采新茶，踹成方块，潜入番族贸易，致官市阻滞"。而边境军民"窃易马匹，以待商人往来兴贩，岁无虚日"。他们交通茶商，私储良茶与番人市马，再转售给商人，成为茶马私市的中间环节。因此梁材分析说："通番者，皆茶司地方之民，皆商人

---

① 王廷相：《呈盛都宪公抚蜀七事》，《明经世文编》卷一百四十九。
② 谢肇淛：《五杂俎》卷四《地部二》。
③ 《明史》卷八十《食货四·茶法》。

抽分之茶，固非腹里地方之民之茶也。"① 第三，边镇将吏私自兴贩。早在明初，他们就滥交无度纵放，或假朝廷之名横科名马。至此更肆无忌惮，"洮、河、西宁等处专以不堪马匹冒顶番名中纳，或参、游等官自中，并纵容其子孙冒中，及将茶斤辗转兴贩通番"。② 他们对官市贸易"多视为鄙事"，听属官徇私交易，漫无稽考，而惟事私易牟利。对番族则假朝廷之名以少劣茶叶科敛良马，对朝廷则顶番冒中支取好茶，执法行私，获取暴利。第四，朝贡番僧贡使在获得赐茶外，还在官府的保护和允许下沿途私易茶货，数量很大，有至数万斤者。这也是私市贸易的形式之一。

民间自由贸易的"私市"是适合社会经济的发展趋向和番汉各民族人民的共同愿望的，因此具有强大的生命力。在自由贸易的基础上懋迁有无，调剂余缺，加强各族间的经济文化交流，对于丰富各族人民的物质生活，促进少数民族地区的开发，促进中华民族共同体的进一步扩大和发展都具有重要的意义。

综合以上论述，我们可以得到以下几点认识：

第一，明承唐宋旧制，并适应明初统一事业的需要，在西北地区迅速展开了较大规模的茶马贸易活动，并以此作为有明一代的始终国策，确立了空前完备的茶马贸易制度，而且不时加以整顿和变通，以期通过这一特殊手段，达到"羁縻戎心，充实边厩"的目的，即企图通过内地的茶叶控制边区，而通过边马来强化对内地的统治。

第二，从经营形式上讲，明代茶马贸易大致可以正统十四年为界分为两个阶段。此前为国家控制的官收、官运、官市，且以川茶作为主要茶源，此后则逐渐转化为招商买运、商买（兼一部分官收茶课）商运、官商分销，国家垄断权日益削弱，向着官商分利乃至以商营为主的形式发展，由严密、封闭走向废弛、开放。

① 梁材：《议茶马事宜疏》，《明经世文编》卷一百六。
② 《明世宗实录》卷三百二十八。

第三，从性质上讲，明代茶马贸易又经历着官市向民市的转变。茶马贸易是封建政府控制下的一种交换活动，但"一切政府，甚至是最专制的政府，归根到底都只不过是本国状况所产生的经济必然性的执行者"。① 明朝社会生产力的提高和商品经济的发展，必然要求扩大市场范围，放松国家控制，实行自由贸易。因而明朝茶法也不得不适应这种要求，逐步由禁榷走向开放，茶马贸易由官方控制转而依赖商力，官市日衰，民市日盛。至清代康乾盛世之后，便裁汰官市贸易，允许自由通商，从而结束了茶马交易中的官方控制和干预，为内地与边疆的经济往还创造了更加宽松的环境。

第四，纵观茶马贸易的发展历史，明代堪称是它的发展高峰期。尽管从互市规模上讲，北宋岁额曾高达两万匹，茶四万驮，而明代最高额也不过一万余匹，而正常的贸易马额只在五千匹左右。但是从茶马贸易制度的完备程度、茶法系统内部结构的严整性、茶马贸易的持续不断，"直与明朝相始终"等方面，明代无疑是古代茶马贸易成熟和繁荣的时期。它在一定程度上维护了社会安定、民族团结和多民族封建国家的统一、稳定和发展。对于沟通内地与边疆的经济文化联系，促进边疆地区的社会进步也起到了重要作用。当然，毋庸讳言，由封建国家实行的垄断性茶马贸易政策也必然带有民族压迫的色彩，具有消极的历史影响。

（本文原载《齐鲁学刊》1989 年第 6 期）

---

① 《马克思恩格斯选集》卷四，第 495 页，人民出版社，1972 年。

清初茶马制度述论

唐宋以来,茶马互市作为内地汉族农业区与西北少数民族游牧区之间经济交往的一种重要形式,经历了从兴起到发展的历程,至明代而趋于鼎盛。然而,经过明末的社会动乱,茶产凋敝,册籍荡然,茶缺牧空,商旅裹足,茶马制度处于一派废弛状态。清初统治者出于军事政治的需要,对茶法、马政极为重视,整顿和恢复茶课制度,严密管理制度,优恤茶商,以济茶运,因时调剂,以应战马之需,从而保证了茶马交易的迅速恢复和持续发展,对清朝的统一和稳定起到了积极的作用。这里拟主要依据档案资料对顺治年间的茶马制度进行论述,敬请方家指正。

一

顺治时期(1644—1661),社会经济残破不堪,社会矛盾交织丛集,军事斗争烽烟正浓。在这样的历史背景下,茶叶生产以及茶法、马政自然不会景气,而是处于萧条和废弛状态。

茶产凋敝,苑监牧空。当时,茶园抛荒,茶树枯萎。作为西北边销茶主要来源基地的川陕地区更是如此。当时，川北一带"产主沦亡，茶株皆蔓草莽"；巴州"人民逃散，根株焚绝"；通江县"茶园尽属荒芜"；广元县"园荒户绝"；南江县亦复如此。① 其时，茶叶生产的恢复和发展困难重重，茶马贸易也因之受到影响，即所谓"茶产于川湖，彼中尚为寇据，非迟之二三年，茶必不能来"。就马政而言，陕甘地区的苑马寺也"尽属缺员"，"苑监久为贼残，牧马荡然无余，即迟之三四年，苑未能遽立，牧马未能遽复"。

册籍荡然，茶法日坏。清初战乱之余，"一切册籍被寇焚尽，止存一二近册"；且在顺治初期，社会动荡不宁，"虽有茶法"，亦"无所用之"。一方面，西北游牧民族因战事而退避边塞，良马不至，亦即清朝统治者所说的"番情狡诈，羁縻甚艰"；而茶马司、苑马寺监的经营管理也完全处于瘫痪状态。正因为茶法日紊，加之管理弛怠，于是私茶横行。如顺治六年陕西一次变价私茶值银数百两。顺治八年陕西按察司拿获西安府长安县张亮等兴贩私茶，前后达四十七担，总计四千八百六十七斤有余，加上其他私茶案五十起，共达两亿六千五百九十斤。同时，从官高至甘肃巡抚张尚、定南王孔有德、平西王吴三桂等亦无视茶法，私自动用茶斤与西番市马。更有甚者，西北边镇官员营私舞弊，玩法射利。如巩昌通判顾言，"或私破茶斤，或暗取茶篦，或受商人之礼"。这类官员蠹吏肆虐横行，给本已境况萧条的茶马贸易带来了极为严重的影响。

商旅裹足，茶运不济。清初"人引多亡，茶资双灭，年来权宜补救，比并销引，为限既近，商苦更深"。而且从川陕至巩昌，跋山涉水，道路艰险，"轿子转运，十倍往时"。又无附茶之例；加之战事方殷，汉中道梗，茶商往往裹足不前，致国家无茶可中，茶司无从获马。

清初茶马制度之衰落既如前述，而国军大计之需又刻不容缓。一方面，朝廷要通过茶马互市达到从政治上羁縻边疆少数民族的目的，或市

---

① 中国第一历史档案馆：《清代档案史料选编》第 10 辑，北京：中华书局，1984年。以下凡征引此书，不再另注。

易,或赏赐,"运不涸之仓,以庄无形之险";另一方面,清初统一战争对马匹所需甚急,而西、北各地养马牧场尚未建立,就更依赖互市和朝贡这条通道,以期"捐山泽之利,收骁牝之种,不费军资而军实壮"。因此,清初统治集团力图对茶马之制"因时变通""权宜补救",以裕国课,而壮藩篱。

二

清朝入关定鼎之初,即着手恢复和整顿茶马之政。顺治二年三月,诏:"西番都指挥、宣慰、招讨等司,万户、千户等官旧例于洮、河、西宁等处各茶马司通货贸易者,准照旧贸易。"① 六月,遣山西道监察御史廖攀龙巡视茶马,令亲赴陕甘进行实地考察,以期尽快恢复茶马互市。通过充实和加强茶马贸易管理,因地制宜,恢复和变通茶法马政,逐步建立起一套比较适时的茶马制度。

整顿和恢复茶法。大体沿袭明制,分贡茶、官茶和商茶,岁贡芽茶各地俱有定额,岁计四千二百三十斤,分于江南、浙江、江西、湖广、福建等省纳献。原属户部职掌,后改礼部。顺治七年,礼部照会产茶各布政司,每年谷雨后十日起解,定限自二十五天到九十天不等,延缓者参处治罪。官茶于陕甘易番马,商茶则给引征课。征课实行引税制,先由户部颁引于各布政司,再分给产茶州县,茶商向官府取引,每百斤为一引,每引征银三厘三毫,贩茶过常关另行征课。商人凭引由贩卖,无引由者即以私茶论;禁园户卖茶与无引者,违者杖六十,原价入官;凡伪造茶引,处斩并籍没家产;严禁私茶运边交易番马。陕甘茶引原系茶马御史自行印发,又有"大引官商平分,小引纳税三分入官,七分给商"之例,七年十月,从巡视茶马御史吴达奏请,茶引俱由部颁发,俱依大

---

① 《清世祖实录》卷十五"顺治二年三月丁卯"条。

引之制官商平分，例不抽税，以为中马之用。这就更有利于统一征课和加强国家控制。

严密管理制度。清初在陕西设巡视茶马御史一员，辖西宁、洮州（驻岷州）、河州、庄浪（驻平番）、甘州（驻兰州）五个茶马司，专司以茶易马备边之事。另有苑马寺卿一员，领广宁、开成、黑水、安定、清安、万安、武安七监，专司马匹牧放孳息繁殖之事。同时在顺治四年增设满汉官员、通事、笔帖式等，共同参赞其事。依照明朝旧制严禁私茶出关。商人运茶，在关内要接受各批验所的检查，再"由潼关、汉中二处盘查，运至巩昌，再经通判察验，然后分赴各司交纳，官茶贮库，商茶听商人在本司贸易"。①近番关隘拨官军巡守，如将私茶出境，即拿解赴官治罪；番僧夹带私茶违禁等物，许沿途盘查，茶货入官，失察或故纵者听御史究治；进贡番僧该赏食茶者，颁给勘合行令四川布政司拨发，由茶仓明数支放，不许于湖广等处收买私茶；"凡镇将发银市马，查核的确准令购买，若有载茶贸易者概行禁止"。至于以茶易马，顺治元年定例，"每茶一篦重十斤，上马给茶篦十二，中马给九，下马给七"。三年，又从廖攀龙请，永行蠲免崇祯三年增解茶马两千匹，以旧额征。清初虽明令取消明朝的金牌信符制度，但上述征课和管理制度都是本着加强中央政府对茶马贸易的控制，并严禁私茶，稍抒商民之困，以求茶积马繁、交易兴盛的原则，对茶马互市具有重要的保障作用。

优恤茶商，以济茶运。清朝统治者很清楚茶商对于茶马贸易的关键作用，所谓"裕商即所以裕国也"，"我国家缔造之初，残商无几，若不宽其物力，谁肯履危蹈险，相率急公？"只有惠恤茶商，才有望"转运熙攘，招徕渐广"。首先是前已述及的统一大小引，这样"大引采茶九千三百斤，为九百三十篦，商颁部引输价买茶交茶马司，一半入官易马，一半给商发卖，例不抽税"。②从而提高了茶商的积极性，使他们积极报招中

---

① 乾隆《西宁府新志》卷十七。
② 乾隆《甘肃通志》卷十九。

茶，大量茶叶得以源源不断地从川湖运销陕甘。其次是定附茶之例。明制：商人运茶，酌量附茶以为酬劳，初上引附茶一百篦，中引八十，下引六十（每篦六斤四两为准，净茶三斤），杨一清整顿茶法后，大引一道附茶六十篦。清初改铸铜板部引，无附茶规定。为鼓励商人中茶，顺治十年定例，"每茶千斤，概准附茶一百四十斤"。再次，顺治十年，从户部尚书车克题奏，在四川暂行小票并照例纳税。四川经战争破坏后，"川中苦无合引之商，不过角利细民，肩担背负多不过三二十斤，再上不过四五十斤而止"，无法实行引税法，只好权变旧例而暂行小票，无论多少指定地方买卖，依例纳税，通行货卖以增裕国课，便利商民，"亦可少补军需于万一也"。此外，宁夏地区原引四百道，由于地方狭小，用茶无几，商民负累，茶斤壅滞，顺治十三年议减茶课三分之一。上述措施都是惠施商民以利益，使其积极中茶贸易。

因时调济，以应战马之需。因为军务殷繁，战马之需很大且甚急迫。顺治七年作为南征军事统帅的定南王孔有德，未经批准就派员载茶千驮（计九万五千斤），赴西宁市马。十二年，平西王吴三桂也派人于西宁买马两千九百九十六匹（一载为五千零三十八匹），临战买马以资征剿之用，清廷除免其违禁之罪准拨营使用外，还因时补救，施行以下权宜之法：以查获私茶私马变价银两买马；酌趱湖茶并行边茶，以为裕国苏商之计。因为川茶在明代中叶已经折征，汉中茶产有限而且崇山峻岭搬运不便，商人多于湖襄一带收茶转运，故清初定以汉茶、湖茶并行，同时于延安、宁夏等边府招商行茶，这样，趱湖茶而商运速，通边茶则茶路广，于茶法马政两利。顺治十年，户部尚书噶达洪请折中茶马定额，虽终以地方初安难为定数而未果，但茶司酌定立法，亦有经制。此外，还根据需要临时挑选马匹输入前线骑征，顺治十年、十五年，曾分别拨选种马一千八百匹、茶马两千四百匹随平西王入川。另据巡视茶马御史王道新报告："臣履任四月以来，催到茶三十余万，中过马三千七十八匹，准督臣孟乔芳移会给过平西王五百匹，分发临、兴、甘、延、宁、固、红四营共一千一百八十二匹。"可见清初易马主要是供战争所需,反过来说,正因为这样,才促使茶马互市兴盛和发展。

此外,清王朝除互市而外,常以茶叶赏赐少数民族上层,以巩固和加强在西北边疆的统治。如顺治初,甘肃地方就动用茶笼抚赏来归番族,"以鼓番彝无穷之欢心,即以得封疆无穷之利益"。厄鲁特、喀尔喀各部入贡,均赐茶斤如例。五年,遣使带金镶玉带、银、茶等物存问达赖与班禅。十八年,准达赖喇嘛及根都台吉于北胜州互市,以马易茶。此外,顺治十年诏令,各番交易茶马,量给烟酒,以示抚绥。

综上所述,可见清初顺治年间的茶马制度已颇具规模,同时也带有明显的时代特点。一是承明旧制,从征课、运销到市易的许多政策和制度都是"照旧例"而行,或"依明制酌定"的。二是因时权变,此乃特殊的社会历史环境所使然,带有浓重的权宜性和适时性。三是社会变动不居,茶法尚不够严密,故而像茶马走私等流弊不免出现。概括来说,顺治时期的茶马制度是适应当时的生活条件、参酌故明旧例进行调整和变通而建立起来的,是比较适时和完备的,对于茶马贸易的恢复和发展起到了保证和促进作用。

三

由于西北游牧民族对于茶叶和清王朝对于马匹的迫切需要以及统治者主观上的高度重视、比较完善的茶马制度的形成,共同保障了顺治时期的茶马贸易活动在动荡不宁的历史环境中仍显示出兴盛的气象。

关于茶马贸易的具体过程,大致是每年茶马御史按临巩昌,传集各茶商将茶引两万两千余道,分西宁、庄浪、河州、洮州四司分擘(甘州司贸易量很小),商人领引后赴川、湖运茶,官商对分,过关盘验,至茶司"仍秤挚以防轻短,煎熬以辨其伪"。贸易时节,各司催令各土司驱马来市，然后由茶马御史将年内所获马数及中茶、赏番茶篦题奏报部。① 现依据顺治四年、八年、十年茶马御史苏京、吴达、王道新销算茶马题本以及《清世祖实录》中历年中茶易马数目列成下列二表：

顺治八年到十七年中茶数目表

年代	八	九	十	十一	十二	十三	十四	十五	十六	十七
中茶数（篦）	35453	27178	37350		86778	825858	85510	86360	87140	87515

顺治四年到十年易马数目表

茶马司	四年易马数（匹）	七年正月至八年二月	八年闰二月至七月	九年十月至十年闰六月
洮州	97	497＋191	200	262＋190
河州	240	878	241	927
西宁	250	580	1150	1300
庄浪	546	183	200	300
甘州	71			
总计	1204	2329	1791	3079

从上表可以看到，清初的茶马贸易的恢复和发展是比较迅速和持续稳定的，加之"征剿急需"也反过来促进了茶马交易的兴隆。而茶马制度的整顿和变通及茶马互市的发展，对于刚刚入关、立足未稳的清朝政权起到了非常积极的作用，可以说是兼得政治、经济、军事三利。

但是，"各民族的相互关系取决于每一个民族的生产力、分工和内部交往的发展程度"。作为汉族与西北少数民族经济交往主要形式之一的茶马贸易，必然受到当时整个社会生产力、经济状况以及具体的历史环境的决定和制约。明代中叶以来由于社会生产力的提高和商品经济的发展，物质利益原则在经济中越来越显得重要，人们日益要求摆脱封建官方控制的垄断性官市贸易，民市、私市贸易出现了盛衰地位转化的趋势。至

---

① 康熙《岷州志》卷九。

顺治末，全国统一大局已定，对战马的需求逐渐缓解了，当时的买马茶叶及买马银两已有些陈积无用，拨军充饷。此后，广大东北、漠北及西北地区形势稳定，战马来源更加充足，"牧地广于前代，稍为孳息，则已骊黄遍野，云锦成群，今则大宛、西蕃尽为内地，涯涯天马皆为枥上至驹。"①因此，茶马贸易存在的主要条件基本消失，而互市也就没有存在的必要了，失却了昔日"内充军实，外羁诸番""实我秦陇三边至长计"的政治地位。康熙四年，裁苑马寺监。七年，又裁茶马御史。后又裁撤五茶马司，将无足轻重、时断时续的茶马事宜交甘肃巡抚代管。三十四年，刑科给事中裘元佩力陈茶马之利，次年又恢复互市。但终"因招中无几，西宁等处所征茶篦停止易马，将茶价变价银充饷"，为善后之计。雍正九年，一度恢复五茶马司，可谓茶马贸易的余波，几年后又告停顿。乾隆年间，茶马贸易活动已完全停止。元年，令官茶改征银，商人纳银可于西北运销，由兰州道管理其事。在停止征茶的同时，对西北各司所储积的茶叶变价充饷，处理遗留问题。二十五年、二十七年先后裁汰洮州、河州茶马司，余下的三司只负责"颁引征课"，完全失去了茶马司以茶易马的意义，变成了汉藏等族之间经济贸易的管理机构，古代茶马贸易制度至此宣告终结，一去而不复返了。

附：清初五茶马御史说考辨

中华书局标点本《清史稿》卷一二四《食货五·茶法》谈到清初茶马御史的设置情况时，写道："司茶之官，初沿明制，陕西设巡视茶马御史五，西宁司驻西宁，洮州司驻岷州，河州司驻河州，庄浪司驻平番，甘州司驻兰州……"

巡视茶马御史简称茶马御史，是明清时期专门管理西北茶马互市及相关事务的官员。这里的"设巡视茶马御史五"、分驻五茶马司之说，可

---

① 《清朝文献通考》卷三十《征榷考·榷茶》。

简称为"五茶马御史说",与清初的有关史料记载不相符合,当为误述。下面试就笔者在研究明清茶法过程中所接触的有关文献,对之校证如次:

先从内校。《清史稿》同卷记载:"(顺治)二年,差御史辖五茶马司"。显然是以一个御史管辖五个茶马司的易马备边之事,而非五个巡视茶马御史。又,同书卷一一五《职官二》记载:"顺治初,又有巡按御史……督理陕甘洮岷等处茶马御史一人,康熙七年省,三十四年复故,四十二年又省。"亦无五茶马御史之说。

再从他校。清朝官修的《清朝文献通考》《大清会典》等政书均无清初在陕西设置五茶马御史的记载;而遍阅《清世祖实录》,顺治年间前后担任巡视茶马御史者凡十人,大体上一两年一遣,皆历历可数,根本不存在五个茶马御史并存之事;从中国第一历史档案馆所藏的数十件有关顺治时期茶马制度的内阁揭帖和题本中亦无丝毫线索可寻(参见《清代档案史料丛编》第十辑,中华书局 1985 年);再检索地方志书,杨应琚纂修的乾隆《西宁府新志》卷一七《茶马》明确写道:"皇清陕西差茶马御史一员,辖西宁、洮州、河州、庄浪、甘州五司各厅员。"其他如查郎阿等纂修乾隆《甘肃通志》卷十九《茶马》等方志文献也有大致相同的记载。可见,清初五茶马御史说既不见于官修政书、实录,又不载于档案和方志等原始文献,而且这些官私记载基本上都持一茶马御史说,与《清史稿》所载相左。

复以理校。《清史稿》既称"初沿明制",那么我们不妨考察一下明朝的茶马御史设置情况作为反证。明朝差遣御史巡督茶马,起于永乐中,寻罢,仍遣行人巡视。成化三年,以"行人职卑言轻,势难禁制",乃遣御史一员于陕西巡茶,岁一更代,后或御史,或行人,或抚按官,例有反复,至成化十四年,御史巡茶制度才基本稳定下来。至弘治十六年,取回巡茶御史,凡一应茶法悉听督理马政都御史兼理。正德二年,杨一清奏准仍置巡茶御史一员,兼理马政、茶法二事,通常称作茶马御史,三岁更代,著为永例,从而成为此后御史巡督茶马的定规。不难看出,明代亦无五茶马御史之设。

综上所述,《清史稿》的清初在陕西设置五个茶马御史的说法均不见载于清代官私文献,其沿明制之说更无从谈起,故其为误述无疑。而根据各书所记,清初陕西巡视茶马御史应为一人,下辖五个茶马司。因此,笔者推其原义当为:"司茶之官,初沿明制,陕西设巡视茶马御史一,辖茶马司五,西宁司驻西宁,洮州司驻岷州,河州司驻河州,庄浪司驻平番,甘州司驻兰州……"《清史稿》记述的遗漏,导致了意思上的错误,给研究者带来了不必要的混乱和麻烦,不能不为之略加考辨如上,以正视听。至于确当与否,还望识者指教。

(本文原载《历史档案》1989 年第 3 期)

万里茶道河南段线路初探

万里茶道，也称万里茶路、茶叶之路、中俄茶叶之路，是连接中国内地茶区与俄罗斯乃至欧亚大陆的一条重要的国际商路，其国内部分主要经过福建、江西、湖南、湖北、河南、山西、河北、内蒙古八个省（自治区）。河南地处中原，是万里茶道的重要水陆中转地；然而由于种种原因，河南段的具体线路大都语焉不详。本文拟从晋商文献记载、山陕会馆等文化遗产分布、中原商路网络三个角度进行初步探讨，梳理出西、中、东三条主要线路，敬请方家指正。

一、关于万里茶道的基本认识

在中国对外贸易史上，丝绸、茶叶、陶瓷是最为重要的三种商品。因此关于中外贸易路线，有"丝绸之路""茶叶之路""陶瓷之路"的不同说法，也有称作"丝茶之路""丝瓷之路"的。比较而言，丝绸之路尤其是陆上丝路开辟于汉代，发展于唐代，从而为世所知，在封建社会前期中外经济文化交流中发挥了核心作用，后期又开拓海上丝路，更是扬名世界；茶叶之路则形成于唐代以降，清代以后更超越丝绸，在封建社会后期乃至近代化过程中扮演了重要角色。因此可以说二者既是同一概念，又有各自不同的内涵，只是强调的重点不同而已。

随着16世纪中叶到17世纪中外贸易格局的巨变，欧洲人航海探险和殖民扩张基本完成，非洲、美洲、远东地区相继纳入欧洲为主导的世界贸易网络，中国产品尤其是丝绸才真正成为全球性产品。18世纪初，茶叶出口地位日益重要，到19世纪上半叶达到中国输出西方主要贸易国产品的80%~90%，在传统陆路、海路丝绸之路上络绎不绝的是西方运载茶叶的商队、商船，丝绸之路已演变为茶叶之路了。[①]

我们知道，茶是原产于中国的一种神奇植物，陆羽称为"南方之嘉木"，英国人类学家艾伦·麦克法兰称为"绿色黄金"，人类历史上"第一种真正带来世界性久远影响的全球性饮料"。1000多年前，茶圣陆羽《茶经》问世，推动"茶道大行"，数百万中国人喝茶；500年前，世界一半以上的人把茶当作水之外的另一种选择；近500年，饮茶传播到世界各地，到1930年代，茶产量足够供应每人每年200杯。[②] 因此可以说"喝茶喝通了世界"，一片东方树叶成为中国融入世界的一个重要媒介。

最早把茶叶信息带到欧洲的是探险家、商人和耶稣会士等，时间大约在16世纪中叶。而最早将茶叶作为商品运往欧洲的则是荷兰人，1594年荷兰远东贸易公司成立，1606年已大量从爪哇万丹转运茶叶到欧洲，1615年英国东印度公司也从澳门收购茶叶运往欧洲。最初欧洲人是把茶叶作为药用，并在17世纪中叶以后饮茶成风，法国、德国、北欧、葡萄牙等，尤其是被称为饮茶皇后的葡萄牙凯瑟琳公主与英王查尔斯二世结婚，推动了英国皇室乃至朝野的饮茶风气。几乎同时，俄国派往中国的使团带回茶叶。17世纪末至18世纪上半叶，中俄茶叶边境贸易快速兴起，

---

① 庄国土：《从丝绸之路到茶叶之路》，《海交史研究》1996年第1期。
② 麦克法兰：《绿色黄金：茶叶的故事》，汕头：汕头大学出版社，2006年；又译《绿色黄金：茶叶帝国》，北京：社会科学文献出版社，2016年。

恰克图成为此后130余年间中俄贸易的中心。1720—1730年，茶叶市场价格急剧下降，茶叶逐步取代咖啡，成为英国最普遍的饮料，进而风靡欧洲，揭开了大规模茶叶贸易的序幕。

中外茶叶贸易迅速发展，西方各国商人的激烈竞争，进一步推动茶叶消费增长，反过来刺激华茶出口进入高潮。1750年之前，荷兰是最大进口国，随着英国成为欧洲最大茶叶消费国，英国在广州茶叶贸易中的地位直线上升，从18世纪20年代的20%到70年代的50%，然后是19世纪初的70%以上，将美国以外的国家挤出市场。北美也从英国传播饮茶习惯，1784年中国皇后号开启茶叶贸易，后来美国成为华茶的主要出口国，广州产业市场上唯一可与英国竞争的国家。俄国初期主要进口绿茶、红茶，1792年茶叶成为其第一位的进口商品（20%），1802年占40%，1839年达到5万多担。至此，丝绸之路上，茶叶已经代替其他商品，上升为第一大出口品。

正如欧洲商人所言，1820年以后，"茶叶是驱动他们前往中国的主要动力，其他商品都是点缀"。美国学者更形容说"茶叶是上帝，在他面前其他东西都可以牺牲"。当时茶叶占英国进口总值的50%，1765—1774年达到71%，1785—1794年更高达85%，进入19世纪甚至高达90%以上，在其垄断广州贸易的最后几年（1825年前后）成为唯一进口商品，不仅东印度公司，更提供了英国国库收入的10%。荷兰，18世纪20—90年代，茶叶都是其最重要的进口品，占其进口中国产品的70%~80%，有时甚至高达85%。美国华茶进口增长很快，1837年达到从中国进口总值的65%，1840年更达81%。于是，贸易顺差和白银流入中国，据估算，1700—1840年欧洲和美国运往中国的白银数量约17000万两，白银的大量流入，成为清代铜钱—银两—银元通货革命的基础。

总之，18世纪前期，沟通中外经济文化的传统丝绸之路已经成为茶叶之路，茶叶成为世界贸易网络形成后的最重要国际贸易商品之一，白银大量流入，成为通货革命的基础，而当西方不能继续支付白银交换中国茶叶时，他们就强迫中国接受鸦片，鸦片战争改变了中国社会发展的走向。

在上述"茶叶之路"中，陆路的北线在清代以来的中外贸易中影响较大，因此我们看到美国学者艾梅霞的《茶叶之路》和中国学者邓九刚的《茶叶之路》都是以此为对象的研究。这就是我们今天所说的"万里茶道"。

华茶输入俄国，"因陆路所历风霜，故其茶味反佳，非如海船经过南海暑热，致茶味亦减"，所以马克思《俄国的对华贸易》中说："其中大部分是上等货，即在大陆消费者中享有盛誉的所谓商队茶。"[1] 起初，茶叶在中俄交流中扮演着礼品和商品的双重角色，但长袖善舞的晋商却从中看到了商机，茶路由此而初兴。康熙二十八年（1689），沙俄政权与清政府签订《尼布楚条约》，俄国商队纷纷来到中国北京、库伦（今蒙古人民共和国首都乌兰巴托）、归化（今呼和浩特市）、张家口经商，而这些地方的商业几乎完全被晋商垄断。雍正六年（1728），中俄签订了《恰克图条约》，规定以恰克图与祖鲁海图为中、俄边贸口岸，加上尼布楚共有三个口岸，双方商品交易不得各自超越国境。两年后，恰克图"买卖城"建成，很快繁华兴盛起来。当时在恰克图中国有20多家商号，其中有18家是山西晋中人开设，恰克图的贸易额当时占俄对外贸易49%，占中国出口贸易的19%。于是中国历史上第二条对外贸易之路，堪比西汉丝绸之路的"万里茶道"孕育而成，它的形成沟通了欧亚大陆的政治、经济、文化，同时也让晋商站到了中国北部对外开放的风口，商海弄潮，成为闻名海内外的一代商界翘楚。

在"万里茶道"近300年的历史中，以下时间节点值得关注：雍正六年（1728）《中俄恰克图条约》签订，当年8月第一个集市开张。雍正八年（1730）买卖城建成，中俄恰克图茶叶贸易正式开启，也就是"彼

---

[1] 马克思：《俄国的对华贸易》，《马克思恩格斯选集》第2卷，第9页，北京：人民出版社，1975年。

以皮来，我以茶往"的皮毛与茶叶贸易。1811年达到10万普特，占比88%；1857年马克思《俄国的对华贸易》一文中说："1852年达到175万箱，价值1500万美元。"占比超过95%。这一时期以福建武夷山茶为主。咸丰年间（1851—1861）太平天国起义，长江下游和福建茶区遭受兵燹，茶路中断，改运安化、临湘、蒲圻等两湖茶叶。1858年《中俄天津条约》，俄国获得最惠国待遇，进入上海、宁波、福州、厦门、广州以及台湾等地；1861年《中俄北京条约》，汉口成为通商口岸，且获得到北京贸易及到库伦、张家口、喀什噶尔互市的特权。1862年《中俄陆路通商章程》，俄商取得了在中国南方茶区直接采购加工茶叶和水路通商天津的权利，且在国境两侧100华里及蒙古地区免税经商，在天津和张家口等地享受税收优惠政策。茶叶贸易进入繁荣时期，同时恰克图独占贸易被打破，进入衰落期。1871—1890年，中国年出口茶叶达200万担。汉口出口茶叶占中国出口的60%。俄国不仅在汉口商业竞争中打败英国，而且改用新的运茶线路，通过黄金水道从汉口直航上海、天津、海参崴，后来又打通上海走海上到达黑海敖德萨的线路，汉口北上陆路运茶商道逐步萎缩。执塞北商界牛耳的山西商人，正像鸦片战争前执广州贸易牛耳的广东行商一样，失去了茶叶贸易的主导地位，让位于以俄国政府为后盾的俄商。当然，为应对危局，晋商向清政府提出"由恰克图假道俄边行商"，得到允准后，他们纷纷在俄国赤塔、伊尔库茨克、莫斯科、圣彼得堡等地开设分庄、分行，进行茶叶贸易。1905年莫斯科到西伯利亚铁路通车、1908年京广铁路通车。陆路运茶几乎成了历史的陈迹。1925年道奇汽车穿越戈壁，宣告了靠驼队的茶叶贸易历史终结。1929年大盛魁关闭，标志着万里茶道的终结。

至于万里茶道的地理节点，陆路的起点是武夷山的下梅村，南段从福建崇安到河南赊店是水路，约1560公里。中段从河南赊店至河北张家口是车路，约1440公里；北段从张家口到库伦是最危险、最辛苦的驼路，约1500公里，其中四分之三是沙漠。全部行程约4500公里，约需五个半月，甚至超过半年。概括来说，晋商茶路有五条，分别是：第一条是从福建武夷山下梅为起点，走水路，逆长江而上，经九江，到达汉口，然后用驼帮经樊城、赊店，北上山西的潞安、沁州、太原府，运往张家口，再转恰克图。第二条是从湖南羊楼司、湖北羊楼洞经汉口装船，海运到天津，再由驼帮运往张家口，最后转运恰克图。第三条是从安徽省的建德出发，运至河南周家口，换脚转运山西祁县、忻州，再换脚转至归化城，批发给走西路的商号，用骆驼运至新疆乌鲁木齐、塔尔巴哈台。第四条是从湖南省安化为起点的水路。成品茶在安化县境内的资水码头装船后，顺江而下，穿益阳，越洞庭湖，过岳阳，入长江，至汉口，再由汉水到达河南，入山西太原府，继续北上，抵达恰克图。第五条是以湖南安化为起点的旱路，经常德、沙市、襄阳、郑州，入山西后，继续北上，经张家口，最后抵达恰克图。万里茶道北出雁门关、黄花梁之后，分为东、西两路，西路从右玉县杀虎口（西口）经归化、乌里雅苏台到库伦、恰克图，东路从张家口到库伦、恰克图。

二、基于晋商文献记载的考察

如上所述，万里茶道的贸易主体是晋商，也就是"西帮茶商"。晋商从福建武夷山、湖南安化、湖北羊楼洞等地采买茶叶，运输至中俄边境（今蒙俄边境）的恰克图进行贸易，再由俄商转运至圣彼得堡。河南赊旗店（今河南社旗）是万里茶道的水陆中转枢纽，此前以水路为主，此后则以陆路为主；至于河南段的具体线路，湖北樊城沿水路进入河南，水陆兼程，在豫西、豫中大地上迤逦北行，直抵黄河南岸的孟津、汜水、花园口、柳园口等黄河古渡口，少部分茶帮转洛阳，经西安、兰州，去往西北边疆，大部分则继续向北，经过怀庆府，越过太行山到达山西泽州（今山西晋城），或沿卫河水路北上通州。但具体的路线如何，说法不一，而晋商文献记载为我们提供了明确的佐证。

现存山西祁县晋商文化博物馆(渠家大院)的《祁县茶商大德诚文献》，根据书中三和茶庄的信息，考证为祁县乔家堡在中堂的遗物。①也有根据抄本直接命名为《行商遗要》，认为是渠家长裕川茶庄的旧物，由曾任长裕川茶庄学徒的王载赓抄录，时间大约在民国六年（1917）。②该手抄本为蓝皮、麻纸、白线装订本，书长22.5厘米，宽12厘米，共39页（77面），全部为毛笔行草体小楷书写抄录。全文未加标点符号，共2万余字。行文结构为文言文句式，文言文句中不断出现一些祁县乡间俚语，是一种"文白"混合的文体。全书的结尾处有"注意誊完"四字，说明此书不是稿本而是手抄本。手抄本既无目录，也无章节。但在书中，每论述一事项开首，都有大字小标题，从《行商遗要》到《祁县落地税则例底》，整理者分为76个，对于从湖南安化运茶到口外的路程、脚价、厘金等一应贸易事项均有翔实记录。有关万里茶道河南段线路的有：

一是第3《祁至安化水陆路程底》，开头为"祁至赊歌语"："洪、土、沁、襁、鲍、长、乔、泽、拦、邘。温、荥、郑、新、石；襄、旧、裕、赊旗。"接着详记每一站点及其里程，其中河南境内的有："由泽[州]过太行山六十里至拦车（今晋城市南）宿。四十五里至邘郏（今河南沁阳市西万镇邘郏村东南）宿。五十里郭村（今河南温县黄庄镇西郭村）打尖，二十五里至温县宿。由彼早起二十五里至汜水北岸名平皋（今温县赵堡镇北平皋村），过黄河南岸汜水县（今荥阳汜水镇汜水村）打尖，四十里至荥阳县宿。六十里至郑州宿。五十里郭店驿（今新郑市郭店镇）打尖，四十里至新郑县宿。六十里至石固（今长葛市石固镇）宿。五十里颍桥（今襄城县颍桥镇）打尖，四十里至襄城宿。四十里至汝坟桥（今叶县遵化镇）打尖，五十里至旧县（今叶县旧县镇）宿。五十里至龙泉镇（今叶县东南）打尖，四十里至裕州（今方城县）宿。五十里至赊旗镇（眉批:赊镇火食，

---

① 史若民、牛白琳编著:《平、祁、太经济社会史料与研究》，第481—541页，太原：山西古籍出版社，2002年。
② 范维令编:《祁县茶商宝典》，第4—5页，太原：北岳文艺出版社，2017年。

每人钱一百六十，酒肉自备)。"

赊店(今社旗县)是水陆中转站，是万里茶道河南段的枢纽。"祁[县]至赊[旗]店十九站，计陆路一千三百五十五里。""赊〔旗店〕至樊〔城〕，计水路三百四十五里。"在记载有关禹州、襄县、汝州的有关事宜时，也都要标明它们与赊旗的距离，如："禹距赊三百二十里""襄距赊二百三十里"等。

接着记载赊店到樊城（今湖北襄阳）的水路，其中河南境内的有："如唐河小起旱，三天半至樊。若河内有水，赊十五里至埠口（今社旗县城郊乡埠口村），十五里至兴隆镇（今社旗县兴隆镇），十里至新集（今社旗县太和乡新集村），十里至李店儿（今社旗县李店镇），二十里至袁潭儿（《平、祁、太经济社会史料与研究》误为"表潭儿"，今唐河县源潭镇），二十里至唐县（今唐河县），二十五里至马店儿（今唐河县张店镇马店村），二十里至上屯（今唐河县上屯镇上屯村），十里至下屯（今唐河县上屯镇下屯村），二十里至郭滩（今唐河县郭滩镇），三十里至苍苔（今唐河县苍台镇）。"

从以上记载可以整理出来一条清晰的路线来：

水路：苍苔—郭滩—下屯—上屯—马店儿—唐河—袁潭儿—李店儿—新集—兴隆镇—埠口—赊店

陆路：赊店—裕州—龙泉镇—旧县—汝坟桥—襄县—颍桥—石固镇—新郑—郭店驿—郑州—荥阳—汜水—平皋—温县—郭村—邢邰

二是第17《赊镇发货总论》以下至第26《赊发货解价车驼骡估高例底》，记载有郭咀(今荥阳乔楼镇任庄村)、汜水(今荥阳汜水镇)、花园口(今郑州市惠济区花园口)、柳园口（今开封市黄河岸边）、兰仪（今兰考）、赵河口、河南府（今洛阳市）、汝州、禹州、襄县（今襄城县）、会镇（今三门峡市湖滨区会兴镇）、灵保（今灵宝）、茅津渡（今山西平陆县城南茅津村）、北舞渡（今舞阳县北舞渡镇）、孟县、道口（今滑县道口镇）、新乡等。

与上一条明确的线路略有不同，这里提到了不属于前述线路的洛阳和三门峡，也就是西线；还有郑州、开封向北经过新乡、道口的东线。

三是第49《北舞渡发白潭水解例底》以下至第53《道口发通州水脚例底》，北舞渡—周家口（今周口市）—白潭（今扶沟县白潭镇，原属尉氏，扶沟、通许、鄢陵、尉氏四县交界处）—花园口、柳园口、兰仪口—道口—定州、天津、通州。

上述文献记载进一步明确了东线的分布，从北舞渡、周家口、白潭水运北上，从郑州、开封北上道口，沿卫河水运到达定州和通州的贸易路线。

另一部现藏于祁县晋商文化博物馆的手抄本《行商纪略》，共182页，版面长162厘米，宽160厘米，因首尾残缺，不明书名、撰人、抄人，收藏者暂定名为《行商纪略》，并根据书中有关记载考定为祁县商人道光后期的作品。① 该抄本分办棉花、布匹和办茶三大部分，其中办茶部分不仅有《行商遗要》中所说的安化茶，还有湖北羊楼洞、福建武夷山茶，从而提供了有关中原茶路的珍贵信息。

开头有《从祁县起程赴汉口二十四天路程歌》："盘牛褥鲍长，七栏新木岗，郭丈临小遂，确山明信李，广小杨漯汉，四十望武昌。"关于洞茶，有"樊城装船发赊镇（水路二百四十里，旱路三百二十里）""赊镇装牛车发舞渡（旱路二百四十里）""舞渡装船发朱仙镇（水路四百八十里，旱路二百四十里）""朱仙镇装车发柳园口（系四轮车，旱路九十里）""柳园口装车发道口（装四轮车，旱路一百四十里）""刘受口装车发新镇""道口装船发通湾""新镇起泊运道口""道口至通州水路码头开后"等节；关于武夷山茶，有"武夷茶上口走河南各店规例"，其中有"樊城装小船发赊镇""赊镇装车发北舞渡""北舞渡装船发朱仙镇""朱仙镇绑下车发道口""道口装船发郑家口""如从赊镇发郭家咀""郭家咀发孟县"等节，

---

① 范维令编：《祁县茶商宝典》，第12—13页，太原：北岳文艺出版社，2017年。

比较而言，有以下三个方面值得关注：

一是比较两书的路程歌，可以看出贸易线路的差异。前者是从汉口、襄阳北行经南阳然后分别从郑州、洛阳过黄河从怀庆府进入山西的线路，后者则是从武昌北行经汉口、滠口（今武汉市黄陂区滠口街道滠口村）、杨店（今孝感市孝南区杨店镇）、小河溪（今孝昌县小河溪镇）、广水（今广水市广水街道）、李家寨（今信阳浉河区李家寨镇）、信阳、明港、确山、遂平、临颍、郭店过黄河从怀庆府进入山西的线路。这是一个重要的新发现，个别具体经过站点尚待进一步的考证。

二是两书记载的重点线路不同。后者重点记载的是从赊店、北舞渡、周家口、朱仙镇、开封柳园口、道口、通州的东部以水运为主的一条线路。同时也记载从道口北行，装船发郑家口、郑家口装车发定州、定州绑骆驼发东口（张家口）的线路。

三是提供了若干具体信息。如从道口由卫河进入运河通航至天津、通州的详细水路码头行程，如"道口至潭头口二百五十里，潭头口至楚王（今内黄楚旺镇）三十里，楚王至龙王庙三百四十里，[龙]王庙至临清二百八十里……"又如"赊镇发货脚银平色"中提到河南的有茨沟（今襄城县茨沟乡）、临颍、五女（今许昌五女店镇）、郏县、石固（今长葛市石固镇）、孟津、李村（今偃师市李村镇）、缑氏（今偃师市缑氏镇）、禹州、洛阳县等，均可作为探讨万里茶道河南线路的证据。

此外，我们还可以通过其他文献的记载加以佐证。据同治朝《筹办夷务始末》记载，同治六年甲午，绥远城将军裕瑞、归化城副都统桂成奏：安徽建德（今安徽东至）所产的商队茶——千两朱兰茶"惟西洋人日所必需"，由归化城至库伦、恰克图，出口到俄国边境，再由俄商卖与西洋诸商，"专有茶商由建德贩至河南十家店（即赊店），由十家店发至山西祁县、忻州，由忻州而至归化（今呼和浩特），转贩与向走西疆之商，运至乌鲁木齐、塔尔巴哈台等处售卖。今既准其出恰克图口售卖，所以蒙古地方并无村镇，且非蒙古所需，又复明定章程，不准零星售卖，即与夷人私相暗售，如有违者，将货物全行入官，官民从重治罪"。[①] 这可能是咸丰年间《中俄伊犁塔尔巴哈台通商章程》签订后开辟的一条西线茶路。

这则文献记载表明：第一，行销于万里茶道上的茶叶还包括安徽茶，建德茶如此，明清以来在北方消费颇广的六安茶亦当如此。许次纾《茶疏》称："大江以北，则称六安，然六安乃其郡名，其实产霍山县之大蜀山也，茶生最多，名品亦振，河南、山陕人皆用之。"[②] 第二，徽茶北运的路线大抵由淮河水运至周家口然后沿贾鲁河北上至朱仙镇，由柳园口、兰仪口过黄河，走卫河至通州，或沿黄河西进至陕西，或北上至山西，亦当为一条重要的茶路。或者从周家口继续西行至北舞渡、赊店，走前述至中线、西线北上、西行，行销到北方或西北广大地区。

需要说明的是，《行商纪略》约成书于道光年间。《行商遗要》传抄于民国初年，其中有多处提到"光绪三十四年（1908）""中华民国元年（1912）""民国四年（1915）"；而且第67则题为《汉口火车规例》，记载从光绪二十八年（1902）"予帮初走茶货"，也就是茶叶从汉口"装火车包送氾水"，进而运至彰德府、石家庄、丰台等站。可见文献记载乃是晚清民初的茶路状况，尽管也包括清代前期以来形成的历史传统，但并非万里茶道的完整图景和全部史迹，因此不可避免带有一定的局限性，我们期待着更多的文献资料发现。

三、基于山陕会馆等文化遗产分布的考察

会馆是以乡土为纽带、流寓客地的同籍人士自发形成的一种社会组织，其中大多数是商帮或同业商人集资建立的用以酬神、演剧、议事、交易的场所，即商业会馆。"秦晋人商贾于中州甚夥，凡通都大邑巨镇，

---

① 《筹办夷务始末》同治朝卷五十六，《续修四库全书》史部第420册，第368页，上海：上海古籍出版社，2002年。
② 方健：《中国茶书全集校证》第2册，第768页，郑州：中州古籍出版社，2015年。

皆会建关帝庙，其规模有备极壮丽者。"①山陕会馆就是山陕商人的聚集地和中转站，也形成当地的定期集市市场。因此，山陕会馆等文化遗产在河南的分布状况可以作为我们考察万里茶道河南段线路的一个重要依据。关于明清时期河南晋商会馆的调查统计，较早并且统计相对全面的是《简明河南史》②，省内山陕会馆32处、山西会馆32处。南阳府及所属各县又是晋商会馆分布最集中的地区，据南阳地区商业志编纂委员会的统计，境内13个县市共有会馆38所，其中山陕会馆22所。③调查统计数据较全的是《晋商会馆》一书，晋商在全国建立558多所会馆，河南最多，有89所。④《清代河南会馆的空间分布和建筑形式研究》一文统计最为详尽，其中山陕会馆多达121所。⑤综合以上统计，结合有关方志文献和当地文史资料记载，明清以来河南晋商会馆多达134所，除了开封、洛阳、周口、赊店、汝州、禹州、北舞渡等区域中心外，几乎遍布各府州县。从各地山陕会馆创建的时间线索看，最早的是明代中后期，如嘉靖年间的上蔡山陕会馆，万历年间的伊川白元镇山陕会馆；绝大多数是清代所建，清代又以康熙年间为初创时期，如开封、洛阳、周家口、北舞渡、朱仙镇等；乾隆至道光年间为鼎盛期，新建、重建、扩建的山陕会馆最多，基本奠定了河南山陕会馆的基本布局；此后随着黄河的泛滥、社会的动荡以及清末铁路交通的兴起，商业贸易和会馆建设进入了衰落时期。由此可见，山陕会馆等文化遗产的建设与万里茶道的历史发展基本吻合。

晋商的经营方式包括长途贩运和设店经营两种，输出的商品是食盐、

---

① 倪明进修、栗郛纂：《泌阳县志》卷十一，道光八年（1828）刻本。
② 张文彬等主编：《简明河南史》，郑州：中州古籍出版社，1996年。
③ 南阳地区商业志编纂委员会：《南阳地区商业志》，第55页，北京：中国展望出版社，1989年。
④ 山西省戏剧研究所：《晋商会馆》，第226—228页，太原：山西教育出版社，2009年。
⑤ 李俊锋：《清代河南会馆的空间分布和建筑形式研究》，陕西师范大学硕士论文，2008年。

煤、铁、丝绸、杂货，输入的有粮食、药材，过路的则以茶叶、瓷器、丝棉为多，盐与茶可谓其中的大宗。就盐路（河南是河东池盐的行销区，河南府、南阳府、陕州、汝州、襄城等地都是盐商的引窝）、茶路沿线看，晋商会馆分布最多的是南阳府——南阳、社旗、淅川、西峡、唐河、邓州、桐柏、南召、镇平、方城、内乡、新野；其次是河南府——洛阳、陕州、灵宝、渑池、宜阳、伊川、洛宁；然后是汝州——汝州、叶县、郏县、襄县、鲁山、豫北怀庆府、卫辉府——河内、武陟、新乡、辉县、济源等；彰德府的安阳、林县，大名府的浚县、内黄，豫中地区的开封、荥阳、汜水、禹州、长葛、舞阳北舞渡、商水周家口、泌阳、确山、正阳、上蔡等。

  山陕会馆而外，与万里茶道有关的河南文化遗产包括古城镇、古码头渡口、古桥梁、古衙署、古商铺、古庙宇、古街区、古民居、古关口、古道路等十余种类型。依托这些实物资料和历史见证，可以大体梳理出万里茶道的基本线路。① 其中黄河以南线路，包括：白河线——出襄阳溯唐白河转白河航运自南而北经新野到南阳，转陆路走宛洛古道（方城道、三垭道）向北至洛阳。唐河线——出襄阳溯唐白河转唐河至赊店，转陆路经方城独树镇、叶县、郏县、汝州至洛阳，过黄河；或由叶县、襄县继续北上新郑、郑州过黄河北上。丹江线——出襄阳沿丹江逆水至淅川荆紫关,转陆路西北入陕。黄河以北线路,包括：太行八陉中的轵关道——从黄河孟津渡入济源、越轵关、王屋、邵原，进入山西垣曲；太行道——从黄河孟津渡入孟县，经沁阳，过古羊肠坂及碗子城，进入山西晋城；白陉道——从黄河孟津渡入孟县、沁阳，经辉县薄壁镇越太行至山西陵川、长治，或从开封、郑州过黄河入新乡，由白陉道越太行入山西。还有出沁阳、博爱越太行入山西陵川、长治的丹道，出沁阳、博爱、修武越太行入山西的清沟道，以及沿卫河经道口、临清、天津、通州，或由道口陆路往河北定州的道口道，从陕州会兴镇茅津古渡过黄河至山西平

---

① 河南省文物建筑保护研究院：《万里茶道河南段文化遗产调查与研究》，北京：文物出版社，2016年。

陆、夏县、临汾的茅津道，等等。

四、基于中原商业交通网络的考察

自16世纪以降，随着工农业生产商品化程度的提高，区域专业化和劳动分工进一步扩大，各地区之间经济联系空前加强，长途贩运贸易迅速增长，地域性商帮和商业资本不断崛起，逐步构建起连南贯北、承东启西的水陆商业交通网络体系，也就是说，全国性统一市场形成了。河南地处中原，在全国商业交通网络中处于重要地位，而发达的中原商业交通网络也是我们考察万里茶道河南段线路的一个可以借鉴的基础。

清代商业交通网络以长江和大运河两大动脉为依托，南北三条干线（运河、赣粤大道以及北京至东北大道）和东西两条干线（长江水道、东西陆路通道）为基干。而中原正处于东西陆路通道的中部，从江浙西来的货物经开封、郑州、洛阳到西安，沿丝绸之路西行。值得注意的是，清代中原南北商业交通网络更加发达，南国商品经中原北上京师乃至更远的北方、西北、东北，流通量远远超过历史时期。大体说来，清代中原商业交通网络包括驿路、水路、陆路三个相辅相成的系统。

驿路系统：驿传系统主要是服务于官府政务，同时也为百姓行旅、商品流通提供便利。尤其是明清时期商品经济发展，税收和商业功能更加凸显。清代河南设有驿站120个，递运所20个，急递铺885个。主要分布于东西、南北交通主干道上，涵盖了几乎所有重要的府州县城和集镇。东西干道从南直隶经永城、归德、开封、郑州、洛阳、陕州至关中一线。南北干道在黄河以南分两条：东线从汝宁府北上许州、开封，西线从襄阳入豫，经南阳府、裕州、叶县、禹州、郑州。两线分别过黄河到达卫辉府合为一路，经彰德府进入北直隶。另外还有洛阳过黄河至怀庆府，一路北上山西，一路东北行至卫辉府，可以作为一条支线。

陆路系统：既包括河南连接周边各省的道路，也包括省会开封连接各府州县的道路，大体相当于我们今天所说的国道和省道。总体而言，以开封为中心，有开封北至北京的线路，一是开封过黄河西北行，经延津、汤阴、彰德府入北直隶，一是开封过黄河北行，经开州（今濮阳）、清丰、南乐至大名府，沿卫河至临清、天津达北京；有开封南行经汝宁府至湖广的线路；有开封东行至徐州的线路；有开封东南行至庐州、南京的线路；有开封西行至西安的线路，连接东行线路，是东西商业交通干线；有开封西北行至太原府的线路，一是西行至陕州然后折向北进入山西，一是西行荥泽、汜水过黄河经怀庆府至山西泽州，这也是晋商进出河南的主要线路；还有开封西南行经许州、襄城、叶县、裕州、南阳府以至襄阳的线路，这也是晋商北行的重要通道。

经行洛阳的南北交通线路，南行过龙门、白沙、临汝至汝州，然后经鲁山穿鲁阳关、南召至南阳、襄阳，也就是所谓的宛洛古道；北行过黄河至怀庆府，一条继续向北过碗子城至山西泽州、潞州，一条折向东北经清化镇、修武、获嘉至卫辉府、彰德府到北直隶，这也是南北商业贸易的重要通道。另外，归德府、彰德府、汝宁府至南阳、襄阳的线路[1]，也都与徽商贸易线路和晋商万里茶道有或多或少的重合，值得关注。

水路系统：河南境内分属海河、黄河、淮河、汉水四大水系，且支流众多，水运发达，加之水路运输便利而价廉，所以水路也是商业贸易的重要通道。属于海河水系的主要是豫北的卫河水运，卫河源于苏门山百泉，跨河南、河北、山东、天津，省内可通航三百里，"水量平畅，泥沙最少，有舟楫之利而无泛滥之害，为河南最良之水道。由道口镇下经汤阴之五陵镇、内黄之楚旺集，通山东临清，以达天津，计一千六百里"。水盛时，可以上溯经卫辉府到达新乡城东西的饮马口和杨树湾码头。[2]

黄河因为决口迁徙等原因，水运并不很通畅。贾鲁河原系连接黄河

---

[1] 黄汴：《一统路程图记》，见杨正泰：《明代驿站考》增订本，上海：上海古籍出版社，2006年。
[2] 白眉初：《中华民国省区全志·河南省志》，上海：中华书店古籍部，1925年。

的一条南北运河，但清代已不接黄河，而以郑州黄河南岸的京、索、须水为源头，经中牟、朱仙镇、扶沟（吕潭）、西华、周家口，会沙、涡、汝、颖诸水，以达于淮，是江淮与中原乃至北方物资贸易、经济交流的重要通道。

至于发源于伏牛山区的沙颍河水系，是淮河最大的一条支流，省内段长四百多公里，航运非常发达。沙河源于鲁山，至郾城与汝水合，至周口与颍水合；颍河源于登封，由禹州、许州、临颍入西华，至周口与沙河合流，东南行至安徽阜阳汇入淮河。沙颍河是徽商入豫的重要通路，也是南北经济交往的交通要道。

属于汉江或言长江水系的主要是南阳盆地的唐、白、湍、丹诸水，皆有通航之便。唐河源于裕州七峰山，自社旗南流经唐河全境，汇白河入汉水，"唐河经源潭东头，南至唐县西关外南流，每船行至赊旗镇止"。白河经南召、南阳、邓州、新野，是贯穿南阳盆地的航运主干道，自襄樊北上的大型货船可以航行到南阳城关，小船则可以达到南阳北五十里的石桥镇。湍水是白河支流，丹水自商州至均县为过境河，也都具有通航的便利。

根据《天下路程图引》等商书、路程书的记载，中原地区有几条水路是十分繁忙的：一是从周家口向西经邓城、郾城、北舞渡、横梁渡、襄城，然后转陆路至神垕镇、禹州。二是从南顿（今项城市南顿镇）东南经沈丘、颍州、江口、颍上至寿县正阳镇。三是从南京沿长江至汉口、襄阳、光化（今老河口市），然后经过河南淅川县逆流而上，转陆路经武关、蓝田到达西安。四是由汉口、襄阳航行至赊店，转陆路至北舞渡，装船航行至周家口，或沿贾鲁河北上朱仙镇，或沿沙颍河东南至江淮，这是湖广、江淮地区进入中原的重要通路。①

驿路、陆路、水路三个系统中，驿路亦属陆路，二者互有交叉、重合，陆路与水路则是辗转相继，水运装船，陆路装车或骡马驮运，相辅相成，

---

① 憺漪子编撰、杨正泰校注：《天下路程图引》，太原：山西人民出版社，1992年。

共同形成中原商业交通网络。当然,商业交通线路都是相对的,历史文献的记载往往都是以某一中心城市或商人、商帮所在地为中心,如官道或官方的记载都是以京师、省会或区域性中心城市为中心来向四周延伸,而商书、路程书则是以商帮所在地或商业集散地为中心。因此,以上中原商业交通网络的描述,只是提供一个相对的参考坐标或者背景,万里茶道则在此基础上根据办茶来源地、运茶目的地的不同以及其他共性或个性因素而有所选择、有所变化。

五、关于万里茶道河南段线路的初步认识

万里茶路河南段,是17—20世纪中俄万里茶道线路遗产中连南贯北的重要组成部分。人们一般都称赊店是万里茶道的中转枢纽,这个评价也可以作为对万里茶道河南段的基本评价。但也不必估计过高,毕竟万里茶道是继丝绸之路之后又一条跨越国界、连接欧亚大陆国际经济动脉的共享文化线路,其中最重要的还是外贸部分而非内贸部分,也就是张、库、恰大道乃至通往莫斯科、欧洲的线路。我们应该实事求是,本着有关原则,进一步征集、搜罗资料,包括文献的、文物的、口述的、传说的等,进一步加以论证,配合做好文物保护和线型文化遗产联合申遗工作,推进"一带一路"建设,促进共同繁荣发展。

关于万里茶道河南段的线路,在有关万里茶道的整体描述中,或一带而过,或以晋商采办安化茶的路线代之;即便是代表河南省文物系统为申遗所作的文化遗产调查报告中,也只是定义道:"万里茶道河南段南与湖北相接,主要线路出湖北襄阳经唐河、白河、丹江等水路进入河南境内,在南阳、社旗等地转陆路运输,途经南阳、平顶山、洛阳等市,如何渡黄河进入济源、焦作,最后越过太行山进入山西。"[①] 应该说这种认

---

① 河南省文物建筑保护研究院编:《万里茶道河南段文化遗产调查与研究》,第17页,北京:文物出版社2016年。

识是不全面的，不能真实反映万里茶道河南段线路的历史面貌。

通过以晋商文献记载为主，以山陕会馆等文化遗产分布和中原商业交通网络为背景的考察，我认为万里茶道河南段线路大体可以分为西线、中线和东线。

西线：当为晋商采办湖南安化茶的线路，又可分为两条：一是从湖北襄阳入豫，沿唐河水运经苍台、郭滩、上屯、源潭至赊店，然后转陆路，经方城、叶县转西北行，经郏县、汝州、伊川至洛阳；另一条从湖北襄阳入豫，沿着白河水运经新野入南阳，然后转陆路，走宛洛古道（走方城道与前一路线重合，走三鸦道经南召、鲁山、宝丰、汝州），到达洛阳。其中唐河线，至叶县汝坟桥，又可东北行，经襄城、长葛、新郑到郑州，与中线合，也就是《行商遗要》中"祁县至安化水陆路程底"所记载的线路。

中线：当为晋商采办湖北蒲圻羊楼洞以及湖南临湘羊楼司等茶的线路，也应该包括前期采办武夷山茶、江西茶水运至汉口然后北上入豫的线路。正如《行商纪略》开头"从祁县起程赴汉口二十四天路程歌"所记载的从汉口北上孝感、广水，自武胜关、李家寨进入河南，经信阳、明港、确山、遂平、临颍、新郑到郑州的线路。这是一条新发现的重要茶路，值得进一步研究。

东线：主要是水路，自周家口沿贾鲁河北上西华、扶沟、朱仙镇，然后转开封柳园口过黄河，或再西行经中牟至郑州过黄河。周家口"三面夹河，舟车辐辏，烟火万家，樯桅树密，水陆交会之乡，财货堆积之薮，南接楚越，北通燕赵"[①]，一方面承接从赊店而来经北舞渡装船的茶叶，另一方面也承接从江淮而来的安徽茶及江南茶。

上述西、中、东三条线路分别到达黄河南岸的重要城市洛阳、郑州和开封。渡河北行，同样也有三条线路：

东线：包括水陆两条线路，其中的水路主要是通过卫河水运经道口、

---

① 民国《商水县志》卷五《地理志·集镇》，1918年。

楚旺达到山东临清走运河到天津；陆路则从卫辉府经彰德府、河北定州到达张家口的线路。

中线：主要是经过怀庆府越太行山到达山西泽州（今晋城）的线路，其中包括从郑州经荥阳、汜水渡黄河经温县、沁阳，过古羊肠坂及碗子城进入山西，从洛阳孟津渡黄河经济源轵关道等的线路。

西线：也称大西路，从洛阳继续西行至陕州，从会兴镇茅津古渡过黄河至山西平陆、夏县、曲沃。

需要说明的是，黄河南北的三条线路并非一一对应的关系；另外还有一些辅助线路，亦发挥了积极作用。

万里茶道河南段线路与丝绸之路、大运河等文化遗产一样，具有多重价值，有历史价值，有商业价值，也有文化艺术价值，可以帮助我们复原历史时期交通、商贸的图景，表明中原地区在历史发展和现实社会中得天独厚的交通优势，可以说明客商、豫商在其中主客与主次、互补与互利、竞合与融合的关系，见证中原地区商品贸易和城市经济文化的发展进而融入全国乃至世界历史的进程，值得深入研究，保护传承。在农耕文明、工业文明、信息文明交会的新时代，作为华夏历史文明传承创新区，我们要在传承中创新，在创新中发展，坚定文化自信，坚持开放合作，积极参与世界经济大循环，空中、陆上、网上、海上丝绸之路"四路并进"，建设内陆开放高地，以高水平开放带动经济社会高质量发展，为中原崛起河南振兴作出新的贡献。这是我们重温万里茶道历史所应有的历史启示。

（本文系提交 2018 年 10 月"一带一路"与中原茶业开放发展研讨会的论文，刊于《三门峡文史资料》第三十辑）

习茶之门
——中国经典茶书概说

所谓茶书，是指中国古典文献中关于茶叶生产、制造、品饮及其相关问题的专门著作，是人类茶文化遗产中最重要、最核心的部分，是中国茶文化的基本载体。在以正史艺文志和《四库全书总目》为代表的经史子集四部分类的知识谱系中，属于子部中"以收诸杂书之无可系属者"的谱录类。

历代茶书不仅记录了各个历史时期茶业发展的状况，具有史料性，而且总结了茶叶生产、加工、品饮的实践经验，具有实用性，还留下了历代茶人关于饮茶生活的艺术探索和精神追求，具有很高的艺术和思想价值。概括说来，茶书内涵丰富，兼及茶史、茶学、茶艺、茶道，堪称中国茶文化的经典，因而对茶书的解读和品赏，乃是我们走进品茶生活空间及其文化精神堂奥的唯一门径。

甲　源流略说

中国茶书出现于"茶道大行"的唐代中叶，由茶圣陆羽开其先河。

他遍稽群籍，广搜博采，并亲历各地茶区考察，出入三教，与各界名士交流研讨，撰成《茶经》三卷十篇，溯其源，制其具，教其造，设其器，命其煮，论其饮，述其事，第其产，权其略，写其图，于建中元年（780）左右付梓行世，成就了人类历史上第一部茶叶百科全书。自此以后，"人间相学事春茶"，茶书的编撰蔚然成风，形成古典文献的一个专门类别。

晚唐五代时期，有茶书十余种。现存张又新《煎茶水记》、苏廙《十六汤品》、王敷《茶酒论》，裴汶《茶述》、温庭筠《采茶录》和毛文锡《茶谱》则仅存辑本，而杨晔《膳夫经》，一作《膳夫经手录》，残本见宋晁载之《续谈助》，后收入《宛委别藏》等丛书，其中关于唐代茶品的记载，亦颇具文献价值。

宋代是茶业的盛世，也是茶文化的精致时代，可以考知的茶书达三十种，传世十一种，为我们留下以北苑贡茶为代表的末茶茶艺绝唱的完整记录。其中既有茶艺专著蔡襄《茶录》、赵佶《大观茶论》，也有茶具专著审安老人《茶具图赞》，茶叶评审专著黄儒《品茶要录》，茶法专著沈括《本朝茶法》。特别是伴随建溪北苑贡茶的一枝独秀，关于建茶的地域性专书也独盛一时，宋子安《东溪试茶录》、熊蕃《宣和北苑贡茶录》和赵汝砺《北苑别录》是其代表。

明代冲泡饮法的变革和茶文化的发展，推动茶书编撰达于高潮。见于著录的各类茶书多达八十余种，存世五十多种。其中有的是整理汇编前代茶书文献，如孙大绶《茶经水辨》《茶经外集》《茶谱外集》，益藩所刻《茶谱》，喻政《茶书》等；有的是采辑论茶之作而成，如屠本畯《茗笈》、夏树芳《茶董》、陈继儒《茶董补》、龙膺《蒙史》等，张德谦《茶经》、何彬然《茶约》、徐献忠《水品》则在收集整理前人文献的基础上"附益新意"；比较有价值的是根据当时及个人的茶文化实践，"崇新改易"，自成一家的创新类茶书，如朱权《茶谱》、张源《茶录》、许次纾《茶疏》、罗廪《茶解》、黄龙德《茶说》以及田艺蘅《煮泉小品》、周高起《阳羡茗壶系》等，堪称明代茶书的代表作，也是散茶茶艺的经典之作。

清代茶书近二十种，大多汇抄类编而成，原创性茶书很少。值得一提是陆廷灿《续茶经》，依陆羽《茶经》原目，"采摭诸书以续之"，保存了不少文献资料，其规模亦堪称古代茶书之最。

关于古代茶书的汇编整理，始于明代。益端王朱祐槟《清媚合谱·茶谱》十二卷，成书于嘉靖十八年（1539）之前，今存崇祯残本八卷五册。喻政的《茶书》，一名《茶书全集》，初刻于万历四十年（1612），收书十七种，次年又增补再版，收书二十五种。清代陆廷灿《续茶经》中亦曾开列一份"茶事著述名目"，著录茶书七十二种，间有错讹和重出，实为六十七种。1958年，万国鼎《茶书总目提要》著录九十八种，其中现存五十三种。1999年，阮浩耕等《中国古代茶叶全书》，收录茶书六十四种，后附存目六十种。2007年，郑培凯、朱自振主编《中国历代茶书汇编本》，收录茶书一百十四种（含辑佚）。然而，茶书尤其是明清茶书的调查、发现还在继续当中，同时，除了综合性茶书，专题性的茶具、品水、茶法、艺文等的专书，地域性的如北苑、岕茶的专书以外，一些属于某书的一部分，并非论茶专书，然被当作茶书辑出，如高濂《茶笺》出于《遵生八笺》，屠隆《茶笺》（《茶说》）出于《考槃馀事》，曹学佺《茶谱》出于《蜀中广记》和《蜀中方物记》，即使如李日华《运泉约》一篇短文，亦入《民俗丛书·茶书篇》，均依传统习惯视为茶书；以此类推，如李时珍《本草纲目·茶》入《古今茶事》第一辑"专著"，另如学者所论王象晋《群芳谱》中的《茶谱》，文震亨《长物志》中的《香茗志》，卢之颐《本草乘雅半偈》中的《茗谱》，作为茶书，亦无不可。从出版传播角度而言，茶书的不同组合、编纂和刊刻方式，亦可作为一种茶书看待。如此，茶书的数量就更多了。

乙　传播分析

出版传播者处于出版传播过程的起点，是最终以出版物形式发送信息的个人和机构，包括编纂者和出版者，他们是出版传播活动得以形成的前提。关于茶书的作者或编者，其中有皇帝，《大观茶论》的作者宋徽宗赵佶为御撰茶书第一人，可谓空前绝后。有亲王，如明代宁献王朱权、益端王朱祐槟。有官员，如唐代张又新（历官汀州、申州、江州刺史与左司郎中）、裴汶（历官湖州刺史、常州刺史），五代毛文锡（仕蜀为翰林学士、司徒），宋代蔡襄（曾官福建路转运使）、丁谓（曾官福建路转运使）、叶清臣（官至龙图阁学士、权三司使公事），明代陆树声（官至礼部尚书）、陈讲（官至山西巡抚，曾以御史督理陕西马政）、喻政（曾官福州知府），清代陆廷灿（曾官崇安知县）等。他们中不少人都曾任职于茶区，甚至主管或参与茶事管理。更多的是平民布衣、山人墨客，正如唐人对陆羽的评价"一生为墨客，几世作茶仙"。尤其以编刊茶书最多的明代为例，山人墨客可谓茶书编撰者身份构成的主体，如钱椿年、顾元庆、田艺蘅、孙大绶、徐渭、高濂、张源、张谦德、许次纾、陈继儒、高元濬、程用宾、罗廪、徐𤊳、闻龙、黄龙德、周高起、邓志谟、盛时泰等；而且其地域分布也以南直隶、浙江以及福建占绝大多数，其间既有江南作为茶叶生产中心、消费中心的因素，也有文化昌盛、出版发达的推动力量。至于茶书的出版者，既有官刻，也有私刻，包括寺院刻书，更多的为坊刻，涵盖了古代刻书的三大系统。比较而言，除了处于雕版印刷初兴的唐代，茶书刊刻情况无法得知其详外，宋代茶书刊刻以官刻居多，兼有私刻和坊刻，而明清以后则以商业性的书坊刻书为主体，私刻、官刻（含藩刻）包括寺院刻书为辅。尤其是丛书的兴盛，对于茶书文献的刊刻流传发挥了重要作用，如周履靖荆山书林的《夷门广牍》，陈继儒辑、沈氏尚白斋刊《宝颜堂秘笈》及续秘笈、亦政堂普秘笈，胡文焕文会堂《格致丛书》，新安程百二《程氏丛刻》，汪士贤《山居杂志》，沈津、茅一相《欣赏编》，冯可宾《广百川学海》，陶珽《说郛续》，乃至清代官修的《四库全书》都收录了大量茶书。

　　根据茶书的编撰体式，可分为撰述类、编辑类、汇抄类三种，从传播内容上看，也可分综合类茶书、专业类茶书和合辑类茶书。所谓撰述类茶书，是指立足当代茶事实践和个人体验，得茶中三昧，自成一家的著作。陆羽《茶经》以下，本书所收诸书可为代表。所谓编辑类，是对茶事文献分类整理的茶书，包括集编体、丛书体、类书体等，这类茶书占古代茶书的很大部分。虽新意无多，然收集、保存历史资料，传播、弘扬茶的文化，亦有功焉。所谓汇抄类茶书，是指杂抄茶事资料、不分朝代、不注出处、了无新意之书。这类茶书为数不少，亦最为后人诟病。需要特别指出的是专业类或专题类茶书，既包括品水专书、茶具专书，如《煎茶水记》《水品》《茶具图赞》《阳羡茗壶系》等；也包括地域性专书，如本书所收的宋代建茶专题、明代岕茶专题，如《北苑别录》《罗岕茶疏》等，还有茶史专书，如《茗史》《茶史》等，茶法茶政专书，如《本朝茶法》《马政志》等，也都具有很高的实用价值和学术意义。

陆羽《茶经》三卷十篇，开创了茶书编撰的先河，也构建了中国茶文化知识的基本体系。采制七经目、茶有千万状、茶具二十四器、水品上中下、煎饮七环节、三沸之法、茶有九难以及精行俭德四谛等，奠定了末茶（饼茶、团茶）茶艺和古典茶道的基本传统。宋代点茶、分茶茶艺的发展，特别是北苑贡茶的六道工艺和粗细十二纲，堪称团饼茶文化的标本和极致。到了明代，散茶冲瀹饮法的改制引发了种茶、制茶的划时代变化，茶文化知识体系也得以重构。借助明清茶书，我们可以看出茶、水、器、火、人、事六大要素中，茶之生产、采摘、炒焙、收藏大为简化；水则更为讲究，所谓"茶者水之神，水者茶之体"，汤候有三大辨、十五小辨；器亦简化为壶、盏，以白瓷和青花为尚，尤其是紫砂的崛起，尤为风靡；火则强调煎水的火候和冲瀹的要领；人则更加注重茶人修养，所谓良友佳宾，"高人论道，词客聊诗，黄冠谈玄，缁衣讲禅，知己论心，散人说鬼"；事则强调饮茶自然环境、生活环境与茶人心态融通一体的优雅境界。黄龙德《茶说》沿袭陆羽十篇的体例，关键词则变为产、造、色、香、味、汤、具、侣、饮、藏，略可代表当时的茶文化知识结构。与晚明士林风气和审美情趣相适应，茶文化知识逐步摆脱了繁琐的、浓重的、豪华的传统，而更加崇尚自然、追求性灵的"天趣"，从而开启了传习至今的自然主义传统。

出版传播的接收者即读者、听众和观众，是出版传播的终点，是决定传播进程和传播效果的重要因素。茶书传播的渠道，当包括大众渠道和专业渠道。所谓大众渠道，当然是指书坊、茶肆的传播渠道，即通过刻书地、聚书地的书坊、茶馆，也包括行商的网络，使书籍"不胫而走""无足而前"。所谓专业的渠道，也就是茶人群体内部的传播、传抄与传授。茶书的读者自然是以文人雅士为主组成的茶人群体，同时他们又以其文化消费的弄潮儿和文化时尚的制造者的身份，影响着广大的平民阶层和阅读公众，并在这种文化的层间互动之中形塑着茶人的优雅生活品格。以晚明为例，"烹茶之法，唯苏吴得之"。以苏州为代表的江南茶人群体以身为范，发挥着标杆式的影响的同时，他们所倡导的品茶生活方式，也与日常的饮食风尚、节令的大众狂欢、季节性的旅游等民俗的、大众的文化活动结合起来，特别是通过茶馆这一媒介的普及，而与大众饮茶文化形成互动，从而大大推动了茶人生活文化的传播和影响，江南茶人生活品格日益走向商业化、大众化。

丙　价值刍议

作为茶文化的基本载体，茶书文献真实记录了几千年来先民在茶事实践活动中所创造的物质文化、制度文化和精神文化成果，为我们复原中国茶文化的历史图景、传承茶学、传习茶艺、求索茶道提供了基本的凭借，我们不妨概括为茶学之源、茶艺之本、茶道之门这样三个命题。

首先，茶书文献是茶学之源。茶书不仅真实记录了各个历史时期茶业发展的历史轨迹，而且总结阐扬了先民在茶叶栽培、采制与名优品种培育、品饮技艺以及茶叶经济管理、行政执法等方面的经验，其中不乏高人才士，更进一步穷其旨归、得其三昧，光大传统，开创新路，推动茶学的持续进步。这些茶书的作者及其作品，本身就是茶学的组成部分，也是我们今天重写茶史、修习茶学的源头活水。陆羽《茶经》全面总结唐代及唐代以前茶事，树立了人类茶学的丰碑，此后，"人间相学事春茶"，赓续不断，脉络清楚，有旧籍新刊，有逸文重编，有汇编丛刊，更有新事新论，另辟蹊径，祟新改易，自成一家，在沿袭和创新的融合之中丰富着中国乃至世界茶学的宝库。

其次，茶书文献为茶艺之本。尽管宋人已有"茶之为艺"的说法，但茶艺一词还是20世纪才提出和运用的新词，乃指茶之制作、烹点、品饮的艺术。茶艺形成于唐，发展于宋，转型于明，千年流惠，以至于今。如果我们把以陆羽《茶经》为代表的唐代煎茶法称为茶艺的古典形态，那么以蔡襄《茶录》和赵佶《大观茶论》为代表的宋代点茶法、斗茶法则堪称茶艺的浪漫形态，以张源《茶录》、许次纾《茶疏》、黄龙德《茶说》等为代表的明代以至当今的冲泡法可以称为茶艺的自然形态。茶艺是传统茶书中记载最集中的内容，上述代表性的茶书中，对于不同时代的茶艺要求，关于择茶、备器、品水、煎汤、点茶、品饮、茶人、环境等要素都有详尽的标准；此外，更有专门的茶书，讨论茶具、泉水，讨论建茶、岕茶，这些都是中国茶艺、茶仪的基本规范、基本原则、基本精神，也是当代茶艺传承创新的基础。

再次，茶书文献乃茶道之门。说到茶道，不少国人会说茶道是日本文化。这种现象不说是数典忘祖，至少是不了解茶文化的历史源流，不知道陆羽《茶经》与中国茶书的文化意义。日本茶道确有特色，以吃茶为契机，融入艺术、社交、礼仪、修行四大因素，形成了具有丰富艺术表现和深远哲理的综合文化体系，作为日本人生活的规范、心灵的寄托，堪称日本文化的重要符号。然究其根本，依然是陆羽《茶经》的精神支裔，是唐宋煎茶、禅茶清规、明人瀹茶在东瀛的开花结果，这也是日本茶界的共识。"茶道"一词，源于唐代，一见于陆羽好友、诗僧皎然的《饮茶歌诮崔石使君》诗:"孰知茶道全尔真,惟有丹丘得如此。"再见于封演《封氏闻见记》的"茶道大行"。而对于茶道的概念和内涵,广义的说法约略等同于茶文化,包括茶的品饮技能、艺术审美和精神境界;狭义的说法则指通过茶艺活动引发的审美感受和精神追求,即以茶修道、悟道、证道、得道,提升道德修养、审美素养和人生境界,以求真善美共、天地人和。在茶道的形成、发展和传播过程中,又与中国传统思想文化特别是儒家的人生境界、道教的自然境界、佛教的禅悟境界融会贯通,形成中国茶道的基本精神。这在历代茶书中都有精彩呈现,如:陆羽《茶经》中"坎上巽下离于中""体均五行去百疾""伊公羹陆氏茶"的隐喻,"精行修德"的理念;陈继儒《茶董小序》中"酒类侠,茶类隐,酒固道广,茶亦德素"的说法;茶禅一味的体认,禅苑清规的修行;清、敬、和、美、正、静、雅、真、廉、俭、怡、明等茶文化核心范畴。研读茶书文献,是当今茶人修习茶道、净化心灵、提升境界的不二法门。

丁　编辑说明

茶书之源流、传播、价值既如上述,那么,面对如此卷帙浩繁的茶书文献,如何别择去取,如何确定阅读的先后次序,又如何准确解读其文字、全面理解其内涵,就是每一个有志于修习茶学、游心茶艺的人所亟待解决的现实课题。为广大茶文化爱好者提供一个中型而精到的中国经典茶书读本,便是笔者编撰本书的初衷。

本书选编的原则,首先是历代具有经典意义、能够代表当时茶文化水平的茶书;其次是只收原创性的茶书,纂辑汇编、采撷他文的一概不收;再次是兼顾地域性茶书,如宋代北苑贡茶,明代的岕茶;最后是兼及品水之书和茶具专书。以此标准,选录茶书十六种:唐代一部——《茶经》;宋代六部——《茶录》《东溪试茶录》《品茶要录》《大观茶论》《宣和北苑贡茶录》《北苑别录》,另以《茶具图赞》附于《茶录》之后;明代八部——

《茶谱》《茶录》《茶疏》《茶解》《茶说》《罗岕茶疏》《煮泉小品》和《阳羡茗壶系》；清代一部——《续茶经》。总的来说，基本体现了上述四项选编原则，代表了唐代煎茶法、宋代点茶法和明代以来泡茶法三种茶艺形态，可谓中国茶文化的精华俱在。

在整理方式上，"原文"选取较好的底本加以校勘，"译解"则将注释和翻译有机融为一体，左右双栏对照排版，同时为帮助读者理解文献，增加感性认识和视觉效果，选配了若干插图。至于选择是否妥当，整理是否严谨，形式是否便读，还望读者加以品鉴。同时，笔者也期待茶界专家不吝赐教，以便不断修订，臻于完善，使之成为国人传习茶文化的入门之作。

最后，将所收十六部茶书的解题、作者介绍、文献价值、版本情况等提要如下：

《茶经》三卷，唐陆羽（733—804）撰，人类历史上第一部茶文化著作。羽字鸿渐，一名疾，字季疵，号桑苎翁、东冈子、竟陵子，复州竟陵（今湖北天门）人。因其曾诏拜太子文学，后迁太常寺太祝，故世称陆文学、陆太祝；又因其终生不仕，浪迹四海，世称陆处士、陆居士、陆三山人、陆鸿渐山人、东园先生等。自幼为西塔寺智积禅师收养，在寺院中度过了童年。后来脱离寺院，投入戏剧行业，受到太守李齐物的赏识。李齐物介绍他到火门山邹夫子处读书，并在邹夫子指导下采茶煎饮。后从崔国辅游学，打下了广博的学术和茶文化基础。此后便开始了漫游四方、品茶鉴水的历程。他先游历了荆湖、山南、剑南、淮南，"安史之乱"中又沿江东下，最后到达江浙地区，隐居于湖州苕溪之滨，完成了《茶经》等书。后又曾游历江西、湖南、广州等地，大约在贞元末年（804）与世长辞，终年七十二岁。陆羽一生孜孜于研究和推广茶文化，为我国乃至世界茶叶经济文化的发展和人类生活的进步作出了伟大的贡献，被奉为茶神、茶仙、茶圣。著述有《君臣契》三卷、《源解》三十卷、《江表四姓谱》八卷、《南北人物志》十卷、《吴兴历官记》三卷、《湖州刺史记》

一卷、《占梦书》三卷，以及《谑谈》《教坊记》《吴兴记》《顾渚山记》，等等。惜多不存，流传最广、保留最完整、最能代表其生平成就的当数《茶经》。《茶经》分上中下三卷，一之源、二之具、三之造、四之器、五之煮、六之饮、七之事、八之出、九之略、十之图十个部分，虽仅有七千余字，却言简意赅，将饮茶生活提升到了科学和文化的境界，堪称我国古代的茶学百科全书。历代刊刻不绝，版本繁多，现存最早的是南宋咸淳九年（1273）所刊《百川学海》本。本书即以该本为底本，参考学界研究成果进行整理。

《茶录》两篇，北宋蔡襄（1012—1067）撰，宋代茶书代表作之一。襄字君谟，兴化军仙游（今属福建）人。天圣八年（1030）进士，历任漳州军事判官、西京留守推官、著作佐郎充馆阁校勘。庆历三年（1043）擢秘书丞、知谏院，次年以右正言知福州，转福建路转运使，监造小龙团茶，名重一时。后迁龙图阁直学士知开封府、枢密直学士知泉州、知福州、三司使、端明殿学士知杭州，卒赠礼部侍郎，南宋孝宗时赐谥忠惠。他还是一位书法家，苏轼奉为"本朝第一"；又与苏轼、米芾、黄庭坚并称"宋四家"。著作有《端明集》，一作《蔡忠惠公文集》，另有《荔枝谱》等，今人编为《蔡襄全集》。蔡襄生于茶乡，习知茶事，又两知福州，采造北苑贡茶，茶文化造诣颇深。《茶录》作于皇祐三年（1051），治平元年（1064）订正刻石，拓本今存。《茶录》传世版本多达数十种，今以《古香斋宝藏蔡帖》卷二所收绢本《茶录》为底本，参校其他诸本。另以审安老人《茶具图赞》附后。

《东溪试茶录》，一作《试茶录》《东溪茶录》，宋子安撰。宋子安，《郡斋读书志》《文献通考·经籍考》等误作朱子安，生平事迹不详。据书中"近蔡公作《茶录》"，约当宋英宗治平元年（1064）前后在世。此书有"序"及"总叙焙名""北苑""壑源""佛岭""沙溪""茶名""采茶""茶病"八篇，以北苑为中心，介绍建茶产地的地理状况、茶焙分布，建茶的品类、采摘要领、选择加工规范等，"盖补丁谓、蔡襄两家《茶录》之所遗"，具有较高的文献价值。此书有《百川学海》本、《说郛》本、喻政《茶书》本、朱祐槟《茶谱》本、《格致丛书》本、《四库全书》本等。今以喻政《茶书》本为底本进行整理。

《品茶要录》十篇，前有"总论"，后有"后论"，北宋黄儒撰。儒字道辅，建安（今福建建瓯）人，神宗熙宁六年（1073）进士，苏轼《书黄道辅〈品茶要录〉后》称其"博学能文，淡然精深，有道之士也""不幸早亡，独此书传于世"。此书视角新颖，针对茶叶采制加工不当而导致的十种弊病，分别指出其成因和危害，介绍辨别真伪的方法，"与他家茶录惟论地产、品目及烹试器具者，用意稍别"，是一部从反面论述茶叶生产、制造技术的重要著作。此书宋本久佚，传世有明代喻政《茶书》本、程百二《程氏丛刻》本、《夷门广牍》本、《说郛》本、《五朝小说大观》本及《四库全书》本等。今以喻政《茶书》本为底本，参校诸本整理。

《大观茶论》一卷，二十篇，一作《茶论》，宋徽宗赵佶（1082—1135）撰，宋代茶书代表作之一。赵佶，北宋第八位皇帝，神宗第十一子。多才多艺，尤以书画知名，却治国无术，即位后骄奢淫逸，崇奉道教，任用奸佞，劳民伤财，成为北宋的亡国之君。宣和七年（1125）金兵南下，他于年底传位于赵桓，称太上皇。靖康二年（1127）东京失守，他与钦宗父子被俘，绍兴五年（1135）四月死于五国城（今黑龙江依兰），后被追谥为圣文仁德显孝皇帝，庙号徽宗。著作有《御注老子》《黄钟徵角调》《圣济经》《御制崇观宸奎集》等，多已散佚。在位期间（1100—1125），正当宋代茶业的鼎盛时期，他本人也精通茶事，曾经"亲手调茶，分赐左右"。该书分二十目，对于茶之生长、栽培、采制、品质、烹点尤其是点茶茶艺、茶具作了系统论述，体现了宋代茶文化发展的水平。《大观茶论》，《宋史·艺文志》及其他文献未见著录，惟南宋晁公武《郡斋读书志》著录："右圣宗茶论一卷，徽宗御制。"《文献通考·经籍考》沿用此名。熊蕃《宣和北苑贡茶录》称："至大观初，今上亲制《茶论》二十篇。"元陶宗仪《说郛》始收录全文，定名《大观茶论》，即今之《说郛》二本：宛委山堂本、涵芬楼本。今以宛委山堂《说郛》本为底本，而以涵芬楼本参校之。

《宣和北苑贡茶录》，一作《宣和贡茶经》，北宋熊蕃撰，其子熊克增补，清汪继壕按校，是关于北苑贡茶历史、名目、数量等的一部重要著作，并附有三十八幅图，展现贡茶名称、形态、尺寸。蕃字叔茂，福建建阳人，世称独善先生。亲历宋徽宗宣和年间（1119—1125）北苑贡茶盛况，遂成此书。克字子复，宋高宗绍兴二十八年（1158）摄事北苑，孝宗时官至起居郎，兼直学士院，出知台州，著有《中兴小记》四十卷，事具《宋史·文苑传》。汪继壕，浙江萧山（今杭州市萧山区）人，汪辉祖幼子，长期为州县幕僚，家有环碧山房，藏书丰富，著述十余种。此书刊本有明喻政《茶书》本、宛委山堂《说郛》本、《古今图书集成》本、《四库全书》本、《读画斋丛书辛集》本、涵芬楼《说郛》本等。本书以汪继壕按校之《读画斋丛书》本为底本，参校他本。原书除"御园采茶歌十首（并序）"及"后序"外，正文无标题，为统一起见，拟"沿革""名色""图谱"三目。

《北苑别录》，南宋赵汝砺撰，是为补充《宣和北苑贡茶录》而作。赵汝砺，生平不详，南宋孝宗（1162—1189年在位）时曾作为福建转运使主管帐司的属官，熊克增补其父《宣和北苑贡茶录》并于淳熙九年（1182）刊行后，他建议另作一书，互为补充，于淳熙十三年（1186）成书。此书分"御园""开焙""采茶""拣茶"等十二则，前有序，后有记，综述北苑茶焙的地址、方位、名称，贡茶的采制方法与注意事项，以及南宋初年上供茶纲的纲次、品名、数量，补前书所未备，《四库全书总目提要》卷一一五称"所言水数赢缩，火候淹亟，纲次先后，品目多寡，尤极该晰"，具有鲜明特色和专业价值。此书有明喻政《茶书》本、宛委山堂《说郛》本、《四库全书》本、《读画斋丛书辛集》本、涵芬楼《说郛》本等，多附收于熊蕃《宣和北苑贡茶录》之后。本书以汪继壕按校之《读画斋丛书》本为底本，参校他本。

《茶谱》一卷，亦作《臞仙茶谱》，明宁献王朱权（1378—1448）撰。朱权是明太祖朱元璋第十七子，晚年自号臞仙、涵虚子、丹丘先生。洪武二十四年（1391）封宁王，两年后就藩大宁（今内蒙古宁城西）。成祖即位后改封南昌，从此韬光养晦，日与文人雅士相往还，读书鼓琴，修养身心，形成了宁藩好学博古的传统，卒谥献，世称宁献王。他一生著述等身，有《通鉴博论》《宁国仪范》《汉唐秘史》《史断》《文谱》《诗谱》《太和正音谱》《太古遗音》《神奇秘谱》，以及《大罗天》等杂剧十二种，有着多方面的文化和艺术成就。此书当系朱权晚年所著，万国鼎先生《茶书总目提要》推定为正统五年（1440）。除绪论外，共分十六则，多有其独创之处。黄虞稷《千顷堂书目》著录"宁献王臞仙茶谱一卷"。现存版本仅有《艺海汇函》钞本。

《茶录》一卷，明张源撰，明代茶书代表之一。源字伯渊，号樵海山人，吴县包山（即洞庭西山，今属苏州吴中区）人。顾大典《茶录引》称其"志甘淡澹，性合幽栖，号称隐君子。其隐于山谷间，无所事事，日习诵诸子百家言。每博览之暇，汲泉煮茗，以自愉快。无间寒暑，历三十年，疲精殚思，不究茶之指归不已，故所著《茶录》，得茶中三昧"。此书约成于万历中期（1595 年前后），刊本仅见喻政《茶书》，目录题作《茶录》，而正文则题作《张伯渊茶录》。此书内容简明，大多是结合明代饮茶生活实际和作者个人的切身体会的论说，而非泛泛而谈或者因袭纂辑而成，所以吴江顾大典《引》称，"即王濛、卢仝复起，不能易也"。

《茶疏》一卷，明许次纾（1549—1605）撰，是明代茶书代表作之一。次纾字然明，号南华，浙江钱塘（今杭州）人。据明冯梦祯《许然明墓志铭》、黄汝亨《高士许然明行状》及清代厉鹗《东城杂记》记载：许次纾是许应元（号茗山，嘉靖十一年进士，官至广西布政使）的幼子，因为跛脚而终生未仕，能诗善文，好蓄奇石，好客交游，品茶鉴水，著有《小品室》《荡栉斋》二集，已失传。其对茶艺的研究得吴兴姚绍宪的指授，所著《茶疏》一卷，"深得茗柯至理，与陆羽《茶经》相表里"。此书撰成于万历二十五年（1597），前有万历丁未（1607）姚绍宪《题许然明茶疏序》和许世奇《小引》。书凡三十九则，论述涉及茶文化的各个方面，颇为详尽；

尤其是结合明代中后期茶文化的复兴和自己的体验，提出了许多精到的见解，具有很高的史料价值。此书有喻政《茶书》本、《宝颜堂秘籍》本、《居家必备》本、《欣赏篇》本、《广百川学海》本、《古今说部丛书》本等。本书以喻政《茶书》本为底本，参校诸本，加以校译。

《茶解》一卷，明罗廪（1537—1620）撰，明代茶书的代表作之一。廪字高君，浙江慈溪人，生平不详。自幼喜茶，曾周游产茶之地，后隐居中隐山阳，"栽植培灌，兹且十年""于茶理有悬解"。《慈溪县志》著录其另撰有《胜情集》《青原集》《补陀游草》各一卷。此书撰于万历己酉（1609），有屠本畯《茶解叙》和万历壬子（1612）龙膺的《茶解跋》。总论后分为十目，分别对茶叶的产地、色香味、栽培、采摘、制作、收藏、烹点、用水、禁忌、器具进行了论述。其论述大都切合明代的实际和个人的实践，因而具有较高的研究价值。此书有喻政《茶书》本，另外《说郛续》本、《古今图书集成》本则系节录，次序也有变动。本书以《茶书》本为底本整理。

《茶说》一卷，一名《国朝茶说》，明黄龙德撰，明代茶书代表作之一。龙德字骧溟，号大城山樵，事迹不详。据胡之衍万历四十三年（1615）序，可知此书成书于此前，并于当年由胡之衍订正刊刻。卷首原题"明大城山樵黄龙德著，天都逸叟胡之衍订，瓦全道人程舆校"。此书专论明代茶事，结构谨严，内容切实，论述精到，很少摘抄援引前代和当代文献，堪称一部颇具特色的明代茶书。所以胡序将其与陆羽《茶经》、黄儒《品茶要录》相提并论，"斗雅试奇，各臻其选，文葩句丽，秀如春烟"，推为一代茶书的代表。此书有《程氏丛刻》本。

《罗岕茶疏》一卷，明熊明遇（1579—1649）撰。原载《绿雪楼集·琴草》和《文直行书》文集卷十七，是关于岕茶的最早专题文献之一。明遇字良孺，号坛石，江西进贤北山（今属南昌县泾口乡）人，万历辛丑（1601）进士，授长兴知县，历兵科给事中、福建佥事、宁夏参议、尚宝少卿、太仆少卿、南京右佥都御史、兵部右侍郎、南京刑部尚书、兵部尚书、工部尚书等。著作《绿雪楼集》现存 10 种 20 卷，刻于天启年间，清顺治十七年（1660），其子人霖编刻《文直行书》30 卷，其中诗 13 卷、文 17 卷。明遇在长兴知县任上，曾着力推广洞山岕茶。其《谢长兴僧送茶》诗序云："岕茶名于近年。余令长兴时，仅庙后数陇铺绿，洞山则余从史丁玺丞垦种者，于是山间转相风效，薙草砌石，往往如是，遂盈岕皆芊芊雀舌矣。品贵价重，非阳羡、顾渚所敢望。"《罗岕茶疏》成书于万历三十五年（1607），包括引言及正文十一则，不仅记载了罗岕茶的种植、采摘、收藏、产量，还对选茶、择水、养水、择器、候汤、洗茶、注汤、品啜等一整套茶艺进行了论述，为明代名冠天下的罗岕茶提供了第一手的资料。传世的《罗岕茶记》（或引作《岕茶记》《岕山茶记》）是《罗岕茶疏》的节录本，仅七则，字数仅为原书的三分之一，有《广百川学海》本、《说郛续》和《古今图书集成》本。今以《绿雪楼集》本为底本整理。

《煮泉小品》一卷，明田艺蘅撰，是中国茶文化史上专论品水之学的代表作。艺蘅（1524—1595）字子艺，号品嵒子，钱塘（今杭州）人，田汝成之子。他天资聪颖，博学多闻，然举业偃蹇，"七举不遇"，仅以岁贡生的身份做过徽州休宁训导，六年后罢官归乡，放浪西湖，优游山林。著有《大明同文集》《田子艺集》《留青日札》等。此书成于嘉靖三十二年（1553），分为十目，论述和考据并举，"兼昔人之所长，得川原之隽味"，"评品允当，实泉茗之信史也"。此书有喻政《茶书》本《宝颜堂秘籍》本、《续说郛》本、《四库全书》本等。今以《茶书》本为底本进行整理。

《阳羡茗壶系》一卷，明周高起（？—1645）撰，是我国历史上第一部关于宜兴紫砂茶具的专著。高起字伯高，号兰馨，江阴人，生当明末，曾预修《江阴县志》，富收藏，精鉴赏，嗜茗饮，好壶艺，还著有《洞山岕茶系》《读书志》等。此书分创始、正始、大家、名家、雅流、神品、别派，以品系人，以人纪事，列制壶名家，品鉴其风格、传器，兼及泥品与品茗用壶之宜，在陶瓷工艺史和茶文化史上都具有重要的学术价值。原书关于陶工部分列有七目，而陶土部分则不分目，故补列"陶土""陶壶"二目。此书有《檀几丛书》本、《江阴丛书》本、《常州先哲遗书》本、《翠琅玕馆丛书》本、《粟香室丛书》本、《美术丛书》本等。今以《檀几丛书》二集卷四十六所收《阳羡茗壶系》为底本进行整理。

《续茶经》三卷、附录一卷，清陆廷灿编纂，是中国古代规模最大的一部茶书。廷灿字秩昭，一字幔亭，嘉定（今上海市嘉定区南翔镇）人。以诸生选宿松教谕，康熙十六年（1677）迁崇安知县，在任六年，曾与王草堂合编《武夷山九曲志》。归隐后，以寿椿堂颜其室，从事藏书、著书、刻书，另著有《艺菊志》八卷、《南村随笔》六卷。《续茶经》成书于雍正十二年（1734），寿椿堂刻本，前有北平黄叔琳雍正乙卯序，次凡例，次原本《茶经》三卷，然后是《续茶经》三卷，附录《茶法》一卷。该书依据《茶经》原目采撷诸书以续之，征引繁富，保存了不少今天已佚的文献资料，堪称历代茶事文献集成类编。本书即以寿椿堂刻本为底本，参校《四库全书》本进行整理。

（本文为拙编《中国经典茶书读本》的前言）

知行合一，习茶之道
——"行知茶文化丛书"序

好友马君哲峰，擅于言更敏于行，中原茶界活动家也。近年来创办行知茶文化讲习所，致力于中华茶文化的教育传播。他一方面坚持海内访茶、习茶之旅，积累实践经验，提升专业素养，并以生花妙笔形诸文字，发表于纸媒或网络，与师友交流互鉴；另一方面在不断精化所内培训的同时，走进机关、学校、社区、企业，面向公众举办一系列茶文化专题讲座，甚得好评。今整理其云南访茶二十二记，编为《普洱寻茶记》，作为"行知茶文化丛书"的首卷，将付剞劂，用广其传，邀余为序。屡辞不获，乃不揣浅陋，以"知行合一，习茶之道"为题，略陈管见，附于卷端，以为共勉。

知行合一，乃我国传统哲学的核心范畴，所讨论的原是道德知识与道德践履的关系。《尚书·说命》即有"非知之艰，行之惟艰"的说法。宋代道学家于知行观多所探索，朱子集其大成，提出了知行相须、知先行后、行重于知等观点。至明代中叶，阳明心学炽盛，以良知为德性本体、致良知为修养方法、知行合一为实践工夫、经世致用为为学旨归，从而成就知行合一学说。以个人浅见，知行合一可以作为茶人习茶之道，亦可以作为"行知茶文化丛书"的理论支撑，想必也是哲峰创办行知茶文化讲习所的初衷。

知行本体，习茶之基。知行关系可以从两个层面来理解，一般来说，知是一个主观性、人的内在心理的范畴，行则是主观见之于客观、人的外在行为的范畴；而就本体意义上说，二者是相互联系、相互包含、不可割裂为二、也不能分别先后的，"知之真切笃实处即是行，行之明觉精察处即是知"。茶文化突出的特征是跨学科、开放型，具有综合效应、交叉效应和横向效应，既以农学中唯一一个以单种作物命名的二级学科茶学为基础，更涉及文化学、历史学、经济学、社会学、民俗学、文艺学、哲学等相关学科，堪称多学科协同的知识枢纽，故而对茶人的知识结构要求甚高。同时，茶文化具有很强的实践性特征，表现为技术化、仪式化、艺术化，需要学而时习、日用常行、著实践履。因此，茶文化的修习必须坚持知行本体，以求知为力行，于力行中致知，其深层意蕴远非简单的"读万卷书行万里路"所可涵盖。

知行工夫，习茶之道。阳明先生的知行合一既是一个本体概念，更是"一个工夫""不可分作两事"。这与齐格蒙特·鲍曼"作为实践的文化"颇有异曲同工之妙。一方面，"知是行的主意，行是知的工夫""真知即所以为行，不行不足以谓之知"，作为主观的致知与客观的力行融合并存于人的每一个心理、生理活动之中，方可知行并进；另一方面，"知是行之始，行是知之成"，亦知亦行、且行且知是一个动态的过程。茶文化的修习亦当作如是观，博学之，也是力行不息之功，笃行之，只是学之不已之意；阅读茶典、精研茶技是知行工夫，寻茶访学、切磋茶艺何尝不是知行工夫；只有工夫到家，方可深入堂奥。从现代意义上说，就是理论与实践相统一。

人文化成，习茶之旨。阳明晚年把良知和致良知纳入知行范畴，"充拓""至极""实行"，提升到格致诚正修齐治平的高度。茶虽至细之物，却寓莫大之用，成为中华优秀传统文化的重要载体，人类文明互鉴和国际交流的元素与媒介。在民族伟大复兴、信息文明发轫、文化消费升级的背景下，茶文化的修习与传播，当以良知笃行为本，聚焦时代课题、家国情怀、国际视野，以茶惠民，清心正道，以文化成，和合天下，为中华民族共同体和人类命运共同体的构建发挥其应有之义。

  基于上述认识，丛书以"行知"命名，并非强调行在知前，而是在知行合一的前提下倡导力行实践的精神。作为一个开放性的丛书，我们希望哲峰君的寻茶、讲茶之作接二连三，同时更欢迎学界博学、审问、慎思、明辨的真知之作，期待业界实践、实操、实用、实战的笃行之作，至于与时俱进、守正开新的精品杰构、高峰之作，当寄望于天下茶人即知即行，共襄盛举，选精集粹，众志成城，共同为复兴中华茶文化、振兴中国茶产业略尽绵薄之力，以不辜负这个伟大的新时代。

（本文写于丁酉春分）

后 记

"著作千秋事，流传四海情。"明代宗室学者朱睦㮮书赠后学胡应麟的这两句诗，深得我心，堪称千古学人的光荣与梦想，亦不妨视为出版人的初心与使命。

本人读研时的专业是专门史，研究方向是明清社会经济史，硕士论文《明代茶法初探》，涉足茶史；读博时的专业是新闻传播学，研究方向是出版传播史，博士论文《走向公众的文化传播——晚明商业出版研究》，定位于出版史；于是这两个领域便成为我在长期从事编辑出版工作之余持续关注、专业研究的重点。这本《书香茶韵》，分上编"书梦重温"、下编"绿香满路"，收录关于出版史和茶史两个主题的论文及书评、序跋41篇，最早的是读研期间发表于1987年《读书》第7期的《还巨星以本色》，最晚的是2019年为《中原文献整理史稿》所作的跋，时间跨度超过了30年，占本人撰写发表的专业性文章的一半以上，大体反映了这两个领域的学术成果。其中有些论文作了不同程度的修订，有些则一仍其旧，如《明代茶叶生产的发展》《明代的贡茶制度及其社会影响》，本人有关的最新成果可以参考即将出版的拙著《中华茶史·明代卷》。

本书原为"文化名家暨四个一批人才作品文库"所编，后得到"中原英才计划"的项目资助，交郑州大学出版社付梓，也算是奉献给母校的一份作业。当此之时，特别感念引导我走上学术道路的导师、著名经济史学家秦佩珩先生；特别感谢启发我以新闻传播学理论视野观照出版的导师、华中科技大学新闻与信息传播学院原院长、中央民族大学新闻与传播学院特聘院长、著名新闻教育家张昆先生；特别感谢我的同事和领导、中原出版传媒集团总编辑耿相新先生拨冗赐序，从出版理论的高度阐述了作者与编辑的关系，值得我们从事编辑出版工作的同道认真思考和接力践行；特别感谢郑州大学出版社社长兼总编辑孙保营、副总编辑崔青峰及有关同仁给予了出版支持；特别感谢同事张胜、王建新等给予了编校、设计的帮助。师友的教导与帮助，成就了我，也成就了本书，朝斯夕斯，念兹在兹！

　　寒暑易节，春秋代序，赤子之心，学人本色，正道直行，庶几无愧。以此与各位师友共勉之！

郭孟良

2021 年 6 月 18 日

图书在版编目(CIP)数据

书香茶韵／郭孟良著. —— 郑州：郑州大学出版社,2021.12
ISBN 978-7-5645-8317-0

Ⅰ.①书… Ⅱ.①郭… Ⅲ.①图书史－中国－文集②茶文化－文化史－中国－文集 Ⅳ.①G256.1-53②TS971.21-53

中国版本图书馆 CIP 数据核字(2021)第 234178 号

书香茶韵

SHU XIANG CHA YUN

策划编辑	崔青峰	封面设计	张　胜
责任编辑	张　华	责任监制	凌　青　李瑞卿
责任校对	申从芳		

出版发行	郑州大学出版社	地　　址	郑州市大学路40号(450052)
出 版 人	孙保营	网　　址	http://www.zzup.cn
经　　销	全国新华书店	发行电话	0371-66966070
印　　刷	河南瑞之光印刷股份有限公司		
开　　本	720 mm×1 020 mm　1 / 16		
印　　张	32.5	字　　数	435 千字
版　　次	2021 年 12 月第 1 版	印　　次	2021 年 12 月第 1 次印刷
书　　号	ISBN 978-7-5645-8317-0	定　　价	168.00 元

本书如有印装质量问题，请与本社联系调换。